高等院校经济学管理学系列教材

证券投资理论与实务

The Theory and Practice of Investment

主编　孔东民　代昀昊

参编　（按姓氏拼音排序）
　　　李俊翰　李天赏　李阳　刘玥莹
　　　庞立让　徐茗丽　杨薇

图书在版编目(CIP)数据

证券投资理论与实务/孔东民,代昀昊主编. —北京:北京大学出版社,2015.10
(高等院校经济学管理学系列教材)
ISBN 978 - 7 - 301 - 26349 - 5

Ⅰ. ①证⋯ Ⅱ. ①孔⋯ ②代⋯ Ⅲ. ①证券投资—高等学校—教材 Ⅳ. ①F830.91

中国版本图书馆 CIP 数据核字(2015)第 236909 号

书　　名	证券投资理论与实务
	Zhengquan Touzi Lilun yu Shiwu
著作责任者	孔东民　代昀昊　主编
责任编辑	徐　音
标准书号	ISBN 978 - 7 - 301 - 26349 - 5
出版发行	北京大学出版社
地　　址	北京市海淀区成府路 205 号　100871
网　　址	http://www.pup.cn
电子信箱	sdyy_2005@126.com
新浪微博	@北京大学出版社
电　　话	邮购部 62752015　发行部 62750672　编辑部 021 - 62071998
印　刷　者	三河市博文印刷有限公司
经　销　者	新华书店
	787 毫米×1092 毫米　16 开本　20.5 印张　486 千字
	2015 年 10 月第 1 版　2015 年 10 月第 1 次印刷
定　　价	45.00 元

未经许可,不得以任何方式复制或抄袭本书之部分或全部内容。
版权所有,侵权必究
举报电话:010 - 62752024　电子信箱:fd@pup.pku.edu.cn
图书如有印装质量问题,请与出版部联系,电话:010 - 62756370

编 写 说 明

上世纪80年代,耶鲁大学的罗伯特·席勒教授(Robert J. Shiller,2012年诺贝尔经济学奖得主之一)指出股票市场存在过度波动之谜。30多年过去了,资本市场依然周而复始地上演着财富的创造与幻灭。随着新兴产业、技术与经济事件的产生与发展,市场永不停歇地调整、融合这些信息进入资产价格。可以预见,随着中国经济的发展,企业对于投融资的需求会不断提升,而资本市场的不断完善也会让其在未来的经济增长中扮演着越来越重要的角色。当然,市场中的投资者心理学偏差和制度建设的不足,也对投资者理性决策和监管部门政策应对提出了新的挑战。

正是在这样的背景下,我们编写了《证券投资理论与实务》一书。本书试图向读者展示我国证券投资行业的现状与未来的发展趋势,让读者了解当前市场上被广泛应用的投资理论与投资工具,同时结合投资者保护与行为金融学的理论研究成果,让投资者能够重视和维护自身利益,并更好地运用行为金融的知识思考投资策略。

本书共包括11章内容,从理论与实务两个方面概括了当前我国证券投资行业的发展。

第一章对当前证券投资市场上涉及的主要投资工具进行了概述;

第二章和第三章对我国证券发行市场和交易市场的制度及业务进行了介绍,可以帮助读者系统地了解证券市场的结构;

第四章从有效市场理论、均值方差分析、资本资产定价模型和套利定价理论阐述了证券投资的经典理论;

第五章从行为金融学的理论知识出发,介绍了证券市场上具有代表性的心理学偏差和市场异象,让读者能够更好地思考适用于证券市场的投资策略;

第六章以固定收益证券为主要对象,具体介绍了我国固定收益证券的发展现状以及债券的定价与风险度量;

第七章以证券投资基金为主要对象,对证券投资基金的总体业绩、择股择时能力、业绩持续性方法进行了系统研究;

第八章至第十章以股票为主要对象,首先系统介绍了对公司股票估值的主要方法,然后进一步利用基本面分析和技术分析两个主要分析工具,让读者从实际运用的角度学会分析公司股票的价值;

第十一章结合投资者保护的相关理论与研究成果,对我国投资者保护的发展现状进行了论述;同时结合实际案例,帮助读者了解证券市场监管的重要意义。

本书的主要特色在于较好地将证券市场的理论与实务相结合,不仅对证券市场的结构与制度和各类投资工具的发展现状与定价方法这种实务性的内容进行了系统性的阐述,同时还致力于将当前国内外的学术研究成果融入本书的理论当中,特别是对投资者保护和行为金融学的介绍,能够引起读者对学术研究的兴趣,其中的大量案例也将帮助读者更好地将理论与实际联系起来。总体而言,本书具有一定的理论性和高度的现实性,适用于高职高专院校证券类专业、投资专业、理财专业、金融专业和其他相关专业的学生,也可以作为从事证券投资研究人员、企业集团财务管理人员、证券从业人员及个人投资者的参考读物。

本教材在写作过程中参考了国内外同行的研究成果,同时在案例的撰写过程中也参考了大量媒体的报道并加以整理,在此一并表示感谢。

在本书的编写过程中,我的博士生和硕士生们从框架体系构建以及内容安排都倾注了大量心血,他们是:李俊翰、李天赏、李阳、刘玥莹、庞立让、徐茗丽和杨薇。徐音编辑也极为认真地与我多次沟通,对本书的疏漏之处进行了多次修改和调整。尽管如此,难免还会有一些疏漏和错误,恳请读者批评指正。如果有任何建议,欢迎来信联系:kongdongmin@hotmail.com。

孔东民

2015年9月18日于武汉

目 录

第一章 证券投资工具 (1)
  第一节 股票 (1)
  第二节 债券 (11)
  第三节 证券投资基金 (21)
  第四节 金融衍生工具 (34)
  本章小结 (58)
  思考习题 (59)

第二章 证券发行市场 (61)
  第一节 证券发行市场概述 (61)
  第二节 证券发行制度 (68)
  第三节 证券承销制度 (75)
  第四节 股票发行市场 (76)
  第五节 债券发行市场 (86)
  本章小结 (91)
  思考习题 (91)

第三章 证券交易市场 (92)
  第一节 证券交易概述 (92)
  第二节 证券交易程序 (99)
  第三节 证券经纪业务及实务 (106)
  第四节 证券交易其他业务简介 (113)
  本章小结 (117)
  思考习题 (118)

第四章 证券投资理论 (119)
  第一节 有效市场理论 (119)
  第二节 均值方差分析 (125)
  第三节 资本资产定价模型 (137)
  第四节 套利定价理论 (144)
  本章小结 (149)
  思考习题 (149)

第五章　行为金融 (150)
第一节　心理学偏差 (150)
第二节　市场异象 (156)
第三节　行为投资策略 (162)
本章小结 (167)
思考习题 (167)

第六章　固定收益证券 (168)
第一节　固定收益证券概述 (168)
第二节　债券收益率与定价 (175)
第三节　利率期限结构 (180)
第四节　固定收益证券风险与利率风险度量 (186)
第五节　中国固定收益证券市场 (191)
本章小结 (197)
思考习题 (197)

第七章　证券投资基金 (198)
第一节　证券投资基金的发展历程 (198)
第二节　基金总体业绩评价 (200)
第三节　基金择股择时能力评价和持续性评价 (210)
本章小结 (215)
思考习题 (215)

第八章　股票估值 (216)
第一节　股票估值概述 (216)
第二节　股利折现模型 (218)
第三节　自由现金流折现模型 (225)
第四节　相对估值法 (228)
本章小结 (232)
思考习题 (233)

第九章　股票基本分析 (234)
第一节　基本分析概述 (234)
第二节　宏观经济分析 (235)
第三节　行业分析 (248)
本章小结 (261)
思考习题 (261)

第十章　股票技术分析

- 第一节　技术分析概述 ……………………………………………………（262）
- 第二节　技术分析主要理论 ………………………………………………（265）
- 第三节　技术指标分析 ……………………………………………………（279）
- 本章小结 ……………………………………………………………………（295）
- 思考习题 ……………………………………………………………………（296）

第十一章　投资者保护与市场监管

- 第一节　投资者保护理论概述 ……………………………………………（297）
- 第二节　中国投资者保护的发展现状 ……………………………………（304）
- 第三节　证券市场监管的意义和原则 ……………………………………（312）
- 第四节　中国证券市场监管的重点内容 …………………………………（314）
- 本章小结 ……………………………………………………………………（319）
- 思考习题 ……………………………………………………………………（319）

第一章　证券投资工具

在当今世界各国的经济发展过程中,证券投资扮演着越来越重要的角色,不仅对各国经济金融资源的配置产生积极的影响,也在拓宽投资渠道、促进经济发展等方面发挥了重要的作用。

证券投资即有价证券投资,是指法人或自然人投资者购买股票、债券、基金等有价证券以及这些有价证券的衍生品以获取红利、利息及资本利得的投资行为和投资过程。

证券投资是一种完全不同于实物投资的新的投资方式。在传统的实物投资中,投资者是通过将那些可看到、可触摸到的实物物件(如房地产、古董、字画以及黄金等)作为投资对象,来使货币转化为资本,以谋求未来获得投资收益;而证券投资中的投资对象则是指有价证券及其衍生品等金融资产(如股票、债券、期货期权等),这些金融资产可能只是几张纸,或者更普遍的是一些计算机录入的条目,它们并不会直接增加一个经济体的生产能力,但是却代表着持有者对实物资产所产生的收入具有一定的索取权,使其具有了获得权益的能力。是否以有价证券及其衍生品作为投资对象是区分证券投资与其他投资活动的主要标志。

有价证券是一种本身能使持有人取得一定收入的证券。有价证券具有广义和狭义之分。广义的有价证券根据其所代表的财产所有权的经济性质不同,可分为财物证券、货币证券和资本证券三种。财物证券是证明持有人对某种财物具有所有权或使用权的凭证,如提货单、运货单和仓库栈单等;货币证券是指本身能使持有人或第三者取得货币索取权的证券,主要包括银行汇票、银行本票和支票等;资本证券则是表明资本所有权或债权的证券,如股票、债券等。狭义的有价证券仅指资本证券,即具有一定票面金额,能够证明持券人有权按期取得一定收入,并可自由转让和买卖的所有权或债权证书。有价证券的衍生品则是指那些在有价证券基础上产生的价格取决于有价证券价格的新型金融工具。有价证券本身并没有价值,但由于它代表着一定的财产所有权或收益要求权,能够为持有者带来一定的收益,所以具有价格。

本章所讲述的内容,即指狭义的有价证券和有价证券的衍生品等,主要分为股票、债券、证券投资基金和金融衍生工具四部分。

第一节　股　　票

股票是证券市场上最为重要的交易品种,也是最主要的投资工具。本节将详细介绍股票的定义、特征及股票的种类,简要介绍我国现行的股票类型,并对股票的价值、价格、概念进行初步的了解。

一、股票概述

（一）股票的含义

股票是一种有价证券，是股份公司为筹集资金发行的、表示其股东按其持有的股份享受权益和承担义务的可转让的所有权凭证。

股票实质上作为股份公司的股份证明，表示其持有者在公司的地位与权利，以及相应应承担的责任与风险。股票一经发行，购买股票的投资者即成为公司的股东，股东能够以此获得股息和红利，并分享公司成长或市场价格波动带来的利润，但也要共同承担公司运作不当所带来的风险。

（二）股票的基本内容

股票是一种股权证书，具有一定的规范内容。一般来说，股票的正面应该记载如下事项：

(1) 发行该股票的公司全称；
(2) 批准股票发行的机关名称和批准日期及批号；
(3) 发行股票的总额、股数和每股金额；
(4) 本张股票的股权数及股票面值；
(5) 发行的具体日期；
(6) 发行公司的印章、法人签字盖章及主管机关或核定发行登记机构的签章；
(7) 该股票的编号；
(8) 股票章程的有关条款。

在股票的背面一般印制和登记如下内容：

(1) 股票持有人姓名和相关证件号码；
(2) 记载股票转让、过户的登记栏；
(3) 股票的发行公司认为应当载明的其他注意事项。

（三）股票的特征

股票具有以下基本特征：

(1) 期限上的永久性。股票所载有的权利的有效性是始终不变的，因为它是一种无限期的法律凭证。股票一经发行便是永久性的金融工具，只要公司存在，它就存在，股票的期限等于公司存续的期限，除非公司破产倒闭或停办。

(2) 购买后的不可返还性。股票投资人一旦出资购买了某个公司的股票，就不能向发行股票的公司退还股票索回资金，同时也没有到期还本的可能。

(3) 交易上的流动性。投资人购买公司的股票后，虽然不能退还股本，但可以将股票拿到证券市场上去转让，因此当股票持有人出现资金紧张时，可以通过在市场上出售股票换取现金，或将股票作为抵押物向银行申请贷款。由于股票极易变现，所以可以将其视作仅次于现金资产的流动性较强的资产。这种流动性和灵活性给予了股票根本意义上的生命力。

(4) 责任上的有限性。公司经营失败时，股东的最高损失是其原始投资额。债权人对公司股东的个人财产（如房子、汽车、家具等）不享有索偿权，股东最大的损失也不过是手中的股票变得一文不值，他们个人对公司的债务不负有任何责任。

(5) 决策上的参与性。投资人一旦购买了某公司的股票,就成为该公司的股东,对公司的经营管理具有一定的决策权。他有权或通过其代理人出席股东大会,选举公司董事会并参与公司重大决策。股东参与公司决策的权利大小与其持有该公司股票份额的多少成正比。

(6) 投资上的收益性。投资者出资购买股票成为公司股东后,有权从公司领取股息或红利,获取投资的收益。股息或红利的大小主要取决于公司的经营盈利状况和公司的盈利分配政策。股票的收益性,还体现在股东可从所投资股票期末期初的价差上获得资本利得,即通过比购买价更高的价格将其卖出来赚取利润。

(7) 投资上的风险性。投资者购买股票后已不再有还本的可能,而股息或红利收入也没有一定的保证,取决于公司经营的好坏,有利则分,无利不分,利多多分,利少少分。此外,由于股票价格要受到诸如公司经营状况、供求关系、银行利率、大众心理等众多因素的影响,其波动有很大的不确定性。这种不确定性使投资者有可能遭受损失,且不确定性越大,投资风险也越大,所以股票是一种高风险的金融产品。

(8) 价格上的波动性。通常股票是有票面价格的,但受到企业经营状况及其他社会、政治和经济等诸多因素影响,股票的买卖价格一般与其票面价格不一致,具有较大的波动性。正是因为这种波动性,给股票买卖的投机带来了可能性,大量的投机者根据股票的涨落价差以获取投机性收益。这种投机活动虽然有其破坏性的一面,但对加速资本的流动、活跃股票市场起了积极的作用。

二、股票的种类

股票的种类很多,按照不同的分类方法可将其分为如下几种:

(一) 按股东权益分类

按股票持有者所享有的权益不同,可将其分为普通股、优先股和后配股。

1. 普通股

普通股,又称为"权益证券"或"权益",代表对公司的所有权份额。每份普通股都赋予了其所有者在年度股东大会上对任何公司治理事务的一份投票权,同时也代表了对公司财务利益的一份索取权。

(1) 普通股的基本特点

1) 它是股份有限公司发行的最基本、最重要的股票种类,构成了公司资本的基础。目前在我国上海和深圳证券交易所上市的股票,都是普通股。

2) 它是公司发行的标准股票,其有效性与股份有限公司的存续期间相一致。

3) 它是风险最大的股票,主要表现在其持有者所能获得的收益主要来源于公司的分红和在交易市场上低买高卖所赚取的资本利得。前者主要取决于公司的业绩和分红政策等,而后者则受到市场走势的影响。也就是说,普通股持有者的收益具有很大的不确定性。

(2) 普通股股东的权利

1) 投票表决权。持有普通股的股东就是发行该股票公司的所有者之一,对于公司的重大决策、经营管理等,按规定每持一股就有一份投票权。任何普通股股东都有资格参加公司的最高级会议即每年一次的年度股东大会,如果自己不参加,也可以委托代理人来行使其投票权利。

2) 优先认股权。当公司需要扩张而增发新股(普通股)时,现有股东有权按其持股比例,以低于市价的某一特定价格优先购买一定数量的新发行的股票,以保持其对企业所有权的原百分比不变,从而维持其在公司中的权益。在发行新股时,具有优先认股权的股东有三种方式来处理该权利:① 选择行使其优先认股权,认购新增发的股票;② 出售、转让认股权,可以从中获得补偿或取得收益;③ 在股东认为购买新股无利可图,而转让或出售认股权又比较困难或获利甚微时,也可以听任该权利过期而失效。为了确保普通股权的权益,有的公司还发行认股权证,即一种约定该证券的持有人可以在规定的某段期间内,有权利(而非义务)按约定价格向发行人购买标的股票的权利凭证。一般而言公司的认股权证是和股票、债券一起发行的,这样可以更多地吸引投资者。

3) 盈余分配权。持有普通股的股东有权获得股利,但必须是在公司支付了债息和优先股的股息之后才能分得。普通股的股利完全取决于公司的盈利情况及其分配政策。一般来说,公司盈利越多,股利就越高;反之若公司经营不善,也可能分文没有。公司管理层可以将剩余收益以现金股利的形式发放给股东,也可以将其再投资到公司的业务中以增加股票价值。这种股利收益的不固定,正是普通股的重要特点。

4) 剩余资产分配权。普通股股东对公司剩余资产的追索权位于最后一位。当公司破产或清算时,普通股股东有权在其他索偿人如税务部门、公司员工、供应商、公司债权人和优先股股东等都得到补偿后,按持股比例分得公司的剩余资产。

2. 优先股

优先股股票是由股份有限公司发行的在分配公司收益和剩余资产方面比普通股股票具有优先权的股票。优先股股票是相对于普通股股票而言的。

(1) 优先股的特征

1) 预先约定股息率。在公司的发行说明书中对优先股股东所获得的股息数量或比例有明确规定,正是由于股息率事先固定,所以优先股的股息一般不会根据公司的经营情况而增减,而且一般也不能参与公司的分红,但优先股可以先于普通股获得股息。对公司来说,由于股息固定,它不影响公司的利润分配。

2) 表决权受限。优先股没有赋予其持有者参与公司决策的权利,优先股股东对公司经营管理一般无投票权,只有在公司没有按照承诺的数量或比例及时向其支付股息时,他们才具有投票权。

3) 分配剩余资产优先。当公司解散或破产清偿时,优先股有先于普通股参加公司剩余财产的分配权,但其分配顺序排在债务人之后。

4) 可赎回性。优先股一般不能在二级市场上流通转让,但有的优先股可以通过赎回条款被公司赎回。

(2) 优先股股东的权利

首先,在公司分配盈利时,拥有优先股的股东比持有普通股的股东具有先分配的权利,而且无论公司经营状况的好坏,优先股都可以按预先确定的股息率领取股息,即使普通股减少或没有股利,优先股也不能受损。但是,优先股是一种权益投资,公司保留向优先股股东支付股利的自主权,由于优先股股利可以累积,公司可以在某期暂不支付优先股股利,但公司向普通股股东支付股利之前需要先全部付清优先股股利。其次,当公司解散或破产清偿时,优先股股东享有在债权人之后普通股股东之前对剩余资产的分配权。

(3) 优先股的种类

优先股又可根据不同的标准分为以下几种类型:

1) 累积优先股和非累积优先股。累积优先股是指在某个营业年度内,公司没有盈利或盈利不足以分派股息时,可以将其累积到以后营业年度一起支付的优先股股票;非累积优先股则以当年公司所得盈利为限分派股息,对未能分派股息或未能足额分派的股息不进行积累,以后年度不予补付的优先股股票。

2) 参加分配优先股和非参加分配优先股。参加分配优先股是指那种不仅可以按规定分得当年的定额股息,而且还有权与普通股股东一起参加公司利润分配的优先股股票。具体又分为两种:在分配定额股息后能参与剩余盈利分配的盈余参加优先股;在公司破产后清偿各种债务和优先股定额股本之后,有权参与剩余资产分配的资产参加优先股。而非参加分配优先股指只按规定股息率分取股息,不参加公司利润分配的优先股股票。

3) 可转换优先股和不可转换优先股。可转换优先股是持股人可以按公司章程规定将优先股股票按一定比例转换成普通股股票或公司债券的优先股股票;没有此特性的即为不可转换优先股。

4) 可赎回优先股与不可赎回优先股。可赎回优先股是指股票发行公司可以按原来的价格再加上若干补偿金将已发行的优先股收回的优先股股票,通常在股票发行时公司就已经确定;反之,发行后公司不能将其收回的为不可赎回优先股。

5) 股息可调换优先股和股息不可调换优先股。股息可调换优先股是指股息率可以调整的优先股股票;反之不能调整股息率的即为不可调换优先股。

(4) 优先股与普通股的比较

由于优先股的股息率是预先确定的,与公司的经营状况好坏无关,所以收益固定,风险较低,且一般能够被公司所赎回,具有优先清偿剩余资产的权利,比较适合于规避风险的保守型投资者;而普通股的收益与公司盈利和分红政策息息相关,且价值又受到市场走势的影响,具有很大的不确定性,所以其风险较高,此外投资者具有参与公司经营决策的表决权,在股份公司发行新股票时也具有优先认股权,往往受到热爱风险的积极型投资者青睐。

3. 后配股

后配股是在利润分配及剩余财产分配时次于普通股的股票,正因为它在财产和股息上的权利在顺序上比普通股还要落后,故称为"后配股"。后配股股票股东行使的收益权顺序位于普通股股东之后,但行使的股东权和普通股股东一样,即可通过股东大会参与股份公司的经营决策,但由于后配股股票的收益极不稳定且没有保障,一般投资者对它并不感兴趣,主要是公司发起人自己购买来刺激和调动广大投资者购买该公司股票的积极性,或是由股份公司作为干股赠与发起人及管理层,以此来调动他们工作的积极性,故后配股又有"发起人股""管理人股"之称。

(二) 按票面形态分类

1. 按是否记名分类

股票按其票面是否记载股东姓名可分为记名股票和不记名股票。

(1) 记名股票是指发行时在票面上记载有股东的姓名,并同时记载于股份公司的股东名册上的股票。主要特点:记名股票如果需要转让,则必须将受让人的姓名和住址记载于股票票面和公司的股东名册上,缺一不可,否则转让无效。记名股票的股东权利属于记名股东,转让相对比较复杂,但是也便于挂失,具有较高的安全性。

(2)不记名股票是指在股票票面上不记载股东姓名的股票。主要特点:凡是持有该股票的人即是公司股东,持有者可自行转让股票,任何人一旦持有便享有股东的权利,无须再通过其他方式、途径证明自己的股东资格。这种股票转让手续简便,但也应该通过证券市场的合法交易实现转让。

2. 按有无面值分类

股票根据有无标明面值可分为有面值股票和无面值股票。

(1)有面值股票是指票面上记载有一定金额的股票。这一记载的金额也称为"票面金额""票面价值"或"股票面值"。股票面值是公司资本的基本单位,是股东的基础出资额。

(2)无面值股票是指在票面上没有载明面值的股票,但注明了每股占资本总额的比例,所以也称为"比例股票"或"份额股票"。这种股票的价值将随股份公司资金的增减而相应增减。

(三)境外几种较为流行的种类

1. 蓝筹股

蓝筹股是指那些在其所属行业内占有重要支配性地位、业绩优良、成交活跃、红利优厚的大公司股票。这类股票往往市场价格稳定、投资风险适中,普遍受到投资者的欢迎。但是蓝筹股也并非是一成不变的,随着公司经营状况的改变以及其经济地位的升降,蓝筹股的地位也会发生变更。"蓝筹"这个词起源于西方的赌场,在西方的赌场中有三种颜色的筹码,其中蓝色筹码最为值钱,红色筹码次之,白色筹码最差,投资者将这些行话套用到了股票上。

2. 红筹股

红筹股的概念诞生于20世纪90年代初期的香港股票市场,由于我国在国际上被称作"红色中国",所以当时的香港和国外投资者将那些在我国境外注册并在香港上市的带有我国内地概念的股票称为"红筹股"。关于红筹股的具体定义还存在一些争议,主要有以下两种观点:一种观点认为应该按业务的范围来区分。如果某个上市公司的主要业务在我国内地,并且其盈利中的大部分也来自该业务,那么,这家在我国境外注册、在香港上市的股票就为红筹股。另一种观点则认为应该按照权益的比重来区分。如果一家上市公司股东权益的大部分直接来自我国内地,或是具有内地背景,即被中资所控股,那么这家在我国境外注册、在香港上市的股票才属于红筹股。目前以上两类股票都被投资者视为红筹股。

3. 成长股

成长股是指那些正处于高速发展阶段的公司所发行的股票。这些发行公司正处于高速成长阶段,其销售额和收益额正处于上涨态势,公司在今后有足够的实力进行较快的发展并为投资者带来投资收益。这类公司往往注重科研项目,并热衷于留存大量的收益来进行再投资,以图不断发展壮大。所以购买这类公司的股票,虽然不能取得很高的股利收入,但是会因为股价的稳步提高而获得长远收益。

4. 收入股

收入股是指那些当前能发放较高股利的股票。这类股票的发行公司往往已经处于成熟阶段,无须进行新的投资项目,并且具有较好的盈利能力。收入股留存较少,大量的利润被用作股利的分配,所以此类股票收益稳定,受到稳健型投资者的青睐。

三、我国现行的股票种类

我国上市公司的股票按照投资主体的不同可分为国有股、法人股、公众股和外资股等不同的种类,形成这样的结构是与我国的经济结构以及20世纪80年代以来的经济体制改革进程密切相关的。

1. 国有股

国有股,又称"国家股",是指有权代表国家投资的部门或者机构以国有资产向股份有限公司投资形成的股权属于国家的股份,也包含国有企业向股份有限公司形式转换时,现有国有资产折成的国有股份。在我国的企业股份制改造中,原来一些全民所有制企业改组为股份公司,从性质上讲,这些全民所有制企业的资产属于国家所有,因此在改组为股份公司时,原企业中的国有资产就折成国有股。另外,国家对新组建的股份公司进行投资,也构成了国有股。

国有股的构成,从资金来源看,主要包括三部分:① 现有国有企业整体改组为股份公司时所拥有的净资产;② 现阶段有权代表国家投资的各级政府的财政部门、经济主管部门对新组建的股份公司的投资;③ 经授权代表国家的投资公司、资产经营公司、经济实体性公司等机构向新组建的投资公司的投资。

关于国有股的形式,在需要由国家控股的企业中,国有股应该是普通股,这样有利于国家控制和管理该企业;在不需要国家控制的中小企业中,国有股应该是优先股或参加优先股,这样有利于国家强化收益权和相应弱化直接经营管理权。而国家控股的多少,主要取决于企业与国计民生的关切程度。

2. 法人股

法人股是指企业法人或具有法人资格的事业单位和社会团体以其依法可支配的自有资产,向股份有限公司非上市流通股权部分投资所形成的股份。法人股是法人相互持股所形成的一种所有权关系,而法人相互持股则是法人经营自身财产的一种投资方式。法人股股票应以法人记名。

法人股主要有两种形式:① 国有法人股,是指具有法人资格的国有企业、事业单位或社会团体以国家允许用于经营的财产投资于股份公司所形成的股份;② 社会法人股,是指具有法人资格的非国有法人把其所拥有的法人资产投资于股份公司所形成的股份。

3. 公众股

公众股又称为"个人股",是指社会个人或股份公司内部职工以个人合法财产投入公司形成的股份。它有两种基本形式:社会公众股和公司职工股。

(1) 社会公众股。社会公众股是指股份公司采用募集设立方式于设立时向社会公众(非公司内部职工)募集的股份。在社会募集方式情况下,股份公司发行的股份,除了由发起人认购一部外,其余部分应该向社会公众公开发行。《中华人民共和国公司法》还规定,采用社会募集的公司向社会所发行的部分不得少于公司拟发行的股本总额的

25%。这类股票是市场上最活跃的股票,它发行完毕上市后,就直接成为可供投资者选择的投资品种。

(2) 公司职工股。公司职工股是指股份公司职工在本公司公开向社会发行股票时按发行价格所认购的股份。按照《股票发行与交易管理暂行条例》的规定,公司职工认购的股份数额不得超过公司拟向社会公众发行的股份总额的10%,且公司职工股上市的时间要晚于社会公众股,要等本公司股票上市6个月以后,才能安排上市流通。

4. 外资股

外资股是指外国和我国香港、澳门、台湾地区的投资者以购买人民币特种股票形式向境内外上市的中国股份公司投资所形成的股份。它是我国股份公司吸收外资的一种方式。

外资股按上市地域的不同可分为境内上市外资股和境外上市外资股。

(1) 境内上市外资股。境内上市外资股又称为"B种股票"(B股)[1],过去是指股份有限公司向境外投资者募集并在我国境内上市的股票,它以人民币标明票面价值,以外币认购,专供外国及我国香港、澳门、台湾地区的投资者买卖。但自2001年2月下旬起,中国证监会允许境内居民以其合法持有的外汇开立B股账户来交易B股股票,于是境内投资者逐渐取代了境外投资者的主体地位,B股发生了由"外资股"演变为"内资股"的趋向。

(2) 境外上市外资股。境外上市外资股是指股份有限公司向境外投资者募集并在境外上市的股份。它也采取记名股票形式,以人民币标明面值,以外币认购。在境外上市时,可以采取境外股票存托凭证形式或者股票的其他派生形式。在境外上市的外资股除了应符合我国的有关法规外,还须符合上市所在地国家或者地区证券交易所制定的上市条件。

目前我国境外上市外资股主要有以下几种:

(1) H股。它是境内公司发行的以人民币标明面值,供境外投资者用外币认购,在香港联合交易所上市的股票。[2]

(2) N股。N股是境内公司发行的以人民币标明面值,供境外投资者用外币认购,在美国纽约证交所上市的股票。但在实际中,大多数外国公司(非美国的公司,但不包括加拿大的公司)都采用存托凭证(ADR)的形式来进入美国股票市场。存托凭证是一种以证书形式发行的可转让证券,通常代表一家外国公司的已发行股票。推出存托凭证的目的是使国外公司更容易满足美国注册证券的要求。

(3) S股。S股是指境内公司发行的以人民币标明面值,供境外投资者用外币认购,在新加坡交易所上市的股票。这些企业生产、经营等核心业务和注册地均在中国内地。

(4) L股。L股是境内公司发行的以人民币标明面值,供境外投资者用外币认购,在英国伦敦证交所上市的股票。

---

[1] B股是相对于A股而言的。A股,正式名称是"人民币普通股票",是由中国境内的公司发行的供境内机构、组织或个人(不含台湾、香港、澳门的投资者)以人民币认购和交易的普通股股票。

[2] 香港的英文是Hong Kong,取其首字母。

四、股票的价值与价格

股票本身并没有价值,而仅仅只是股东投资入股、获取收益的凭证。股票之所以能够有价,是因为其代表了对公司的所有权,持有人不但可以参加股东大会,对股份公司的经营决策施加影响,还享有参与公司盈余分配的权利,获得相应的经济利益。因此,股票不仅代表着对股份公司的所有权,也代表了对公司收益的索取权,每股能够为持有人带来的收益越高,股票的价格相应的也就越高。买卖股票实际上就是买卖一种领取股息收入的凭证或权利,而股票的价格实质上就是资本化的股息收入。

(一) 股票的票面价格

股票的票面价格就是通常所说的面值,是指公司发行的股票票面上所标明的金额。股票的票面价格根据公司发行股票的资本总额和发行股票的数量来确定,也就是将公司的资本总额分成若干单位,而每一单位股份所表示的资本额就是每股股票的票面价格。它的主要作用是确定每股股份占公司总资本的比例,进而得知股东每持有一股股份就代表着对公司拥有多大比例的权利。票面价格是股份公司确定股东在该公司所占有份额的凭证,也是股东享受领取股息和红利等权利的依据。

股票票面价格的另一作用是将其作为公司首次发行股票时定价的重要参考依据。如果以面值作为发行价,称为"平价发行",公司发行股票募集的资金等于股本的总和,也等于面值的总和;当发行价格高于面值称为"溢价发行",所募集的资金中等于面值总和的部分计入股本账户,超额部分则计入资本公积金账户;当发行价格低于面值称为"折价发行",很多国家不允许折价发行。但是当股票上市交易后,随着市场供求关系的变化,股票的市场价格不断波动,而股票的票面价格却是不变的(我国的上海和深圳两个证券交易所上市的公司股票票面价格均是每股 1 元),所以股票的票面价格往往会同其代表的公司资产价值及市场价格所分离,甚至偏离的程度较大,此时,票面价格在市场中的重要性也就显著降低了。

(二) 股票的发行价格

股票发行价格是指股份有限公司将股票公开发售给特定或非特定的投资者时所用的价格。该发行价格往往是根据股票当时的市场价格、股市的变动趋势、股票募集程度以及发行新股对公司原有股东利益的影响等因素来决定的。

可根据股票发行价格与票面价格的关系将其分为三种形式:

(1) 平价发行。平价发行也称为"等额发行",是指发行价格与股票的票面价格相等的情况。此时由于股票上市后的交易价格一般会高于其票面价格,所以投资者们会争相竞购。但由于这种发行方式难以筹集大量的资金,所以主要在不发达的国家和地区较多采用。

(2) 溢价发行。溢价发行是指发行价格高于股票票面价格的情况。这是最常见的发行方式,其不仅能够用较少的股份筹集到较多的资金,而且也降低了筹资的成本。通过溢价发行超出面额的溢价款列入公司的资本公积金中,直接表现为公司股东的权益。

(3) 折价发行。折价发行是指发行价格低于股票票面价格的情况,即将股票按照面额进行折扣后发行,折扣的大小主要取决于发行公司的业绩和承销商的能力。这种发行方式会使公司的实有资本少于公司的应有资本,而致使公司资本中存在着虚数,不符合公司的资本充实原则,此外,折价发行也不利于保护债权人的利益。我国的《公司法》已明确规定,股票的发行价格不能低于票面金额,即不允许折价发行。

(三) 股票的账面价值

股票的账面价值又称为"股票净值"或"每股净资产",是指普通股所代表的公司净资产,是用会计方法计算出来的每股股票所包含的资产净值。它表示股东在理论上持有的公司财产。它是公司总资产净值减去优先股总面值后的余额与普通股总股数之比求得的。公司的净资产等于总资产减去总负债,属于所有者权益,是公司营运的资本基础。股份公司的账面价值越高,则单位股票所代表的实际资产也就越多。

股票的账面价值 = (公司总资产净值 - 优先股总面值) / 普通股总股数

账面价值是股票投资者评估和分析上市公司实力的重要依据之一。在其他条件相似的情况下,账面价值较高而市场价格较低的股票是值得投资的对象。但是,如果考虑到投资者的收益目标,则账面价值的重要性就降低了,因为他们最关心的是公司的盈利能力,只有盈利的情况下才能有股利收入,如果盈利很少或者不盈利,即使账面价值很高的股票也往往不受欢迎。

(四) 股票的清算价值

股票的清算价值是公司清算时每股普通股所代表的实际价值。从理论上说,股票的清算价值应与其账面价值一致,但实际上并非如此。只有当清算时公司资产的实际售价与财务报表上所反映的账面价值一致且没有清算成本时,每一股份的清算价值才与账面价值相等。但在多数情况下,公司的资产在清算中只能通过压低价格出售,再扣除必要的清算成本,所以大多数公司的实际清算价值低于其账面价值。股票的清算价值只是在股份公司清算时才被作为确定股票价格的依据,在股票的发行和流通过程中并没有太大的意义,更不会作为投资分析的指标依据。

(五) 股票的内在价值

股票的内在价值即股票的理论价值,是指股票本身所固有的价值。股票之所以具有价值,是因为其能为持有者带来股息红利等收益。股票的内在价值一般通过现值法(又称"贴现法")来计算所得。根据现值理论,股票的内在价值取决于其未来预期收益的大小。股票的预期收益主要包括未来的股息收入和资本利得两个方面。将股票的预期收入按市场利率及其持有期折算成为今天的价值,即股票的现值。所以股票的内在价值,即其现值,就是股票未来预期收益的当前价值,也就是人们为了得到股票的未来收益所愿意付出的代价。

股票的内在价值决定股票的市场价格,股票的市场价格总是围绕其内在价值波动。研究和发现股票的内在价值,并将内在价值与市场价格比较,进而作出投资决策是价值投资的主要任务。但由于未来收益及市场利率的不确定性,用理论方法计算出来的内在价值只是股票真实的内在价值的估计值。而经济形势的变化、宏观经济政策的调整、市场供求关系的变化以及行业和公司的发展变化等都会影响股票未来的收益及市场利率,从而引起内在价值的变化。

(六) 股票的市场价格

股票的市场价格是指股票在市场交易过程中实际成交的价格,也就是通常所说的"股价""市价"。股票的市价直接反映着股票市场的行情,是投资者最为关注的价格,也是他们购买股票的依据。

股票的市场价格与票面价格、账面价值等基本没有直接联系,而完全由市场上供求双方的关系所决定。当市场上的股票供大于求时,股票的价格下跌;反之,当市场股票供不应求时,股价上升。股票市场价格的变化比较敏感,其起伏波动远远大于商品市场的价格变化。而影响股票价格的因素很多,主要有宏观经济形势、政治环境、市场利率、经济政策、行业发展前景、公司经营管理状况等方面。

第二节 债 券

债券是在信用发展的基础上产生,它体现着特定的权利义务关系,即债权债务关系。相对于股票来说,债券是一种收益稳定、风险较低的投资工具。目前在各国的证券市场上,债券的发行量和交易量甚至都已经超过了股票的发行量和交易量,可见它在证券投资领域中同样扮演着非常重要的角色。本节将详细介绍债券的定义、特征以及债券的基本分类,并对债券与股票之间的区别进行一定的归纳。

一、债券概述

(一) 债券的含义

债券是社会各类经济主体为筹措资金而向债券投资者出具的、承诺按一定利率定期支付利息和到期偿还本金的有价证券,是表明投资者与筹资者之间债权债务关系的书面凭证。

通过以上表述,债券至少包含了以下几个含义:

(1) 债券的发行者(各类经济主体如政府、金融机构、工商企业等)作为债务人,是借入资金的经济主体;

(2) 购买债券的持有者是债权人,是借出资金的经济主体;

(3) 发行者从投资者手中借入资金是需要定期支付利息并按期归还本金的;

(4) 债券是具有法律效力的债权债务关系凭证,反映的是一种直接的债权债务关系。

(二) 债券的基本要素

债券作为证明债权债务关系的凭证,尽管种类多样,但在内容上都包含一些基本的要素。这些要素是指发行的债券上必须载明的基本内容,是明确债权人和债务人之间权利和义务的主要约定,具体包括:

(1) 发行主体及其地址。债券票面应该明确记载发行单位的名称(全称)及其住所地址,以便投资者了解发行单位的状况。同时,这一要素指明了该债券的债务主体,为债权人到期追索本金和利息提供了依据,同时也起到区别不同债券的作用。

(2) 债券的票面金额。债券的票面金额代表债券的票面价值,表示债券到期后发行人对持有人应当偿还的本金数额,同时也是发行人向持有人按期支付利息的计算依据。票面币种可以用本国货币或外国货币,主要取决于债券的种类和发行者的需要。①

---

① 债券的面值与债券实际的发行价格并不一定是一致的,发行价格大于面值时称为"溢价发行",发行价格小于面值时称为"折价发行"。

(3) 债券的票面利率和计息方法。债券的票面利率是指债券利息与债券面值的比率,是发行人承诺日后一定时期支付给债券持有人利息的计算标准。不同的债券有不同的票面利率和计息方法,它直接影响到投资者的利益,因此,债券应明确记载其票面利率和计息方法。

一般而言,影响债券票面利率的因素主要有:① 银行的利率水平;② 发行者的资信状况;③ 债券的偿还期限;④ 资本市场资金的供求状况。

(4) 债券的发行日期。债券的发行日期是确定其计息时间的基础,是影响投资者权益的重要因素。债券票面必须要载明其发行日期。

(5) 债券还本的期限和方式。债券的还本期限是指债券上载明的偿还债券本金的期限,即债券发行日至到期日之间的时间间隔。债券发行者必须在债券到期日向债券持有者偿还本金。债券还本方式是指发行者采取怎样的方式归还本金,是一次还本还是分期还本等。债券票面应明确记载其还本期限和还本方式,它将直接决定债券的名义利息额,对投资者利益有重大影响。

债券还本期限的长短主要取决于:① 债务人对资金需求的用途:如果仅是需要临时周转,则可发行短期债券,若是长期资金需要则可发行长期证券;② 未来市场利率的变化趋势:若是对未来利率看涨则发行长期债券,否则发行短期债券;③ 证券交易市场的发达程度:若是较发达的市场可以发行相对长期的债券,否则发行短期债券。

(6) 其他内容。如发行单位的印记、债券的发行序号以及其他应说明的事项等。

(三) 债券的基本特征

债券作为一种债权债务关系凭证,与其他有价证券一样,也是一种虚拟资本,而非真实资本,它主要有以下几个特征:

(1) 债券的偿还性

债券与股票的性质不同,债券是债权的代表。当投资者持有某发行单位发行的债券时,就成为该发行方的债权人。债权人与债券发行单位之间只是一种债权债务关系,是一种借贷关系,因此债券一般都规定有偿还期限,发行人必须按约定条件偿还本金并支付利息。

(2) 债券的流动性

债券可以在证券市场上转让流通。当债券持有者需要现金时,可以将持有的债券在证券市场上转让卖出或者到银行将其作为抵押品来取得抵押借款。由此可见债券具有相当强的流动性。

(3) 债券的收益性

一般来说,债券发行单位在发行债券时,就确定了债券的券面利率、计息方法、利息支付方式和利息支付时间。在符合上述要求的条件下,债券持有人就有权要求债券发行者按规定支付利息。通常,债券的利息支付主要有息票支付方式和非息票支付方式两种。息票支付方式是指债权人在规定的付息期间,凭借息票债券(一般无记名债券多为息票债券)下的利息券领取利息;非息票支付方式则指债权人凭债券本身在规定的时间去指定地点领取利息。除了以上的利息收益外,债券持有者还可以利用债券价格的变动通过买卖债券来赚取差额利润。

（4）债券的安全性

首先,债券发行单位在发行债券时,都明确规定了债券本金的偿还期和偿还方法,用以保证债券持有人到期能无条件地收回本金;其次,债券通常规定了与企业绩效无直接联系的固定利率,使投资者收益稳定且承担较小的风险;最后,若发行企业不幸破产或清算时,债券持有者享有优先于股票持有者对企业剩余资产的索取权。因此,债券的安全性还是有保障的,比其他的证券投资风险要小得多。

当然债券投资也存在风险,主要来自以下三个方面:① 违约风险,指因债务人不能充分和按时履行按期还本付息的约定所造成的损失;② 通货膨胀风险,指由于债券利率固定,在发生通货膨胀时,实际利息收入将下降的风险;③ 市场风险,指由于市场利率上升导致债券价格下降所遭受的风险。

（5）债券的灵活性

企业通过发行债券筹集到的资金是向社会公众的借款,债券的持有者只对发行方拥有债权,而不能像股票持有者那样参与公司的经营管理,因此对债券发行单位的限制,就不像股票或其他证券那样严格。债券的发行人既可以是股份公司,也可以是非股份公司,既可以是以营利为目的的经济组织,也可以是不以营利为目的的非经济组织,只要具有偿还能力,任何单位都可能是债券发行者。另外,企业通过发行债券而筹集的资金,可以根据其自身生产经营的需要自由灵活运用。

二、债券的分类

债券的种类有许多,根据不同的标准可以有不同的分类方法。

（一）按发行主体不同分类

根据债券的发行主体不同可将其分为政府债券、金融债券、企业债券和国际债券。

1. 政府债券

政府债券的发行主体是政府。政府债券是政府或政府代理机构为了筹措资金而向投资者发行的债券,主要是为了弥补预算赤字、筹集建设资金及归还旧债本息等。政府债券主要可分为中央政府债券(国家债券)、地方政府债券和政府保证债券。政府债券主要具有以下几个特征:安全性高、流通性强、收益稳定、免税待遇。

（1）国家债券。国家债券指由中央政府或财政部门所发行的债券,由于受到国家政府的担保以及国家税收作为支付保证,所以其信誉好、风险低、收益稳定,又被称为"金边债券"。

（2）地方政府债券。地方政府债券是指由地方政府为进行经济开发、公共设施建设等发行的债券,如美国的市政债券、日本的地方债券、英国的地方当局债券等。地方政府债券的安全性较高,被认为是安全性仅次于"金边债券"的一种债券,而且,投资者购买地方政府债券所获得的利息收入一般都免交所得税,这对投资者有很强的吸引力。

（3）政府保证债券。除了政府部门直接发行的债券外,有些国家把政府担保的债券也划归为政府债券体系,称为"政府保证债券"。这种债券由一些与政府有直接关系的公司或金融机构发行,并由政府提供担保,具有较高的信誉,也是债券投资者的重要投资对象。

2. 金融债券

金融债券是指由银行或非银行金融机构依照法定程序发行并约定在一定期限内还本付息的有价证券。它是商业银行或专业银行除通过发行股票、发行大额可转让存单等方式吸收资金外，经过特别批准后的又一种资金筹措方式。在我国主要由国家开发银行、中国进出口银行等政策性银行发行。其主要具有以下特征：信用度较高、流动性强、利率高于国债。

3. 企业债券

企业债券是指由企业为筹集投资资金而发行的债券，具体又可分为公司债券和非公司债券两大类。该类债券多为筹措长期资金的长期债券，与政府债券和金融债券相比，其风险性较大，但利率也较高。通常，国家为了保护投资者的利益，对此类债券在发行数额、发行时间、债券期限、利率等方面都有较严格的规定。

4. 国际债券

国际债券是指各主权国家政府、信誉好的大公司以及国际机构等，在本国以外的国际金融市场上发行的债券。国际债券是一种跨越国界发行的债券，其发行目的主要是弥补发行国政府的国内预算赤字或国际收支逆差；实施国际金融组织的经济开发计划；增加大型工商企业或跨国公司的营运资金，扩大经营范围。其主要特点是：发行者属于某一国家，发行地点属于另一国家，且债券面额不以发行国货币计值，而是以外国货币或其他货币记值。目前主要包括外国债券、欧洲债券和龙债券等。

（二）按期限长短分类

根据债券偿还期限的长短可将其分为短期债券、中期债券、长期债券和永久债券。

1. 短期债券

短期债券是指本金的偿还期限在1年以下的债券，如美国的国库券、日本的短期国债等。短期债券的发行者主要是工商企业和政府，发行目的大多是为了募集临时性周转资金。该证券通常有3个月、6个月、9个月、12个月几种期限。

2. 中期债券

中期债券是指本金偿还期限在1年以上10年以下（包括10年）的债券，如美国的中期国家债券、日本的中期附息国家债券和贴现国家债券等。

3. 长期债券

长期债券是指本金偿还期限在10年以上的债券，如美国的长期国家债券、日本的长期附息国家债券等。中长期债券的发行者主要是政府、金融机构和企业，发行的目的是为了获得长期稳定的资金。

4. 永久债券

永久债券是一种永恒的、并不规定本金的偿还期限的债券。持有人不能要求清偿本金，但可以无限期地按期取得利息，其非常典型的例子是英国统一公债。[①]

（三）按有无抵押担保分类

根据债券有无抵押担保的信用形式，可将其分为信用债券、抵押债券和担保债券。

[①] 我国的国债期限划分与上述标准相同，但我国企业债券的期限划分与上述标准有所不同。我国短期企业债券的偿还期限在1年以内，偿还期限在1年以上5年以下的为中期企业债券，偿还期限在5年以上的为长期企业债券。

1. 信用债券

信用债券指不提供任何形式的担保,仅凭债券发行单位的信用作保证而发行的债券。一般政府债券和金融债券都属于信用债券。当然,一些公司也可以发行信用债券,但为了保护投资者的利益,对发行这种证券的公司具有许多约束,只有那些信誉卓著、资本雄厚的大公司才有资格发行。除此之外,在债券契约中往往加入保护性条款,如要求公司不能将资产抵押给其他债权人、不能兼并其他企业、未经债权人同意不能出售资产、不能发行其他长期债券、在信用债务未清偿前股东分红应受到限制等。由于信用债券的持有人承担较大的风险,所以其利率往往较高。

2. 抵押债券

抵押债券指债券发行者以其自有财产作为抵押品进行担保而发行的债券。它又具体分为不动产抵押债券和抵押信托债券。不动产抵押债券是指为保证本金的偿还,而以土地、设备、房屋等不动产作为抵押品而发行的债券。抵押信托债券(又称"质押债券")是指以自己拥有的其他单位债券或股票等证券作为抵押品而发行的债券。一旦债券发行人违约,持有人就可以通过信托人行使对担保品的处理权将其变卖处置,以保证自己的利益。

3. 担保债券

担保债券又称为"保证债券",是指由第三者作为保证人而发行的债券。发行这种债券的担保人一般为银行或非银行金融机构,或企业的主管部门,少数的由政府担保。如果债务人违约,债权人有权向担保人追讨债务。担保债券可以提高债券的信誉,扩大销路,减轻发行单位的利息负担。

(四)按债券的计息方式分类

根据债券计息方式的不同可将其分为单利债券和复利债券。

1. 单利债券

单利债券是指在债务期间计算利息时仅按本金计息,上期所生利息不再加入本金计算下期利息的债券。单利债券的利息总收入与期限划分长短无关。

2. 复利债券

复利债券是指在债务期间计算利息时,将先前获取的利息并入本金中来重复计算下期利息的债券。这样,在每一个计息期,上一个计息期的利息都将成为生息的本金,即以利生利,也就是俗称的"利滚利"。复利债券的利息收入与期限划分长短密切相关,期限划分越短,计算利息的次数也就越多,则投资者获得的利息总收入也就越高。

(五)按利息的支付方式分类

根据债券利息的支付方式不同,可将其分为贴现债券、息票累积债券和附息债券。

1. 贴现债券

贴现债券是指在票面上不规定利率,发行时按某一折扣率以低于票面金额的价格发行,到期时仍按面额偿付的债券。这种债券的利息是预先支付的,债券的发行价格与其面额的差额即为利息。由于该债券以低于面额的价格发行,可以看作是利息预付,因而又可称为"利息预付债券""贴水债券"。美国的短期国库券和日本的贴现债券,都是较为典型的例子。

2. 息票累积债券

息票累积债券又称为"一次还本付息债券",是指在债务期间不支付利息,只在债券到期后按规定的利率一次性向持有者还本付息的债券。

3. 附息债券

附息债券是指债券上附有息票,每年在付息日以息票领取利息的债券。息票上标有利息额、支付利息的期限和债券号码等内容,持有人可从债券上将其剪下,并据此来领取利息。附息债券的利息支付方式一般是在偿还期内按期付息,如每半年或一年付息一次。

关于附息债券的定价:附息债券的内在价值等于它未来所能带来的所有现金收入的现值。而附息债券的未来现金收入来自于两个部分:① 每一期所支付的利息;② 到期偿还的本金。

(六) 按利率的确定方式分类

根据债券利率确定的方式不同可将其分为固定利率债券、浮动利率债券和累进利率债券。

1. 固定利率债券

固定利率债券是指在发行时就已明确规定利率在整个偿还期内固定不变的债券。该利率不随市场利率的变化而调整,因而固定利率债券可以较好地抵制通货紧缩风险。这种债券的偿还主要分两种形式:一种是到期一次性支付本金和利息;另一种是分期偿还本金和支付利息。

2. 浮动利率债券

浮动利率债券指在发行时规定债券利率随市场利率定期浮动的债券,其利率通常根据市场基准利率加上一定的利差来确定。因为浮动利率债券的利率同当前市场利率挂钩,而当前市场利率又考虑了通货膨胀率的影响,所以浮动利率债券可以较好地抵制通货膨胀风险。

3. 累进利率债券

累进利率债券是指根据实际债券持有期限的长短来执行不同利率等级的债券。其利率随着时间的推移,后期利率将比前期利率更高,有一个递增率而呈累进状态(例如第一年为4%,第二年为5%,第三年则为6%)。累进利率债券的期限可由投资者自行选择,但有一个最短持有期和最长持有期的限制。这种债券有利于调动投资者的投资积极性,刺激投资者长期持有债券,它一般适用于中长期债券。

(七) 按是否记名分类

根据债券是否记名可将其分为记名债券和无记名债券。记名债券是券面需要记载债权人姓名的债券,这种债券在领取本息时需要有持有人的身份证明,另外在转让时也需要重新登记,所以流动性较差;反之,无须记载债权人姓名的称为"无记名债券",这种债券可凭债券本身或息票领取利息,转让时也不用重新登记,因此流动性较好。

(八) 按债券募集方式分类

根据债券募集方式的不同可将其分为私募债券和公募债券。

1. 私募债券

私募债券是指仅向发行单位内部或与发行单位有特殊关系的投资人发售的债券。由于这种债券发行的范围较小,不需要公开申报,且转让也受到一定的限制,一般不能上市交易,所以往往流动性较差。

2. 公募债券

公募债券是指经过法定程序,由证券主管机构批准后在市场上向社会公开销售的债券。由于这种债权不是向指定的少数投资者出售,而是向社会所有可能的投资者出售,为了保护广大投资者的利益,证券主管部门对发行者具有较高的要求和规定,并且必须遵守信息公开制度。

(九) 按债券的券面形态分类

根据债券的票面形态可将其分为实物债券、凭证式债券和记账式债券。

1. 实物债券

实物债券是指一种具有标准格式和实物券面的债券。在标准格式的券面上,一般印有债券面额、债券利率、债券期限、债券发行人的全称、还本付息的方式等各种债券票面要素,并且不记名、不挂失,可以上市流通。我国发行的无记名国债就属于实物债券。

2. 凭证式债券

凭证式债券是一种债权人认购债券的收款凭证。我国从1994年开始通过银行系统发行的凭证式国债即属于凭证式债券,该债券券面上并不印制票面金额,而是根据认购者的认购额来填写实际的缴款金额,并且可记名、可挂失,以"凭证式国债收款凭证"记录债权,不能上市流通,从购买之日起开始计息。当在持有期之内,债券的持有人遇到特殊情况而需要提取现金时,可以到购买网点提前兑取。

3. 记账式债券

记账式债券是指没有实物形态的票券。此类债券利用账户通过电脑系统来完成发行、交易及兑付的全过程,我国在1994年开始发行。由于记账式债券的发行和交易均无纸化,所以这类债券具有效率高、成本低、交易安全的优点。

(十) 按能否转换成公司股票分类

根据债券是否具有转换成公司普通股股票的特征可将其分为可转换债券和不可转换债券。

1. 可转换债券

可转换债券是指债券发行单位在发行债券时规定,债券持有者具有按相关条件在一定时期内按一定比例或价格将之转换成一定数量的普通股票的权利,而非义务。从本质上讲,可转换债券是在发行公司债券的基础上,附加了一份期权,并允许购买人在规定的时间范围内将其购买的债券转换成指定公司的股票。

可转换债券具有债券和期权的双重属性,主要有以下特征:

(1) 债权性。可转换债券首先是一种公司债券,其具有确定的债券期限和固定利息率,能够为债券投资者提供稳定的利息收入和还本保证,因此可转换公司债券具有充分的债权性质。这意味着可转换债券持有人虽然可以享有还本付息的保障,但与股票投资者不同,他们并不是企业的拥有者,不能获取股票红利,不能参与企业经营决策。

(2) 股权性。可转换债券在转换成股票之前是纯粹的债券,但在转换成股票之后,原债券持有人就由债权人变成了公司的股东,可参与企业的经营决策和红利分配,这也会在一定程度上影响公司的股本结构。

（3）可转换性。可转换债券为投资者提供了转换成股票的权利，这种权利具有选择权的含义，也就是投资者既可以行使转换权，将债券转换成股票而成为公司的股东，也可以放弃这种权利，持有债券到期来收取本金和利息。正是因为具有可转换性这一优越条件，可转换债券的利率一般低于普通债券的利率。

（4）赎回性和回售性。赎回是指当公司股票在一段时间内持续高于转换价格达到一定幅度时，公司按照事先约定的赎回价格买回发行在外尚未转股的可转换债券的行为；回售是指当公司股票在一段时间内连续低于转换价格达到某一幅度时，可转换债券持有人可以按事先约定的价格将所持未转股的债券卖给发行人的行为。发生以上情况时，发行人往往要向持有人支付比没有赎回时更高的利息，以补偿债券转换权的机会成本。

2. 不可转换债券

不可转换债券是指不能转换为普通股的债券，又称为"普通债券"。由于其没有赋予债券持有人将来成为公司股东的权利，所以其利率一般都会高于可转换债券的利率。

三、债券与股票的比较

（一）债券与股票的异同点

债券与股票都作为当今运用最为广泛的投资工具，它们之间既具有相似的地方，同时又存在着较大的差异。现在将债券与股票之间的异同点作一简要的归纳：

1. 相同点

（1）两者都属于有价证券，都是虚拟资本；

（2）两者都是企业筹措资金的手段和投资工具；

（3）两者都是能获得一定收益的金融资产。

2. 不同点

（1）发行方不同。从发行单位看，股票只能是股份公司才能发行；而债券除了股份公司外，其他各类公司、金融机构，甚至中央和地方政府等都可以发行。

（2）权利不同。股票是所有权凭证，表示的是对公司的所有权，而债券所表示的只是一种债权；股票投资者有参与公司经营管理的权利，而债券投资者则没有参与经营管理的权利。

（3）目的不同。从发行目的上看，发行股票是股份公司筹集自有资本的需要；发行债券是追加资金的需要。发行股票所筹措的资金列入公司资本；发行债券所筹措的资金列入公司负债。

（4）期限不同。从期限上来看，股票通常是不能偿还的，没有到期日，因此是一种无期投资，或称"永久投资"；而债券有到期日，期满时债务人必须按时归还本金，所以债券是一种有期投资。

（5）收益不同。从收益方面看，债券在购买之前利率就已明确，所以无论发行方经营获利与否，投资者按期就可以获得固定利息；而股票一般在购买之前不定股息率，股东的股息收入随股份公司的盈利情况而变动，盈利多就多得，盈利少就少得，无盈利就不得。

(6) 风险不同。从投资风险的大小上看,股票大于债券,主要因为:第一,债券的利息是公司的固定支出,属于费用范围;而股票的股息红利是公司利润的一部分,公司有盈利才能支付,而且支付顺序列在债券利息支付和纳税之后。第二,倘若公司破产,清理资产有余额偿还时,债券偿付在前,股票偿付在后。第三,在二级市场上,债券因其利率固定,期限固定,市场价格也较稳定;而股票无固定期限和利率,受各种宏观因素和微观因素的影响,市场价格波动频繁,涨跌幅度较大。

(二) 债券筹资与股票筹资的比较

1. 债券筹资的优势

对于需要融资的企业而言,发行债券比发行股票具有一些优势之处,主要表现在:

(1) 融资成本较低。首先从筹资公司的角度上看,由于债券利息是在征收所得税之前支付,因而具有抵税的作用,所以债券的税后成本低于股票的税后成本;其次,从投资者的角度来看,由于投资债券可以保证还本付息,投资风险较股票低,所以其要求的报酬率也较低,即债券的利息支出成本要低于普通股票的股息支出成本;最后,从发行费用的角度上来看,债券的发行费用一般也低于股票。

(2) 具有财务杠杆的作用。由于债券持有人只能获取利息,不能参与公司其他收益的分配,而债券的利息往往又是固定的费用,所以发行债券具有财务杠杆的作用。当公司的息税前利润增加时,由于其增加的收益大于所需支付的债息额,所以会有更多的收益用于股利分配或留存下来用于扩大投资,使股东的财富和公司的价值相应增加。

(3) 保障股东的控制权。由于债券投资者无权参与发行公司的经营管理决策,也不像股东那样具有对公司资产的所有权,所以发行债券既可以保证股东对公司的控制权不变,也能防止股东的权益被相应地稀释。

2. 债券筹资的劣势

债券筹资相较股票筹资也存有一些劣势,主要表现在:

(1) 财务风险较高。债券通常具有固定的到期日,需要定期还本付息,而发行公司也具有按期还本付息的义务。当公司不景气而出现资金周转困难时,还本付息将成为沉重的财务负担,会使其陷入财务困境,甚至导致破产清算。所以当需要筹资的公司在选择发行债券时,必须对利用筹集资金开展的投资项目的未来收益的稳定性和增长性问题加以仔细考虑。

(2) 限制条件较多。由于债券投资者不能取得参与公司管理的权利,为了保障他们债券的安全,通常会在债权合同中附加一些限制性条款。这些限制性条款实质上削弱了股东对公司的控制权,从而可能影响到公司对资金利用的灵活性和进一步的筹资能力。

(3) 筹资数量有限。公司利用发行债券筹资要受到一定额度的限制,而不像股票筹资那样可以灵活选择。限制主要包括两方面:一是国家规定的企业债券年度发行规模的限制;二是《公司法》对具体公司的发行数量限制。我国《公司法》明确规定,发行公司流通在外的债券累计总额不得超过公司净资产的 40%。

延伸阅读

美债仍是触发全球风险的"黑天鹅"

美债是全球风险的受益者,但也是全球风险的制造者。当前,全球经济仍存在诸多潜在风险隐患,美债就是其中之一。最新数据显示,美国公共债务总额首次超过GDP,达到18万亿美元,这一信号在未来对全球市场产生的影响不可低估。

美国债务持续增长来源于长期的赤字经济。一般情况下,弥补财政赤字的路径主要有三个:一是加税或减支,二是增发货币,三是发行国债。可见,美国的债务问题并不仅仅是一个短期或是周期性问题,更反映了美国经济运行中的一种长期性变化,有其内在的经济逻辑。事实上,美元是美国联邦储备银行发行的不可兑换银行券,美联储必须以购买国债的数量决定印刷美元的数量。美国政府向美联储卖出国债,美联储向其提供等额美元。美国的"美元本位制"本质上是由"债务本位制"所决定的。最近十年来,美国政府每年的借款包括债务再融资规模平均超过4万亿美元,美国债务总规模由5.3万亿美元增长至目前的18万亿美元,增长了3.3倍。2009年奥巴马宣誓就职时美国公共债务为6.3万亿美元,如今增至12.9万亿美元,增幅高达105%。

根据美国白宫预算办公室的长期预测,美国债务将以快于经济增速的步伐继续增加,美国经济须每年至少增长6%,才能跟上债务增加的步伐。如以目前每天增加35亿美元新债的速度计,美国政府的债务总额将会在十年后涨至26万亿美元,到2035年,美国联邦债务将占GDP的180%。

本质上来讲,美元信用创造为全球流动性提供了投资标的,美国国债也一直被认为是与美元等量齐观的全球流通性最好的金融资产。

从市场深度和流动性而言,美国国债二级市场存量达到6万亿美元以上,可以满足全球源源不断的资金投资需求。在美国的国债构成之中,除政府外的其他部门持有约40%,美国居民持有约30%,外国投资者持有约30%。中国持有美债占比为8%。过去十年,中国持有美国债券规模经历了爆炸性增长,年均增长率达36.8%。世界上大多数通过资源出口和商品出口积累贸易盈余的新兴国家,都积极购买美债,这大大压低了美国长期融资成本。

而量化宽松货币政策的本质就是债务货币化,美国将"私人债务国家化",然后将"国家债务国际化",让别国为美国的危机买单。全球贸易顺差国的外汇储备是主要的债务融资来源之一,这对于美元长期实际利率水平起到一定的抑制作用。2000年到2011年,美国10年期国债的收益率平均下降了45%,美国充分享有了全球低利率的价格红利。特别是近期在美联储退出QE,国际油价、金价暴跌所引发的全球市场一系列连锁性动荡的大背景下,全球资金涌向美国,美债也成了资金避险之地,美元资本回流相当于为美国国债提供了更多的廉价融资。

然而，不断膨胀的美国债务仍是全球市场隐藏的"定时炸弹"。国际三大评级机构认定美国3A评级的前提条件是债务占GDP比重不超过110%，这意味着如果美债继续按照目前速度增加，那么极有可能遭遇降级，这势必导致全球资本流动出现剧烈波动，资本可能大幅回流美国寻求避险，全球股市，特别是新兴市场会受到较大冲击，风险资产可能出现抛售。因此，美国债务问题仍将是未来影响世界经济和全球市场的"黑天鹅"。

（资料来源：《经济参考报》2014年12月8日）

第三节 证券投资基金

证券投资基金是当今世界上一种重要的投资方式，在全球范围内取得了迅猛的发展。它始创于19世纪中叶的英国，发展于美国，后来普及于日本、德国、法国及我国的香港、台湾等众多国家和地区。一百多年以来，特别是20世纪80年代中后期，随着各国社会经济的不断发展，投资规模的不断增大，各种类型的投资基金纷纷涌现，形成了一个庞大的产业，成为继股票、债券后又一个非常重要的投资工具。本节将系统地介绍投资基金的相关知识，包括基金的含义、特点、分类，以及基金的运作主体等，并对投资基金与股票、债券等投资工具的区别进行归纳。

一、投资基金概述

（一）投资基金的含义

证券投资基金是一种实行组合投资、专业管理、利益共享、风险共担的集合证券投资方式，即专门的投资机构通过公开发行基金份额的方式募集投资者的资金，交由选定的基金托管人保管并委托基金管理人进行股票、债券等金融工具的分散化组合投资，并将投资收益按基金投资者的投资比例进行分配的一种间接投资方式。

作为一种大众化的信托投资工具，世界各国和地区对投资基金的称谓有所不同。在美国，证券投资基金被称为"共同基金"；在英国和我国的香港地区，投资基金被称为"单位信托基金"；在欧洲的一些国家，投资基金被称为"集合投资基金"或"集合投资计划"；在日本和我国的台湾地区，投资基金则被称为"证券投资信托基金"。

（二）投资基金的性质

证券投资基金是金融信托的一种形式，反映了投资者与基金管理人、基金托管人之间的委托代理关系，其在证券市场上具有多重身份。主要表现在：(1) 证券投资基金是供投资者选择的主要投资工具之一，是投资的客体，投资者通过购买一定数量的基金份额参与投资来获取投资收益；(2) 证券投资基金将募集的基金投资于股票、债券等有价证券，成为证券市场上重要的机构投资者，是投资的主体；(3) 证券投资基金也是专业的投资中介，接受投资者的委托，代理证券投资事宜，并取得相应费用，成为连接社会公众投资者和筹资者的桥梁。

（三）投资基金的主要特点

（1）集合投资

证券投资基金是一种积少成多的集合型投资方式，其主要通过将众多的、分散的小额资金，主要是中小投资者的小额资金汇集起来，委托基金管理人进行共同投资来获取收益。由于投资基金的最低投资额一般较低，投资者可以根据自己的经济实力决定购买数量，从而解决了中小投资者"资金少入市难"的问题，并且投资基金可以广泛地吸收社会闲散资金，汇成规模巨大的投资基金，有利于发挥资金的规模优势、降低投资成本。

（2）专业理财

投资基金将大量大小不一的资金汇集起来后，委托专业的基金管理公司负责管理。基金管理公司配备了大量的专业投资专家，他们掌握着广博的投资分析和投资组合理论知识，在投资领域积累了丰富的经验，不是个人投资者盲目投资所能比的，这在一定程度上可以节约交易成本、提高投资收益。中小投资者将资金交给基金管理人管理，使其也能享受到专业化的投资管理服务。

（3）分散风险

投资学上有一句谚语："不要把鸡蛋都放在一个篮子里。"这告诫我们要通过多元化投资组合来降低投资风险，但是，要实现投资资产的多元化，需要一定的资金实力。中小投资者由于资金量小，一般无法通过购买数量众多的股票来分散投资风险。而投资基金则可以凭借其聚集而来的巨额资金，购买几十种甚至上百种股票，投资者购买基金就相当于用很少的资金购买了一揽子股票。在多数情况下，某些股票的下跌造成的损失可以用其他股票上涨的盈利来弥补，因此可以真正做到风险分散，提高投资的安全性和收益性。

（4）利益共享

基金投资者是基金的所有者。基金投资收益在扣除由基金承担的费用后的盈余全部归基金投资者所有，并依据各个投资者所持有的基金份额比例在投资者之间进行分配。为基金提供服务的基金托管人、基金管理人只能按规定收取一定比例的托管费、管理费，并不参与基金收益的分配。

（5）独立托管

为了保证基金资产的安全，基金应按照资产管理和保管分开的原则进行运作，并由专门的基金托管人来保管基金资产。投资基金管理人由投资专家组成，负责投资基金资产的经营，本身不实际接触及拥有投资基金资产；托管人由主管机关认可的金融机构担任，负责投资基金资产的保管，依据投资基金管理机构的指令处置投资基金资产并监督管理人的投资运作是否合法合规。正是基金管理人和基金托管人之间的这种相互协作和相互制衡的关系，对投资者的利益提供了重要的保障。

（6）间接投资

与直接投资股票或债券不同，证券投资基金是一种间接投资工具。当投资者直接投资于股票或债券时，就成了股票或债券的所有者，需要直接承担投资风险；当投资者购买证券投资基金时，则是由基金管理人来管理和运作基金资产，进行证券的买卖活动，投资者不参与公司的决策和管理，只享有公司利润的分配权。因此，对投资者来说，投资基金是一种间接的证券投资方式。

(7) 严格监管

为了切实保护投资者的利益,增强投资者对基金投资的信心,各国和地区的基金监管机构都对基金业实行严格的监管,对各种有损于投资者利益的行为进行严厉的打击,并强制要求基金及时、准确、充分地披露信息。

(8) 交易方便

基金的买卖程序非常方便。就开放式基金而言,投资者既可以向基金管理公司直接购买或赎回基金,也可以通过证券公司等代理销售机构购买或赎回,或者委托投资顾问机构代为买卖。国外的基金大多是开放式基金,每天都会进行公开报价,投资者可随时据以购买或赎回。我国封闭式基金都在证券交易所上市交易,买卖程序与股票相似。

二、证券投资基金的类型

证券投资基金在世界范围内经过一百多年的发展,其种类已变得愈发多样化。按照不同的分类标准,可以将证券投资基金分成不同的类型,这样有助于投资者对其特征有更加深入的理解并作出正确的选择。

(一) 根据组织形式的不同分类

根据证券投资基金的组织形式,可将基金分为契约型投资基金和公司型投资基金。

1. 契约型投资基金

契约型投资基金又称"信托型投资基金",是指以信托法为基础,根据基金托管人、基金管理人和投资者三方之间签订的信托契约,通过发行收益凭证而组建的投资基金。该类基金在英国、日本及我国的香港、台湾地区比较多见,我国颁布的《证券投资基金管理暂行办法》中所规定的也是契约型投资基金。

在契约型投资基金的运作中,涉及的主要当事人有基金投资者、基金管理人和基金托管人三方。投资者通过购买受益凭证来参与基金投资,获取投资收益;基金管理人按照相关法律法规和基金契约负责基金的经营与管理;基金托管人负责基金资产的安全保管,执行基金管理人的相关指令,办理基金名下的资金往来,并同时负有监督基金管理人的责任。

2. 公司型投资基金

公司型投资基金是依据公司法成立,通过发行基金股份将筹集的资金投资于各类有价证券等特定对象的股份制投资公司。公司型投资基金以营利为目的,且在组织结构上与股份有限公司较为类似。公司型基金通过发行普通股份以募集资金,是具有法人资格的经济实体。投资者购买公司的股份后就成为公司的股东,按照公司章程的规定享有权利并履行义务。公司型基金成立后一般委托特定的基金管理公司管理基金资产,同时还会委托第三者来保管基金资产,各当事人之间的权利和义务按照公司的章程来规范。公司型投资基金在美国比较多见。

在公司型投资基金的运作中,主要的当事人有:投资者和发起人、董事会、基金管理人、基金托管人。

持有基金份额的投资者就是基金公司的股东,享受股东的一切权利。同其他股份公司一样,基金公司是由发起人设立的。发起人一般由投资银行、信托公司、保险公司和基金管理公司充当,发起人负责向主管部门申请基金的审批并负责向社会公众募集基金份额,在基金未能成立时承担相应的责任。

董事会是基金公司的常设管理机构,负责基金公司的管理业务,如聘请基金公司的总经理和基金管理人、负责制定基金的投资目标和策略等。基金公司的董事一般由发起人或其他投资者所担任。

基金管理人和基金托管人则与契约型投资基金中管理人和托管人基本相同。

3. 契约型投资基金与公司型投资基金的比较

(1) 法律依据不同。契约型投资基金的组建依据的是基金契约,并且信托法是其设立的法律依据;而公司型投资基金是依据公司法组建的。

(2) 法人资格不同。契约型投资基金没有法人资格;而公司型投资基金通过发行普通股份以募集资金,是具有法人资格的经济实体。

(3) 发行的凭证不同。契约型投资基金发行的是受益凭证,即基金单位;而公司型投资基金发行的则是股票。

(4) 投资者地位不同。契约型投资基金的投资者购买受益凭证后,即成为基金契约中规定的受益人,对基金的重要投资决策并没有发言权;而公司型投资基金的投资者担当着公司的股东,可以参加股东大会,有权对公司的重大决策表达自己的意见,行使股东权利。

(5) 融资渠道不同。契约型投资基金由于不具有法人资格,一般不向银行借款;而公司型投资基金是具有法人资格的股份公司,在资金运用状况良好、业务开展顺利时,可以通过银行借款来扩大公司规模。

(6) 资产的运用依据不同。契约型投资基金依据契约来运用基金资产;公司型投资基金的运用则依据公司章程规定。

(7) 运营方式不同。契约型投资基金依据基金契约进行运作,契约期满后,基金运营随之终止;而公司型投资基金则像一般的股份公司一样,除非依据公司法规定进入了破产清算阶段,否则一般会永久经营下去。

以上区别可概括为表 1-3-1 所示:

表 1-3-1　契约型投资基金与公司型投资基金的比较

比较项目	契约型投资基金	公司型投资基金
法律依据	信托法	公司法
法人资格	无法人资格	具有法人资格
发行凭证	受益凭证	股票
投资者地位	对基金运用无发言权	对重大决策具有发言权
融资渠道	一般不向银行借款	可以通过银行借款
资产的运用依据	契约	公司章程
运营方式	随契约期满终止	一般会永久经营

(二) 根据投资基金能否赎回分类

根据投资基金设定后能否追加投资份额或者赎回投资份额,可将投资基金分为封闭式投资基金和开放式投资基金。

1. 封闭式投资基金

封闭式投资基金,也称为"固定型投资基金",指基金资本总额及单位数目在基金设立时就已确定,在基金存续期内基金单位的数目一般不会发生变化(出现基金扩募的情况除外)的投资基金。封闭式基金的存续期即基金从成立之日起到结束之日止的整个时间段。封闭式投资基金发行的是不可赎回证券,基金不必随时准备将基金资产变现以应对投资者赎回的请求。尽管封闭式基金单位的数目一般不会发生变化,但基金的资产规模随单位资产净值的变化而变化。由于封闭式投资基金不能赎回或发行股份,封闭式基金的投资者想要变现的话,必须将股份出售给其他投资者。封闭式基金的股份在有组织的交易所里交易,可以像其他股票一样通过经纪人进行买卖,因此它的价格也就与资产净值不一样了。

2. 开放式投资基金

开放式投资基金又称"追加型投资基金",指基金资本总额及股份总数不是固定不变的,而是可以随时根据市场供求状况发行新份额或被投资者以资产净值赎回的投资基金。它既可以向投资者销售任意多的基金单位,也可以随时应投资者要求赎回已发行的基金单位。当开放式基金的投资者想要变现基金份额时,他们就以资产净值把股份再卖回给基金。基金单位总数的变动必会带来基金资产的变化。若基金向投资者发行新的股份,基金就能够用新筹集的资金进行投资,基金的资产也会相应增加;若投资者赎回基金股份,基金则需将投资组合中的现金或非现金资产变现来用于支付。基金的追加购买或赎回价格不同于原始发行价,而是以基金当时的净资产价值为基础来确定的。

3. 封闭式投资基金与开放式投资基金的比较

在投资基金业刚刚兴起的时候,封闭式投资基金一度成为主要的形式,但是随着金融市场的日趋成熟和完善,以及金融自由化的不断深入,开放式投资基金逐渐取代封闭式投资基金的地位而成为基金业发展的主流。现将开放式投资基金与封闭式投资基金的相关特点作一定的比较,概括如下:

(1) 发行规模限制不同。封闭式投资基金的份额数量是固定的,在封闭期内未经法定程序的认可不能增加发行;开放式投资基金的份额是不固定的,并没有受到发行规模的限制,投资者可以随时提出申购或赎回申请,基金规模也会随着相应增加或减少。

(2) 存续期限不同。封闭式投资基金有确定的封闭期,往往在5年以上,一般是10年或15年,而且经受益人大会通过和主管机关同意后还可以适当延长期限;开放式投资基金没有确定的期限,投资者可以随时向基金管理人赎回自己的基金单位,但如果出现大量赎回的情况,则可能导致清盘的后果。

(3) 交易关系不同。封闭式投资基金的持有人在封闭期内不能赎回基金份额,只能在证券交易所内出售给其他的投资者,所以基金的交易是在基金投资者之间完成的;开放式投资基金一般是在基金管理公司或者托管人柜台进行交易的,投资者可以随时向基金管理人或代理人提出申购或赎回申请,基金交易是在投资者与基金管理人或其代理人之间进行并完成的。

(4) 基金份额的交易价格计算标准不同。虽然封闭式投资基金与开放式投资基金的基金份额的首次发行价都是按照一定面值加上一定比例的购买费来计算,但是在往后的交易中其计价方式会发生改变。封闭式投资基金的交易价格往往是由市场的供求关系来决定的,所以经常会出现溢价或折价的现象;开放式投资基金的价格则取决于每一基金份额的净资产值的大小,并不直接受市场供求关系的影响,其一般申购价是在基金份额的净资产基础上加上一定的申购费用,而赎回价则是在基金份额的净资产基础上减去一定的赎回费用。

(5) 交易费用不同。封闭式投资基金的份额的买卖是在基金价格之外支付一定比例的证券交易税和手续费;开放式投资基金则是支付申购费和赎回费,并且已经包含在基金的价格之中。

(6) 基金份额净资产公布的时间不同。封闭式投资基金一般每周或更长的时间才公布一次基金份额的净资产;开放式投资基金则一般在每个交易日结束后都要对其进行公布。

(7) 投资策略不同。对于封闭式投资基金而言,由于它在存续期内不能要求赎回,所以信托资产比较稳定,基金资产的投资组合能够有效地在预定计划内进行,可以进行长期投资,便于基金管理人稳定地运作基金;而开放式投资基金的单位总数却是不断变动的,随时可能面临着投资者要求赎回的压力,使得基金资产相对变得不太稳定。基金资产的稳定性会对基金的投资战略产生重要的影响,开放式投资基金的管理人为了应对投资者赎回的风险,需要随时保留较大份额的流动性和变现性较强的资产,并且投资理念相对短期化,从而给基金管理人对基金的稳定运作带来了一定的难度。

(8) 投资风险不同。封闭式投资基金的投资风险较高,当基金业绩好时,投资者可以享受到超过净资产价值的证券收益,但是若它的业绩不佳而有亏损时,投资者也会最先遭受损失;开放式投资基金的投资风险则相对较低,因为它不仅每日公布份额的净资产值,并且具有较强的透明性,便于投资者控制风险。

以上区别可概括为表 1-3-2 所示:

表 1-3-2 封闭式投资基金与开放式投资基金的比较

比较项目	封闭式投资基金	开放式投资基金
发行规模	固定	不固定
存续期限	确定	不确定,理论上可能无限期
交易关系	在基金投资者之间转让	在基金投资者和管理人之间进行申购和赎回
交易价格	由市场的供求关系决定	根据基金的单位资产净值加、减一定费用确定
交易费用	在基金价格之外支付一定比例的证券交易税和手续费	申购费或赎回费,已包含在基金价格之中
信息披露	每周公布基金单位资产净值	每日公布基金资产净值
投资策略	流动性要求较低,可进行长期投资策略	为防止投资者赎回的风险,强调流动性管理
投资风险	较高,难以控制	较低,便于控制

(三) 根据资金募集方式分类

证券投资基金根据是否公开发行,可分为公募基金和私募基金。

1. 公募基金

公募基金是受政府主管部门监管的,向社会不特定投资者公开发行受益凭证的基金,由于涉及范围太广责任太大因此受到法律的严格监管,并有着信息披露、利润分配、运行限制等行业规范。公募基金的发行能够募集庞大的资金,能够争取到有利的投资时机,也由于严格的监管而更加公正和公平。目前,在我国证券市场上的封闭式基金属于公募基金。在美国,公募发行的公司型基金通常被称为"共同基金"。

2. 私募基金

私募基金是指通过非公开的方式面向少数特定对象募集资金而设立的基金,它的销售和赎回都是相关方在私下协商进行的。私募基金的主要构成形式是对冲基金,是为谋取最大收益的投资者而设计的合伙制私募发行的投资工具。私募基金的发行往往是由于投资范围比较狭小,具有一定的针对性,且发行总额在规定的范围内由特定的投资者认购便可完成,因而没有必要向广大的社会公众公开发行。

(四)根据投资风险与收益的不同分类

根据投资基金的收益与风险来进行划分,大致可分为以下几类:

1. 积极成长型基金

积极成长型基金也称作"高成长基金",其投资目标与普通成长型基金追求资本的长期增长不同,而是尽可能地追求最高的资本增值,是以高风险获取高收益的一种投资基金。这种基金以获取最大的资本利得为目标,投资标的常常以具有高发展潜力但目前股利不多(甚至并不分派股利)的新兴产业或刚设立公司的普通股为主。积极成长型基金的风险较大,可能产生巨大的损失,也可能获得巨大的利益,比较适合那些愿意承担高风险的投资者。

2. 成长型基金

成长型基金又称"长期成长型基金",这种投资基金追求资本的长期增值,也兼顾为投资者带来一定的经常性收益,基金的投资对象主要集中于具有高成长潜力的某些新兴行业领域内的公司股票,特别是把市场表现良好的绩优股作为投资的首要目标,是基金市场的主流品种。与积极成长型基金相比,成长型基金略为保守,该类基金将资产主要投资于那些资信好、长期有盈余或者发展前景较为明朗的公司普通股,因此风险程度较积极成长型基金稍低,但净值的波动幅度仍然偏高。

3. 成长收入型基金

成长收入型基金所追求的目标既兼顾经常收入又兼顾长期的资本增长,但稍偏重于成长型,投资策略比成长型基金略为保守,在选择投资的股票品种时,往往要求能从这些股票中获得股息和红利,这与成长型基金选择具有较大成长潜力而股利很少的股票作为投资目标具有很大的区别。成长收入型基金通常以股息记录优良,尤其是股息逐年增加的有成长潜力的股票为投资对象,它既可以满足投资者希望资本能不断增值的心理预期,又可以为投资者带来一定量的当期收入。

4. 平衡型基金

平衡型基金的投资策略是既注重资本的长期增值,又注重可观的收入,还注重资产净值的稳定。该类基金与成长收入型基金较为相似,不同之处在于成长收入型基金的资产主要集中于股票投资,而平衡型基金的资产则是投向普通股、债券或优先股,因此投资策略更为保守。由于注重资产净值的稳定,它通常会将一定比例的资产投资于固定收益的工具,如优先股、债券等,以获取稳定的利息收益,控制风险;其余的资产则投资于普通股,以追求资本利得。无论市场下跌或上升,基金资产的价值都不会有很大的变化。

5. 收入型基金

收入型基金是指以能够为投资者带来高水平的当期收入为目的的投资基金。这类基金资产成长的潜力较小,但损失本金的风险也相对较小。收入型基金通常又可以分为两个类型:固定收入型基金和权益收入型基金。固定收入型基金的资产主要投资于资信较高的政府债券、公司债券以及优先股等,能够获取稳定的利息收入;权益收入型基金的资产则主要投资于股息比较优厚、红利水平较高的绩优股票及相应的权证等。收入型基金旨在获得当期的最大收入,其风险较低,适合保守型的投资者。

(五) 根据投资标的分类

根据基金投资标的的不同可以将其分为以下类别:

1. 股票基金

股票基金是投资基金中最常见的一种,其投资对象是股票。股票基金的投资目标以追求资本成长为主,但其必须面对股票价格波动的风险,一般来说,股票基金的获利性是最高的,但相对来讲投资的风险也较大。股票基金按照股票种类的不同可分为优先股基金和普通股基金:优先股基金是一种可以获得稳定收益、风险较小的股票型基金,其投资对象以各公司发行的优先股为主,收益主要来自股利收入;普通股基金则以追求资本利得和长期资本增值为投资目标,风险较优先股基金要高。正是因为股票基金可以有不同的风险类型供选择,而且可以克服股票市场上普遍存在的区域性投资限制的弱点,再加上其变现性强、流动性强,所以受到广大投资者的钟爱。

2. 债券基金

债券基金是一种以国债、金融债等固定收益类金融工具为主要投资对象的证券投资基金。由于其投资的产品收益稳定,故又称为"固定收益基金"。债券基金是基金市场上的重要组成部分,其规模仅次于股票基金,它主要以政府公债、市政债券、公司债券等债券品种为投资对象。因为债券是一种还本付息的有价证券,所以债券基金较股票基金具有更加稳定的收益和更低的风险,比较适合稳健型的投资者。

3. 货币市场基金

货币市场基金是指投资于货币市场上短期有价证券的一种基金。该基金资产主要投资于流动性极佳的短期货币工具,如国库券、商业票据、银行可转让大额存单、银行承兑汇票、公司债券、同业拆借及回购协议等。货币市场基金的投资对象通常风险低而流动性高,因此该类基金的本金安全,资金流动性强,甚至可与活期存款相媲美,但收益远高于同期银行储蓄的水平。不仅如此,货币市场基金一般都免收手续费、赎回费,并且管理费用也不高,所以其投资成本也较为低廉。

4. 指数基金

指数基金是一种以拟合目标指数、跟踪目标指数变化为原则,按照所选指数的成分股在指数中所占的比重,选择同样的资产配置模式进行投资,以获取和大盘同步的收益,实现与市场同步成长的基金品种。简单地说,就是基金跟踪的指数中有哪些股票,基金就主要购买哪些股票,且指数基金中每只股票配置的比例大致与指数中每只股票在指数中占的比例相同。

指数基金的投资采取拟合目标指数收益率的投资策略,分散投资于目标指数的成分股,力求股票组合的收益率拟合该目标指数所代表的资本市场的平均收益率。正是因为指数型基金的投资组合等同于市场价格指数的权数比例,所以该基金的收益随着当期的价格指数变化而上下波动,当价格指数上升时基金收益增加,反之则收益减少。

指数基金的运作方法简单,只要根据每一种证券在指数中所占的比例购买相应比例的证券,并长期持有即可。由于指数基金不用经常换股,往往采取一种购买并长期持有的策略,所以该类基金的管理费用和交易成本都远远低于那些需要积极管理的基金。除此之外,由于指数基金的投资非常分散,不仅可以有效规避投资组合的非系统风险,而且可以避免由于基金持股过于集中而带来的流动性风险。

 延伸阅读

ETF

ETF(Exchange Traded Funds)中译为"交易型开放式指数基金",又称"交易所交易基金"。ETF是一种在交易所上市交易的开放式证券投资基金产品,交易手续与股票完全相同。ETF管理的资产是一揽子股票组合,这一组合中的股票种类与某一特定指数,如上证50指数,包含的成分股票相同,每只股票的数量与该指数的成分股构成比例一致,ETF的交易价格取决于它拥有的一揽子股票的价值,即"单位基金资产净值"。ETF的投资组合通常完全复制标的指数,其净值表现与盯住的特定指数高度一致。比如上证50ETF的净值表现就与上证50指数的涨跌高度一致。投资者可以通过两种方式购买ETF:① 可以按照当天的基金净值向基金管理者购买(和普通的开放式共同基金一样);② 也可以在证券市场上直接从其他投资者那里购买,购买的价格由买卖双方共同决定,这个价格往往与基金当时的净值有一定差距(和普通的封闭式基金一样)。

由国泰基金推出的纳斯达克100指数ETF基金于2013年5月15日正式在上海证券交易所开始交易,为中国投资者投资美国股市提供了一个新的渠道。

5. 不动产基金

不动产基金又称为"不动产投资信托",是一种类似封闭式投资基金,但主要在房地产公司发行的证券或与房地产抵押有关公司的股票上从事投资的基金。随着如今房地产的证券化,不动产基金将众多投资者的资金募集起来投资到房地产证券上,这样投资者实质上并没有持有不动产标的,但可在证券市场上进行交易,因此流动性强于不动产实物。正是由于这类基金的存在,使资本不足的投资者也能参与到不动产市场中,获取不动产市场交易、租金与增值所带来的收益。

6. 贵金属基金

贵金属基金是指以黄金、白银或其他贵金属及其相关产业的证券为主要投资对象的基金。这类基金的收益率一般随着贵金属的价格波动而变化。由于投资贵金属基金比直接购买贵金属具有流动性强、投资分散的好处,所以对投资者具有一定的吸引力。

7. 风险投资基金

风险投资基金又称为"创业基金",指由专业投资人提供的快速成长并且具有很大升值潜力的新型公司的一种资本。它主要是一种以私募方式募集资金,以公司等组织形式设立,投资于不具备上市资格的新型中小企业(尤其是高新技术企业)的一种承担高风险、谋求高回报的资本形态。风险投资基金多以股份的形式参与投资,其目的就是为了帮助所投资的企业尽快成熟,取得上市资格,从而使资本得到增值。一旦公司股票上市后,风险投资基金就可以通过证券市场转让股权而收回资金,继续投资其他的新兴企业。我国通常所说的"产业投资基金"即属于创业基金。

8. 期货基金

期货基金是以期货合约为主要投资对象的投资基金。期货是一种标准化的合约,只需要一定比例的保证金就可买进合约。期货的主要功能是用来套期保值进而规避风险,但其投机性也很强,如果预测准确可以短期获得很高的投资回报,预测失误则会遭受巨大的损失,所以具有高收益高风险的特点。期货基金是一种风险较高的基金。

9. 期权基金

期权基金是以期权合约为主要投资对象的基金。期权是一种合约,在期权购买者向期权出售者支付一笔期权费(期权合约的价格)的前提下,赋予购买者在一定时期内按约定的价格买入或卖出一定数量的某种投资标的的权利。期权基金的投资目的往往是为了获取最大的当期收入,其风险较小。

10. 认股权证基金

认股权证基金是以认股权证为主要投资对象的基金。认股权证是指由股份有限公司发行的、能够按照特定的价格,在特定的时间内购买一定数量该公司股票的选择权凭证。基于认股权证高杠杆、高风险的特性,此类基金的波动幅度较股票型基金要大,属于风险较高的基金。

除了上述几种类型的基金,证券投资基金还可按投资货币种类不同分为美元基金、英镑基金、日元基金、欧元基金;按收费与否分为收费基金和不收费基金;按投资计划可变更性分为固定型投资基金、半固定型投资基金、融通型投资基金;按投资来源和运用地域分为国内基金、国际基金、离岸基金、海外基金等。此外还有因交易技巧而著称的对冲基金、套利基金以及投资于其他基金的基金中基金等等。

三、证券投资基金的管理和托管

(一) 基金管理人

基金管理人是指凭借自身的专业投资管理技能,在遵守法律法规及基金章程或基金契约的条件下,运用所管理基金的资产按照科学的投资组合原理进行投资,谋求所管理的基金资产不断增值,并使基金持有人获取尽可能多收益的专业金融机构。在世界上不同的国家和地区,对基金管理人有不同的称呼,如在我国台湾地区称为"证券信托投资事业",在英国称为"投资管理公司",在美国称为"基金管理公司",而在日本则称为"证券投资信托公司"。

基金管理人是基金资产的管理者和运用者,基金投资者能否取得较好的回报,完全取决于基金管理者对资产的投资运作。为了保护广大投资者的利益,世界各国和地区对基金管理人的资格都有严格的规定,基金管理人资格的取得必须经监管部门的批准。在美国,基金管理公司必须经 SEC 核准;而在日本,从事基金管理业务必须取得大藏省的许可证。基金监管当局一般会从基金管理人的资本大小、经营业绩、资产质量、董事资格、主要业务人员的素质经验以及是否有投资管理计划等方面来对基金管理人的资格进行审查。

根据我国相关法律法规的规定,基金管理人的职责主要有:

(1)按照投资基金契约的规定运用投资基金资产投资并管理投资基金资产;

(2)及时、足额向投资基金持有人支付投资基金收益;

(3)保存投资基金的会记账册、记录 15 年以上;

(4)编制投资基金财务报告,及时公告,并向中国证监会报告;

(5)计算并公告投资基金资产净值及每一投资基金单位资产净值;

(6)投资基金契约规定的其他职责。

此外,开放式基金的管理人还应当按照国家有关规定和基金契约的规定,及时、准确地办理基金的申购与赎回。

(二)基金托管人

基金托管人又称"基金保管人",是依据投资基金运行中"管理与保管分开"的原则对投资基金管理人进行监督和保管投资基金资产的机构,是基金资产的名义持有人或管理机构。为了保证基金资产的安全,基金应按照资产"管理和保管分开"的原则进行运作,并由专门的基金托管人保管基金资产。

正是因为基金托管人在基金的运作中处于枢纽地位,各国的监管法规都对基金托管人的资格有严格的要求。从基金资产的安全性和基金托管人的独立性出发,一般都规定基金托管人必须由独立于基金管理人并具有一定实力的银行、保险公司和信托投资公司等金融机构担任。我国基金托管人的职责主要有:

(1)安全保管基金的全部资产;

(2)执行基金管理人的投资指令,并负责办理基金名下的资金往来;

(3)监督基金管理人的投资运作,发现基金管理人的投资指令违法违规的,不予执行,并向中国证监会报告;

(4)复核、审查基金管理人计算出的基金资产净值以及基金价格;

(5)保存基金的会计账册、记录 15 年以上;

(6)出具基金业绩报告、提供基金托管情况,并向中国证监会和中国人民银行报告;

(7)基金章程或基金契约、托管协议里规定的其他职责。

(三)基金管理人与基金托管人之间的关系

基金管理人和基金托管人在基金运作过程中都扮演着重要的角色,它们之间是一种相互协作和相互制衡的关系。投资基金管理人由投资专家组成,负责投资基金资产的经营,本身并不实际接触及拥有投资基金的资产;投资基金托管人由主管机关认可的金融机构担任,负责投资基金资产的保管,并根据投资基金管理机构的指令来处置投资基金资产以及监督管理人的投资运作是否符合有关法规。投资基金管理人和投资基金托管人都需要对投资基金的持有人负责。它们各自的权利和义务在投资基金契约或投资基金公司章程中预先就已经界定清楚,若其中任何一方的行为违反有关规定时,另一方应当严格监督并及时制止,甚至可以请求更换违约方。正是由于这种相互制衡的运行机制,提高了投资基金运用的效率,保障了投资基金资产的安全。

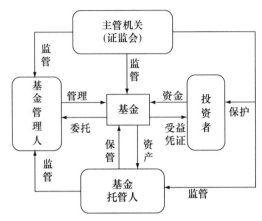

图 1-3-1　证券投资基金的运作关系

四、证券投资基金与股票、债券的比较

证券投资基金属于组合金融工具的一种,它与股票、债券的关系较为密切,都是证券市场或者金融市场的买卖对象。但是投资基金又是一种新的金融组织形式,它拥有一整套完整的募集和保管制度,并由专业的管理人员进行直接管理。这些特点使得投资基金的功能、作用和市场地位等方面都有异于股票和债券。

证券投资基金与股票、债券的差异主要表现在以下几个方面:

(1) 从反映的经济关系来看,三者具有明显的不同。股票反映的是股东对公司的所有权,是一种所有权关系;债券表示的是一种债权,反映债务人与债权人之间的债权债务关系;契约型投资基金间接投资于证券市场,与上市公司不发生直接的联系,反映的是一种信托投资关系,不涉及所有权的转移或者债权的拥有。

(2) 从发行目的来看,发行股票是股份公司募集资本的需要,发行股票所募集的资金列入公司资本;发行债券是公司追加资金的需要,发行债券所筹措的资金列入公司的负债;而发行基金股份或受益凭证是为了形成一个以分散组合投资为特色,以降低风险从而达到资产增值为目的的基金组织,基金组织是一个标准的投资人,发行基金所募集的资金构成基金的组成单位。

(3) 从发行者来看,股票发行者是股份公司;债券发行者是政府、金融机构或者公司企业等;而基金的发行者则是一个比较松散的组织。

(4) 从资金投向来看,股票和债券均属于融资工具,投资面向实业,是一种直接投资工具;而基金是一种信托工具,投资面向其他的有价证券,属于一种间接投资工具。如果说股票、债券是一次投资的范畴,基金则属于再投资或者二次投资的范畴。

(5) 从投资回收方式来看,债券是债权的反映,具有一定的存续期限,期满后可以收回本金;股票是公司所有权的反映,除了公司破产、清算等法定特殊情形外,没有到期日,投资者不能从公司收回投资本金,只能在证券交易市场上按市场价格转让给其他投资者以变现;投资基金则比较灵活,可以有期,也可以无期,有期限的基金到期时还可以延期。封闭式基金有一定的期限,期满后,投资者可以按照持有的份额分得相应的剩余资产,在封闭期内还可以在交易市场上变现;开放式基金一般没有期限,但投资者可随时向基金管理人要求赎回。

(6)从价格取向来看,股票的价格主要受到发行公司的经营业绩以及市场供求关系的影响;债券的价格主要受到市场利率的影响,市场利率越高价格反而越低;而投资基金的价格在宏观政治、经济环境一致的情况下,则主要取决于其资产净值。

(7)从风险性和收益性来看,债券由于事先双方已约定借贷的利率与时间,且债务人对债权人的承诺是无条件执行的,所以不仅收益相对固定本金也能够得到保证,故债权人承担的风险较小;股票投资者在投资时未能取得任何定期得到收益的保证,股票收益要视公司经营的盈亏而定,且股票无到期日,一般情况下不能赎回,只能在二级市场上通过交易来变现。对于中小投资者而言,由于其受到可支配资产量的限制,只能直接投资于少数几只股票,当其所投资的股票因公司经营不善或股市下跌而出现亏损时,所投资的本金就可能化为乌有,可见股票投资的风险较大。基金与股票的相同点是基金投资者在其投资时并不能得到一个确定的利率,也没有定期取得收入的任何保证,投资者的收益高低完全取决于基金经营的业绩好坏。但基金在专业型投资机构的有效运用下,通过分散化投资将资金按不同的比例分别投于不同期限、不同种类的有价证券,使风险降至最低程度,并可能实现比投资债券更加稳定的收益。一般而言,基金的风险介于股票与债券之间。

(8)从投机性来看,债券由于收益相对固定,属于一般的投资对象,其投机性较小;股票作为股份公司的所有权凭证,投资潜力较大,但由于其价格频繁波动,也促进了买卖投机的活动;基金属于一种中长期信托投资工具,其价格随着投资经营效益的高低而发生变化,具有一定的波动性,其投机性介于股票与债券之间。

表1-3-3 股票、债券与证券投资基金的比较

	股票	债券	投资基金
经济关系	所有权关系	债权债务关系	信托投资关系
发行目的	募集资本	追加资金	形成以资产增值为目的的基金组织
发行所募集的资金	列入公司资本	列入公司负债	构成基金的组成单位
发行者	股份公司	政府、金融机构或公司企业等	组织
资金投向	主要投向实业	主要投向实业	主要投向其他的有价证券
操作方式	直接投资工具	直接投资工具	间接投资工具
投资回收方式	无偿还期限	有偿付期,到期还本付息	视其类型而定,封闭型基金有一定的期限,开放型基金则没有期限的约束
价格取向	受发行公司的经营业绩和市场供求关系的影响	受市场利率的影响	主要取决于资产净值
风险性	风险较高	风险较低	一般介于股票和债券之间
收益性	不确定	一般是固定的	不确定,但通常高于债券
投机性	较大的投机性	较小的投机性	一般介于股票和债券之间

第四节 金融衍生工具

20世纪70年代至90年代,随着金融自由化和国际化的逐步发展,任何有价资产的持有者都会面临由汇率或利率经常变动而造成直接损失或间接损失的风险。虽然分散资产可以降低非系统风险,但对系统风险却完全没有帮助。在这种情况下,金融交易中急需要一些能够规避风险的工具,金融衍生工具应运而生。

金融衍生工具,又称为"金融衍生产品",是一类以双边合约形式所制定,其价值往往引申自另一个或多个基础变数。这些变数可以是任何形式的资产价格,如股票、货币、商品等资产价格,也可以是某些指数或经济指标等。

近些年来金融衍生产品市场得到了迅速发展,已逐渐成长为国际金融市场的重要组成部分。本节将主要学习期货、期权、可转换证券及权证等工具。

一、期货

(一) 期货概述

1. 期货的含义

期货(Futures)是指买卖双方共同约定在特定的时间,按照约定的价格和其他交易条件,买进或卖出一定数量的某种特定商品或金融资产的标准化协议。期货是一种标准化的合约,在合约中交易双方就买卖商品的种类、数量、成交价格以及交割时间、交割地点等达成协议。期货又是一种跨越时间的交易方式,交易双方不必在买卖发生的初期交割,而是要等到合同规定的交割日期才能办理正式的交割手续。

期货并不是商品,而是一种标准化的商品合约,在合约中规定双方于未来某一天就某种特定商品或金融资产按合约记载的内容进行交易。期货交易是通过在期货交易所买卖标准化的期货合约而进行的一种有组织的交易方式。期货交易的对象并不是商品本身,而是商品的标准化合约。期货主要有两大类:一是商品期货,如大豆、棉花等期货交易;二是金融期货,主要有外汇期货、利率期货、股指期货等。

2. 期货的产生与发展

最初的期货交易是从现货远期交易发展起来的,而最初的现货远期交易是双方口头承诺在未来的某一时间交易一定数量的某种商品,后来随着交易范围的不断扩大,口头承诺逐渐被买卖契约所取代。这种契约行为日益复杂化,需要有中间人担保,以便监督买卖双方是否按期交货和付款,于是便出现了1570年在伦敦开设的世界第一家商品远期合同交易所——皇家交易所。为了适应商品经济的不断发展,1985年芝加哥谷物交易所推出了一种被称为"期货合约"的标准化协议,取代了原先采用的远期合同。使用这种标准化的合约,允许合约转手买卖,并逐步完善了保证金制度,于是一个专门买卖标准化合约的期货市场就形成了。

在期货市场的发展过程中,交易品种不断增加,交易规模不断扩大,先后产生了商品期货和金融期货。商品期货是指标的物为实物商品的期货合约,主要包括农产品期货、金属期货和能源期货三类。金融期货是以金融工具为标的物的期货合约,它作为期货交易中的一种,具有期货交易的一般特点,但它与商品期货相比,其合约标的物不是实物商品,而是传统的金融商品,如货币、利率、汇率、证券等。

3. 期货交易的特征

期货交易是一种不同于现货交易的交易方式,主要具有以下特征:

(1) 交易对象不同。在传统的商品现货交易中,交易对象是具有一定形态的商品,交易双方通过完成交易来满足各自的需要。在往后发展出的证券现货交易中,交易对象发展成代表一定所有权或债权关系的股票或债券,这些有价证券是一种具有内在价值的金融资产,其价值主要表现在能够在未来的时间内为它的所有人带来一定的收益。但是期货交易的出现则是更进一步的金融创新的结果,其交易对象已不再是某一具体的商品或资产,而是一种标准化的期货合约。期货合约并不是一种有形的书面合同,而是由期货交易所设计的一种具有固定内容和形式的统一协议,既便于在市场上流通转让,又避免发生纠纷。买卖双方如果愿意接受合约上规定的条件,就在经纪公司开立账户并做相应的记载,期货公司通过入账和销账来对交易情况进行记录。

(2) 交易场所和制度不同。期货合约的交易是在有组织的期货交易所内进行,并实行保证金交易和每日无负债结算制度来确保交易安全可靠。期货交易所采用会员制,只有交易所会员才有资格进场交易。并且为了防止交易者毁约,实行保证金制度,即按照成交金额的一定比率交纳保证金,每天收盘时,要按照市价重新核算应该交纳的保证金数额。当客户因账面亏损而保证金不足时,必须要求其补充至相应的比率,否则会将其账户强行平仓来避免进一步的损失。

(3) 交易目的不同。商品交易的目的是取得商品的使用价值和实现商品价值。证券交易的目的是为生产和经营筹措必要的资金或为暂时闲置的货币资金寻找生息获利的投资机会。但是期货交易活动既不能提供筹集资金的渠道,也不能提供真正的投资机会,而是为那些不愿承担价格风险的生产者或经营者提供稳定成本、保住盈利从而保证生产和经营活动正常进行的保值机会,也为一些投机客提供了投机获利的机会。

(4) 以对冲交易为主。在现货直接交易中,往往以商品、证券和货币的转手而结束交易活动;但在期货交易中,仅有极少数的合约到期后进行实物交割,据统计只占合约数的2%左右,而绝大多数的交易都是在合约到期前通过做相反的交易实现对冲买卖而了结,只进行现金差额的结算。

4. 期货交易的功能

期货主要具有三项基本功能:价格发现功能、风险转移(套期保值)功能和投机功能。这些功能决定了参与期货交易的主要有两类人:一类是套期保值者;另一类是投机者。

(1) 价格发现功能

价格发现功能是指在一个公开、公平、高效、竞争的期货市场中,通过集中竞价形成期货价格的功能。期货价格具有预期性、真实性、连续性和权威性的特点,能够比较准确地反映出未来商品价格的变动趋势。期货交易之所以具有如此高效的价格发现功能,首先是因为现代期货交易是集中在高度组织化的期货交易所里进行,交易透明度高,监管严格。其次是因为期货交易所内云集了大量期货交易的套期保值者和投机者,以及那些能够获得广泛信息并具有丰富经验的期货交易经纪人。在这样一个交易者云集的市场里,其形成的价格自然具有很高的公信力。最后,由于期货交易采用的是竞价成交的交易方式,其每一笔的交易信息都会立即通过高科技信息网络被其他所有的交易者所获得,在这样高效透明的交易方式下,期货价格具有广泛的代表性。

正是由于期货交易具有价格发现的功能,所以随着时间的推移期货价格逐渐趋同于现货价格。在这种情况下,世界各地的套期保值者和现货经营者都利用期货价格来衡量相关现货商品的远、近期价格走势,利用期货价格和传播的市场信息来制订各自的经营决策。于是期货价格成了世界各地现货成交价格的基础,能够真实地反映出一定时期世界范围内供求关系影响下的商品或金融工具的价格水平。

(2) 风险转移功能

风险转移功能是指参与期货交易的套期保值者通过期货交易将价格风险转移给其他市场预期相反的套期保值者或者愿意承担风险的投机者,从而起到风险转移和分散的作用,这是期货交易最基本的功能。

期货交易的风险转移功能主要是通过套期保值交易来实现的。套期保值的基本做法就是在现货市场上买进或卖出某种金融资产的同时,在期货市场上做一笔与现货数量相当但方向相反的期货交易,以期在未来一段时间通过期货合约的对冲来弥补因现货价格变动而带来的实际价格风险,以一个市场上的盈利来弥补另一个市场上的损失。期货套期保值的基本原理在于某一特定商品或金融工具的期货价格和现货价格受相同经济因素的制约和影响,从而它们的变动趋势大致相同。而且,现货价格与期货价格在走势上具有收敛性,即当期货合约临近到期日时,现货价格与期货价格将逐渐趋同。因此,期货套期保值就是利用两个市场——现货市场和期货市场同时存在的条件,利用期货合约在期货市场上可以随时进行对冲的特点,通过在期货市场上持有一个与将来在现货市场上准备交易的现货具有相同数量和交易条件的期货合约,来避免未来价格波动可能带来的损失,达到保值的目的。期货套期保值的基本做法主要有以下两种:

① 多头套期保值。多头套期保值主要是对于准备在未来买入现货的交易者,因担心现货未来价格上涨给自己造成经济损失,所以在期货市场上买入相应的期货合约以达到保值的目的。如果未来现货的价格真的上涨,则现货交易会因增加成本带来损失,但期货合约在到期前可以通过卖出对冲了结而有盈利,期货的盈利和现货的亏损相互抵消后,可最终达到保值的目的;如果未来现货的价格不涨反跌,则期货到期前以低价卖出对冲了结时会有亏损,但现货市场上会获取盈利,这样盈亏相抵后仍然可以达到保值的目的。多头套期保值的基本做法:在期货市场上买入与将要在现货市场上买入的数量相等、到期日相同或相近的该特定商品(或金融工具)的期货合约,将来在现货市场上买入该现货的同时,再到期货市场上卖出与原先买入的标的相同、数量相等、到期日相同的期货合约以对冲了结。

② 空头套期保值。空头套期保值主要是对于准备在未来卖出现货的交易者,为了防止现货将来价格下跌造成损失而在期货市场上卖出品种、数量、日期相当的期货合约来进行保值的方法。当现货价格下跌时,以期货市场的盈利来弥补现货市场的损失。同理,空头套期保值的基本做法即在期货市场上卖出期货合约,以后在现货市场卖出现货的同时,再到期货市场上买入相应的期货合约进行对冲了结。

(3) 投机功能

期货投机是指期货交易者根据自己对期货市场未来价格走势的判断,在没有任何现货商品或金融资产的情况下,买进或卖出相关商品或金融资产期货,以期望能够获取丰厚利益的行为。当投机者预计价格上涨时,他们会买入期货合约来建立期货多头;当投机者预计价格下跌时,他们则会卖出期货合约以建立期货空头。如果投机者的判断正确的话,他们将会获得收益,但如果他们判断失误的话,则会遭受损失。投机者是期货市场上的风险承担者,他们的存在对维持市场的流动性具有一定积极的作用,但是过度的投机行为则必须受到限制。

（二）期货合约

期货合约本质上是标准化的远期商品买卖合同,它对交易的商品品种、数量、质量、等级、交货时间、交货地点等都作出了详细的规定,但价格却是可以改变的变量。期货合约的标准通常是由期货交易所设计并经国家监管部门审批通过后上市,在期货交易所的组织下进行交易,具有法律效果。期货合约在期货交易所中通过公开竞价的方式确定价格,成交后由交易所对合约的履行进行担保,但往往绝大多数合约都是通过对冲交易进行了结,只有极少部分合约最终通过交收现货来履行义务。

期货合约的组成要素包括：

（1）交易品种（即期货合约交易的标的物,如大豆、橡胶、棉花、沪深300股票指数期货等）。

（2）交易数量和单位条款（合约对交易的商品规定了统一的、标准化的数量和数量单位,称为"交易单位"。如郑州商品交易所规定棉花期货的交易单位是5吨/手,这里的1手是最小的交易单位,每次交易的合约数量必须是1手的整数倍）。

（3）最小变动价位（买卖双方报价所允许的最小变动幅度,价格的变动必须是它的整数倍）。

（4）每日价格最大波动限制（即每日价格涨跌停板幅度限制）。

（5）合约月份（规定某种期货合约到期交割的月份,一般以固定月份为交割月）。

（6）交易时间（规定期货合约能够进行买卖交易的时间,在我国通常是周一至周五的上午某个时间段和下午某个时间段）。

（7）最后交易日（指某一期货合约在合约交割月份中进行交易的最后一个交易日）。

（8）交割时间（指该合约规定进行实物交割的时间）。

（9）交割标准和等级（期货合约对标的商品规定了统一的标准化的质量等级）。

（10）交割地点（合约中规定为期货交易提供交割服务的指定交割仓库）。

（11）保证金（指交易双方向交易所缴纳的用于履约担保的资金）。

（12）交易手续费（即交易所向交易商收取的费用）。

（三）期货市场与股票市场的区别

（1）期货市场的"零和游戏"。在经济环境稳定增长的情况下,股市会表现出一片繁荣的牛市景象,此时绝大部分股票投资者都获得了收益;相反,若处于经济形势恶劣的条件下,可能绝大多数股票投资者会发生亏损,可见股票市场与整个经济环境的发展势态息息相关。与之不同的是,期货是"零和市场",期货市场本身并不创造利润。在某一时段里,不考虑资金的进出和提取交易费用,期货市场总资金量是不变的,市场参与者的盈利来自于其他交易者的亏损。

（2）期货交易的双向选择。股票持有者只有在股票价格上涨时才能获得资本增值带来的收益,而股价下跌则会造成亏损,所以才会出现牛市中"欣欣向荣"和熊市中"哀鸿遍野"的现象。但是期货却不同,期货可以双向交易,既可以买空也可以卖空。在价格上涨时可以低买高卖,价格下跌时可以高卖低补。期货在牛市中做多可以赚钱,在熊市中做空也可以赚钱,所以在股市一片低迷萧条的熊市中,期货市场能够风光依旧。

(3) 期货交易的杠杆作用。在期货市场中可以通过支付一定比例的保证金来完成较大金额的交易过程。例如在大连商品交易所中大豆合约的保证金比率为5%,如果某交易商想以每吨2500元的价格买入10手(每手10吨)大豆期货合约,那么,他只需向交易所支付12500元($=2500\times10\times10\times5\%$)的初始保证金,而不是250000元($=2500\times10\times10$)的交易总额。正是由于保证金的运用,使原本的行情被放大了20倍。假设上述的大豆期货合约的价格上涨了50元(上涨比例为2%),该交易商获得的收益为5000元($=50\times10\times10$),而资金利润率能够达到40%($=5000/12500$),这远远超出了股市10%的涨停幅度限制。但是如果交易操作错误,参与者则会遭受巨大的损失,这也正是验证了那句千古不变的真理:"风险与收益永远成正比。"

(4) 期货交易的T+0模式。在我国股票交易中采用T+1的交易模式,即当天买入,次日才能够卖出,不能够当天买进当天就卖出;而期货交易采用T+0的交易模式,可以当日进当日出,没有时间和次数的限制。期货市场交易的这种T+0模式提高了资金的利用率,刺激了交易量的增长,但与此同时,它也助长了投机的风气,使得投机客们接踵而至。

(四) 金融期货的主要品种

金融期货主要有外汇期货、利率期货和股票指数期货三个品种。

1. 外汇期货

(1) 外汇期货的含义

外汇期货(Foreign Exchange Futures)是交易双方约定在未来某一时间,依据现在约定的比例,以一种货币交换另一种货币的标准化合约的交易。

外汇期货是以汇率为标的物的期货合约,它是金融期货产生后最早出现的品种。自从1972年5月芝加哥商业交易所(CME)的国际货币市场分部推出第一张外汇期货合约以来,随着国际贸易的发展和世界经济一体化进程的加快,外汇期货交易一直保持着旺盛的发展势头。外汇期货不仅为广大的投资者和金融机构等经济主体提供了有效的套期保值工具,也为投机客和套利者提供了一种新的获利手段。

(2) 外汇期货合约

外汇期货合约是以外汇作为交割内容的标准化期货合约,它主要包含以下几个方面的内容:

1) 外汇期货合约的交易单位(每一份外汇期货合约都由交易所规定标准交易单位)。

2) 交割月份(国际货币市场所有外汇期货合约的交割月份都是一样的,为每年的3月、6月、9月和12月。交割月的第三个星期三为该月的交割日)。

3) 通用代号(在具体操作中,交易所和期货佣金商以及期货行情表都是用代号来表示外汇期货)。

4) 最小价格波动幅度(国际货币市场对每一种外汇期货报价的最小波动幅度作了规定。在交易场所内,经纪人的出价或叫价只能是最小波动幅度的倍数)。

5)每日涨跌停板额(每日涨跌停板额是指一项期货合约在一天之内的成交价格高于或低于该合约上一交易日结算价格的最大幅度,一旦报价超过停板额就会导致成交无效)。

2. 利率期货

(1)利率期货的含义

利率期货(Interest Rate Futures)是以债券类证券为标的物的期货合约,它主要用来回避因银行利率波动所引起的证券价格变动风险。由于各种债务凭证对利率极其敏感,利率的少许波动都可能引起它们价格的大幅变动,对其持有人造成巨大的损失。为了规避这种因为利率变动所造成的风险,人们创造出了利率期货这一新的金融工具。

(2)利率期货的特点

1)利率期货的价格与实际利率呈反方向变动。当实际利率上升时,利率期货的价格会下跌;当实际利率下落时,利率期货的价格会上涨。

2)利率期货以现金交割为主。利率期货的交割方法比较特殊,其主要采用现金交割的方式,有时也有实物(现券)交割。所谓"现金交割",是指当期货合约到期时不进行实物交割,而是以银行现有利率为转换系数来确定期货合约的交割价格,然后通过计算交易双方的盈亏,并直接划转双方的保证金以结清头寸的一种交割方式。

(3)利率期货的种类

利率期货的种类繁多,分类方法多样。但通常都是根据合约标的物的期限,将其分为短期利率期货和长期利率期货两大类。

1)短期利率期货。短期利率期货是指期货合约标的物的期限在一年以内(包括一年)的利率期货。该类期货的标的物为货币市场的各种债务凭证,主要有短期国库券、商业票据、可转让定期存单以及各种欧洲货币等。

2)长期利率期货。长期利率期货是指期货合约标的物的期限在一年以上的利率期货。其标的物为资本市场的各种债权债务凭证,主要有各国政府发行的中、长期国债等。

3. 股票价格指数期货

(1)股指期货的含义

股票价格指数期货(Share Price Index Futures)简称"股指期货",是指以股票价格指数作为标的物的金融期货合约。交易双方约定在未来的某个特定日期按照事先确定的股价指数的大小来进行标的指数的买卖,并采用现金结算差价的方式来进行交割。

以下是一份我国沪深300指数期货的合约:

表1-4-1 沪深300指数期货的合约

沪深300指数期货合约表	
合约标的	沪深300指数
合约乘数	每点300元
报价单位	指数点
最小变动价位	0.2点
合约月份	当月、下月及随后两个季月
交易时间	上午:9:15—11:30,下午:13:00—15:15

(续表)

沪深300指数期货合约表

最后交易日交易时间	上午:9:15—11:30,下午:13:00—15:00
每日价格最大波动限制	上一个交易日结算价的±10%
最低交易保证金	合约价值的12%
最后交易日	合约到期月份的第三个周五,遇国家法定假日顺延
交割日期	同最后交易日
交割方式	现金交割
交易代码	IF
上市交易所	中国金融期货交易所

资料来源:中国金融期货交易所网站

(2) 股指期货合约的价值

股指期货交易的是一定期限后的股票指数价格水平,其合约的价值是用标的指数的数值乘以事先规定的单位金额来计算的。股指期货标的指数的每一点代表固定的货币金额,这一固定的货币金额称为"合约乘数"(如沪深300指数的合约乘数为每点300元,美国标准普尔指数的合约乘数为每点500美元,香港恒生指数的合约乘数为每点50港元等)。以2013年7月25日沪深300股指期货1309合约为例,其当天的开盘价格为2221点,则此时沪深300期指1309合约价值为666300元(=2221×300),下跌19.6点,表明一张沪深300期指1309合约的价值下降5880元(=19.6×300)。

(3) 股指期货的特点

1) 股指期货的标的物为特定的股票指数,报价单位以指数点表示。

2) 合约的价值以一定的货币乘数与股票指数报价的乘积来表示。

3) 股指期货的交割采用现金结算差价的方式,不通过交割股票而是通过结算差价并用现金来结清头寸。

(4) 股指期货的套期保值

股指期货套期保值和其他期货套期保值一样,其基本原理是投资者利用股指期货与股票现货之间的类似走势,通过在期货市场建立与股票现货市场相反的持仓来管理现货市场的头寸风险,这样当市场价格发生变化而在一个市场上发生亏损时,必然会从另一个市场上获利来弥补所遭受的损失。

 案例分析

假设在2013年11月30日,某投资者有一笔总金额为900万元的资金配置于沪深300指数成分股,且每只股票的配置比例与该指数的成分股构成比例一致。当时的沪深300指数为2980点。该投资者预期未来三个月内股票市场会出现下跌,但又由于该股票组合在年底具有较强的分红和高送转潜力,该投资者既不愿意抛售股票又害怕承担股票下跌的风险,于是他准备利用2014年3月份到期的沪深300期指合约来对其股票组合进行空头套期保值。此时的沪深IF1403

沪深300期指的价格为3000点,则该投资者需要卖出10张(合约乘数为每点300元)IF1403合约。

如果在2014年3月1日沪深300指数下跌至2682点,则该投资者的股票组合总市值也会跌至810万元,亏损90万元。但是此时IF1403沪深300合约的价格相应下跌至2700点,于是该投资者将该期货合约平仓,获利(3000 − 2700)× 300 × 10 = 90万元。这样该投资者在股票现货市场上所遭受的损失正好能被其在期货市场上获得的收益所弥补,实现了套期保值。当然如果发生相反的情况,即股票市场不跌反涨时,该投资者在期指市场的空头持仓将会出现损失,但是由于其股票组合的总市值也会相应增加而带来收益,所以最终也会是盈亏相抵的状况,达到保值的效果。

二、期权

(一)期权的概述

1. 期权的含义

期权(Option)又称为"选择权",是在期货的基础上产生的一种衍生性金融工具,其主要指在未来一定时期可以买卖的权利,是买方向卖方支付一定金额的费用作为代价而拥有的能够在未来某一段时间内(或某一特定日期)以事先约定的价格向卖方买进或卖出一定数量的某种特定标的物的权利,而不是义务。

期权交易实质上是一种权利的单方面有偿让渡。购买期权的买方以支付一定数量的期权费为代价来获得一种交易的权利。这种权利使他可以在规定期限内买进或卖出一定数量的某种特定资产,也可以放弃交易任其作废。对于出售期权的卖方而言,在他收取了一定数额的期权费后,就必须无条件地服从买方的选择并履行交易的义务,按规定出售或购进相关资产,而没有选择的权利。

2. 期权的基本特点

(1)权利不对等。选择权归属买方,买方通过支付一定期权费后,取得了在一定的时间内以约定的价格向卖方购买或出售一定数量标的物的权利。

(2)义务不对等。卖方负有履约的义务,一旦买方要求行使权利,则卖方必须履行约定。

(3)收益不对等。在期货交易中,买方的最大损失为先前支付的权利金,但潜在的收益却是巨大的;相反,卖方的最大收益为权利金,但潜在的损失却是巨大的。

(二)期权的分类

1. 按期权的执行时间不同分为美式期权和欧式期权

美式期权是指买方在期权合约所规定的有效期内的任意时间都可以行使权利进行交易的一类期权,多为场内交易所采用;欧式期权则是指只有在合约到期日才被允许执行的期权,它在大部分场外交易中被采用。

2. 按照买卖关系不同分为看涨期权和看跌期权

看涨期权是指依据买卖双方签订的契约,买方在规定的有效期内有权按照双方约定的价格向卖方买进一定数量标的物的权利;看跌期权则是指依据双方契约,买方在有效期内有权按约定价格向卖方卖出一定数量标的物的权利。当期权买方预期标的物价格会超出执行价格时,他就会买进看涨期权;相反,就会买进看跌期权。

3. 按照期权合约标的物不同分为现货期权和期货期权

现货期权是指合约标的物为现货商品的期权,如外汇期权、股票期权、利率期权等;期货期权则是指合约标的物为期货合约的期权,如外汇期货期权、利率期货期权、股指期货期权等。

4. 按交易场所的不同分为场内期权和场外期权

场内期权也称作"交易所期权",是指由交易所设计并在交易所内集中交易的标准化期权;场外期权是指在非集中性的交易场所交易的非标准化的期权,又称为"店头市场期权"或"柜台期权"。场外期权合约是由交易双方自行协商设计的,具有交易品种多样、交易方式灵活的优点,但是由于该类合约不能像交易所期权那样可随时转让并受结算机构保证履约,因此也具有较大的流动性风险和信用风险。

(三)期权合约

场外期权没有规定的内容和格式要求,是由交易双方根据自己的需要自行磋商的。但在场内交易的期权合约则是一种标准化合约,除了期权的价格是由市场上通过公开竞价的方式确定外,合约的其他条款都是事先规定好的,具有普遍性和统一性。期权合约的构成要素主要有以下几个:

(1)卖方。卖方是指卖出期权并履行由买方行使权利执行合约的义务责任方。卖方卖出期权收取一定的权利金。

(2)买方。买方是指按一定价格买进期权合约的一方。买方买进期权后付出一定的权利金,可以随时决定是否再进行相关期货合约交易。买方与卖方之间是通过交易所的交易系统来撮合成交的。

(3)交易单位。交易单位是交易所对每标准期权合约单位作出的规范,具体指每手期权合约所代表合约标的物的数量。

(4)最小变动价位。指买卖双方在出价时,期权权利金价格变动的最低单位。

(5)每日价格最大波动限制。是指期权合约在一个交易日中的权利金价格波动不得高于或低于规定的涨跌幅度,超出该涨跌幅度的报价视为无效。

(6)期权权利金。期权权利金又称"期权价格"或"保险费",是期权买方向卖方支付的获得这一权利而付出的价格。对于期权买方来说,为了换取期权赋予其一定的权利,他必须支付一笔权利金给期权卖方;对于期权的卖方来说,他卖出期权而承担了必须履行期权合约的义务,为此他收取一笔权利金作为报酬。在标准期权合约中,期权权利金是唯一的变量,通过在交易所公开竞价的方式形成,期权权利金的最后确定受整个期权合约、期权合约到期月份、履约价格等的影响。

(7)执行价格。执行价格又称"履约价格"或"敲定价格",是期权的买方行使权利时事先规定的标的物买卖价格。该价格一经确定,则在期权有效期内,无论期权标的物的市场价格上涨或下跌到什么水平,只要期权买方要求执行该期权,期权卖方都必须以此执行价格履行其必须履行的义务。

（8）执行价格间距。指相邻两个执行价格的差,通常离到期日越近,执行价格的差越小。

（9）合约月份。合约月份是指期权合约进入市场后的若干交易月份数,有时是连续的,有时是一年中的间隔月份。

（10）最后交易日。最后交易日指期权合约在市场内进行有效交易的最后日期。为了使期权执行后交易双方获得的标的期货合约头寸能有充足的交易时间,期权合约的最后交易日一般提前于相同月份的期货合约。

（11）行权。行权也称"履约",期权合约中应该载明行权的时间及其他相关的内容。

（12）合约到期日。指期权买方能够行使权利的最后时间,过了该时间,没有被执行的期权停止行权。期权到期日可以与合约最后交易日相同或不同,所以对于合约到期日在最后交易日之后的期权,当其在期货交易所停止交易后,期权的买方仍可行使其权利。

（四）期权交易原理——以看涨期权为例

买进一定敲定价格的看涨期权,在支付一笔很少的权利金后,便可享有买入相关期货的权利。一旦价格果真上涨,便可履行看涨期权,以低价获得期货多头,然后按上涨的价格水平高价卖出相关期货合约,获得差价利润,在弥补支付的权利金后还有盈余。如果价格不但没有上涨,反而下跌,则可放弃或低价转让看涨期权,其最大损失为权利金。看涨期权的买方通过对相关期货市场价格变动的分析,认定相关期货市场价格有较大幅度上涨的可能性,所以他买入看涨期权,并支付一定数额的权利金。一旦市场价格果真大幅度上涨,那么他将会因低价买进期货而获取较大的利润,只要大于他买入期权所付的权利金数额,即可获利;他也可以在市场上以更高的权利金价格卖出该期权合约,从而通过对冲来获利。如果看涨期权的买方对相关期货市场价格变动趋势的判断错误,即市场价格下跌时,那么他可放弃行使权利,其最大损失是支付的权利金数额。

（五）期权风险与收益的简单模型

在不考虑交易成本、货币的时间价值等因素的理想状态下:

1. 看涨期权

（1）买入看涨期权

例 投资者甲购买了 1 单位某项资产的看涨期权,该期权的权利金为 C,执行价格为 X,合约一个月后到期,则当资产在有效期间的市场价格为 P 时投资者甲的收益情况如下:

1. 若 $P \leq X$,则投资者甲会放弃行权,其损失为权利金 C;
2. 若 $X + C > P > X$,则投资者甲会执行期权,以价格 X 从期权的卖方手中购进该项资产,然后将其以价格 P 在现货市场上卖出,但是仍有损失,且损失为 $X + C - P$;
3. 若 $P = X + C$,投资者甲按以上方式行权后损失为 0(净收益也为 0);
4. 若 $P > X + C$,投资者甲按以上方式行权后会有净收益,且净收益为 $P - X - C$。

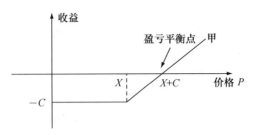

图 1-4-1 买入看涨期货的收益与价格关系

（2）买入现货

假设投资者乙同时以价格 S 购入该单位资产现货，随着资产市场价格 P 的变动情况，其收益情况如下：

$$\begin{cases} 1.\ 若 P > S, 则投资者乙取得收益, 且收益大小为 P - S; \\ 2.\ 若 P = S, 则投资者乙的收益为 0, 损失也为 0; \\ 3.\ 若 P < S, 则投资者乙亏损 S - P。 \end{cases}$$

特别的，当 $S = X$ 时，我们将买入看涨期权和买入现货两种情况的收益进行对比：

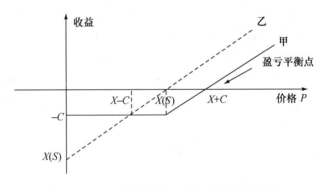

图 1-4-2 买入看涨期货与买入现货的收益对比

① 当 $P < X - C$ 时，两者皆亏损，相比较投资者乙的损失更大，投资者甲的损失固定，即为权利金 C；

② 当 $X - C < P < X$ 时，两者皆亏损，此时投资者甲亏损依然为权利金 C，投资者乙的亏损相对较小；

③ 当 $X < P < X + C$ 时，投资者乙开始盈利，投资者甲仍然亏损，但损失逐渐减小；

④ 当 $P > X + C$ 时，两者都盈利，且投资者乙的收益比甲刚好多出权利金 C。

通过对比我们发现，购买期权的最高损失仅为开始的权利金 C，且可能获得较高的收益；但购买现货最坏会损失其全部投资额 S，在情况较好时也只能获得比购买期权多出权利金 C 的收益。由此可见，期权不仅能够有效锁定风险，而且与现货有着几乎相同的获利潜力。

（3）卖出看涨期权

由于期权买方的收益一定就是卖方的亏损，期权买方的亏损一定就是卖方的收益，所以该看涨期权卖方的收益关系如下图：

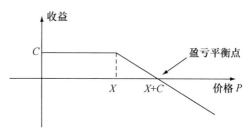

图 1-4-3 卖出看涨期权的收益与价格关系

2. 看跌期权

(1) 买入看跌期权

类似上例:投资者丙购买了 1 单位某项资产的看跌期权,该期权的权利金为 C,执行价格为 X,合约一个月后到期,已知该单位资产的现价为 S,则当资产在有效期间的市场价格为 P 时投资者丙的收益情况如下:

$$\begin{cases} 1. 若 P \geqslant X,则投资者丙会放弃行权,其最大损失为初始的权利金 C; \\ 2. 若 X-C < P < X,则投资者丙会行使权利,他先从市场上以价格 P 买进该\\ \quad 项资产,然后按执行价格 X 卖给合约方,但是仍有损失,且损失为 P-(X-C); \\ 3. 若 P = X-C,则投资者丙按以上方式行使权力后净收益为 0; \\ 4. 若 P < X-C,则投资者丙按以上方式行权后净收益为 X-C-P。 \end{cases}$$

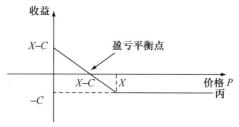

图 1-4-4 买入看跌期权的收益与价格关系

(2) 卖空现货(先借进卖出,再买进归还)

假设投资者丁同时以价格 S 卖出该单位资产现货,随着资产市场价格 P 的变动情况,其收益情况如下:

$$\begin{cases} 1. 若 P < S,则投资者丁取得收益,且收益大小为 S-P; \\ 2. 若 P = S,则投资者丁的收益为 0,损失也为 0; \\ 3. 若 P > S,则投资者丁亏损 P-S。 \end{cases}$$

特别的,当 $S = X$ 时,我们将买入看跌期权和卖空现货两种情况的收益对比发现:

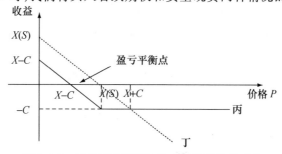

图 1-4-5 买入看跌期权与卖空现货的收益对比

① 当 $P < X - C$ 时，两者皆盈利，相比较投资者丁的收益更高，数量上比投资者丙多出权利金 C；

② 当 $X - C < P < X$ 时，投资者丁仍然盈利，但投资者丙开始出现亏损，且亏损越来越多；

③ 当 $X < P < X + C$ 时，两者皆亏损，相比较投资者丙的损失更大，且为固定值 C；

④ 当 $P > X + C$ 时，两者仍然亏损，但投资者丙的亏损额一直为 C 不变，投资者丁的损失却随着 P 的增大而不断增加。

通过对比我们发现，买进看跌期权依然可以将最大损失锁定，即无论情况有多么糟糕，期权持有人的最大损失无非是起初支付的期权金 C。

(3) 卖出看跌期权

由于期权买方的收益一定就是卖方的亏损，期权买方的亏损一定就是卖方的收益，所以该看跌期权卖方的收益关系如下图：

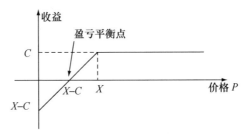

图 1-4-6 卖出看跌期权的收益与价格关系

(六) 期权交易与期货交易的比较

期权交易与期货交易之间既有联系又有区别。

1. 期权交易与期货交易的联系

(1) 两者都是以买卖远期标准化合约为特征的交易。

(2) 期权合约的标的物为期货合约，因此期权履约时买卖双方会得到相应的期货部位。

(3) 期货交易是期权交易的基础，交易的内容一般均为是否买卖一定数量期货合约的权利。期货交易越发达，期权交易的开展就越具有基础。因此，期货市场发育成熟和规则完备为期权交易的产生和开展创造了条件；期权交易的产生和发展又为套期保值者和投机者进行期货交易提供了更多可选择的工具，从而扩大和丰富了期货市场的交易内容。

(4) 期货交易可以做多做空，交易者不一定进行实物交收。期权交易同样可以做多做空，买方不一定要实际行使这个权利，在有利的情况下也可以将这个权利转让出去。卖方在买方尚未行使权利前也可以通过买入相同期权的方式来解除自己所承担的履行义务的责任。

(5) 在价格关系上，期货市场价格对期权交易合约的执行价格及权利金的确定均有影响。一般来说，期权交易的执行价格是以期货合约所确定的远期买卖同类商品交割价为基础，而两者价格的差额又是权利金确定的重要依据。

2. 期权交易与期货交易的不同

(1) 标的物不同。期货交易的标的物是标准化的期货合约；而期权交易的标的物则是一种买卖相关资产的权利。期权是一种权利,而不是一种义务,这是期权交易吸引人的关键所在。

(2)交易者的权利与义务的对称性不同。期货合约一旦签订,买方或卖方不仅有权利买进或卖出,而且也有义务买进或卖出,否则就违反了期货交易的规则。期权交易则不然。期权的购买者只有权利没有义务,所以当其有利可图时才会选择执行期权获取利润,否则也可以放弃行使该权利,任其作废。

(3)履约保证不同。期货交易的双方均需要开立保证金账户并按照规定缴纳履约保证金,如果发生亏损,还需要追加保证金。期权交易中,只有期权出售者,尤其是无担保期权的出售者才需要开立保证金账户并按规定交纳保证金,以保证其履约的义务。至于期权购买者,因期权合约未规定其义务,无须开立保证金账户,也无须缴纳保证金。

(4)交割时间不同。美式期权的持有人可以在合同期限内的任何一天执行合同,而期货合同则往往规定特定的合同执行时间,提前或推后都不行。

(5)盈亏风险不同。期货由于交易双方签订的合约规定到期必须执行相关手续,若不执行那么损失将全由违约方来承担,因此从理论上来说,交易双方潜在的收益和亏损都是无限的。但对于期权来说,由于期权购买者与出售者在权利和义务上的不对称性,他们在交易中的盈亏也具有不对称性。正是因为期权的购买者可以根据实际情况的好坏去决定是否行使这种权利,所以从理论上说,期权购买者在交易中的潜在亏损是有限的,仅限于他所支付的期权费,而他可能取得的收益却是无限的;相反,期权出售者在交易中取得的收益是有限的,仅限于他所收取的期权费,而他可能遭受的损失却是无限的。

三、可转换证券

(一)可转换证券概述

1. 可转换证券的含义

可转换证券(Convertable Security)又称"可兑换证券""转股证券"等,是指在发行时附有一定条件,持有人可以在将来的特定时间内依据所规定的转换价格及相关条件转换成一定数量的另一类证券的证券,通常是转换成普通股股票。可转换证券实际上是一种长期的普通股股票的看涨期权。

2. 可转换证券的分类

可转换证券主要分为可转换公司债券和可转换优先股股票两类(目前从国内外的情况来看,可转换证券一般是指可转换公司债券)。

(1)可转换公司债券

可转换公司债券,即可将信用债券转换成本公司的普通股股票。该类债券在发行时就明确规定,债券持有人可选择有利时机请求发行公司按照发行时规定的价格将债券转换为公司的普通股股票;若不想转换,也可继续持有至偿还期时收回本金和利息。对于上市流通的可转换债券,在发行公司的股票价格上扬时,债券持有者并不一定要将其转换成股票,也可以通过在证券市场上抛售债券来实现收益。由此可见,可转换公司债券是公司债券与看涨期权的结合体,具有债权和看涨期权的双重性质。

(2)可转换优先股股票

可转换优先股股票,即可将优先股股票转换成公司的普通股股票。它与可转换公司债券在性质、原理、原则上基本相同,也具有优先股和看涨期权的双重性质。

3．可转换证券的特征

可转换证券一般具有以下特征:

（1）可以选择在一定条件下转换成公司普通股股票。

（2）在发行时就已明确规定转换期限（我国现行法规规定可转换公司债券的最短期限为 3 年,最长期限为 5 年,发行后 6 个月可转换）。

（3）具有双重选择权。持有人具有选择是否转换的权利,发行人具有选择是否赎回的权利。

（4）可转换证券的市场价格变动频繁,随着该公司普通股股票价格的波动而变化。

（5）可转换证券的形式和持有者的身份随着证券的转换而相应转换。

（6）可以赎回或回售。当公司股票价格连续高于转换价格一定幅度时发行人可按当初规定提前赎回未到期的发行在外的可转换公司债券;当公司股票价格在一段时间内连续低于转换价格达到一定幅度时,可转换公司债券的持有人可按事先约定的价格将其卖给发行人。

（7）转换价格修正条款。由于发行公司的送股、配股、增发股票、合并拆分及其他原因导致发行人股份发生变动,股本扩大引起公司股票名义价格下降时,转股价格应作出相应的调整。

（二）可转换证券的基本要素（以可转换公司债券为例）

1．标的股票

标的股票又称"正股",是指可转换证券持有人可转换成的普通股股票。标的股票一般是发行公司自己的普通股,也可能是发行公司的上市子公司的股票。

2．票面利率

票面利率主要是由当前市场利率水平、公司债券资信等级、可转债的组合要素决定的。

3．转换期限

转换期限是指可转换公司债券持有者有权将债券转换成公司股份的有效时间区域。从实际看,转换期限通常为可转换公司债券发行日之后的若干年起至债券到期日止。在整个转换期内,投资者可视股价的变动情况逢高价时转换,也可以选择将债券转让出售。

4．转换比率

转换比率是指每一份可转换公司债券可以换取多少股普通股股票。

$$转换比率 = 可转换证券的面值/转换价格$$

5．转换价格

转换价格是指在发行可转换公司债券时就已确定的、规定持有者在行使转换权的有效期内将可转换证券转换成公司普通股的每股所支付的价格。转换价格的确定,反映了公司现有股东和债权人双方利益预期的某种均衡。

$$转换价格 = 可转换证券的面值/转换比率$$

决定转换价格高低的因素主要有:

（1）标的股票的市场价格。这是最重要的影响因素,股票的市场价格和价格走势直接主导着转换价格的确定,股价越高,转换价格也就越高。

(2) 债券期限。可转换公司债券的期限越长,相应的转换价格也就越高;反之期限越短,转换价格也就越低。

(3) 票面利率。一般来说,可转换公司债券的票面利率越高,则转换价格也就越高;反之票面利率越低,则转换价格也越低。

6. 转换价格修正条款

当公司在发行可转换公司债券后,由于公司的送股、配股、增发股票、分立、合并、拆细及其他原因导致发行人股份发生变动,股本扩大引起公司股票名义价格下降时,转股价格应作出相应的调整。转换价格修正条款是可转换公司债券设计中非常重要的用于保护债券投资者利益的条款,所以也可称为"转换权保护条款"。

7. 赎回条款

赎回条款是指发行条件中规定,发行公司可以在到期日之前按照约定的赎回价格提前赎回的条款,且通常为溢价赎回。赎回是指发行人在发行一段时期后,可以按照赎回条款生效的条件提前购回其未到期的发行在外的可转换公司债券。赎回行为通常发生在公司股价持续一段时间高于转股价格达到某一幅度时,并且赎回价格一般高于面值,但随着转债到期日越来越近,赎回价格也会逐渐变低。

8. 回售条款

回售条款是发行人为了使可转换公司债券发行顺利和筹资成功而设计的有利于投资者并且增加可转债吸引力的条款。回售一般是指公司标的股票价格在一段时间内连续低于转股价格并达到某一幅度时,可转换公司债券的持有人可以按照事先约定的价格将所持有的债券卖回给发行人的行为。另外,还有的回售条款是事先承诺某个条件,如公司股票在未来时间要达到上市目标,一旦目标难以完成,投资者就可履行回售条款。

回售条款主要包括以下几个内容:

(1) 回售价格。回售价格是在债券面值的基础上加上一定的回售利率形成的,其中回售利率是事先规定的,一般比市场利率稍低,但往往高于可转换公司债券的票面利率。

(2) 回售时间。回售时间是事先约定的,一般定在可转换公司债券整个期限的1/2至2/3时间段处。

(3) 回售选择权。发行人承诺达到回售时间时,若标的股票的市场价格仍然达不到事先约定的价格致使转换无法实现时,投资人享有按照约定利率回售给可转债给发行人的权利,发行人必须无条件地接受。

(三) 可转换证券的价值

由于可转换证券具有将债券或优先股按规定的价格或比例,在规定的时间内转换成普通股的权利,所以可转换证券具有以下几种基本的价值:

1. 投资价值

可转换证券的投资价值是指当它作为不具有转股选择权的一种证券所具有的价值。估计可转换证券的投资价值,首先应估计与它具有同等资信和类似投资特点的不可转换证券的必要收益率,然后利用这个必要收益率折算出它未来现金流量的现值。

例 1-1 某可转换债券的面值为 1000 元,票面利率为 8%,剩余期限为 3 年,通过估计同类债券的必要收益率为 10%,则该可转换债券当前的投资价值为:

$$P = \sum_{t=1}^{3} \frac{80}{(1+0.1)^t} + \frac{1000}{(1+0.1)^3} = 950.3(元)$$

2. 转换价值

可转换证券的转换价值是指将其立即转换成普通股，其可转换的普通股票的市场价值与转换比率的乘积便是转换价值。只有当股票价格上涨至债券的转换价值大于债券的理论价值时，投资者才会行使转换权。

转换价值 = 标的股票的市场价值 × 转换比率

3. 理论价值

可转换证券的理论价值又称为"内在价值"，是指将可转换证券转股前的利息收入和转股时的转换价值按照适当的必要收益率折算后的现值。

可转换证券的当前理论价值：

$$P = \sum_{t=1}^{n} \frac{C}{(1+r)^t} + \frac{FV}{(1+r)^n}$$

上式中，t 为时期数；r 为必要收益率；C 为可转换证券每期支付的利息；FV 为可转换证券在持有期期末的转换价值；n 为持有的时期总数。

4. 市场价值

可转换证券的市场价值也就是可转换证券的市场价格。可转换证券的市场价格一般应保持在它的投资价值和转换价值之上。

我们以可转换债券为例，当正股股价较低时，可转换债券的价值主要由纯债券价值构成，这时由于转换并无价值，所以可转换债券可被视为一般债券；当股价较高时，此时可转换债券的价值主要由转换价值所决定，由于此时转换价值较高，所以可转换债券可被视为股票。

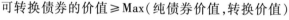

可转换债券的价值 ≥ Max(纯债券价值, 转换价值)

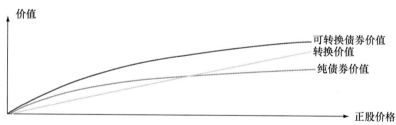

图 1-4-7　可转换债券的价值与正股股价的关系

为了更加深入地理解股票价格上升对可转换证券价值的影响，我们引入转换平价等概念。

（1）转换平价

可转换证券的转换平价是指使可转换证券的市场价值等于该可转换证券转换价值时的标的股票的每股价格，即：

转换平价 = 可转换证券的市场价格/转换比率

转换平价是一个非常有用的数字，因为一旦实际股票的市场价格上升到转换平价水平，任何进一步的股票价格上升肯定会使可转换证券的价值增加，所以，我们可以将转换平价视作是已将可转换证券转换为标的股票的投资者的盈亏平衡点。

已知：

  可转换证券的市场价格 = 转换比率 × 转换平价

  可转换证券的转换价值 = 转换比率 × 标的股票的市场价格（基准股价）

当可转换证券的市场价格 > 可转换证券的转换价值时，由于可转换证券持有人在转股前所持有的可转换证券的市场价值大于实施转股后所持有的标的股票资产的市价总值，所以此时转股对持有人不利；反之则转股对其有利。

（2）转换升水和转换贴水

一般来说，投资者在购买可转换证券时都需要支付一笔转换升水。

  转换升水 = 可转换证券的市场价格 − 可转换证券的转换价值

  每股转换升水 = 转换平价 − 基准股价

  转换升水比率 = 转换升水 / 可转换证券的转换价值 × 100%

      = （转换平价 − 基准股价）/ 基准股价 × 100%

      = 每股转换升水 / 基准股价 × 100%

当可转换证券溢价出售时，转换平价往往会小于基准股价，此时会出现转换贴水的概念。

  转换贴水 = 可转换证券的转换价值 − 可转换证券的市场价格

  每股转换贴水 = 基准股价 − 转换平价

  转换贴水比率 = 转换贴水 / 可转换证券的转换价值 × 100%

      = （基准股价 − 转换平价）/ 基准股价 × 100%

      = 每股的转换贴水 / 基准股价 × 100%

例 1-2 某公司的可转换债券当前市场价格为 1200 元，转换比率为 40（股），其标的股票的市场价格（基准价格）为 28 元。则由给出条件我们可以计算出：

① 转换平价 = 1200 ÷ 40 = 30（元）

② 每股转换升水 = 30 − 28 = 2（元）

③ 转换升水 = 1200 − 40 × 28 = 80（元）

④ 转换升水比率 = 80 ÷ (40 × 28) × 100% = 7.14%

（四）发行可转换证券的意义

发行可转换证券对发行公司和投资者而言，都具有一定的意义。

对发行公司而言，可转换证券不仅能够以它较低的利率或优先股股息为公司提供财务杠杆作用，而且将来一旦转换成公司的普通股票，既可以将公司原先筹集的有限期限的资金转换成长期稳定的股本，又能够节省一大笔可观的股票发行费用。

对投资者而言，投资可转换证券可以在股市疲软不振或发行公司财务状况不佳股价低迷的状况下仍然得到稳定的债券利息收入，并且还能够保证本金的安全，或是得到固定的优先股股息。另外，当股市趋于好转或公司经营状况改善股价上涨时，投资者又可享受到普通股股东的丰厚股息和资本利得。由于以上优势，当投资者对公司普通股票的升值抱有希望时，往往愿意接受较低的利率或优先股股息率来投资可转换证券，以图取将来收到更大的回报。

四、权证

(一) 权证的基本概念

权证是指由发行人所发行的附有特定条件的一种有价证券。它本质上是一种权利契约,投资人在支付权利金购得权证后,有权在某一特定期间或期日,按照约定的价格认购或沽出一定数量的标的资产。

权证的发行人可以是标的资产的发行公司或以外的第三者,如证券公司、投资银行等;而这里的"标的资产",则是指权证发行人在权证发行时就规定好的、已经在交易所挂牌的品种,是权证发行人承诺按照事先约定的条件向权证持有人购买或卖出的证券或资产,它可以是一个股票、基金、债券,也可以是一个组合,甚至一个指数等。

权证的交易实属一种期权的买卖。与所有期权一样,权证持有人在支付权利金后获得的是一种权利,而非义务,行使与否由权证持有人自主决定;而权证的发行人在权证持有人按规定提出履约要求时,负有执行履约的义务,不得拒绝。简言之,权证是一项权利,持有人可在约定的时间以约定的价格认购或沽出权证的标的资产,而不论此时该标的资产的市价如何。

(二) 权证的基本要素

1. 标的资产

标的资产指权证发行所依附的基础资产,即权证持有人行使权利时所指向的可交易的资产。权证作为期权的一种,其标的资产的种类是极为广泛的。理论上讲,凡是具有明确估价且在法律上为可融通物,如股票(可以是单一的也可以是一揽子混合的)、股价指数、外汇、黄金或其他实物商品等均可成为权证的标的资产。目前最常见的标的资产是股票,也就是常说的"正股"。

2. 相关主体

(1) 权证发行人。权证的发行主体一般可分为两类:一是为发行标的资产(一般是股票)的上市公司本身;二是为标的资产发行人之外的第三者,通常是一些资信良好的证券公司、投资银行等金融投资机构。

(2) 权证认购人。权证认购人是指在一级发行市场上支付相应的权利金而购买权证的投资者,以及那些因接受权证发行人的赠送而持有权证的投资者。

(3) 权证持有人。由于权证在二级市场上可以通过交易在各个投资者之间相互转让,所以权证持有人可能是权证发行时的认购人,也可能是后来通过交易而获得权证的投资者。

(4) 权证行使人。权证行使人是指权证到期时有权行使权证的选择权利,即提出要求认购或认沽标的资产之履约要求的人,所以权证行使人也就是此时的权证持有人。

3. 三大要素

(1) 行权比例。行权比例是指一份权证规定可认购(沽)标的资产的数量。

(2) 执行价格。执行价格就是指的行权价格,即在履约时权证持有人能够按怎样的价格购进(或卖出)标的资产的规定。

(3) 行权期限。行权期限是指权证行使权利的有效期。在有效期内,权证的持有人可以随时认购(沽)标的资产,而一旦超出有效期,该权利就会失效而作废。

(三) 权证的分类

权证可根据不同的标准划分为不同的类别:

1. 按权利行使时间的不同可分为欧式权证和美式权证

欧式权证指权证持有人只能于到期日当天,才可提出买进或卖出标的资产的履约要求;而美式权证的持有人在权证到期日前的任何交易时间均可行使其权利。

2. 按买卖方向的不同可分为认购权证和认沽权证

认购权证,是一种买进的权利,该权证持有人有权在特定期限内或到期日,以约定价格买进约定数量的标的资产;认沽权证,则属于一种卖出的权利,该权证持有人有权于约定期间或到期日,以约定价格卖出约定数量的标的资产。

3. 按发行主体不同可分为股本权证和备兑权证

股本权证,是由权证标的资产的发行人(一般为上市公司)自行发行,通常伴随着企业股票或公司债券的发行,想借此增加相关资产对投资者的吸引力,股本权证属于狭义上的权证,其履约期限往往比较长,如3年、5年甚至10年等;备兑权证,则是由权证标的资产的发行人以外的第三者(证券公司、投资银行等信誉卓越的专业金融投资机构)发行的一种权利凭证。备兑权证属于广义权证,其权利期间多在1年以内。

表 1-4-2 股本权证与备兑权证的比较

项目	股本权证	备兑权证
发行时间	一般是上市公司在发行公司债券、优先股股票或配售新股之际同时发行	没有限制
发行人	上市公司(标的资产的发行人)	标的证券发行人之外的信誉良好的金融机构
标的资产	上市公司或其子公司的股票	已在交易所挂牌交易的证券(可以是某上市公司的单一股票,也可以是股票组合,甚至可以是股票市场的综合指数或分类指数等)
发行目的	股本权证与股票或债券同时发行,可以提高投资者认购股票或债券的积极性;同时,如果到时投资者据此认购新股,还能增加发行公司的资金来源	为发行者筹措资金、减少风险;为投资者创造新的投资渠道和规避风险的工具
行权结果	公司股份增加,且每股净值被稀释	不会造成公司股本的增加或权益的稀释

4. 按权证行使价格是否高于标的资产价格可分为价内权证、价平权证和价外权证

表 1-4-3 价内权证、价平权证与价外权证

价格关系	认购权证	认沽权证
执行价格 > 标的证券现价	价外	价内
执行价格 = 标的证券现价	价平	价平
执行价格 < 标的证券现价	价内	价外

5. 按结算方式不同可分为证券给付结算型权证和现金结算型权证

证券给付结算型权证采用证券给付方式进行结算,其标的证券的所有权发生转移;现金结算型权证则采用现金结算的方式,仅按照结算差价进行现金兑付,而标的证券的所有权不随之发生转移。

(四)权证的价值

1. 内在价值

权证的内在价值是指权证立刻行权即可获得的收益。站在理论的角度上看,权证的

内在价值是权证的最低价值,即权证的底价。

认购权证的内在价值由以下公式决定:$V = (P - EP) \times N$

其中,V表示权证的内在价值;P表示权证标的资产(证券)的现价;EP表示权证所规定的执行价格;N表示权证的行权比例。

当认购权证的执行价格EP高于标的资产的现价P时,我们会发现此时权证的内在价值V会是负数,但实际上却不会发生,因为认购权证的持有人在这种条件下不会行使认购权,所以此时的$V=0$。

相反,认沽权证的理论价值为:$V = (EP - P) \times N$

当认沽权证的$EP < P$时,持有人也会选择放弃认沽权利,此时的内在价值也为0。

2. 时间价值

只要权证还未到期,其标的证券价格就有可能朝对持有人有利的方向变动(例如对于持有认购权证的投资者来说,如果权证标的证券的价格在剩余期限内上涨,则能够为其带来收益)。正是这种可能性给权证带来了价值,这就是权证的时间价值。比如,某一认购权证,目前$P < EP$(价外),一年后到期,其内在价值为零,然而,这一年之内,其标的证券的价格可能大幅上涨,从而在权证到期时,$P > EP$(价内),又具备价值了,这种可能性带给权证的价值就是时间价值。

在通常情况下,权证的市场价格都要高于权证的内在价值。高出的这部分,就是权证的时间价值。时间价值的大小与权证的剩余期限有关,通常而言,剩余期限越长,权证的时间价值也就越大。很多剩余期限较长的权证溢价率比较高就是这个缘故。此外,时间价值的大小还与正股的波动率有关。正股的波动率越大,权证的时间价值也越大。权证的时间价值并非一成不变。随着时间的流逝,权证的剩余期限不断减少,权证的时间价值也不断损耗。不过,需要注意的是,权证时间价值的损耗并非是均匀的,而是随着到期日的临近,其损耗的速度越来越快。

3. 影响权证价值的因素

影响权证价值的因素主要有:① 权证标的证券的现价;② 权证标的证券的价格波动幅度,一般与权证的内在价值成正比;③ 剩余有效期,权证的剩余有效期越长,权证的价值则越高;④ 权证的执行价格;⑤ 权证的行权比例;⑥ 标的证券预期派发的现金红利;⑦ 标的证券预期的未来价格。

在其他因素不变的条件下,以上每一项因素对认购权证和认沽权证的价值影响情况如下表:

表1-4-4 认购权证与认沽权证的价值影响因素及情况

影响因素	认购权证价值	认沽权证价值
标的证券的现价越高	越高	越低
标的证券的价格波动幅度越大	越高	越高
剩余有效期越长	越高	越高
执行价格越高	越低	越高
行权比例越大	越高	越高
标的证券预期派发的现金红利越多	越低	越高
标的证券预期的未来价格越高	越高	越低

 延伸阅读

股票期权"试水" 机构对冲进入新阶段

上海证券交易所将从2015年2月9日起开展股票期权试点,具体交易品种为上证50ETF期权。这将是境内交易所市场首款期权产品,也是境内市场首款市场化风险转移工具,从而结束境内金融市场没有场内期权产品的历史。同时,这也是继沪港通后,中国证券市场的又一重大产品创新和市场体制创新。市场人士认为,在上证50ETF期权试点一段时期以后,以个股为标的的期权产品在上交所推出将水到渠成,指日可待。

期权投资时代来临

股票期权是国际资本市场上基础性的、成熟的风险管理工具。从全球期权市场情况看,开展股票期权业务的交易所中,证券交易所占了66%;证券交易所的股票期权交易量也占到了六成以上。

早在2000年,上交所就启动了期权等衍生产品发展研究,并纳入交易所未来发展规划之中。在此基础上,上交所于2010年启动股票期权业务立项工作,2012年6月开展了部分证券公司参与的股票期权模拟交易。2013年12月,上交所推出了全真模拟交易,进入对股票期权交易的技术、业务、风险控制、投资者教育等各个环节的全面测试阶段。截至目前,上交所期权全真模拟交易运行平稳,交易比较活跃,风控措施有效,系统运行稳定,市场准备充分。

在经过一段时期向社会公开征求意见后,上交所于2015年1月9日正式发布相关业务规则,与证监会同日发布的《股票期权交易试点管理办法》等规章及规范性文件一道,构建了完备的股票期权规则体系。2月9日股票期权上线后,上交所将成为境内首家产品线横跨现货及衍生品的交易所。

构建"共赢"格局

市场人士普遍认为,股票期权的推出对市场各方都有益处,将产生一个共赢的格局。股票期权对于完善资本市场价格信号功能、提升资本市场定价效率、推进价值投资具有重要意义。对市场参与主体来说,股票期权具备期货等其他产品无法实现的市场化风险转移功能,将全面促进参与机构的业务转型,大大提升行业竞争力。

对投资者来说,股票期权业务将极大地提高现货市场流动性、增加市场深度,为投资者提供多样化的风险管理投资选择,为价值投资理念创造良好的市场环境。同时,股票期权将使境内证券交易所产品线首次实现横跨期现市场,有助于打造"全能型"交易所,缩小与世界主要交易所的差距。

值得一提的是,期权与权证有很大不同。期权没有发行人,每一位市场参与人在有足够保证金的前提下都可以是期权的卖方。期权交易的是标准化合约,期

权合约条款由交易所统一确定。期权合约理论上供给无限,所以很难被炒作。而权证通常是由标的证券上市公司、投资银行(证券公司)或大股东等第三方作为其发行人,采用非标准化合约。由发行人确定合约要素、行权方式、交割方式等。权证的供给有限,由发行人确定,受发行人的意愿、资金能力以及市场上流通的标的证券数量等因素限制。

广发证券表示,近年来我国资产管理行业规模迅速增长,然而,众多资管产品依然缺乏核心竞争力,资管策略较为单一,许多产品依然停留在短期现金管理的初级阶段。究其根本原因,正是风险管理工具的极度匮乏。而反观欧美市场,基金管理者能够广泛使用各种投资工具和投资策略,其中尤其以期权最具代表性,是欧美许多基金管理者构建灵活多样投资策略的主要手段。随着国内股票期权产品上市,相信在不久的将来,期权必将被广泛应用于我国资管行业中,为多样化的基金投资策略和产品创新提供必要的基础工具,并极大地推动我国资管行业的发展壮大。

申银万国证券表示,作为最基础的场内衍生金融工具,期权的推出将会对股票市场产生深远的影响,长期来看有望提高股市运行效率。基于期权的价格发现功能,从估值角度看,期权推出短期有望提升大盘蓝筹特别是金融股的估值水平,长期则会引导价格回归合理。从波动性角度看,短期可能增加标的价格弹性,长期波动率将趋于合理。从流动性角度看,期权推出有利于增加现货流动性,净化股市环境,提高股市运行效率。对于ETF期权来说,期权除了会增加标的ETF及其成分股的流动性外,出于策略、配置、管理、做市等需求,也会促进标的ETF规模的增长。

机构人士普遍认为,期权的推出并不会对现货市场资金造成分流。海外市场的经验表明,相较于现货市场的资金交易规模,期权市场对资金的占用比例要小得多。就上证50ETF期权而言,由于其门槛限制以及专业性等原因,推出初期可能主要是机构的对冲工具,对市场资金分流就更有限了。

个股期权将水到渠成

多年来,市场各方一直在呼吁加快证券市场衍生产品的创新,改变市场产品单一、功能缺失的状况。但这条创新之路走得并不顺畅。在证监会批准上交所进行期权交易试点后,多位专家学者表示,目前是推出期权等衍生产品的好时机,上证50ETF期权登陆上交所可谓正当其时。

国务院发展研究中心金融研究所所长张承惠表示,我国在规模上是金融大国,但没有完善的金融市场就不是真正的金融中心,而且市场要有广度、深度和弹性。证券市场光有现货远远不够,期货和期权同等重要,否则就没有话语权和定价权。另外,从人民币国际化的角度讲,期权对于鼓励中国企业走出去,提高风险管理能力,也是非常重要的。张承惠认为,ETF作为期权标的比较稳妥,对市场不会有多大风险。上证50ETF期权对股票现货市场会起到积极影响。

上海交通大学证券金融研究所所长杨朝军表示,目前我国股票市场市值规模已接近40万亿,位居全球第二,但产品结构单一的问题仍比较突出。股票期权作为一项国际市场成熟的基础性金融衍生工具,在丰富投资者风险管理手段、完善市场功能、推动行业创新发展和培育多元化投资者等方面具有重要的意义。

杨朝军强调,我国当前已具备推出股票ETF期权的现货市场基础。1997年,美国证券交易所(AMEX)推出全球首只ETF期权时,ETF市场总规模只有82亿美元。2000年,港交所开始交易ETF期权时,ETF市场总规模仅仅43亿美元。我国目前ETF规模超过400亿美元,仅上交所ETF市值就接近300亿美元,远大于美国、香港等市场推出ETF期权之初的ETF市场规模。

另一方面,市场对股票ETF期权产品呼声很高,市场需求强烈。相关机构对近七万名投资者调查问卷显示,约三分之二的个人投资者、100%的机构投资者期待股票ETF期权的推出。由于期权的非线性特征,期权能够令投资者不仅对标的未来走势方向,同时能够对包括波动率等在内的时间价值进行交易,投资者的交易维度将大大拓宽。

武汉科技大学金融证券研究所所长董登新表示,目前中国股市股票市值是30多万亿,而银行资产是150万亿,银行占主导地位。中国正开始改变银行主导的经营架构,金融衍生品的发展面临较好机遇。金融衍生品是资本市场的高端市场,没有衍生品,资本市场就是小矮子。因此,应加快金融衍生品发展的步伐。他同时认为,优先推出ETF期权试点是较为稳健的做法,有助于支持市场化创新和改革。

张承惠同时认为,目前的股票期权制度设计还偏严,保证金偏高,流动性会受到影响。他建议在试点一定时间以后应当回过头来对现有制度进行重新梳理。他表示,金融市场不可能没有风险,投资者在管制中不可能成长。金融管制过严,会抑制金融机构和产品创新。他同时建议,现货市场和衍生品市场要统一设计,要加快推进个股期权,既要发展衍生品市场,又要发展现货市场,共同协调推进,配套改革。

对此,上交所总经理黄红元此前曾表示,股票期权交易的起步阶段,防范风险是首要职责。借鉴国际国内期货现货多方面的工具和手段,比如期货界常用的保证金,股票市场的熔断机制、涨停跌板等制度和工具,比较严格,落脚点就是为了能够保证平稳推出。在实践过程中将会逐步完善制度,使股票期权的功能逐步展现。

(资料来源:《中国证券报》2015年1月13日)

五、其他金融衍生工具

除了期货、期权、可转换证券以及权证等金融衍生工具之外,还包括两类工具:远期合同和互换合同。现在对它们简单加以概述:

(一) 远期合同

远期合同是指合同双方约定在未来某一特定日期以约定的价格,由买方向卖方购买一定数量的标的资产的合同。远期合同与期货合约比较相似,但是也有一些重要的区别,主要在于:

(1) 合约的规范性不同。期货合约是标准化的合约,其合约中的相关内容具有标准化的特点;但是远期合同中的内容可由交易双方自行磋商。

(2) 交易场所不同。期货交易是在有组织的交易所内公开进行的,其行情变化能够便于人们及时了解;但是远期合同是在没有组织的场外进行交易的。

(3) 交易风险不同。期货合约通过专门的独立于买卖双方的第三方结算公司来进行结算,使投资者之间无须相互负责,所以只存在价格变动的风险,而不存在信用风险;但是远期合约则既具有价格风险又具有信用风险。

(4) 保证金制度不同。期货交易有特定的保证金制度,不仅能够为期货合约的正常履行提供财力保证,而且也能够有效地控制期货交易风险;但是远期合同交易中则由交易双方自行商定是否收取保证金及保证金的比例。

(5) 履约方式不同。期货交易最终很少会发生实物交割,大多数情况下都是通过对冲交易来进行了结;但是远期交易最终往往是通过实物交割来完成交易。

(二) 互换合同

互换合同是指合同双方达成协议,在未来某一期间内互相交换一系列现金流量的合同。按合同标的项目的不同,互换可以分为利率互换、货币互换、商品互换、权益互换等。其中最常见的是利率互换和货币互换。

 本章小结

本章主要对股票、债券、证券投资基金和金融衍生工具四个部分进行了简要的概述,使读者能够对以上各个投资工具的基本情况和特性有一个大致的了解。

股票是一种有价证券,是股份公司为筹集资金发行的、表示其股东按其持有的股份享受权益和承担义务的可转让的所有权凭证。

优先股股票是由股份有限公司发行的、在分配公司收益和剩余资产方面比普通股股票具有优先权的股票。

股票的内在价值取决于其未来预期收益的大小。股票的预期收益主要包括未来的股息收入和资本利得两个方面。

股票的市场价格是指股票在市场交易过程中实际成交的价格,也就是通常所说的"股价""市价"。股票的市价直接反映着股票市场的行情,是投资者最为关注的价格,也是他们购买股票的依据。

债券是社会各类经济主体为筹措资金而向债券投资者出具的、承诺按一定利率定期支付利息和到期偿还本金的有价证券,是表明投资者与筹资者之间债权债务关系的书面凭证。

可转换债券是指债券发行单位在发行债券时规定,债券持有者具有按相关条件在一定时期内按一定比例或价格将之转换成一定数量的普通股票的权利,而非义务。

证券投资基金是一种实行组合投资、专业管理、利益共享、风险共担的集合证券投资方式,即专门的投资机构通过公开发行基金份额的方式募集投资者的资金,交由选定的基金托管人保管并委托基金管理人进行股票、债券等金融工具的分散化组合投资,并将投资收益按基金投资者的投资比例进行分配的一种间接投资方式。

契约型投资基金又称"信托型投资基金",是指以信托法为基础,根据基金托管人、基金管理人和投资者三方之间签订的信托契约,通过发行收益凭证而组建的投资基金。公司型投资基金是依据公司法为基础成立,通过发行基金股份将筹集的资金投资于各类有价证券等特定对象的股份制投资公司。

封闭式投资基金也称为"固定型投资基金",指基金资本总额及单位数目在基金设立时就已确定,在基金存续期内基金单位的数目一般不会发生变化(出现基金扩募的情况除外)的投资基金。开放式投资基金又称"追加型投资基金",指基金资本总额及股份总数不是固定不变的,而是可以随时根据市场供求状况发行新份额或被投资者以资产净值赎回的投资基金。

期货是指买卖双方共同约定在特定的时间,按照约定的价格和其他交易条件,买进或卖出一定数量的某种特定商品或金融资产的标准化协议。

期货合约本质上是标准化的远期商品买卖合同,它对交易的商品品种、数量、质量、等级、交货时间、交货地点等都作出了详细的规定,但价格却是可以改变的变量。

期权又称为"选择权",是在期货的基础上产生的一种衍生性金融工具,其主要指在未来一定时期可以买卖的权利,是买方向卖方支付一定金额的费用作为代价而拥有的能够在未来某一段时间内(或某一特定日期)以事先约定的价格向卖方买进或卖出一定数量的某种特定标的物的权利,而不是义务。

可转换证券又称"可兑换证券""转股证券"等,是指在发行时附有一定条件,持有人可以在将来的特定时间内依据所规定的转换价格及相关条件转换成一定数量的另一类证券的证券,通常是转换成普通股股票。可转换证券实际上是一种长期的普通股股票的看涨期权。

权证是指由发行人所发行的附有特定条件的一种有价证券。它本质上是一种权利契约,投资人在支付权利金购得权证后,有权在某一特定期间或期日,按照约定的价格认购或沽出一定数量的标的资产。

 思考习题

1. 股票的主要特性主要表现在哪些方面?
2. 债券与股票的区别与联系是什么?
3. 债券的分类可以有哪些?其依据是什么?
4. 请谈一谈对可转换债券的了解。
5. 证券投资基金与股票、债券等投资工具有什么不同?

6. 对证券投资基金可以进行哪些分类？
7. 股票指数期货的概念和交易特点是什么？
8. 什么是期权合约？标准化的期权合约包含哪些内容？
9. 请简要举例来说明金融期货的套期保值功能。
10. 可转换证券具有哪几种基本的价值？

第二章 证券发行市场

证券发行市场,也称为"一级市场"或"初级市场",是发行人以筹集资金为目的,按照一定的法律规定和发行程序,向投资者出售新证券所形成的市场。在证券发行过程中,证券发行市场其实是一个抽象的市场,其买卖成交活动并不局限于一个固定的场所。

证券发行市场作为证券市场的重要组成部分,一方面为市场资金需求者提供筹措资金的渠道和平台,另一方面,为资金供给者提供了投资的机会与工具,有效地实现了储蓄向投资的转化。同时,证券发行市场通过市场机制选择发行证券的主体,市场中产业发展前景较好、经营业绩优良、具有发展潜力的企业更容易从证券市场中筹集到发展所需的资金,从而实现了资本的优化配置。

第一节 证券发行市场概述

证券发行市场,是指发行人向投资者出售证券的市场,包括筹划、推销和承购等阶段,是企业、金融机构和政府部门等筹资者将新发行的证券转移到投资者手中,投资者将手中资金转移到筹资者手中的全过程。

发行市场并无固定的场所,新发行证券的认购和销售一般不是在有组织的证券交易所进行的,发行人可以在投资银行、信托投资公司和证券公司等处发行,也可以在市场上公开出售,因此其买卖活动并非局限在一个既定的场所,一般是无形的。

证券发行市场的组织要素主要有四个:

1. 证券发行人

证券发行人是指为筹措资金而发行债券、股票等证券的政府及其机构、金融机构和企业。证券发行人是资金的需求者和证券的供应者,是构成证券发行市场的首要因素。

2. 证券投资者

证券投资者是资金的供给者,也是金融工具的购买者。投资者以取得利息、股息或资本收益为目的而买入证券,追求盈利或资本的保值、增值。投资者可以分为个人投资者和机构投资者。个人投资者是指从事证券投资的社会自然人。目前,个人投资者是我国证券市场最广泛的投资者,具有分散性和流动性的特点。机构投资者相对于中小投资者而言,拥有资金、信息、人力等优势,包括企业、商业银行、非银行金融机构、证券公司、基金、合格的境外机构投资者(QFII)等。值得一提的是,企业、商业银行、非银行金融机构等机构投资者为实现资本增值或通过市场化模式并购扩张也会参与证券市场投资,成为另外的机构投资者。基金是目前市场上最主要的机构投资者,可分为公募基金和私募基金两类。至2014年初,我国已有90家基金公司,管理着不同规模和类型的基金,管理的资产总规模突破6万亿元。

QFII是指允许合格的境外机构投资者,在一定规定和限制下汇入一定额度的外汇资金,并转换为当地货币,通过严格监管的专门账户投资当地证券市场,其资本利得、股息等经过批准后可转换为外汇汇出的一种市场开放模式。

3. 证券中介机构

证券中介机构，狭义上是指作为证券发行者和投资交易者的媒介的证券承销商，广义上是联系证券发行人和投资者的专业性中介服务组织，主要包括以下几种类型：

(1) 证券交易所，主要职责在于：提供交易场所与设施；制定交易规则；监管在该交易所上市的证券以及会员交易行为的合规性与合法性，确保市场的公开、公平与公正；

(2) 证券承销商和证券经纪商，主要指证券公司（专业券商）和非银行金融机构证券部（兼营券商）；

(3) 具有证券律师资格的律师事务所；

(4) 具有证券从业资格的会计师事务所或审计师事务所；

(5) 资产证券评级机构；

(6) 证券投资的咨询与服务机构。

4. 证券监管机构

在我国，证券监管机构是指中国证券监督管理委员会及其派出机构。中国证监会为国务院直属正部级事业单位，依照法律、法规和国务院授权，统一监督管理全国证券期货市场，维护证券期货市场秩序，保障其合法运行。根据《中华人民共和国证券法》第14条规定，中国证监会还设有股票发行审核委员会，委员由中国证监会专业人员和所聘请的会外有关专家担任。中国证监会在省、自治区、直辖市和计划单列市设立36个证券监管局，以及上海、深圳证券监管专员办事处。依据有关法律法规，中国证监会在对证券市场实施监督管理中履行下列职责：研究和拟订证券市场监督管理的方针政策、章程、规则和办法；监管全国的证券的发行、上市、交易和结算等；对中介机构的行为进行依法监管；负责监管有关法律法规的实施，保护投资者的合法权益等。

此外，我国还有若干自律性组织。比如，上海证券交易所、深圳证券交易所、中国证券业协会和中国国债协会。

一、证券发行概述

证券发行是指商业组织或政府组织为筹集资金，依据法律规定的条件和程序，向社会投资者出售代表一定权利的有价证券的行为。

1. 证券发行的特点

证券发行不同于一般的商品交易，具有如下特点：

(1) 证券发行受到严格的法律法规限制。为保护投资者利益，规范发行行为，各国政府都对发行主体应具备的条件及发行程序作了法律法规的严格规定，具备资格的发行主体必须按照合法程序才能从事发行工作。

(2) 证券发行既是向社会投资者筹集资金的形式，更是实现社会资本优化配置的方式。我国传统的社会资金分配大多通过银行来进行，即通过银行吸收居民储蓄，集中社会闲散资金，再投放到企业中。这种社会资金的配置是间接的，受主观意识影响较大，再加上体制上的原因，极易产生效率低下的问题。而证券发行则通过证券市场把投资者和筹资企业直接联系到一起，通过市场的功能来优化社会资金的配置，实现社会资金的有效使用，促进社会经济的发展。因此，通过发行证券进行融资又称为"直接融资"。同时，证发行的要约实质上表现为发行人向不特定多数人的要约,发行对象的广泛性和分散化可以大大降低投资人的非系统风险。

(3) 证券发行实质上是投资者出让资金使用权而获取以收益权为核心的相关权利的过程。股票的投资者——股东在出让资金使用权的同时,获取对证券发行公司重大事项的表决权、收益分配权及剩余财产处置权;债券投资人则获得债务清偿请求权;基金的投资人则享有委托受益人的相关权利。这些行为不同于一般的商品交易行为。

2. 证券发行的目的

证券发行的目的概况来讲有以下几点:

(1) 筹集资金。发行证券能有效地实现社会资本的聚集,尤其是社会需要的长期巨额资本,满足社会化大生产的需要,促进社会经济长期持续发展。

(2) 完善公司治理结构,转换企业经营机制。股票发行使公司投资主体多元化,增强企业内部控制和监督机制。同时,证券发行上市使经营管理者的业绩能直接在市场得到反映,从而建立竞争机制、激励机制、约束机制、统一的现代企业制度。

(3) 改善资本结构。股票这种权益性证券的发行,可大大降低公司的资产负债率(或进一步提高公司的负债水平),改善资本结构。

(4) 提升企业价值,增强企业发展后劲。许多国家法律都规定,股票只能高于面值溢价发行,溢价发行的结果不仅使有形资产(公司每股净资产)增加;同时,发行市场还能扩大企业知名度,从而扩大市场占有量,使无形资产(商誉等)增加。二者都能增强企业发展后劲。

(5) 实现资本资源的优化配置。证券市场的资本配置功能是指通过证券价格的变化,来引导资本的合理流动,从而实现资本资源的优化配置,促进社会需要的高新技术产业的迅猛发展。

3. 证券发行的程序

为了保证证券市场的稳定和投资者的正当利益,证券发行都必须按一定的程序进行。从目前我国证券发行的过程来看,股票和企业债券的发行一般要有以下基本程序:

(1) 证券发行前的准备工作

发行前的准备工作,对于证券能否取得发行资格,能否顺利发行有着重要的意义。发行前的准备工作主要包括以下几个方面:

1) 聘请中介人

主要是指证券承销商,其次还包括具有从事证券相关业务资格的律师事务所、会计审计机构、资产评估机构等其他中介人。选择中介机构应当综合考虑中介机构的实力、业绩、人员素质等情况。

2) 财产评估和资信评审

新建股份有限公司必须经国家有关部门批准,并由发起单位认购全部股份总额的35%以上,方能对外发行股票。而现有企业改制成股份有限公司则必须经过国家有关部门批准,并进行财产重估,合理核定企业资产的价值。

如果发行企业债券,则必须进行资信审查和评估,对于向社会公开发行债券的企业,还必须先向有关信誉评估机构申请评估,评估机构根据有关标准评定企业的资信等级。

目前我国采用的资产评估的方法主要有收益现值法、重置成本法、现行市价法和清算价格法。

3）按照证券发行审批的要求准备好各项文件材料。

（2）向有关部门提交申请文件

1）发行股票应提交的申请文件

我国《公司法》第84条规定，股份公司发起人向社会公众发行股票时，必须向国务院证券管理部门递交募股申请，并上报以下主要文件：公司章程；发起人协议；发起人姓名或者名称，发起人认购的股份数、出资种类以及验资证明；招股说明书；代收股款银行的名称及地址；承销机构名称及有关的协议。

2）发行债券应提供的文件

发行公司债券应提供的文件：我国《公司法》第165条规定，公司向国务院证券管理部门申请批准发行公司债券，应提交下列文件：公司登记证明；公司章程；公司债券募集办法；资产评估报告和验资报告。

发行企业债券应提供的文件：我过《企业债券管理条例》（1993）第14条规定，企业申请发行企业债券，应当向审批机关报送下列文件：发行企业债券的申请书；营业执照；发行章程；经会计师事务所审计的企业近三年的财务报告；审批机关要求提供的其他材料。

（3）证券发行的审批

证券发行制度主要有两种：一种是注册制，以美国为代表；一种是核准制，以欧洲各国为代表。根据我国《证券法》《公司法》等有关法律的规定，公开发行股票、可转换债券、公司债券和国务院依法认定的其他证券等，必须依法经中国证监会核准。我国目前实行的证券发行制度主要有证券发行核准制、证券发行上市保荐制度和发行审核委员会制度。

证券发行人提出发行申请，保荐机构（主承销商）向中国证监会推荐，有关证券管理部门接到发行人的申报后，即进入审查批复阶段，经过对申报资料的审核，有关部门会出具书面反馈意见，发行人和中介机构须按照反馈意见修改和补充材料。对于股票发行，一般要经过两级审查，即中国证监会发行部初审和发行审核委员会复审，通过后即可公开发行证券。

（4）实施发行阶段

发行人在获得证券发行审批部门同意其公开发行证券的批复后，即可按照批复的发行方案发行证券，大致可以分为以下几个步骤：

1）刊登发行公告；

2）披露招股说明书并备案：招股说明书是发行人向特定的或不特定的投资人发出销售某种证券的书面邀约，发行人向社会公开发行证券，必须公告招股说明书，并承担相应的责任；

3）发行证券：发行人通过证券承销机构按照一定的发行方式向公众发行证券；

4）验资：发行的证券价款缴足后，须经过法定的验资机构验资并出具证明；

5）证券托管；

6）发行结束。

二、证券发行方式

证券发行可按发行对象不同和有无中介机构介入两种方法分类，这是证券发行最基本的、共有的分类方法,也是发行主体选择证券发行方式时首先要考虑的问题。除此之外,按照发行证券的种类、发行地点不同等方法也可以对证券发行方式进行划分。

(一) 按发行对象不同可以分为公开发行方式和非公开发行方式

1. 公开发行方式

公开发行方式,又称为"公募发行",是指证券发行公司依照有关法规办理有关发行审核程序,公开向不特定的社会公众投资者推销、发行证券的方式。证券发行时,必须先委托投资银行、投资公司或证券公司作为承销商,负责办理发行证券及其他有关法律事务,并负责发行后的还本付息及其他的管理工作。如果证券的发行额较大,可组成承销团共同承销,分散单个承销商的推销风险。通常情况下,公开发行的证券可在市场上流通买卖。

公开发行是证券发行中最常见最基本的发行方式。公开发行以众多投资者为发行对象,证券发行数量多,筹集资金潜力大,可避免发行的证券过于集中或被少数人操控,因此有利于增强证券的流通性和保证证券的顺利发行。另外,公开发行方式也能够提高发行者在证券市场上的知名度,扩大其社会影响。但采用公开发行方式涉及众多的投资者,其社会责任和影响很大,为了保证投资者的合法权益,政府对这种方式发行证券的监控较为严格,发行程序比较复杂,登记核准时间较长,发行费用较高。因此,只有具有较高信用,经营状况良好并经证券主管部门核准的发行人才能进行公开发行。

2. 非公开发行方式

非公开发行方式,又称为"私募发行",是指发行公司直接向少数特定的投资者销售证券的证券发行方式。非公开发行的对象一般分为两类:一类是企业的老股东或发行人的员工;另一类是投资基金、社会保险基金、保险公司、商业银行等金融机构,以及与发行人有密切往来的企业等机构投资者。由于这些投资者对发行公司一般比较了解,因此,采用这种方式发行时,发行公司不办理公开发行的审核程序,不必提供有关发行公司的财务资料,也没有必要取得证券资信级别评定。发行手续简单,可以节省发行时间和发行费用。其不足之处在于,投资者数量有限,证券流通性较差,而且不利于提高发行人的社会信誉。然而,在西方成熟的证券市场中,随着投资基金、养老基金、保险公司等机构投资者的增加,非公开发行方式也呈逐年增长的趋势。

(二) 按有无中介机构参与可以分为直接发行方式和间接发行方式

1. 直接发行方式

直接发行,是指发行者不通过证券承销商,自己办理证券发行承销事宜,直接向投资者推荐出售证券,承担证券发行风险的方式。如果股份有限公司采用发行设立方式筹集股份,由于首次发行证券必须由发起人认购,当属直接发行的情况。另外,一些公司为调整资本结构或积累资本,只需在公司内部以转账的方式,无偿地发行新股,包括公积金转增股本、股票分红、股份分割及债权股票化等,也都属于直接发行的情况。

采用直接发行证券的方式有利有弊。其优点表现在:发行手续简单,发行费用低,发行企业能够直接控制发行的过程,实现证券发行的目的和意图。其缺点是:发行范围狭窄,筹资时间较长,社会影响较小,发行部门还需配备专职人员;如果发行数额较大,还需承担较大的发行风险,一旦认购申请额低于发行额,可能会使发行失败或剩余部分必须由发行企业的主要发起人或董事承担。因此,这种发行方式只适用于有既定发行对象和发行人信誉好、知名度高、发行数量少且风险低的证券。

2. 间接发行方式

间接发行,也称为"承销发行",是指发行公司不直接参与证券发行过程,而是委托给一家或者几家证券承销商代理发行的一种方式。承销机构一般为投资银行、证券公司、信托公司等证券承销商。我国《公司法》规定,无论是筹集设立时首次发行股票还是设立后再次发行的新股,只允许由依法设立的证券经营机构承销,采用间接发行方式,并签订承销协议。我国《证券法》规定,向不特定对象发行的证券票面总值超过人民币5000万元,应当由承销团承销。而根据证券经营机构对证券发行责任的不同,间接发行方式又分为承购包销发行和代销发行。

间接发行的特点是筹资时间短,可以较快地获得所需的资金,发行人承担的风险小,但需要支付一定的发行手续费用,因此发行成本较高。间接发行方式是最基本、最常见的方式,特别是公募发行,大多采用间接发行。

(三)按所发行证券的种类可以分为股票发行、债券发行和基金发行

根据发行的证券种类划分,证券发行大致可分为股票发行、债券发行和基金发行三种类型。根据发行证券的种类分类是一种基本的分类方法,同时也是较为普通的分类方法。

股票发行是证券发行的基本类型,它是指股份有限公司以募集资金或增资扩股为直接目的,按照法律规定的程序向社会投资者出售股票。债券发行是指符合发行条件的政府组织、金融机构或企业部门,以借入资金为目的,按照法定的程序向投资者出售债券。根据债券发行人的不同,债券发行又可分为政府债券发行、金融债券发行和公司债券发行三类。基金单位发行是指基金发起人按照法定程序向投资者出售基金单位,集中投资者的资金,由基金托管人托管,基金管理人运作,以专家理财、组合投资的方式,从事股票、债券、汇率等金融工具投资,来获取投资收益。投资基金是一种集合债券投资制度,投资者利益共享、风险共担。

(四)按证券发行的地点可以分为国内发行和国外发行

证券发行方式按地点可以划分为国内发行和国外发行两种方式。随着证券市场的发展和成熟,在国外发行证券已经成为利用外资和证券市场国际化的一种体现,相信也是我国证券业拓展市场的一种方向。

三、证券发行价格

(一)股票的发行价格

1. 首次公开发行股票价格

首次公开发行股票时,股票发行价格是指投资者认购新发行的股票时实际支付的价格。股票发行价格的确定是股票发行计划中最基础和重要的内容,它关系到发行人与投资者的根本利益和股票上市后的表现等。从各国股票发行市场的经验来看,股票发行的定价方式通常可以采取协商定价方式、询价方式、网上竞价方式等。

我国《证券发行与承销管理办法》规定,首次公开发行股票以询价方式确定股票发行价格。询价发行,即根据有关规定首次公开发行股票的公司及其主承销商,应通过向询价对象询价的方式确定股票发行价格。发行申请经中国证监会核准后,发行人应公告招股意向书并开始进行推介和询价。询价又分为初步询价和累计投标询价两个阶段。通过向

询价对象进行初步询价，发行人和主承销商选择并确定发行价格区间和相应的市盈率区间，价格区间公布后即进入累计投标询价阶段，由初步询价并有效报价的询价对象在公布的价格区间和发行规模内选择一个或多个申购价格或申购数量，并将相应的申购金额汇入主承销商指定的账户，最后发行人和主承销商根据累计投标询价的结果确定最终的发行价格和市盈率。首次公开发行股票在中小企业板和创业板上市的，发行人及其主承销商可根据初步询价结果协商确定发行价格，不再进行累计投标询价。

询价制度的创设是我国证券市场的一个特点，市场化询价发行，体现的是发起股东与承销机构对市场投资者的尊重与敬畏，是对市场投资者最恭敬的征询，以便获得最佳的、最能体现企业价值的股票市场价格。这次启用的新股询价制度，确定发行价格的方式分初步询价和累计投标询价两个阶段，二次询价的方式比以往市场化定价方法更科学，也更符合我国市场经济的现实情况。但是也出现了不少问题。一方面，根据历史数据，我国 IPO 上市首日超额收益问题仍然大量存在，说明我国并未完全实现新股发行定价市场化。另一方面，参与询价的机构投资者因为定价能力较弱且又出于自身利益故意报低价或报高价，使市场价格发现功能没能得到其实质效果。

新发行股票时也会引入竞价发行。竞价发行，是指承销商和发行人确定发行底价，并作为唯一的卖方将所需发行的股票全部托管并输入交易系统，投资者在交易所确定的发行专场的申报时间内通过交易柜台或者证券交易所交易网络，按自己的意愿支付的价格（必须不低于底价）和认购的数量填写申购委托书（买单），证券商将投资者的委托即时输入交易系统；申购期满后，由交易所的系统剔除无效委托，按照价格优先、同价位时间优先的原则排队，并从高价位向低价位累计，将累计有效申报总额刚好达到此次发行数量的那个价位确定为此次发行的实际价格，在此价位上的所有有效申报全部按此单一价格依次排队成交。如果底价之上的有效申报累计总数小于股票发行量，则将底价作为实际发行价，认购不足的剩余部分由承销商包销。

2. 股票有偿增资发行

在这种情况下，股票发行价格一般还会有面额价格、市价和中间价三种。

（1）面额价格发行，即以股票面额为发行价格的股票发行方式。采用面额价格发行，发行价格不受股市变动的影响。由于这种发行价格比中间价格和市价发行低，因此较少采用。

（2）市价发行，指以股票的市场价格为基准来确定股票发行价格的发行方式。因为股票的市场价格一般要高于股票面额价格和中间价格，所以市价发行能以相对较少的股份筹集到相对多的资金。

（3）中间价发行，即以介于面额与市价之间的价格发行股票。我国股份公司采用股东分摊方式发行增资股票，也即对老股东配对时，基本上都采用中间价发行。

（二）债券的发行价格

债券的发行价格，是指投资者认购新发行的债券实际支付的价格。债券的发行价格可以分为三种：

（1）平价发行，即以债券的票面金额发售债券。此时投资者的收益率与票面利率相同。

（2）溢价发行，即以高于债券票面金额的价格发售债券，此时投资者的收益率低于票面利率。它一般在债券市场行情较好时采用。

（3）折价发行，即以低于债券票面金额的价格发售债券，此时投资者的收益率高于票面利率。

理论上认为，债券发行价格是债券的面值和支付的利息按发行时的市场利率折现得到的现值。因此，票面利率与市场利率的关系也会影响到债券的发行价格。当票面利率等于市场利率时，票面发行价格等于面值；当票面利率低于市场利率时，企业一般会折价发行，票面发行价格低于面值；当票面利率高于市场利率时，企业一般溢价发行，票面发行价格高于面值。

另外，还有一种贴现债券，也称为"贴水债券"，是指以面额减去债券利息的价格发行债券，期满后按债券面额还本，不再另外发给利息，面额与发行价格的差额即为投资者的利息。

债券发行的定价方式以公开招标最为典型。按照招标标的的分类，主要有价格招标和收益率招标两类；按价格决定方式又可以分为美式招标和荷兰式招标。

以价格为标的的荷兰式招标，是以募满发行额为止所有投标者的最低中标价格作为最后的中标价格，全体中标者的中标价格单一。以价格为标的的美式招标，是以募满发行额为止的中标者各自的投标价格作为各中标者的最终中标价格，各中标者的认购价格不同。

以收益率为标的的荷兰式招标，是以募满发行额为止所有投标者的最高收益率作为全体中标者的最终收益率，全体中标者的认购成本是一致的。以收益率为标的的美式招标，是以募满发行额为止的中标者各自所投标的各个价位上的中标收益率作为中标者各自的最终中标收益率，各中标者的认购成本不相同。

一般情况下，短期贴现债券多采用单一价格的荷兰式招标，长期附息债券多采用多种收益率的美式招标。

第二节　证券发行制度

证券发行制度，大体上可分为两种基本的发行管理制度，即证券发行注册制和证券发行核准制。由于各国经济发展状况的不平衡，尤其是证券市场的发育程度不同，各国证券市场法律法规制度的健全程度不一致，以及政治、文化、历史等多种因素的不同，对证券发行管理制度采取的具体形式多种多样。

1. 注册制

注册制，即注册登记制，又称"证券发行登记制"。其主要内容是：证券发行人在准备发行证券时，必须将依法公开的各种资料完全、准确地向政府的证券主管机关呈报并申请注册。主管机关要求发行人提供的资料不得包含任何不真实的陈述和事项。如果发行人未违反上述原则，证券主管机关准予注册。从法律关系来说，如果发行人所公开或呈报的资料在内容上有虚假成分，或重大遗漏，则应承担刑事处罚或者民事赔偿责任。注册制遵循的是公开管理原则。

证券发行注册的内容主要包括以下几个方面：

（1）公司的经营情况，包括开始营业日期、过去若干年的历史发展情况、主要顾客情况、重要国内外市场、同业竞争情况、未来发展趋势。

（2）公司的财务信息，包括若干年（一般为3年或5年）内的经营情况和财务情况，具体包括营业收入（尤其是主营业务收入）、利息支付情况、资产、负债及其构成情况和变化趋势，以及其他财务资料。

（3）资产状况，包括资产总额及其构成情况。如资产是矿产，则需要说明矿质、开矿成本等。

（4）证券主要持有者名单，即90天以内持有公司10%以上证券者的名单。

（5）公司重要人员及其报酬情况，具体包括董监事人员、高级管理人员及其报酬情况。

2. 核准制

核准制是指证券发行人不但必须公开其发行证券的真实情况，而且必须经政府主管机关对若干实质条件审查，经批准后才能获准发行。而在这一过程中，主管机关有权否决不符合规定条件的证券发行的申请。

核准制吸取了注册制强制性信息披露原则，同时要求申请发行证券的公司必须符合有关法律和证券监管机构规定的必备条件。证券监管机构除进行注册制所要求的形式审查外，还关注发行人的法人治理结构、营业性质、资本结构、发展前景、管理人素质、公司竞争力等，并据此作出发行人是否符合发行条件的判断。核准制遵循的原则是实质管理原则，体现在强制性信息公开披露和合规性相结合。

核准制是一个市场参与主体各司其职的体系。实行核准制，就是要明确董事、监事、主承销商及律师、会计师等中介机构，投资者以及监管机构等各自的责任和风险，做到市场参与者和监管者相互制约，各司其职，形成一个完整的、符合市场化原则的证券发行监管体系。

3. 注册制与核准制的区别

注册制依靠健全的法律法规对发行人的发行行为进行约束，它假定投资者能阅读并理解发行的公开说明书，能够自己作出正确判断，保护自己的利益。但事实上，投资风险不可能全部写进公开说明书中。注册制下，虽然不能杜绝低质量、高风险的证券进入证券市场，但在市场机制和信用体系较为健全的情况下，这种现象会得到有效的遏制。核准制下，由于政府主管机关在"实质条件"的审查过程中有权否决不符合规定条件的证券发行申请，从而可以在信息公开的条件下把一些不符合要求的低质量发行人拒于证券市场之外，以保护投资者利益。但是，这种做法很容易导致投资者对政府产生完全依赖的安全感，而有时政府主管机关的意见也未必完全正确，在核准制下，高技术、高风险行业的开发性证券，发行阻力仍然很大。投资方针或策略的选择，毕竟是投资者自己的事，而证券投资本身就是以承担风险来获取高收益，政府限制过严对证券的发行市场也有诸多的不妥之处，会出现以行政手段代替市场规律所引发的一系列不正常现象，如权力机构为寻租过程导致发行过程的腐败。

理论上说，注册制比较适合证券市场发展历史较长、各项法律法规健全、行业自律性较好、投资者素质较高（理性的机构投资者在市场中占有一定的比重）、证券市场发展水平相对较高的国家和地区;核准制则适合证券市场处于发展初期、法律法规的建立健全尚需一个相当长的过程、证券市场的投资者结构不甚合理的国家和地区。从核准制向注册制过渡,是证券市场发展日益成熟的标志。

注册制与核准制的对比如表 2-2-1 所示:

表 2-2-1 注册制与核准制的对比

	注册制	核准制
发行指标和额度	无	无
发行上市标准	有	有
主要推荐人	中介机构	中介机构
对发行作出实质判断的主体	中介机构	中介机构、证监会
发行监管性制度	证监会形式审核,中介机构实质性审核	中介机构和证监会分担实质性审核职责
市场化程度	完全市场化	逐步市场化
发行效率	较高	较低
发行成本	较低	较高
制度背景	市场化程度较高,金融市场更加成熟、制度更加完善	市场化程度较低,金融市场不够成熟、制度不够完善

一、美国证券发行制度

美国实行的是注册登记制。美国的证券发行管理体制是在《1933 年证券法案》的基础上建立起来的。它的基本原则是通过充分的信息披露来增加市场的透明度,从而保护投资人的利益。为了确保发行人向市场发布准确的信息,该法案对信息披露的责任、内容、方式和标准等作了明确的规定。《1934 年证券法案》是 1933 年法案的直接延伸。该法案规定所有拟在美国上市的证券必须在发行时向监管当局和市场公布财务状况和经营方面的消息。

美国发行管理体制的基本目标是要使拟发行的证券实现充分的信息披露以便保护投资者。为了达到这一目标,除得到特别豁免之外的所有发行都得向联邦证券交易委员会注册登记,由联邦证券交易委员会对信息披露情况进行监督和审阅。

(一) 美国的证券发行与上市

在美国的发行体制中,"发行"和"上市"是两个不同的概念。美国证券发行管理体制的最大特点是将发行与上市分开处理。发行的管理由证券监管机构负责,上市则以交易所为主进行管理。发行管理的实质是对发行注册登记材料进行审阅。

法律不对证券发行人本身的资格和质量作任何限定,而是由市场去选择。具体可通过两个不同的途径实现:发行后上市层次的选择和发行承销团对发行的承诺。

市场的选择环节是上市而不是发行,但上市的层次又直接影响到发行的结果。美国的二级市场有一个多极性的结构。通过发行但不能上市的企业,可以在柜台市场上流通;好一些的企业,可以考虑在地区性的市场流通;只有最好的企业才能在发行后到全国性市场上市。

而负责承销新发行证券的券商出于自身经济利益的考虑,会对证券的质量进行详尽的分析,从而对证券的收益和风险作出评估。由于证券的质量不同,承销方式、佣金水平和发行价格都会因之不同。在这种选择方式下,质量差的证券会因为成本高、风险高而被迫退出发行。

(二) 美国证券监管机构

美国为实现监管与自律的平衡,一方面使联邦证券交易委员会和证券交易所在发行与上市之间分工;另一方面,则成立了全美证券交易商协会(NASD)。NASD 是一个独立的自律性机构。在证券发行过程中,NASD 参加对注册申请的审阅,审阅对象是参加发行的会员券商,审查范围主要是承销合同,而内容是承销行为是否规范、发行价格和佣金水平是否合理。没有协会的认可,注册登记则不能生效。

为保证中央与地方的平衡,一方面,联邦政府的附属机构根据证券法对所有跨越州界的证券交易活动进行监管;另一方面,各州也有权对本州境内的交易活动进行监管。在发行证券时,发行人不仅应当向联邦的监管机构注册,还应向它计划从事销售活动的所有州进行申请注册。没有经过注册登记,发行人不能在这些州的境内推销自己的证券。各州对发行人的注册申请时所依据的主要标准是有关证券发行的立法,统称"蓝天法"。"蓝天法"不是一个特定的法律文件,而是州证券法的统称。它的最初版本是 1911 年在堪萨斯州通过的。州证券法之所以取名"蓝天",是因为当时一位法官在法庭上形容有些证券商在推销证券时制造虚假信息误导投资者时,说他们的许诺"像一望无垠的蓝天一样空洞无物"。

二、英国股票发行制度

英国股票发行制度实行核准发行制。该制度不仅对股票发行的形式进行审查,而且进行实质审查。很多国家的股票发行都是由具有政府职能的证券主管部门审核许可发行的。而在英国,伦敦证券交易所是股票发行上市的唯一常规性审核机构。英国证券自律机构和伦敦证券交易所制定的证券监管规则,对英国股票发行起直接的作用。

英国关于发行主体资格的制度规定:要符合公司法的规定;在经营活动、公司管理、资本运行、会计报表、信息披露等方面完全符合《伦敦证券交易所上市规则》的各项要求。

英国股票发行上市程序有其自身特点,主要是采用了授权资本制度。一般情况下,决定股票的发行是股东大会的权利,但当股东人数较多时,召开股东大会需要较长的时间准备,若仍由股东大会决定股票的发行事宜,就会丧失灵活机动的发行股票的机会。所以,英国采用了授权资本制度。其内容为:在公司章程中记载的公司预定发行股票总数(授权股数)的范围内,股东大会给予董事会独立发行股票的权限。公司成立时,应发行授权股数的 25% 以上的股票,剩余部分在公司成立后由董事会决议可随时发行。

(一) 英国股票发行方式

英国股票发行方式有以下五种方式:

(1) 公募制 (Public Offers):对一般投资者普遍公开发行证券的方式。这种方式适用于信用好、发行量较大的股票发行。

(2) 让售制 (A Make Over for Sale):指公司重要股东在报刊上刊登广告,宣布愿以一定价格公开让售其股票。这种方式多为大公司、大企业使用。从股票发行公司的角度看,让售制与公募制几乎没有什么区别,但从发行目的看,让售制主要在于谋求股权的分散,而公募制主要在于筹措新资金。

(3) 私募制 (Private Placements):指通过证券经纪商自行安排,将股票销售给他所熟悉的或联系较多的投资者,而非公开售予社会公众的销售办法。

(4) 配售制 (Secondary Offers):指根据公司原有股本的一定比率赋予股东新股认购权的一种方式,也称为"次级发行"。

(5) 标售制 (Competitive Sale):在这种方式下,除发行股票的公司提出公开发行股票说明书外,由发行商宣布最低底价,然后邀请特定投资人(多为团体投资者)以不低于底价的价格参加标售。由于相互竞争的关系,其价格可能接近预期的市场价格而对发行股票的公司筹资有利。

(二) 英国股票市场结构

和一些国家设有多个证券交易所不同,英国只设有一个证券交易所,即伦敦证券交易所。但是,为了满足各种不同类型的企业筹资的需要,伦敦证券交易所设立了多层次股票市场,从而形成了颇具特色的英国股票市场结构。

在图 2-2-1 中,国际股票市场是一个供外国公司在英国发行股票并上市的市场。挂牌市场是英国股票市场中最主要的市场,也叫"主市场"或"官方市场"。替代投资市场 (Alternative Investment Market),也叫"AIM 市场",它是为尚不具备挂牌市场发行、上市条件的公司而设立的替代性市场。

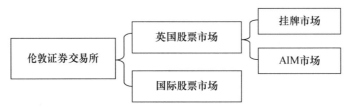

图 2-2-1 英国股票市场结构

(三) 英国证券监管机构

英国证券监管机构可分为三个不同的层次:

(1) 政府职能管理机构

主要包括金融贸易局、贸易部和英格兰银行。

1) 金融贸易局:主要负责从事证券业务的专业机构和从业人员的资格审批,依法审核和批准自律机构的设立,监督证券市场中的会员单位经营活动。

2) 贸易部:对非会员单位进行监管。

3) 英格兰银行:对超过一定数额的证券发行拥有审批权。

(2) 自律机构

1) 英国证券交易商协会:主要管理伦敦交易所内的业务。

2) 英国收购与合并问题专门小组:主要从事有关企业、公司收购合并等问题的管理。

(3) 伦敦证券交易所

伦敦证券交易所兼有政府机构职能管理和自律机构自律管理双重性,是发行上市审批的唯一常设性权力机构,依法享有审核发行、上市的权力。

(四)英国证券监管法规体系

(1)证券监管法律体系

英国政府对证券市场的监管主要体现为立法管制。

1)公司法:1948年制定并颁布,1967年和1985年又作了主要修改。内容包含四个方面:一是有关公司种类、公司章程和股票种类的基本规定;二是有关公司与股东关系的若干规定;三是有关公司财务信息公开的具体规定;四是有关公司股票、债券发行条件的规定。

2)金融服务法:1985年制定并颁布。包括设立投资机构的批准和证券业从业人员资格的批准、经营投资业务的管理、上市证券和非上市证券的管理、信息公开的要求等。

(2)证券监管规则体系

包括证券交易商协会、收购与合并问题专门小组、证券业理事会等自律机构制定的证券监管规则和伦敦证券交易所制定的证券监管规则。

三、中国证券发行审核制度

股票发行的决定权归属问题是新股发行审核制度的核心内容,国际上主要有两种方式:一种是发行注册制,这是由市场主导的,另一种则是审批制和核准制,这是由政府主导的。我国则经历了审批制、核准制下的通道制、核准制下的上市保荐制和发行审核委员会制三个阶段。

(1)审批制(1993—2000年)

1993年4月25日《股票发行与交易管理暂行条例》颁布,自此股票发行审批制正式确立。审批制的实施经历了两个阶段:"额度管理"(1993—1995年)和"指标管理"(1996—2000年)。"额度管理"主要是指根据国民经济的发展状况和资本市场情况,先由国务院证券管理部门确定总额度,然后再按照国民经济发展中的地位和需要,并且对不同省级行政区域和行业进行总额度的分配,最后发行股票的企业(主要是国有企业)要由省级政府或行业主管部门来决定。"指标管理"是指应发行上市的企业数量先由国务院证券管理部门在一定时期内确定,然后将股票发行数量指标下达至各省级政府和行业管理部门,其要在指标范围内推选企业,这些被推选的企业通过证券主管部门的批准后上报发行股票,就可以正式申报材料并审核。

审批制的实施对于调节当时证券市场的供求关系、国有企业改制上市、筹资起到了积极作用,但同时也暴露出一些不足之处。第一,过多的行政干预。在此严格审批制阶段中,主管机关决定发行价格、发行规模、发行时间等一切和上市有关的内容,市场完全没有发挥作用。第二,过度粉饰报表。在严格的定额审批下,很多公司为了顺利取得股票发行上市资格配额而编制虚假报表。第三,严重缺乏效率。因为审批制要经过层层审核批准,缺乏工作效率。第四,低效率的资源配置。计划经济体制使企业发行股票要靠政府的行政安排,社会闲置资金无法达到最有效的运用,使得资源配置缺乏效率。

(2)核准制下的通道制(2001—2004年)

2000年3月17日,中国证监会出台了《中国证监会股票发行核准程序》与《股票发行上市辅导工作暂行办法》,为股票发行核准制构建了基本框架。截至2001年3月,我国彻底取消配额和指标,股票发行核准制下的"通道制"正式启动。2001年5月18日,第一只采用核准制发行的股票用友软件(600588)上市交易。

之所以称为"通道制",是因为在通道制下根据承销商的资质及过往记录,授予其2至9个通道,这个数字代表在此期间承销商可同时推荐的发行人数量。通道制下承销商既有筛选发行人的权利,又要承担一定的责任,但由于通道不是无限的,因此也出现了很多问题,导致延缓了一些素质良好的公司进行首次公开发行;也可能使一些不负责任的承销商推荐素质较差的公司来填补剩余"通道"资源。另一方面,因为"通道制"下有最低保障和最高限额,所以承销的上市公司数并不会因为承销商规模、声誉差异而有太大差别,从而不利于市场运行下的淘汰机制的发挥。

(3)核准制下的上市保荐制和发行审核委员会制(2005年至今)

根据《公司法》和《证券法》等相关法律法规的规定,公开发行股票、可转换公司债券、公司债券和国务院依法认定的其他证券,必须依法报经中国证监会核准。我国目前实行的证券发行制度主要有证券发行核准制、证券发行上市保荐制度和发行审核委员会制度。

1)证券发行核准制,是指证券发行人提出发行申请,保荐机构(主承销商)向中国证监会推荐,中国证监会进行合规性初审后,提交发行审核委员会审核,最终经中国证监会核准后发行。证券发行核准制在强调公司信息披露的同时,还要求必须符合一定的实质性条件,如公司的盈利能力、公司治理水平等。核准制的核心是监管部门进行合规性审核,强化中介机构的责任,加大对市场参与各方的行为约束,减少新股发行中的行政干预。

2)证券发行上市保荐制度,是指由保荐机构及其保荐代表人负责发行人证券发行上市的推荐和辅导,尽职调查核实发行公司文件资料的真实性、准确性和完整性,协助发行人建立严格的信息披露制度。保荐人和保荐机构两部分组成了保荐制,企业发行股票的保荐人需要具备一定的条件和相关资格,证券公司(或资产管理公司)想要成为保荐机构则必须具有两个以上保荐人,同时应该享有推荐企业证券发行上市的资格。保荐人的本质是想要给证券发行设立一个"第一看门人"。在保荐过程中,保荐人通过对拟上市公司的考察、了解,最终选择绩效优良的公司上市。

保荐制通常需要建立保荐机构和保荐代表人的注册登记管理制度,明确保荐期限和确立保荐责任,并且采取持续信用监管和"冷淡对待"的监管措施。进一步强化和细化保荐机构责任,特别是以保荐代表人为代表的证券从业人员责任,是保荐制的核心内容。深化审核制改革的重大举措就是实施保荐制,保荐制的实施也对探索证券发行上市建立市场约束机制起到了重要作用,它是使股票发行机制从核准制向注册制转变的助推器。

3)发行审核委员会制度是证券发行核准制的重要组成部分。《证券法》第22条规定:"国务院证券监督管理机构设发行审核委员会,依法审核股票发行申请。发行审核委员会由国务院证券监督管理机构的专业人员和所聘请的该机构外的有关专家组成,以投票方式对股票发行申请进行表决,提出审核意见。发行审核委员会的具体组成办法、组成人员任期和工作程序,由国务院证券监督管理机构规定。"发行审核委员会的主要职责是:根据有关法律、行政法规和中国证监会的规定,审核股票发行申请是否符合相关条件;审核保荐人、会计师事务所、律师事务所、资产评估机构等证券服务机构及相关人员为股票发行所出具的有关材料及意见书;审核中国证监会有关职能部门出具的初审报告;依法对股票发行申请提出审核意见。中国证监会依照法定条件和法定程序作出予以核准或者不予核准股票发行申请的决定,并出具相关文件。发行审核委员会制度的建立和完善是不断提高发行审核专业化程度和透明度、增加社会监督和提高发行效率的重要举措。

然而,中国证券发行审核制度中目前也存在一些问题。

目前中国证券发行方式所导致的问题主要有两个方面:首先是在上网发行方式下,由于大量代理开户现象的存在,导致一级市场风险向二级市场转移,整个证券市场投机过盛,严重影响了证券市场的秩序与筹资功能的实现。其次是投资者的资金集中于证券交易所所产生的法律责任的不确定性问题。

一级市场是直接沟通投资者与融资者的桥梁。要完善证券发行制度,就要全面推行股票交易实名制,依法对证券账户与资金账户的开户行为进行严格管理,严禁由他人代理开户的情况发生。引入国际通行的收款银行制度,新股认购资金与存贷合同关系集中于收款银行而非集中于证券交易所,参加股票公开发行的全体认购人均应有权向收款银行申请安全比例的消费信贷并以认购证券作出担保和信用保障安排。

中国股市中所有制倾斜问题较严重,国有企业一统天下,民营企业相对较少。取消所有制歧视,活跃证券市场,提高上市公司质量,首先要转变观念,管理层对所有企业的申请发行和上市申请一视同仁,同时还需要制定开放和公平竞争的制度。

股票的发行与上市是联动的,企业取得发行股票的资格即意味着取得上市资格。这种做法人为地降低了一级市场新股认购的风险。管理层取消了发行与上市的联动机制,将证券的发行与上市分开管理、分别设防,发行由证监会审核,上市由证交所审核,上市标准高于发行标准,延长发行与上市之间的时间间隔,修改相关法律,制定明确的发行上市标准,是证券市场发展的必要条件。

另外,中国的承销商和专业中介机构缺乏行业自律。加强对中介行业的监管,使之独立发挥作用,是一个良好的证券市场所必需的。要严格按照《证券法》《公司法》《注册会计师法》等现行法律的规定重新审核证券中介机构的从业资格以确保其素质,增强主承销商的法律责任,强化其推荐作用,同时大力完善证券发行的信息披露制度,提高审核工作中的透明度,逐步将实质审批过渡到对信息披露的监管上来。

美国的证券发行体制有以下几个方面的特点可供借鉴:

第一,强调并突出监管机构的功能。在证券市场上,美国政府介入程度远远超过许多工业化国家,如英国和日本。

第二,整个发行制度在运作中突出监督为主、管理为辅的思想。

第三,发行审阅过程高度透明、发行信息透明。

第三节 证券承销制度

我国法律规定,证券公募发行必须采用间接发行的方式,必须由证券经营机构(承销商)承销。承销是将证券销售业务委托给专门的证券经营机构销售。根据发行风险的大小、募集资金的划拨以及手续费的高低等因素,可以将承销方式分为包销和代销。

一、包销

证券包销是指承销商将发行人的证券按照协议全部购入或者在承销期结束时将售后剩余证券全部自行购入的承销方式。包销在实际操作中有全额包销和余额包销之分。

全额包销是指发行人与承销机构签订承销合同,由承销机构按一定价格买下全部证券,并按合同规定的时间将价款一次付给发行公司,然后承销机构以略高的价格向社会公众出售。在全额包销过程中,承销机构与证券发行人并非委托代理关系,而是买卖关系,即承销机构将证券低价买进然后高价卖出,赚取中间的差额。对发行人来说,采用全额包销方式既能保证如期得到所需要的资金,又无须承担发行过程中价格变动的风险,一般适用于那些资金需求量大、社会知名度低而且缺乏证券发行经验的企业。全额包销是西方证券市场中最常见、使用最广泛的方式。

余额包销是指发行人委托承销机构在约定期限内发行证券,到销售截止日期,未售出的余额由承销商按协议价格认购。余额包销实际上是先代理发行,后全额包销,是代销和全额包销的结合。

二、代销

证券代销是指承销商代发行人发售证券,在承销期结束时,将未售出的证券全部退还给发行人的承销方式。在代销过程中,承销机构与发行人之间是代理委托关系,承销机构不承担销售风险,因此代销佣金很低。代销发行比较适合于那些信誉好、知名度高的大中型企业,它们的证券容易被社会公众所接受,用代销方式可以降低发行成本。

我国《证券法》规定,发行人向不特定对象发行的证券,法律、行政法规规定应当由证券公司承销的,发行人应当同证券公司签订承销协议;向不特定对象发行的证券票面总额超过5000万元的,应当由承销团承销。承销团应当由主承销商和参与承销的证券公司组成。同时,根据我国《证券发行与承销管理办法》和《上市公司证券发行管理办法》规定,上市公司发行证券,应当由证券公司承销;上市公司非公开发行股票未采用自行销售方式或者上市公司向原股东配售股份的,应当采用代销方式发行。上市公司非公开发行股票,发行对象均属于前10名股东的,可以由上市公司自行销售。

第四节　股票发行市场

一般而言,股票发行的类型主要有以下几种:

1. 首次公开发行

首次公开发行(Initial Public Offering, IPO),指拟上市公司首次在证券市场公开发行股票募集资金并上市的行为。通常,首次公开发行是发行人在满足法律法规必须具备的条件,并经证券监管机构审核、核准或注册后,通过证券承销机构面向社会公众公开发行股票并在证券交易所上市的过程。通过首次公开发行,发行人不仅募集到所需资金,而且完成了股份有限公司的设立或转制,成为上市公司。

2. 增资发行

增资发行是指股份公司上市后为达到增加公司资本的目的,而依照法定程序发行股票的行为。股份公司增资发行股票,按照取得股票时是否缴足资金划分,可以分为有偿增资发行、无偿增资发行。

（1）有偿增资发行

有偿增资发行是指股份公司通过增发股票吸收新股份的办法增资,认购者必须按照股票的发行价格支付资金获取股票的发行方式。有偿增资发行股票的方式主要有配股、增发、非公开发行。

1）配股。配股即向公司原股东配售股份，是公司按照股东的持股比例向原股东分配公司的新股认购权，允许其优先认购股份的方式。这种增资方式可以保护公司原股东的权益及其对公司的控制权。公司原股东有选择是否配售的权利，但是，由于配股价格一般会低于股票的市场价格，配股除权后，股价下降，所以原股东如果不选择配售的股票，应在配股除权前卖出所持有的股票。

2）增发。增发即向不特定对象公开募集股份，是股份公司向不特定对象公开募集股份的增资方式，目的是向社会公众募集资金，扩大股东人数，分散股权，增强股票的流通性，并可避免股份过度集中。公募资金的股票价格一般以市场价格为基准，是常用的增资方式。

3）非公开发行。非公开发行即定向增发，是股份公司向特定对象发行股票的增资方式。特定对象包括公司的控股股东、实际控制人及其控制的企业；与公司业务有关的企业、往来银行；证券投资基金、证券公司、信托投资公司等金融机构；公司董事、员工等。公司可以对认购者的持股期限有所限制。这种增资方式会直接影响公司原股东的利益，需经股东大会特别批准。

（2）无偿增资发行

无偿增资发行是指公司原股东不必缴纳现金就可无偿地获得新股的发行方式。这种增资发行方式，发行对象仅限于公司原股东。一方面，增加了公司的股本规模，调整了公司的资本结构；另一方面，增强了股东的信心和公司信誉。无偿增资发行可以分为公积金转增股本、红利增资和股票分割。

1）公积金转增股本。公积金转增股本是将资本公积金、法定公积金和任意公积金转为资本金，按原股东持股比例转股，使原股东无偿取得公司新发行的股票。《公司法》规定：资本金主要来自于股份有限公司股票发行的溢价收入；公司分配当年税后利润，应当提取利润的10%列入公司法定公积金，法定公积金累计额为公司注册资本的50%以上的，可以不再提取；经公司股东大会或股东大会决议，还可以从税后利润中提取任意公积金。同时，公司法定公积金和任意公积金可以用于弥补公司的亏损；法定公积金转为资本时，所留存的该项公积金不得少于转增前公司注册资本的25%。公积金转增股本可以进一步明确产权关系，有助于投资者正确认识股票投资的价值所在，提高股东对公司长期发展和积累的信心，从而形成企业积累的内在动力机制。

2）红利增资。红利增资是指股份公司以向原股东发放股票股利的方式增加公司的股本。这种方式扩大了公司的股本规模，增加了公司股票的流动性。同时，股本规模的扩大，摊薄了公司的每股收益，使股票市场价格下降，有利于吸引小额资金投资者购买公司股票。

3）股票分割。股票分割是将面额较大的股票均等地分为若干股，也称为"股票拆细"。这种方式只增加股份数而不增加公司的资本总额。一般来说，公司进行股票分割的根本原因是该公司股票的市场价格水平过高，以至于公司感到这种价格已构成对投资者的心理障碍，进而成为该公司以此价格发行新股的障碍。公司进行股票分割，最终目的是增发股票，为扩大股本规模创造条件。

一、股票发行条件

在股票发行核准制的条件下,有关的法律法规对股票发行规定了若干实质性的条件,这些条件因股票发行的不同类型而有所区别。但是,大体均从以下几个方面进行规定:公司的主体资格、公司治理结构、股本的规模和结构;行业状况及未来发展前景;过去若干年的财务状况和经营情况,尤其是过去及未来的连续盈利能力;资产状况(资产质量、有形资产比重等);诚信记录情况等。

我国《证券法》《公司法》和相关的法律法规对股票发行包括首次发行和增资发行两种形式的发行条件作出了明确的规定。

(一)首次公开发行股票的基本条件

我国《证券法》规定,公司公开发行新股,应当具备健全且运行良好的组织机构,具有持续盈利能力,财务状况良好,最近3年财务会计文件无虚假记载,无其他重大违法行为以及经国务院批准的国务院证券监督管理机构规定的其他条件。

为了规范首次公开发行股票并上市的行为,中国证监会于2006年5月制定并发布《首次公开发行股票并上市管理办法》,对首次公开发行股票并上市公司的主体资格、独立性、规范运行、财务指标、募集资金运用五个方面作出明确规定。

1. 主体资格

发行人应当是依法设立且合法存续的股份有限公司;经国务院批准,有限责任公司在依法变更为股份有限公司时,可以采取募集设立方式公开发行股票;发行人自股份有限公司成立后,持续经营时间应当在3年以上,但经国务院批准的除外;有限责任公司按原账面净资产值折股①整体变更为股份有限公司的,持续经营时间可以从有限公司成立之日起算;发行人的注册资本已足额缴足;发行人的生产经营符合法律、行政法规和公司章程的规定,符合国家产业政策;发行人在近3年内主营业务和董事、高级管理人员没有发生重大变化,实际控制人没有发生变更。

2. 独立性

发行人应当具有完整的业务体系和直接面向市场独立经营的能力;发行人的资产完整;发行人的人员独立;发行人的财务独立;发行人的机构独立;发行人的业务独立;发行人在独立性方面不得有其他严重缺陷。

3. 规范运行

发行人已经依法建立健全股东大会、董事会、监事会、独立董事、董事会秘书制度,相关机构和人员能够依法履行职责,发行人的董事、监事和高级管理人员已经了解与股票发行上市有关的法律法规,知悉上市公司及其董事、监事和高级管理人员的法定义务和责任;发行人的董事、监事和高级管理人员符合法律、行政法规和规章制度规定的任职资格;发行人的内部控制制度健全且被有效执行,能够合理保证财务报告的可靠性、生产经营的合法性、营运的效率与效果。

---

① 原账面净资产值折股,即企业要将改制基准日的企业净资产根据一定的方法折算为新设股份公司的股本。公司净资产是指母公司的净资产。

4. 财务指标

（1）最近3个会计年度净利润均为正数且累计超过3000万元，净利润以扣除非经常性损益前后较低者为计算依据；

（2）最近3个会计年度经营活动产生的现金流净额累计超过5000万元；或者最近3个会计年度营业收入累计超过3亿元；

（3）发行前总股本不少于人民币3000万元；

（4）最近一期期末无形资产（扣除土地使用权、水面养殖权和采矿权等后）占净资产的比例不高于20%；

（5）最近一期期末不存在弥补亏损。

5. 募集资金运用

募集资金应当有明确的使用方向，原则上应当用于主营业务；除金融类企业外，募集资金使用项目不得为持有交易性金融资产和可供出售的金融资产，不得借予他人、委托理财等财务性投资，不得直接或者间接投资于以买卖有价证券为主要业务的公司；募集资金和投资项目应当与发行人现有生产经营规模、财务状况、技术水平和管理能力等相适应；募集资金投资项目应当符合国家产业政策、投资管理、环境保护、土地管理以及其他法律、法规和规章的规定；发行人应该健全募集资金专项存储制度，募集资金应当存放于董事会决定的专项账户。

（二）首次公开发行股票在创业板上市的条件

根据2014年5月发布的《首次公开发行股票并在创业板上市管理暂行办法》，发行人首次申请公开发行股票并在创业板上市，应当符合以下条件：

1. 主体资格

发行人是依法设立且持续经营3年以上的股份有限公司。有限责任公司按原账面净资产值折股整体变更为股份有限公司的，持续经营时间可以从有限公司成立之日起计算。

2. 财务指标

（1）最近2年连续盈利，最近2年净利润累计不少于1000万元；或者最近1年盈利，最近一年营业收入不少于5000万元。净利润以扣除非经常性损益前后孰低者为计算依据；

（2）最近一期期末净资产不少于2000万元，且不存在未弥补亏损；

（3）发行后股本总额不少于3000万元。

3. 主营业务

发行人应当主要经营一种业务，其生产经营活动符合法律、行政法规和公司章程的规定，符合国家产业政策及环境保护政策；发行人最近2年内主营业务没有发生重大变化。

4. 公司治理

发行人具有完善的公司治理结构，依法建立健全股东大会、董事会、监事会以及独立董事、董事会秘书、审计委员会制度，相关机构和人员能够依法履行职责；发行人内部控制制度健全且被有效执行；发行人的股权清晰，控股股东和受控股股东、实际控制人支配的股东所持发行人的股份不存在重大权属纠纷；发行人资产完整，业务及人员、财务、机构独立。

5. 募集资金运用

发行人募集资金应当用于主营业务,并有明确的用途。募集资金数额和投资方向应当与发行人现有生产经营规模、财务状况、技术水平、管理能力及未来资本支出规划等相适应。

(三) 配股的条件

中国证监会于 2006 年 5 月发布《上市公司证券发行管理办法》,对上市公司发行证券的一般性条件及配股的条件作出了明确规定。

1. 对上市公司发行证券的一般性条件:

(1) 上市公司的组织机构健全、运行良好。

(2) 上市公司的盈利能力具有可持续性。最近 3 个会计年度连续盈利;最近 24 个月内曾公开发行证券的,不存在发行当年营业利润比上年下降 50% 以上的情形。

(3) 上市公司的财务状况良好。最近 3 年及一期财务报表未被注册会计师出具保留意见、否定意见或无法表示意见的审计报告;被注册会计师出具带强调事项段的无保留意见的审计报告的,所涉及的事项对发行人无重大不利影响或者在发行前重大不利影响已经消除;最近 3 年以现金或股票方式累计分配的利润不少于最近 3 年实现的年均可分配利润的 20%。

(4) 上市公司最近 36 个月内财务会计文件无虚假记载。

(5) 上市公司募集资金的数额和使用符合规定。

2. 除《上市公司证券发行管理办法》规定的一般性条件以外,配股还要具备以下条件:

(1) 拟配售股份数量不超过本次配售股份前股本总额的 30%。

(2) 控股股东应当在股东大会召开前公开承诺认配股份的数量。

(3) 必须采用《证券法》规定的代销方式发行。

控股股东不履行认配股份的承诺,或者代销期限届满,原股东认购股票的数量未达到拟配售数量 70% 的,发行人应当按照发行价并加算银行同期存款利息返还已经认购的股东。

(四) 增发的条件

除《上市公司证券发行管理办法》规定的一般性条件以外,增发还要具备以下条件:

(1) 最近 3 个会计年度加权平均净资产收益率平均不低于 6%,扣除非经常性损益后的净利润与扣除前的净利润相比,以低者作为计算依据。

(2) 除金融类企业外,最近一期不存在持有金额较大的交易性金融资产和可供出售的金融资产、借予他人款项、委托理财等财务性投资的情形。

(3) 发行价格应不低于公告招股意向书前 20 个交易日公司股票均价或前一个交易日的均价。

(五) 非公开发行的条件

根据《上市公司证券发行管理办法》,上市公司非公开发行股票,应当具备以下条件:

(1) 非公开发行股票的特定对象符合股东大会决议规定的条件;发行对象不超过 10 名;发行对象为境外战略投资者的,应当经国务院相关部门事先批准。

(2) 发行价格不低于定价基准日前 20 个交易日公司股票均价的 90%。

（3）本次发行的股份自发行结束之日起，12个月内不得转让；控股股东、实际控制人及其控制的企业认购的股份，36个月内不得转让。

（4）募集资金使用符合规定。

（5）非公开发行导致上市公司控制权发生变化的，还应当符合中国证监会的其他规定。

（六）无偿增资发行的条件

根据《公司法》第104条，股东大会作出修改公司章程、增加或减少注册资本的决议，以及公司合并、分立、解散或者变更公司形式的决议，必须经出席会议的股东所持表决权的2/3以上通过。因此，股份公司采用公积金转增股本、红利增资、股票分割方式无偿增加公司股本，必须经出席股东大会的股东所持表决权的2/3以上通过。

二、股票发行程序

（一）注册制下股票的发行程序

1. 发行前的咨询

发行人向被委托发行的中介机构进行咨询，如发行股票的种类、条件、价格、时间、市场状况等，以便对证券发行方案进行初步设计。

2. 申请股票发行

申请股票发行是发行工作的关键环节，主要包括：确认股票发行资格；向证券管理部门提交有关的申请文件和资料；填写股票发行说明书；进行股票发行的形式审查。

3. 委托中介机构发行

申请生效后，委托中介机构发行股票。发行公司应同中介机构签订委托发行协议书，证券发行中介机构按照发行公司的要求，向投资者发售股票。

（二）核准制下股票的发行程序

核准制下股票发行程序的关键是发行人要达到法律法规规定的实质条件，并报经证券监管机构核准，才可以委托中介机构发行股票。中国证监会《首次公开发行股票并上市管理办法》和《上市公司证券发行管理办法》对我国股票发行程序作出了明确的规定。

1. 首次公开发行股票的程序

根据中国证监会《首次公开发行股票并上市管理办法》，股份公司首次公开发行股票的发行程序如下：

（1）发行人董事会应当依法就本次股票发行的具体方案、本次募集资金使用的可行性及其他必须明确的事项作出决议，并提请股东大会批准。

（2）发行人股东大会就本次发行股票作出的决议，至少应当包括下列事项：本次发行股票的种类和数量、发行对象、价格区间或者定价方式、募集资金用途、发行前留存利润的分配方案、决议的有效期、对董事会办理本次发行具体事宜的授权；其他必须明确的事项。

（3）发行人应当按照中国证监会的有关规定制作申请文件，由保荐人保荐并向中国证监会申报。特定行业的发行人应当提供管理部门的相关意见。保荐人保荐发行人发行股票并在创业板上市，应当对发行人的成长性进行尽职调查和审慎判断并出具专项意见。发行人为自主创新企业的，还应当在专项意见中说明发行人的自主创新能力。

（4）中国证监会收到申请文件后，在5个工作日内作出是否受理的决定。

（5）中国证监会受理申请文件后，由相关职能部门对发行人的申请文件进行初审，并由发行审核委员会审核。中国证监会在初审过程中，将征求发行人注册地省级人民政府是否同意发行人发行股票的意见，并就发行人的募集资金投资项目是否符合国家产业政策和投资管理的规定征求国家发展和改革委员会的意见。

（6）中国证监会依照法定条件对发行人的发行申请作出予以核准或不予核准的决定，并出具相关文件。

（7）自中国证监会核准发行之日起，发行人应在6个月内发行股票；超过6个月未发行的，核准文件失效，须重新经中国证监会核准后方可发行。

（8）发行申请核准后、股票发行结束前，发行人发生重大事项的，应当暂缓或暂停发行，并及时报告中国证监会，同时履行信息披露义务。影响发行条件的，应当重新履行核准程序。

（9）股票发行申请未获核准的，自中国证监会作出不予核准决定之日起6个月后，发行人可再次提出股票发行申请。

2．上市公司证券发行程序

报据中国证监会《上市公司证券发行管理办法》（该办法所称"证券"包括股票、可转换公司债券、分离交易的可转换公司债券及中国证监会认可的其他品种），上市公司发行证券，可以向不特定对象公开发行，也可以向特定对象非公开发行。具体的证券发行程序如下：

（1）上市公司申请发行证券，董事会应当依法就下列事项作出决议，并提请股东大会批准：本次证券发行的方案；本次募集资金使用的可行性报告；前次募集资金使用的报告；其他必须明确的事项。

（2）股东大会就发行证券事项作出决议，必须经出席会议的股东所持表决权的2/3以上通过。向本公司特定的股东及其关联人发行证券的，股东大会就发行方案进行表决时，关联股东应当回避。上市公司就发行证券事项召开股东大会，应当提供网络或者其他方式为股东参加股东大会提供便利。

（3）上市公司申请公开发行证券或者非公开发行新股，应当由保荐人保荐，并向中国证监会申报。保荐人应当按照中国证监会的有关规定编制和报送发行申请文件。

（4）中国证监会依照下列程序审核发行证券的申请：收到申请文件后，5个工作日内决定是否受理；中国证监会受理后，对申请文件进行初审；发行审核委员会审核申请文件；中国证监会作出核准或者不予核准的决定。

（5）自中国证监会核准发行之日起，上市公司应在6个月内发行证券；超过6个月未发行的，核准文件失效，须重新经中国证监会核准后方可发行。

（6）上市公司发行证券前发生重大事项的，应暂缓发行，并及时报告中国证监会。该事项对本次发行条件构成重大影响的，发行证券的申请应重新经过中国证监会核准。

（7）上市公司发行证券，应当由证券公司承销；非公开发行股票，发行对象均属于原前10名股东的，可以由上市公司自行销售。

（8）证券发行申请未获核准的上市公司，自中国证监会作出不予核准的决定之日起6个月后，可再次提出证券发行申请。

三、股票发行价格

股票发行价格是指投资者认购新发行的股票时实际支付的价格。股票发行价格的确定是股票发行计划中最基础和最重要的内容。一般而言,在确定股票发行价格时应综合考虑公司的盈利水平、公司的发展潜力、股票的发行数量、公司所处行业的特点以及股票市场运行状况等影响股价的基本因素。

按照发行价格与票面金额的差异,发行价格可以分为平价发行、溢价发行和折价发行。根据我国《公司法》和《证券法》的规定,股票发行价格可以等于票面金额,也可以超过票面金额,但不得低于票面金额。即股票发行价格可以按照面值发行和溢价发行,不能折价发行。溢价发行股票所得的溢价款项列入发行公司的资本公积金。

(一)国际市场股票发行的定价方式

从各国股票发行市场的经验来看,股票发行定价最常用的方式有累积订单式、固定价格方式以及累积订单和固定价格相结合的方式。

1. 累积订单式。这是美国证券市场经常采用的方式。其一般做法是:承销团先与发行人商定一个定价区间,再通过市场促销征集在各个价位上的需求量。在分析需求数量后,由承销商与发行人确定最终发行价格。

2. 固定价格方式。这是英国、日本、我国香港地区等证券市场通常采用的方式。其一般做法是:承销商与发行人在公开发行前商定一个固定的价格,然后根据此价格进行公开发售。

3. 累积订单和固定价格相结合的方式。这种方式主要适用于国际筹资,一般是在进行国际推荐的同时,在主要发行地进行公开募集,投资者的认购价格为推荐价格区间的上限,待国际推荐结束、最终价格确定之后,再将多余的认购款退还给投资者。

(二)我国股票发行的定价方式

1. 首次公开发行(IPO)股票定价方式

我国的发行制度从股票市场建立到现在经历了审核制、核准制下的通道制、核准制下的上市保荐制和发行审核委员会制三个阶段,同时新股发行价格也经过了行政指导及现在的询价基础上的协商定价两个阶段。2004年12月7日,中国证监会发出《关于首次公开发行股票试行询价制度若干问题的通知》,从2005年开始我国新股发行定价实行询价制度。根据《证券发行与承销管理办法》,首次公开发行股票以询价方式确定股票发行价格。该办法规定,首次公开行股票,应当通过向特定机构投资者(以下称"询价对象")询价的方式确定股票发行价格。询价对象是指符合本办法规定条件的证券投资基金管理公司、证券公司、信托投资公司、财务公司、保险机构投资者、合格境外机构投资者、主承销商自主推荐的具有较高定价能力和长期投资取向的机构投资者,以及经中国证监会认可的其他机构投资者。发行人及其主承销商应当在刊登首次公开发行股票招股意向书和发行公告后向询价对象进行推介和询价,并通过互联网向公众投资者进行推介。

询价分为初步询价和累计招标询价。发行人及其主承销商应当通过初步询价确定发行价格区间和相应的市盈率区间。发行价格区间确定后,进入累计投标询价阶段。发行人及主承销商在发行价格区间向询价对象进行累计投标询价,参与初步询价并有效报价的询价对象在公布的发行价格区间和发行规模内选择一个或多个申购价格或申购数量,将所有申购价格和申购数量对应的申购金额汇入主承销商指定的账户,发行人和主承销商根据累计投标询价的结果确定发行价格和发行市盈率。

询价对象可以自主决定是否参与初步询价,询价对象申请参与初步询价的,主承销商无正当理由不得拒绝。未参与初步询价或者参与初步询价但未有效报价的询价对象,不得参与累计投标询价和网下配售。

首次发行的股票在中小企业板、创业板上市的,发行人及其主承销商可以根据初步询价的结果确定发行价格,不再进行累计投标询价。

2. 上市公司发行股票定价方式

根据《证券发行与承销管理办法》,上市公司发行证券,可以通过询价的方式确定发行价格,也可以与主承销商协商确定发行价格。但是,根据《上市公司证券发行管理办法》,增发价格应不低于公告招股意向书前20个交易日公司股票均价或前一个交易日的均价;非公开发行股票价格不低于定价基准日前20个交易日公司股票均价的90%。

在估算和预测二级市场价格时,主承销商一般采用通用的现金流量折现法和可比公司法。两种方法分别从不同角度对公司股票价格进行估算,其中现金流折现法体现的是企业的内在价值,是估算发行价格的基础,对估算二级市场交易价格有一定参照意义;而可比公司法则反映的是市场供求决定的外在均衡价格。通常情况下,两类方法的估值结果并不一致,对股票二级市场价格定位进行估算时,还需要结合其他条件进行综合判断。

下面以河北常山生化药业股份有限公司(简称"常山药业")IPO为例来讲述IPO定价上市过程。

常山药业前身为河北常山生化药业有限公司,创建于2000年9月28日。2009年11月20日,河北常山生化药业有限公司整体变更设立为股份有限公司,注册资本8085万元。常山药业的主要产品为肝素钠原料药、低分子量肝素钙注射液与肝素钠注射液。2011年6月24日,常山药业经中国证监会核准,发行2700万新股,主承销商与保荐人是兴业证券股份有限公司。本次发行采用网下向股票配售对象询价配售与网上向社会公众投资者定价发行相结合的方式,其中网下配售540万股,网上定价发行2160万股,发行价格为28元/股。2011年8月19日,常山药业在深圳证券交易所创业板上市,股票代码为300255。常山药业IPO的主要事件见表2-4-1。

表2-4-1 常山药业IPO主要事件

日期	主要事件
2011年6月20日	常山药业在中国证监会网站预先披露《招股说明书》(申报稿)
2011年6月24日	常山药业IPO申请获得中国证监会核准
2011年7月29日	刊登《招股意向书摘要》《初步询价及推介报告》
2011年8月1—3日	初步询价
2011年8月4日	确定发行价格、可参与网下申购的股票配售对象名单及有效申报数量,刊登《网上路演公告》
2011年8月5日	刊登《发行公告》《投资风险特别公告》,网上路演
2011年8月6日	网下申购缴款
2011年8月8日	网上发行申购

(续表)

日期	主要事件
2011年8月9日	网下发行摇号抽签,网上申购资金验资
2011年8月10日	刊登《网下摇号中签及配售结果公告》《网上中签率公告》,网上发行摇号抽签,网下申购资金解冻
2011年8月11日	刊登《网上中签结果公告》,网上申购资金解冻
2011年8月19日	公司股票上市交易

选择合适的可比公司是应用可比公司法估算IPO公司内含价值的关键所在,可比公司往往是与IPO公司处于同一行业并且在公司规模等方面最为接近的已上市公司。按照中国证监会对IPO公司披露《招股说明书》的规范,IPO公司需要披露同行业的主要竞争对手。常山药业在其《招股说明书》中列举的十家国内同行业竞争公司见表2-4-2。

表2-4-2 常山药业的主要竞争公司

	主要竞争公司	是否上市	上市时间
1	深圳海普瑞药业股份有限公司	是	2010年5月6日
2	南京健友生物化学制药有限公司	否	
3	常州千红生化制药股份有限公司	是	2011年2月18日
4	烟台东诚生化股份有限公司	否	
5	淮安麦德森化学有限公司	否	
6	浙江惠隆对外贸易有限责任公司	否	
7	河北常山生化药业股份有限公司	否	
8	江苏汇鸿国际集团医药保健品进出口有限公司	否	
9	东营天东生化工业有限公司	否	
10	重庆骏望生化制品有限公司	否	

在常山药业列举的同行业竞争对手中,只有深圳海普瑞药业股份有限公司(简称为"海普瑞",股票代码为002399)和常州千红生化制药股份有限公司(简称为"千红制药",股票代码为002550)已经上市交易,因此,编者初步将海普瑞和千红制药作为常山药业的可比公司。海普瑞是肝素及其下游衍生产品生产出口企业,主要产品为肝素钠原料药。2010年5月6日,海普瑞在深圳证券交易所中小板上市交易。海普瑞肝素钠原料药销售规模较大,是肝素行业的龙头企业。千红制药主要产品包括肝素钠原料药及制剂、胰激肽原酶制剂和门冬酰胺酶原料药及制剂。2011年2月18日,千红制药在深圳证券交易所中小板上市交易。

假设可比公司需要满足在IPO公司上市交易前12个月内上市交易的条件,常山药业的上市日期是2011年8月19日,符合其上市交易前12个月内上市交易条件的只有千红制药。海普瑞的上市日期是2010年5月6日,并不符合该条件。

接下来将继续分析海普瑞和千红制药在公司规模等方面与常山药业的相似情况。表2-4-3给出了2008—2010年常山药业、千红制药和海普瑞三家公司的总资产和成本收入比较的情况。

表 2-4-3　三家公司比较分析

公司名称	年度	总资产(万元)	成本/收入(%)
常山药业	2008	19659.26	90.01
海普瑞	2008	57891.92	54.53
千红制药	2008	39174.10	77.21
常山药业	2009	26634.91	82.98
海普瑞	2009	137662.55	56.85
千红制药	2009	53386.76	79.73
常山药业	2010	43063.87	85.55
海普瑞	2010	812700.32	63.24
千红制药	2010	54852.65	85.55

可以发现,2008—2010 年常山药业与海普瑞的总资产相差较大,与千红制药的总资产比较接近。在成本收入比率分析中,常山药业与海普瑞的比率相差较大,与千红制药的比率相差较小。因此,经过以上综合分析,选择千红制药作为常山药业 IPO 定价的可比公司。2011 年 6 月 30 日,千红制药股票收盘价为 28.58 元/股,成本收入比为 82.12%,而常山药业 2011 年上半年的成本收入比为 84.57%。

我们使用成本收入比率作为关键指标计算 IPO 公司的价格。公式如下:

$$P_{IPO} = \left(\frac{P}{\text{cost/sales}}\right)_{match} \times \left(\frac{\text{cost}}{\text{sales}}\right)_{IPO}$$

所以,

$$P_{IPO} = \left(\frac{28.58}{82.12}\right)_{match} \times (84.57)_{IPO} \approx 29.43$$

2011 年 8 月 19 日,常山药业以 28.00 元/股的发行价格在一级市场首次公开发行股票。可以发现,使用可比公司法用成本收入比例来估计的发行价格略高于公司实际发行价格。

在常山药业股票发行前,证券分析师对常山药业的发行价格作出了预测。海通证券股份有限公司分析师丁频对常山药业股票发行价格估价的区间为 31—37 元/股,均值为 34 元/股;东方证券股份有限公司证券分析师李淑花对常山药业股票发行价格估价区间为 29.84—35.17 元/股,均值为 32.51 元/股;平安银行股份有限公司分析师凌军对常山药业股票发行价格估价区间为 24.10—26.31 元/股,均值为 25.21 元/股。可以发现,多数分析师对常山药业股票发行价格作出了相对乐观的估计。

第五节　债券发行市场

债券产生的历史可追溯到 19 世纪初期。随着 1929 年的金融危机的爆发,出现了前所未有的股市大崩溃,人们开始意识到自由放任的管理体制的危害,尤其是很多的投资者在经历了 20 世纪 20 年代的泛滥时期之后,真正品尝到了与股票高收益相对应的高风险。在随后的几十年里,经济的持续衰退使得股票市场的盈利水平时不时地滞后于通货膨胀和总体经济发展水平,人们开始重视投资的安全性。一部分投资者开始追求在本金有着较好的信誉保障的前提下，定期可以获得固定的收益，于是债券这种金融工具在市场中逐渐为人们所接受。20世纪70年代初，美国出现了"债券爆炸"的时代，债券迅速地赢得了机构投资者的广泛接受。而值得一提的是，这批投资者中的许多人，都曾是股票市场的失意者。利息税收优惠制度的实施和延续，进一步增强了风险低且收益有保障的债券的吸引力。20世纪80年代早期流行的以金融创新为特征的所谓"金融工程革命"，使得债券的地位更加稳固。

我国债券的历史虽然最早可以追溯到土地革命时期发行的政府公债，但那时的公债在实际形式上是以实物计价，且不能流通。20世纪80年代初，我国实行改革开放政策后，中央政府通过行政手段发行了国债（也称"国库券"），但缺乏流通性。我国出现真正意义上的债券，则是在实行市场经济的20世纪80年代末期。这时债券品种和计息方式逐渐丰富起来，以满足不同投资人的需求；债券市场得以建立并逐步完善，债券的流通性大大增加，发行程序进一步规范化。

所谓"债券"，是指债务人为筹措资金，依照合法手续向社会发行，承诺按照约定的利率和日期支付利息，并在特定的日期偿还本金的书面债权凭证。债券的基本特点有：期限较长；流通性较强；风险较小；收益较为稳定。

与股票相比，债券这种金融工具不但风险小，而且表现出在资本市场上的高度灵活性。发行者可以根据市场的情况和自身的特点设置不同期限、不同本息偿还方式、不同发行方式以及不同权益等多种形式的债券，投资者可以根据需要进行选择。因此，每一种债券形式的产生，都是在一定的市场条件下，针对某一特定群体的投资者的需求设置的。债券的种类多种多样：如按利息支付方式，可分为零息债券和付息债权；按偿还期限，可分为短期债券、中期债券和长期债券；按是否记名，可分为记名债券和不记名债券；按有无担保，可分为抵押债券和信用债券；按利息浮动与否，可分为固定利率债券和浮动利率债券；按债券权益不同，可分为权益债券、可转换公司债券和附认股权债券等；按发行主体，可分为政府债券、金融债券和公司债券。

值得一提的是，我国证券市场上同时存在企业债券和公司债券，它们在发行主体、监管机构以及规范的法规上有一定的区别。

我国的企业债券是指企业依照法定程序公开发行并约定在一定期限内还本付息的有价证券，包括依照《公司法》设立的公司发行的公司债券和其他企业发行的企业债券。但是，金融债券和外币债券除外。根据规定，企业可以发行无担保信用债券、资产抵押债券、第三方担保债券。企业债券的发行应组织承销团以余额包销方式承销。企业债券发行完成后，经核准可以在证券交易所上市，挂牌买卖，也可以进入银行间市场流通转让。企业债券由1993年8月2日国务院发布的《企业债券管理条例》规范。根据规定，发行企业债券，需要经过向有关主管部门进行额度申请和发行申报两个步骤。拟发行企业要向国家发展改革委提出额度申请和发行申报，国家发展改革委核准通过并经中国人民银行和中国证监会会签后，由国家发展改革委下达批复文件。2008年1月，发展改革委下达《国家发展改革委关于推进企业债券市场发展、简化发行核准程序有关事项的通知》。该通知指出，为进一步推动企业债券市场化发展，扩大企业债券发行规模，经国务院同意，对企业债券发行核准程序进行改革，将先核定规模、后核准发行两个环节，简化为直接核准发行一个环节。企业根据隶属关系提出发行申报，国家发展改革委受理企业发债申请后，依据法律法规及有关文件规定,对申请材料进行审核。符合发债条件、申请材料齐全的直接予以核准。企业债券得到国家发展改革委批准并经中国人民银行和中国证监会会签后,即可进入具体的发行程序。

我国的公司债券是指公司依照法定程序发行、约定在1年以上期限内还本付息的有价证券。公司债券的发行人是依照《公司法》在中国境内设立的有限责任公司和股份有限公司。发行公司债券应当符合《证券法》《公司法》及《公司债券发行试点办法》规定的条件,并经中国证监会核准。2007年8月,中国证监会正式颁布实施《公司债券发行试点办法》。《公司债券发行试点办法》的出台,标志着我国公司债券发行工作的正式启动,对于发展我国的债券市场、拓展企业融资渠道、丰富证券投资品种、完善金融市场体系、促进资本市场协调发展具有十分重要的意义。按照"先试点,后分步推进"的工作思路及有关通知的要求,公司债券发行试点从上市公司入手。初期,试点公司范围仅限于沪、深证券交易所上市的公司及发行境外上市外资股的境内股份有限公司。

公司债券发行申请获得中国证监会核准后,符合一定条件的公司债券原则上可以在证券交易所采用"网上发行和网下发行相结合"的方式向全市场投资者(包括个人投资者)发行,否则,只能向机构投资者发行。公司债券发行完成后经核准可以在证券交易所挂牌买卖。符合条件的公司债券可以通过证券交易所集中竞价系统、大宗交易系统和固定收益证券综合电子平台进行交易。中国人民银行规定,符合条件的公司债券可以进入银行间市场发行、交易流通和登记托管,但目前所有公司债券都仅在证券交易所上市。

为了促进债券市场的健康发展、保护债券投资者利益,《公司债券发行试点办法》特别强化了对债券持有人权益的保护:一是强化发行债券的信息披露,要求公司及时、完整、准确地披露债券募集说明书,持续披露有关信息;二是引进债券受托管理人制度,要求债券受托管理人应当为债券持有人的最大利益行事,并不得与债券持有人存在利益冲突;三是建立债券持有人会议制度,通过规定债券持有人会议的权利和会议召开程序等内容,让债券持有人会议真正发挥投资者自我保护的作用;四是强化参与公司债券市场运行的中介机构如保荐机构、信用评级机构、会计师事务所、律师事务所的责任,督促它们真正发挥市场中介的功能。

债券发行方式通常分为定向发行、承购包销和招标发行。

(1) 定向发行

定向发行,又称"私募发行""私下发行",即面向少数特定投资者发行。一般由债券发行人与某些机构投资者,如人寿保险公司、养老基金、退休基金等,直接洽谈发行条件和其他具体事务,属直接发行。

(2) 承购包销

承购包销指发行人与由商业银行、证券公司等金融机构组成的承销团通过协商条件签订承购包销合同,由承销团分销拟发行债券的发行方式。凭证式国债、电子储蓄式国债发行通常采用这种方式。

(3) 招标发行

招标发行指通过招标方式确定债券承销商和发行条件的发行方式。根据标的物不同,招标发行可分为价格招标、收益率招标和缴款期招标;根据中标规则不同,可分为荷兰式招标(单一价格中标)和美式招标(多种价格中标)。记账式国债发行通常采用这种方式。

一、债券发行条件

债券市场的债券品种有国债、金融债、企业债和公司债。公司债是一国证券市场重要的投融资工具之一,在西方国家,公司债市场通常大于股票市场。

我国公司债主要包括普通公司债券、可转换债券、可分离交易的可转换债券、可交换债券。发行公司债必须按照《证券法》和《公司法》规定的条件,提交相关的申请文件,报经国务院授权部门审批。2007年8月,中国证监会颁布实施《公司债发行试点办法》,其中所称的"公司债券",是指公司依照法定程序发行、约定在1年以上期限内还本付息的有价证券。发行公司债券,应当符合下列规定:

(1) 公司的生产经营符合法律、行政法规和公司章程的规定,符合国家产业政策。

(2) 公司内部控制制度健全,内部控制制度的完整性、合理性、有效性不存在重大缺陷。

(3) 经资信评级机构评级,债券信用级别良好。

(4) 公司最近一期未经审计的净资产额应符合法律、行政法规和中国证监会的有关规定。

(5) 最近3个会计年度实现的年均可分配利润不少于公司债券1年的利息。

(6) 本次发行后累计公司债券余额不超过最近一期末净资产额的40%;金融类公司的累计公司债券余额按金融企业的有关规定计算。

《公司债发行试点办法》的颁布实施,标志着我国公司债券发行工作正式启动,使我国证券市场有了真正意义上的公司债券。这不仅丰富了固定收益工具的品种,而且改善了我国金融市场结构,增加了资本市场供给,有利于资本市场的均衡发展。

二、债券发行程序

根据我国《公司债发行试点办法》,公司债的发行程序如下:

(1) 申请发行公司债券,应当由公司董事会制订方案,由股东会或股东大会对下列事项作出决议:发行债券的数量;向公司股东配售的安排;债券期限;募集资金的用途;决议的有效期;对董事会的授权事项;其他需要说明的事项。

(2) 发行公司债券募集的资金,必须符合股东会或股东大会核准的用途,且符合国家产业政策。

(3) 发行公司债券,应当由保荐人保荐,并向中国证监会申报。保荐人应该按照中国证监会的有关规定编制和报送募集说明书和发行申请文件。

(4) 公司全体董事、监事、高级管理人员应当在债券募集说明书上签字,保证不存在虚假记载、误导性陈述或者重大遗漏,并声明承担个别和连带的法律责任。

(5) 保荐人应当对债券募集说明书的内容进行尽职调查,并由相关责任人签字,确认不存在虚假记载、误导性陈述或者重大遗漏,并声明承担相应的法律责任。

(6) 为债券发行出具专项文件的注册会计师、资产评估人员、资信评级人员、律师及其所在机构,应当按照依法制定的业务规则、行业公认的业务标准和道德规范出具文件,并声明对所出具文件的真实性、准确性和完整性承担责任。

（7）债券募集说明书所引用的审计报告、资产评估报告、资信评级报告,应当由有资格的证券服务机构出具,并由至少两名有从业资格的人员签署。债券募集说明书所引用的法律意见书,应当由律师事务所出具,并由至少两名经办律师签署。债券募集说明书自最后签署之日起6个月内有效。债券募集说明书不得使用超过有效期的资产评估报告或者资信评级报告。

（8）中国证监会依照下列程序审核发行公司债券的申请:收到申请文件后,5个工作日内决定是否受理;中国证监会受理后,对申请文件进行初审;发行审核委员会按照《中国证券监督管理委员会发行审核委员会办法》规定的特别程序审核申请文件;中国证监会作出予以核准或者不予核准的决定。

（9）发行公司债券,可以申请1次核准,分期发行。自中国证监会核准发行之日起,公司应在6个月内首期发行,剩余数量应当在24个月内发行完毕。超过核准文件限定的时效未发行的,须重新经中国证监会核准后方可发行。首期发行数量应当不少于总发行数量的50%,剩余各期发行的数量由公司自行确定,每期发行完毕后5个工作日内报中国证监会备案。

（10）公司应当在发行公司债券前的2—5个工作日内,将经中国证监会核准的债券募集说明书摘要刊登在至少1种中国证监会指定的报刊,同时将其全文刊登在中国证监会指定的互联网网站。

三、债券发行价格

（一）债券发行价格分类

债券的发行价格是指投资者认购新发行的债券实际支付的价格。债券的发行价格可以分为:平价发行,即债券的发行价格与面值相等;折价发行,即债券以低于面值的价格发行;溢价发行,即债券以高于面值的价格发行。在面值一定的情况下,调整债券的发行价格可以使投资者的实际收益率接近市场收益率的水平。

（二）债券发行的定价方式

债券发行的定价方式以公开招标最为典型。按照招标标的分类,有价格招标和收益率招标;按价格决定方式分类,有美式招标和荷兰式招标。

以价格为标的的荷兰式招标,是以募满发行额为止所有投标者的最低中标价格作为最后的中标价格,全体中标者的中标价格单一。

以价格为标的的美式招标,是以募满发行额为止的中标者各自的投标价格作为各中标者的最终中标价格,各中标者的认购价格不同。

以收益率为标的的荷兰式招标,是以募满发行额为止所有投标者的最高收益率作为全体中标者的最终收益率,全体中标者的认购成本是一致的。

以收益率为标的的美式招标,是以募满发行额为止的中标者各自所投标的各个价位上的中标收益率作为中标者各自的最终中标收益率,各中标者的认购成本不相同。

一般情况下,短期贴现债券多采用单一价格的荷兰式招标,长期附息债券多采用多种收益率的美式招标。

本章小结

本章比较详细地介绍了证券发行市场。第一节简要介绍了证券发行的特点、证券发行的程序、发行方式和发行价格。第二节详细解释了证券发行制度,重点介绍了美国、英国和我国的发行制度,并分析了注册制和核准制的区别。第三节介绍了证券承销制度。第四节和第五节分别详细介绍了股票发行市场和债券发行市场。

 思考习题

1. 简析我国证券发行管理制度。
2. 简述证券上市发行目的。
3. 比较公募发行和私募发行的区别。
4. 比较增发和配股的区别。
5. 试述影响股票发行定价的因素及我国股票发行定价存在的问题。
6. 我国债券市场的规模与发达程度远不及股票市场,试析其中的原因。

第三章 证券交易市场

　　1792年5月17日,24个证券经纪人在纽约市华尔街68号附近的一颗梧桐树下签订了"梧桐树协议",约定了经纪人联盟的一些交易规则。自此,证券交易活动从最开始的咖啡馆变为了专门的交易所。如今世界上主要的发达国家证券交易市场除了证券交易所之外,往往也保留着场外交易。我国证券市场起步较晚,80年代后期才开始出现证券的柜台交易。90年代初先后设立的上海证券交易所和深圳证券交易所,标志着全国性证券交易市场的建立。1992年证监会的设立和1999年《证券法》的实施,标志着证券交易体系的初步完善和法律监管的逐步健全。本章将详细介绍我国证券交易的市场构成和交易的具体规则。

第一节 证券交易概述

一、证券交易及交易市场的概念

　　证券交易是指已发行的证券在证券市场上买卖的活动。证券交易与证券发行有着密切的联系,两者相互促进、相互制约。证券发行为证券交易提供了对象,决定了证券交易规模,是证券交易的前提;另一方面,证券交易使证券的流动性特征显示出来,有利于证券发行的顺利进行。

　　证券交易市场是已发行的证券通过买卖交易实现流通转让的场所,相对于发行市场而言,证券交易市场又称为"二级市场"或"次级市场"。证券经过发行市场的承销后,即进入流通市场,它体现了新老投资者之间投资退出和投资进入的市场关系。因此,证券流通市场具有两个方面的职能:一是为证券持有者提供需要现金按市场价格将证券出卖变现的场所;二是为新的投资者提供投资机会。

二、中国证券交易发展历程

　　中国的证券交易市场始于1986年8月,沈阳信托投资公司第一次面向社会开办了证券交易业务之后,沈阳市建设银行信托投资公司和工商银行沈阳证券公司也开办了这项业务。1986年9月,上海上市几家专业银行的信托部门及信托投资公司开办了股票"柜台交易"。1987年3月,《国务院关于加强股票债券管理的通知》决定,从1988年起,在上海、深圳两地进行股份制和股票市场配套改革试点。1987年10月,经中国人民银行正式批准,"深圳经济特区证券公司"正式成立。这是自1949年以来中国内地第一家以"证券公司"为名设立的专营证券业务的金融机构。1989年3月15日,由9家全国性非银行金融机构发起成立了"证券交易所研究设计联合办公室",简称"联办",后于1991年更名为"中国证券市场研究设计中心",成为早期设计策划中国证券市场的主要机构。1988年4月和6月,财政部先后在全国61个大中城市进行国库券转让市场的试点。1990年12月

5日,主要从事国债和各种债券交易的场外交易市场——全国证券交易报价系统(STAQ系统)正式开通。同年12月19日,上海证券交易所开业,中国实行经济体制改革以来的第一家证券交易所正式成立。1991年7月3日,深圳证券交易所正式营业,不仅实现了从一级市场到二级市场的巨大飞跃,而且作为我国证券发行和交易的全国中心市场组织,为我国股票债券的合法流通和公开发行与交易奠定了坚实的组织制度和场所设施基础。这是我国新兴的证券市场正式诞生的标志。

1992年初,人民币特种股票(B股)在上海证券交易所上市。从1993年开始,公开发行股票和上市的试点从上海、深圳正式推广到全国,企业进行股份制改造和发行股票上市的试验掀起热潮,股票赚钱的示范效应激发了广大民众投资股票市场的极大热情,上市公司数量急剧上升,沪深证券交易所迅速发展成为全国性市场。同一时期,证券投资基金的交易转让也逐步开展。1992年10月,国务院证券委和中国证监会的成立,标志着中央政府对股票市场监督管理的正式介入。1999年7月1日,《中华人民共和国证券法》正式开始实施,标志着维系证券交易市场运作的法规体系趋向完善。

三、证券交易的原则

在证券交易市场中,资金拥有者可随时购进证券,充分利用其所持有的货币资金实现投资获利的目的,同时证券的持有者可随时出售所持有的证券,以获得所需资金。因此,证券交易市场的存在为投资者提供了灵活方便的变现场所,使投资者放心地参加证券发行市场的认购活动,对证券的发行起积极的推动作用;同时,证券交易市场的变化是反映经济发展趋势的晴雨表,是政府宏观经济政策及金融政策调整的依据之一,在商品经济的发展过程中起着越来越重要的作用。在我国,证券交易主要是在证券交易所的交易市场中采用集中竞价交易的方式进行的。证券交易原则是指金融管理当局对证券交易设立的具有共性的规定,它是参加证券交易的各方必须共同遵守的准则。各个国家对此作出的规定虽然有差异,但基本原则还是一致的。为了保障证券交易功能发挥,有利于证券交易的正常运行,证券交易必须遵循"公开、公平、公正",同时也必须遵循价格优先、时间优先、知情者规避等交易原则。

(一)公开、公平、公正原则

(1)公开原则。公开原则又称"信息公开原则",指证券交易是一种面向社会的、公开的交易活动,其核心要求是实现市场信息的公开化。根据这一原则的要求,证券交易参与各方应依法及时、真实、准确、完整地向社会发布有关信息。从国际上来看,美国《1934年证券交易法》确定公开原则后,它就一直为许多国家的证券交易活动所借鉴。在我国,强调公开原则有许多具体的内容。例如,上市公司的财务报表、经营状况等资料必须依法及时向社会公开,上市公司的一些重大事项也必须向社会及时公布等等。按照这个原则,投资者对于所购买的证券,能够有更充分、真实、准确、完整的了解。

(2)公平原则。公平原则是指参与交易的各方应当获得平等的机会。它要求证券交易活动中的所有参与者都有平等的法律地位,各自的合法权益都能得到公平保护。在证券交易活动中,有各种各样的交易主体,这些交易主体的资金数量、交易能力等可能各不相同,但不能因此而给予不公平的待遇或者使其受到某些方面的歧视。

（3）公正原则。公正原则是指应当公正地对待证券交易的参与各方，以及公正地处理证券交易的事务。在实践中，公正原则也体现在很多方面。例如，公正地办理证券交易中的各项手续，公正地处理证券交易中的违法违规行为。

（二）价格优先原则

在证券交易中，委托代理买入证券的价格高的优先于出价较低的买入者成交；委托代理卖出证券的价格低的优先于出价高的卖出者成交。该原则主要适用于公开挂牌交易的证券。

（三）时间优先原则

在代理买卖证券的委托价格相同的条件下，按委托时间先后物色成交对象，委托时间在先者优先成交。在相同时间内委托且委托价格相同时，买者或卖者之间进行抽签，决定成交的先后。在价格优先与时间优先发生矛盾时，应优先考虑价格优先原则。

（四）知情者回避原则

证券经营机构的各类职员不得向他人公开或泄露客户的证券买卖和其他交易情况，禁止证券交易所工作人员向他人泄露证券交易的内幕。

四、证券交易的分类

（一）根据交易方法可分为场内交易和场外交易

1. 场内交易

又称"交易所交易"，是指在一定场所、一定时间，按一定的规则所有的供求方集中在交易所进行竞价交易已发行的证券所形成的市场。这种交易方式具有交易所交易参与者收取保证金，同时负责进行清算和承担履约担保责任的特点。此外，由于每个投资者都有不同的需求，交易所事先设计出标准化的金融合同，由投资者选择与自身需求最接近的合同和数量进行交易。所有的交易者集中在一个场所进行交易，这就增加了交易的密度，一般可以形成流动性较高的市场。期货交易和部分标准化期权合同交易都属于这种交易方式。在我国，根据《证券法》的规定，证券交易所是为证券集中交易提供场所和设施，组织和监督证券交易，实行自律管理的法人。证券交易所的设立和解散，由国务院决定。证券交易所作为进行证券交易的场所，其本身不持有证券，也不进行证券的买卖，当然更不能决定证券交易的价格。证券交易所的组织形式有会员制和公司制两种。我国上海证券交易所和深圳交易所都采用会员制，设会员大会、理事会和专门委员会。理事会是证券交易所的决策机构，理事会下面可以设立其他专门委员会。证券交易所设总经理，负责日常事务。总经理由国务院证券监督管理机构任免。

2. 场外交易

又称"柜台交易"，也是我们通常所说的"柜台市场""店头市场"或者"第三市场""第四市场"。它指交易双方直接成为交易对手的交易方式。这种协商大多数在交易商之间进行，有时也在交易商和证券投资者之间进行。场外交易市场没有证券集中交易地点，在这里交易的证券大都是未在证券交易所挂牌上市的证券。传统观念认为场外交易市场是一个没有组织的市场。但在美国出现了有组织的场外交易市场，那就是通过电子计算机联结起来的 NASDAQ 系统。不过现在有很多人已经将 NASDAQ 作为一种特殊的证券交易市场，即二板市场。场外交易的方式有许多形态，可以根据每个使用者的不同需求设计出不同内容的产品。同时,为了满足客户的具体需求,出售衍生产品的金融机构需要有高超的金融技术和风险管理能力。场外交易不断产生金融创新。但是,由于每个交易的清算是由交易双方相互负责进行的,交易参与者仅限于信用程度高的客户。掉期交易和远期交易是具有代表性的柜台交易的衍生产品。

(二)根据证券交易种类可以分为股票交易、债券交易、基金交易以及其他金融衍生工具的交易等

1. 股票交易

股票是一种有价证券,它是股份有限公司公开发行的用以证明投资者的股东身份和权益,并据以获得股息和红利的凭证。股票既能给投资者提供收入,又能充当商品进行买卖。股票本身并没有价值,仅仅是一种凭证,它之所以有价格,是因为它能给投资者带来股息收入。股票一经发行,持有者即为发行股票公司的股东,有权参与公司的决策,分享公司的利益,同时也要分担公司的责任和经营风险。股票一经认购,持有者不能以任何理由要求退还股本,只能通过证券市场将股票转让和出售。股票是经过国家主管机关核准发行的,具有法定性。股票的制作程序、记载的内容和记载方式都必须符合法律规定和公司章程的规定。许多国家和地区的法律都对股票必须记载的内容作了具体规定,如果股票记载的内容欠缺或不真实,则股票无效。

通常情况下,股票应该记载以下内容:(1)发行该股票的股份有限公司的全称,并写明该公司以何处法律在何处注册登记及注册的日期、地址;(2)股票发行总额、股数和每股金额;(3)该股票的类型;(4)该股票的票面金额及其所代表的股份数;(5)该股票的发行日期和股票编号;(6)标明是否记名,如果是记名式股票,则要写明股东的姓名;(7)该股票的发行公司的董事长或董事签章和主管机关或核定发行登记机构的签证;(8)印有借转让股票时所用的表格;(9)发行公司认为应载明的注意事项。在实践中,股票所载明的内容也是影响股票交易的一个因素。

2. 债券交易

债券是一种有价证券,是社会各类经济主体为筹集资金而向债券投资者出具的、承诺按一定利率定期支付利息并到期偿还本金的债权债务凭证。债券交易就是以债券为对象进行的流通转让活动。

根据发行主体的不同,债券可以分为政府债券、金融债券和公司债券三大类。这三类债券都是债券市场上的交易品种。政府债券是国家为了筹措资金而向投资者出具的、承诺在一定时期支付利息和到期还本的债务凭证。政府债券的发行主体是中央政府和地方政府。中央政府发行的债券称为"国债",地方政府发行的债券称为"地方债"。金融债券是指银行及非银行金融机构依照法定程序发行并约定在一定期限内还本付息的有价证券。

3. 基金交易

证券投资基金是指通过公开发售基金份额募集资金,由基金托管人托管、基金管理人管理和运用资金,为基金份额持有人的利益以资产组合方式进行证券投资活动的基金。因此,它是一种利益共享、风险共担的集合证券投资方式。从基本类型来看,一般可以分为封闭式与开放式两种。

(1) 封闭式基金交易。交易封闭式基金,投资者只要到各个证券公司的证券营业部就可以进行买卖,所有过程与股票买卖一样,只是买卖封闭式基金的手续费较低,投资者只需交纳少量的交易佣金,不需要支付印花税等。

(2) 传统开放式基金交易。传统开放式基金一般不在交易所挂牌交易,它通过基金管理公司及其指定的代销网点销售,银行是开放式基金最常用的代理销售渠道。投资者可以到这些网点办理开放式基金的申购和赎回。

(3) 上市开放式基金交易。上市开放式基金(Listed Open-ended Fund,LOF),是一种可以在交易所挂牌交易的开放式基金,兼具封闭式基金交易方便、交易成本较低和开放式基金价格贴近净值的优点。上市开放式基金募集期内,投资者除了可以通过基金管理人及其代销机构(如银行营业网点)申购之外,还可以在具有基金代销资格的各证券公司营业部通过深圳证券交易所交易系统认购。

表 3-1-1 基金类别的比较

项目名称	LOF	传统开放式基金	封闭式基金
发行方式	场内、场外	场外	场内
交易场所	场内、场外	场外	场内
基金规模	规模不限,有最低限制	规模不限,有最低限制	固定规模
基金存续期限	不定期	不定期	固定期限
交易价格	传统开放式与封闭基金的结合	以 T-1 日收市后基金份额净值进行申购赎回	交易系统撮合成交
单次交易费用	场内不超过 0.3%,场外与传统开放式基金一致	一般申购费为 1.5%,赎回费为 0.5%	0.25%
申购赎回周期	场外赎回 T+2,跨系统赎回最快 T+4	申购 T+2,赎回 T+7	T+1
分红方式	场内:现金分红 场外:现金或红利在投资	现金或红利再投资	现金分红
净值披露	每日分四个时点公布基金净值	每个开放日公告基金净值	每周至少公告一次基金净值
其他	实行主交易商制度	—	—

4. 金融衍生工具

在现代证券市场上,除了基础性的金融工具交易,还存在许多衍生性的金融工具交易。近年来,金融衍生工具在 OTC(Over-the-Counter Market)市场上获得迅速发展并且不断创新,OTC 交易为金融衍生工具提供了广阔的运作空间。金融衍生工具又称"金融衍生产品",是与基础金融产品相对应的一个概念,指建立在基础产品或基础变量之上,其价格取决于后者价格(或数值)变动的派生金融产品。金融衍生产品包括金融期货、期权和互换、远期协议等。金融期货主要包括外汇期货、利率期货、股票期货和股票价格指数期货等。

在我国,近年来还出现了分离交易的可转换公司债券。这种债券实际上是可分离交易的附认股权证公司债券,即该债券发行上市后,债券与其原来附带的认股权可以分开,分别独立交易。

（三）根据证券交易的方式可以分为现货交易、远期交易和期货交易

1. 现货交易

现货交易又称"现金现货交易"，是指证券买卖成交后，按成交价格及时进行实物交割和资金清算的交易方式。若买卖双方约定以现货交易方式成交，则买方付出现金并向卖方收取证券，卖方则付出证券并向买方收取现金，买卖双方都有证券实物和资金的收付进出。一般在成交的当日、次日或交易所指定的例行交割日期交割清算。在未清算交割前，双方均不可随便解约或冲销，若有一方到交割日不能履约，将按有关交易规则处以罚金并承担责任。这是证券交易所采用的最基本、最常用的交易方式。在我国，《证券法》规定证券交易均以现货交易的方式进行。

2. 远期交易和期货交易

远期交易是双方约定在未来某一时刻（或时间段内）按照现在确定的价格进行交易。期货交易是在交易所进行的标准化的远期交易，即交易双方在集中性的市场以公开竞价方式所进行的期货合约的交易。而期货合约则是由交易双方订立的、约定在未来某日期按成交时约定的价格交割一定数量的某种商品的标准化协议。

期货交易与远期交易有类似的地方，都是现在定约成交，将来交割。但远期交易是非标准化的，在场外进行。期货交易则是标准化的，有规定格式的合约，一般在场内市场进行。现货交易和远期交易以通过交易获取标的物为目的；而期货交易在多数情况下不进行实物交收，而是在合约到期前进行反向交易、平仓了结。

五、证券投资者

证券投资者是证券市场的资金供给者，也是金融工具的购买者。按规模可以分为机构投资者和个人投资者：

1. 机构投资者

机构投资者是指相对于中小投资者而言，拥有资金、信息、人力等优势，能影响某个证券价格波动的投资者，包括企业、商业银行、非银行金融机构（养老金、保险基金、证券投资基金）等。各类机构投资者的资金来源、投资目的、投资方向各不相同，但其共同特征是资金量大、收集和分析信息的能力强、注重投资的安全性、可通过有效的资产组合以分散投资风险、对市场影响大等特点。

2. 个人投资者

个人投资者是市场上最广泛的投资者，它汇集了证券投资市场中的所有居民。个人投资者的主要投资目的是追求盈利，谋求资本的保值和增值，所以很重视本金的安全性和资产的流动性。

六、证券交易市场的机构及组织

（一）证券中介机构

证券市场中介机构是指为证券的发行与交易提供服务的各类机构，包括证券公司和其他证券服务机构，通常将其合称为"证券中介机构"。中介机构是连接证券投资者与筹资人的桥梁，证券市场功能的发挥，很大程度上取决于证券中介机构的活动。它们的经营服务活动，沟通了证券需求者与证券供应者之间的联系，不仅保证了各种证券的发行和交易,还起到了维持证券市场秩序的作用。具体而言,证券中介机构包括证券公司和证券服务机构。

1. 证券公司

证券公司是依法设立的可经营证券业务的、具有法人资格的金融机构。证券公司为投资者提供代理证券买卖的中介服务,也是证券市场上的机构投资者。证券公司的主要业务有承销、经纪、自营、投资、咨询、并购、受托资产管理、基金管理等。证券公司还可分为综合类证券公司和经纪类证券公司。

2. 证券服务机构

证券服务机构是依法设立的从事证券服务业务的法人机构,主要包括证券登记结算公司、证券投资咨询公司、会计师事务所、资产评估机构、律师事务所、证券信用评级机构等。中国证券登记结算有限责任公司是我国的证券登记结算机构,在上海和深圳各设一个分公司,主要针对交易所的上市证券,为投资者提供证券登记结算服务。

(二) 自律性组织

证券业协会是证券行业的自律性组织,是社会团体法人。证券业协会的权力机构为由全体会员组成的会员大会。根据《证券法》规定,证券公司应当加入证券业协会。证券行业协会应当履行的职责包括:协助证券监督管理机构组织会员执行有关法律,维护会员的合法权益,为会员提供信息服务,制定规则,组织培训和开展业务交流,调解纠纷,就证券业的发展开展研究,监督检查会员行为,以及证券监督管理机构赋予的其他职责。

(三) 证券监管机构

我国证券监管机构是指中国证券监督管理委员会及其派出机构。它是国务院直属的证券管理监督机构,依法对证券市场进行集中统一监管。其主要职责包括:负责行业性法规的起草,负责监督有关法律法规的执行,负责保护投资者的合法权益,对全国的证券发行、证券交易、中介机构的行为等依法实施全面监管,维持公平而有秩序的证券市场。

七、证券交易所的组织形式

国际上,证券交易所分为公司制和会员制两种。这两种证券交易所均可以是政府或者公共团体出资经营的,也可以是私人出资经营的,还可以由政府与私人共同出资经营。

(一) 公司制证券交易所

它是以营利为目的,提供交易场所和服务人员,以便利证券商的交易与交割的证券交易所。这种证券交易所要收取发行公司的上市费与证券成交的佣金,其主要收入来自买卖成交额的一定比例。而且,经营这种交易所的人员不能参与证券的买卖交易,从而保证了一定程度的公平交易。

在公司制证券交易所中,总经理向董事会负责证券交易所的日常事务。董事的职责包括:核定重要章程及业务、财务方针;拟定预算决算及盈余分配计划;核定投资;核定参加股票交易的券商名单;核定券商应缴纳营业保证金、买卖经手费以及其他款项的数额;核议上市股票的登记、变更、撤销、停业及上市费的征收;审定向股东大会提出的议案及报告;决定经理人员和评价委员会成员的选聘、解聘及核定其他项目。监事的职责包括审查年度决算报告及监察业务、检查一切账目等。

（二）会员制证券交易所

它是不以营利为目的，由会员自治自律、互相约束，参与经营的会员可以参加股票交易中的股票买卖与交割的交易场所。这种交易所的佣金和上市费用较低，从而在一定程度上可以防止上市股票的场外交易。但是由于经营交易所的会员本身就是股票交易的参与者，因而在股票交易中难免出现交易的不公正性。参与交易的买卖方只限于交易所的会员，新会员的加入需要经过一系列的审核，即证券交易所是从证券公司的经营范围、承担风险和责任的资格能力、组织机构、人员素质等方面规定入会的条件。

在会员制证券交易所中，理事会的职责主要有：决定政策，并由总经理负责编制预算，送请成员大会审定；维持会员纪律，对违反规章的会员给予处罚，如停止营业与除名处分；批准新会员进入；核定新股票上市等等。在我国，根据《证券法》的规定，证券交易所是提供证券集中竞价的不以营利为目的的法人。上海证券交易所和深圳证券交易所都采取会员制，通过接纳证券公司入会，组成一个自律性的会员制组织。证券交易所接纳的会员是经有关部门批准设立并且有法人地位的境内证券经营机构；境外合法投资机构，经申请可以成为证券交易所的特别会员。特别会员根据自己的原因申请终止会籍。特别会员违反有关法律法规的，证券交易所可以责令其改正，并视情节轻重给予处分，如警告、会员范围内通告批评、公开批评、取消会籍等。

第二节 证券交易程序

证券交易，主要是指投资者通过经纪人在证券交易所买卖股票的交易，要经过开户、委托、竞价成交、结算、登记过户等程序。不同的投资者按照有关法律、法规的规定，根据自身条件，参与不同品种的交易活动。在证券交易所市场，证券交易的基本过程包括开户、委托、成交、结算等几个步骤。

一、开户

投资者在证券交易所买卖股票，首先要选定一家信用可靠、服务优良的证券公司办理开户手续。开户包括开立证券账户和资金账户。

1. 证券账户

证券账户用来记载投资者所持有的证券种类、数量和相应的变动情况。股票账户在深圳又叫"股东代码卡"。符合法律规定的任何自然人和法人持有效证件，到证券登记机构填写证券账户申请表，经审核后就可领取证券账户卡。投资者办理了股票账户后，还需办理资金账户。

2. 资金账户

资金账户用来记载和反映投资者买卖证券的货币收付和结存数额。我国目前实行指定交易，因而投资者要进行股票交易，必须指定一家从事经纪业务的证券经营机构，并在该券商处开设资金账户。对投资者资金账户上的存款，证券经营机构按银行活期存款利率支付利息。已开设证券账户的投资者可以持证券账户、银行存折和身份证到选定的券商处开设资金账户。

二、委托

客户在办理了证券账户和资金账户之后,即可进行证券的买卖。在证券市场中,除了证券交易所会员的自营业务外,投资者买卖证券是不能直接进入证券交易所办理的,而必须通过证券交易所的会员,即经纪商的代理才能在证券交易所买卖。在这种情况下,投资者向经纪商下达买进或者卖出证券的指令,称为"委托"。

委托买卖必须依据国家的法律、法规和有关交易规则进行,否则该委托买卖将因合法性问题而无效,因此在进行委托买卖时务必确保在交易场所、交易对象、交易原则和交易程序方面的合法性。

(一)委托的形式

具体而言,投资者发出委托指令的形式有柜台委托和非柜台委托两大类。

1. 柜台委托

柜台委托是指委托人亲自或由其代理人到证券营业部交易柜台,根据委托程序和必需的证件采用书面方式表达委托意向,由本人填写委托单并签章的形式。采用这种方式进行委托,投资者和经纪商面对面办理委托手续,加强了双方的了解和信任,比较稳妥可靠。

2. 非柜台委托

非柜台委托主要有电话委托、传真委托、自助终端委托、网上委托等形式。如果投资者的委托指令是直接输入证券经纪商交易系统并申报进场,而不通过经纪商人工环节申报,就可以称为"投资者自助委托"。证券公司提供电话、自助等非柜台委托的,应当在与客户签订的《证券交易委托买卖协议书》中明确指出,由客户自由选择,或与客户另行签订非柜台委托协议。

(1)人工电话委托或传真委托。人工电话委托是指客户将委托要求通过电话报给证券经纪商,证券经纪商根据电话委托内容向证券交易所交易系统申报。传真委托是指客户填写委托内容后,采用传真的方式表达委托要求,证券经纪商接到传真委托之后,将委托内容输入到交易系统申报进场。

(2)自助和电话自动委托。自助是指自助终端委托,即客户通过证券营业部设置的专用委托电脑终端,凭证券交易磁卡和交易密码进入电脑交易系统委托状态,自行将委托内容输入电脑交易系统,以完成证券交易;电话自动委托,即客户通过普通电话,按照该系统发出的指示,借助电话机上的数字和符号键输入委托指令。

(3)网上委托。近年来,随着网络技术的发展,证券公司都开展了网上经纪业务,因此网上委托方式变得非常普遍。网上委托是证券经纪商的电脑交易系统与互联网连接,委托人利用连接了网络的终端,通过互联网输入交易密码进入证券经纪商电脑交易系统委托状态,自行将委托内容输入电脑交易系统,交易系统接收后进行配对处理。若买卖双方有合适的数量和价格,交易系统便自动撮合成交。目前,我国通过证券交易所进行的证券交易均采用电脑报价方式。

客户在使用网上委托的时候,也应该开通柜台委托、电话委托等其他委托方式,以便当网络出现中断、高峰或拥挤的时候,客户可以通过其他方式进行委托指令的发送。

（二）委托单

委托单的具体要素包括日期时间、品种、数量、价格等。

（1）证券账号：投资者在买卖上海证券交易所上市的证券时，必需填写在中国结算上海分公司开设的证券账户号码。买卖深圳证券交易所上市的证券也是如此。

（2）日期时间：指投资者填写委托单的具体时点，也可由经纪人填写委托时点，即上午或下午某点某分，这是检查证券经纪人执行时间优先原则的依据。

（3）品种：指投资者委托买卖证券的名称。填写证券名称的方法有全程、简称和代码三种。

（4）数量：指买卖证券的数量，可分为整数委托和零数委托。整数委托是委托买卖证券的数量为一个交易单位或以交易单位的整数倍计。一个交易单位俗称"一手"。在通常情况下，100份数量的股票为一手，基金以100份基金单位为一手，债券以人民币1000元面额为一手，债券回购以1000元标准券或综合券为一手。零数委托是指投资者委托证券经纪商买卖证券时，买进或卖出的证券不足交易所规定的一个交易单位。目前我国只在卖出证券时才有零数委托。

另外，我国证券交易所交易规则还规定，股票（基金）单笔申报最大数量应当低于100万股，债券单笔申报最大数量应当低于1万手。证券交易所可以根据需要调整不同种类或流量的单笔申报最大数量。

（5）价格：指委托买卖证券的价格，是委托能否成交和盈亏的关键。

（6）有效期：指委托指令的有效期间。如果委托指令未能成交或未能全部成交，证券经纪商应继续执行委托，委托有效期满，委托指令自然失效。委托指令一般为当日有效或者约定日有效两种。我国现行规定的委托期为当日有效。

（7）签名：指投资者签名以示对所作的委托负责，若预留印鉴，则应盖章。

（8）其他内容：委托买卖的方向，即是买进还是卖出；委托人的身份证号码、股东账号、资金账号等。

三、竞价成交

证券市场的市场属性集中体现在竞价成交环节上，特别是在高度组织化的证券交易所内，会员经纪商代表众多的买方和卖方按照一定规则和程序，公开竞价，达成交易。正是这种竞价机制使证券市场成为公开、公平、公正的市场，也使市场成交价成为合理公正的价格。

（一）竞价原则

证券交易所内的证券交易按"价格优先，时间优先"原则竞价成交。

1. 价格优先。表现为价格较高的买进申报优先于价格较低的买进申报；价格较低的卖出申报优先于价格较高的卖出申报。

2. 时间优先。表现为同价位申报，依照申报时序决定优先顺序，即买卖方向、价格相同的，先申报者优先于后申报者。先后顺序按证券交易所交易电脑主机接受申报的时间确定。

（二）竞价方式

目前，深圳、上海交易所均采用电脑自动撮合交易方式进行交易。上海、深圳证券交易所同时采用集合竞价和连续竞价两种竞价方式,即对每个交易日上午 9:15 至 9:25 撮合系统接受的全部有效委托进行集合竞价处理,对其余交易时间的有效委托进行连续竞价处理。

1. 集合竞价

集合竞价实则分为两个阶段:第一阶段交易所主机在每一营业日 9:15—9:25 期间进行,电脑自动撮合系统只贮存委托而不撮合;第二阶段在 9:25 一瞬间,系统根据输入的所有买卖盘而产生开盘参考价,继而将能够成交的委托以此参考价为成交价全部撮合成交。

集合竞价在确定有效委托时所采用的标准是:在有涨跌幅限制的情况下,根据该证券上一交易日收盘价以及确定的涨跌幅度来计算当日的最高限价、最低限价。目前,股票、基金的涨跌幅度为 10%,ST 股票的涨跌幅度为 5%。因此最高限价 = $1.1 \times$ 上一交易日收盘价;最低限价 = $0.9 \times$ 上一交易日收盘价(计算结果四舍五入)。有效价格范围就是该证券最高限价、最低限价之间的所有价位。限价超出此范围的委托为无效委托,系统作自动撤单处理。

集合竞价在确定成交价时所采用的标准是:在有效价格范围内选取使所有有效委托产生最大成交量的价位。如有两个以上这样的价位,则依照以下规则选取成交价位:高于选取价格的所有买方的有效委托和低于选取价格的所有卖方的有效委托能够全部成交;与选取价格相同的买方或卖方至少有一方全部成交。如满足以上条件的价位仍有多个,则上海证券交易所取其中间价位为成交价,深圳证券交易所选取离上日收市价最近的价位为成交价。

集合竞价在进行集中撮合时所采用的标准是:所有买方有效委托按照委托限价由高到低的排列,限价相同者按照进入电脑主机的时间先后排列;所有卖方有效委托按照委托限价由低到高的顺序排列,限价相同者也按照进入电脑主机的时间先后排列。依序逐笔将排在前面的买方委托与卖方委托配对成交。也就是说,按照价格优先、同等价位时间优先的成交顺序依次成交,直至成交条件不满足为止,即所有买入委托的限价均低于卖出委托的限价。所有成交都以同一成交价成交。集合竞价中未能成交的委托,自动进入连续竞价。

2. 连续竞价

集合竞价结束后,随即进入连续竞价,直至收市。我国目前规定,每个交易日 9:30—11:30、13:30—15:00 为连续竞价的时间。连续竞价阶段的特点是:每一笔买卖委托输入电脑自动撮合系统后,当即判断并进行不同的处理,能成交者予以成交,不能成交者等待机会成交,部分成交者则让剩余部分继续等待。

连续竞价时的申报方法为:无论买入或卖出,按现行规定,股票(含 A、B 股)、基金类证券在一个交易日内的交易价格相对上一交易日收市价格的涨跌幅度不得超过 10%,ST 股票的涨跌幅度不得超过 5%。但新股在上市当日无此限制。国债连续竞价的价位为在前一笔成交价的基础上涨跌幅度不超过 10%。

连续竞价时,成交价格的决定原则为:最高买进申报与最低卖出申报价位相同,以该价格为成交价;买入申报价格高于市场即时的最低卖出申报价格时,取即时揭示的最低卖出申报价位;卖出申报价格低于市场即时的最高买入申报价格时,取即时揭示的最高买入申报价位。

(三) 竞价结果

竞价结果存在三种可能：全部成交、部分成交、不成交。

1. 全部成交

委托买入或卖出的证券全部成交，这里的关键是买入或卖出的证券数量。委托全部成交后，对于证券经纪商来说，还须及时通知委托人，并办理交割手续。

2. 部分成交

委托买入或卖出的证券未全部成交，而是成交了一部分。在委托有效期内，经纪商须继续执行，直到有效期结束。目前，上海、深圳证券交易所的场内委托只在当日有效，如果第二天要继续执行，须重新办理委托。当天的部分成交，经纪商也应该通知委托人，并办理部分已成交的交割手续。

3. 不成交

委托人的委托如果未能成交，证券经营机构在委托有效期内可继续执行，等待机会成交，直到有效期结束。对委托人失效的委托，证券公司须及时将冻结的资金或证券解冻。

(四) 撤单的条件和程序

在委托的有效期内，委托人有权撤销委托或变更委托。

1. 撤销的条件

撤单须委托在没有全部成交之前，即未成交或部分成交的条件下。如果委托已全部成交，则买卖交易即告成立，经纪商不得撤销对冲。对于部分成交的情况下，成交的部分也不得更改，可更改的只是未成交的部分。

2. 撤销的程序

委托人要变更或撤销委托，须在委托未成交之前通知经纪商，经纪商应立即通知交易所场内交易员，在经驻场交易员确认后，驻场交易员当场执行并将结果告知委托人。在自助委托条件下，委托人可以通过自助系统方便快速地办理撤单操作，委托人关键要记住委托序号。委托撤单成功，经纪商须及时退还委托人的保证金或证券，这一过程一般已自动完成。

四、交易费用

投资者在委托买卖证券时应支付各种费用和税收，通常包括委托手续费、印花税、佣金、过户费等。以下两个表格概括了证券交易当中涉及的各类费用。

1. 委托手续费。投资者在办理委托买卖时，需向证券经营机构交纳手续费。这笔费用主要用于通讯、设备、单证制作等方面的开支，一般按委托的笔数计算。由于深圳股票交易所采用的是无形席位交易方式，大多数开通深圳股票交易所股票交易的证券公司不收取委托费，尤其是深圳本地的证券公司，已不再收取委托费。上海股票交易所在收费规定上允许上海本地证券公司收取炒股者每笔1元的委托费，异地券商则收取每笔5元的委托费。由于证券公司之间的竞争日趋激烈，一些证券公司为吸引炒股者，降低甚至免收炒股者委托费，另一些证券公司则因当地股票营业网点少，炒股者多的状况而收取委托费。

2. 印花税。印花税是根据国家税法规定，在人民币股票（A股）和人民币特种股票（B股）成交后对买方和卖方单方或买卖双方投资者按照规定的税率征收的税金。印花税按股票成交金额的1‰支付,该税收由证券经营机构代扣后由证券交易所统一代缴。

3. 佣金。佣金的收费标准因交易品种、交易场所的不同而有所差异。投资者在委托买卖证券成交后按成交金额的一定比例支付费用。

4. 过户费。过户费是委托买卖的股票、基金成交后买卖双方为变更股权登记所支付的费用。上海、深圳证券交易所在过户费的收费方面略有不同。

表 3-2-1　股票的交易费用

收费项目	深圳 A 股	上海 A 股	深圳 B 股票	上海 B 股
委托费	无	5 元	无	无
印花税	收取卖方 1‰	收取卖方 1‰	收取卖方 1‰	收取卖方 1‰
佣金	≤3‰,起点 5 元	≤3‰,起点 5 元	3‰	3‰,起点 1 美元
过户费	无	每千股 1 元,起点 1 元	无	无
结算费	无	无	0.5‰,≤500 港元	0.5‰

表 3-2-2　基金、债券交易费用表

收费项目	封闭式基金	可转换债券	国债	企业债券
委托费	无	无	无	无
印花税	无	无	无	无
佣金	3‰,起点 5 元	1‰	1‰	1‰
过户费	无	无	无	无

五、结算

(一) 结算的概念

清算与交收是整个证券交易过程中必不可少的两个重要环节。

(1) 证券交易的清算:在每一营业日中每个结算参与人成交的证券数量与价款分别予以扎抵,对于资金的应收或者应付净额进行计算的处理过程。

(2) 证券交易的交收:买卖双方达成交易后应在事先约定的时间内履行合约,买方需交付一定款项获得所购证券,卖方需交付一定证券获得相应价款,这一钱货两清的过程称为"交割",资金的收付称为"交收"。交收的实质是依据清算结果实现证券与价款的收付,从而结束整个交易过程。

通常,把包含证券登记结算机构、证券经营机构、投资人三者的清算模式称为"二级清算模式";把包含证券登记结算机构、异地资金集中清算中心(异地清算代理机构)、证券经营机构、投资人四者的清算模式称为"三级清算模式"。三级清算模式适用于异地清算,即由登记结算公司同异地资金集中清算中心(异地清算代理机构)办理一级清算,再由各地资金集中清算中心(各地清算代理机构)同本地证券经营机构办理二级清算,最后由证券经营机构同其客户办理三级清算。

证券登记结算机构是进行证券清算、交割、交收的机构。目前,我国为证券交易提供集中的登记、托管与结算服务。不以营利为目的的证券登记结算机构为中国证券登记结算有限公司,公司总部设在北京,设有上海、深圳两个分公司。中国证监会是公司的主管部门,公司业务接受中国证监会的领导、监督和管理。

(二) 结算的内容

1. 交割与交收方式

证券商在投资者的委托买卖成交后,应立即通知投资者,投资者则必须接受证券商按委托要求成交的价格和数量,并如期履行交收手续。

交收按种类分为当日交割交收、次日交割交收、例行日交割交收、特约日交割交收、发行日交割交收。

(1) 当日交割交收:证券买卖双方在交易达成之后,于成交当日即进行证券和价款的收付,完成交割交收。

(2) 次日交割交收:证券买卖双方在交易达成之后,于下一营业日进行证券和价款的收付,完成交割交收。

(3) 例行日交割交收:证券买卖双方在交易达成之后,按所在交易所的规定,在成交日后的某个营业日进行交割交收。

(4) 特约日交割交收:证券买卖双方在交易达成之后,由双方根据具体情况商定,在从成交日算起15天以内的某一特定契约日进行交割交收。

我国对于A股、基金、债券等采用"T+1"的方式进行交割交收,指的是达成交易后,相应的资金交收与证券交割在成交日的下一个营业日完成。我国对于B股而言,采用"T+3"的方式进行交割交收。

2. 交收清算办法

交收清算办法随证券流通形式的发展而进步,一般有实物交收、动账不动券、自动交收清算。

(1) 实物交收:投资者对证券的所有权以其对证券的持有和证券上所记载的姓名为依据,相应的以实物交收办法进行交收清算。买方必须在规定的时间内向证券经纪商交出全部价款,卖方则必须在规定时间内向证券商交出全部证券。如果交易的是记名证券,还须附加过户申请书或转让背书。这种交收方法需要对证券进行鉴别真伪、清点、运送,工作量大,效率低,交收期长,风险大。

(2) 动账不动券:在证券集中保管制度下,投资者的证券由某一金融机构或证券交易所集中保管,并由代保管机构建立证券库存分户账。证券交收通过库存分户账的划转解决,投资者无须交收证券,价款则可通过资金账户划转清算。

(3) 自动交收清算:在当今股票交易无纸化的状况下,交易过程中并无实物券流通,相应的实行一整套电脑自动交易、自动交收清算、自动过户制度,买卖双方凭股票账户和资金账户进行交易,投资者对证券的所有权不再凭持有证券和证券上的记名,而是以结算机构的电脑为依据。与此相对应,证券的交收不再需要交付证券和更改持有人姓名,只需要由结算机构对有关电脑记载作出更改,通过银行划转资金账户价款,从而大大减少了结算过程工作量,提高了工作效率。我国上海、深圳证券交易所均采用自动交收制度。

延伸阅读

一个基金经理人的一天

- 7:00 左右起床,刷牙洗脸收拾,一般顺便再看看国外市场情况;
- 7:30 左右出门,坐地铁前往金融街,路上继续看国外市场和重要经济数据发布情况,有时也看看报纸;
- 8:00 左右到公司,打开电脑,继续了解昨夜至今晨发生的主要经济/金融事件,为晨会作准备;
- 8:30 左右晨会,内容一般是总结昨天和昨夜金融市场情况,展望今天的市场行情,重点行业/股票可能有什么动态;
- 9:15 左右晨会结束,当天要下单的基金经理一般会和交易员预先交流,虽然大部分公司都有下单软件,但是有一部分基金经理还是愿意和交易员预先沟通的;
- 9:30—11:30,开盘时间,看盘,确认自己交易计划的执行情况;
- 11:30—12:30,约感兴趣的研究员/基金经理吃饭,席间继续讨论投资;
- 13:00—15:00,看盘,会见一些卖方顾客,通常以券商为主;
- 15:00—17:30,做第二天的交易计划,调整组合,读研报、新闻、杂志等,其间穿插与同行的电话,这段时间是做决策的时间,也是做研究的时间;
- 17:30 这个时间大部分公司都可以下班了,但一般基金经理都不会这么早就离开,饭局除外,多数人还是会继续读上午挑出来的研报,做一些自己感兴趣方向的研究,看大量的文章;
- 21:00,查找有无重要的交易所公告出来,看看美股开盘情况,可能继续读研报,做研究。

大部分基金经理还是很勤奋的,他们每天的阅读量很大,除了市场面的东西,上到宏观经济、政府政策,下到某公司某产品的报道,都有可能涉猎,一些人还同时考证、写专栏,工作量是不小的。事实上,一位充满激情的优秀基金经理的工作内容还可能涉及更多而远不止于此!

(资料来源:http://read.finance365.com/Article/detail? aid = 17372)

第三节 证券经纪业务及实务

一、证券经纪业务的含义及特点

(一) 证券经纪业务及参与主体的定义

证券经纪业务是指证券公司通过其设立的证券营业部,接受客户委托,按照客户的要求代理客户买卖证券的业务。在证券经纪业务中,证券公司不赚取买卖差价,只收取一定比例的佣金作为业务收入。概括来说就是证券经营机构通过其设立的证券营业部,接受客户委托,按照客户的要求,代理客户买卖证券的业务。证券经纪业务传统一直是证券公司的主要业务收入的重要来源。证券经纪业务可分为柜台代理买卖和证券交易所代理买卖两种。从实际操作来看,柜台代理买卖的业务较少。因此,证券经纪业务目前主要是指证券公司按照客户的委托,代理其在证券交易所买卖证券的有关业务。

在证券经纪业务中,包含的要素有:委托人、证券经纪商、证券交易所和证券交易对象。

1. 委托人

在证券经纪业务中,委托人是指依国家法律、法规的规定,可以进行证券买卖的自然人或法人。这里,只有被法律规定可以进行证券买卖的自然人或法人,才有可能成为委托人。但要成为委托人,允许进行证券买卖的自然人或法人须在证券交易中与经纪商发生委托关系。我国现行法规规定不准参与证券交易的自然人或法人就不得成为证券交易的委托人。

2. 证券经纪人

接受客户委托、代客买卖证券并以此收取佣金的中间人为证券经纪人。目前,我国由具有合法经营地位的证券经营机构承担证券经纪人角色,称"证券经纪商"。我国证券法规定,在证券交易中,代理客户买卖证券,从事中介业务的证券公司,为具有法人资格的证券经纪人。

3. 证券交易所

证券经纪业务可分为柜台代理买卖和证券交易所代理买卖两种。在我国,证券经纪业务主要是指证券公司按照客户的委托,代理其在证券交易所买卖证券的有关业务。

4. 证券交易的对象

证券交易的对象是委托合同中的标的物,即委托的事项,或是交易的对象。目前,国际上证券公司不仅可以代理股票交易,还可代理债券、期货和金融衍生产品等,代理的产品较多,业务范围较广。我国券商基于政策限制,目前只能代理国债、股票、基金买卖等等。

(二) 证券经纪业务的特点

证券经纪业务是一种操作性极强的业务,它本身具有很多特点,主要是业务对象的广泛性、经济业务的中介性、客户指令的权威性、客户资料的保密性等。

1. 业务对象的广泛性

证券经纪对象是特定价格和数量的证券,所有上市交易的有价证券(如股票、债券等)都是证券经纪业务的对象,所以具有业务对象广泛性之特点。另外,由于证券价格经常处在变化之中,不同时刻上的证券价格会不一样,故证券经纪业务的对象不仅具有广泛性的特点,同时还具有多变性的特点。

2. 经纪业务的中介性

证券经纪业务是一种中介业务,是一种居间的经济活动,证券经纪人不是用自己的资金进行证券买卖,也不承担交易中的风险,而是充当证券买方和卖方的代理人,发挥着沟通买卖双方并按一定的要求和规则迅速、准确地执行指令和代办手续,尽量使买卖双方按自己意愿成交的媒介作用,因此具有中介性的特点。

3. 客户指令的权威性

在证券经纪业务中,客户是委托人,经纪人是受托人,经纪人要严格按照委托人的要求办理委托事务,这是经纪人对委托人的首要义务。委托人的指令具有权威性,证券经纪人必须严格地按照委托人指定的证券、数量、价格、有效时间买卖证券,不能自作主张,擅自改变委托人的意愿。如果情况发生变化,即使是为维护委托人的权益,不得不变更委托人的指令,也应事先征得委托人的同意。如果经纪人无故违反委托人的指示,在处理委托事务中使委托人遭受损失,经纪人应承担赔偿责任。

4. 客户资料的保密性

在证券经纪业务中,委托人的资料关系到他的投资决策的实施和投资盈利的实现,关系到委托人的切身利益,经纪人有义务为客户保密。保密的资料包括客户开户的基本情况,如姓名、住址、身份证编号、股东账户、资金专户账号;客户委托的有关事项,如买卖哪种证券、买卖证券的数量和价格等;客户股东账户中的库存证券种类和数量、资金账户中的资金余额等。如因经纪人泄露客户资料而造成客户损失,经纪人应承担赔偿责任。

二、证券经纪人的作用及条件

(一) 证券经纪人的作用

在证券代理买卖业务中,证券公司作为证券经纪商发挥着重要作用。证券交易方式的特殊性、交易规则的严密性和操作程序的复杂性,决定了广大投资者不能直接进入证券交易所买卖证券,须委托证券经纪商代理买卖才能完成这一交易过程。因此,证券经纪商作为证券市场的中坚力量,其作用主要表现在:

(1) 充当证券买卖的媒介。因充当证券买方和卖方的经纪人,经纪商发挥着沟通买卖双方并按一定要求迅速准确地执行指令和代办手续的媒介作用,提高了证券市场的流动性和效率。

(2) 提供信息服务。客户希望从证券经纪商处获得及时、准确的信息服务,包括:上市公司的详细资料、公司和行业的研究报告、经济前景的预测分析和展望研究、有关股票市场动态的商情报告等等。

(3) 稳定证券市场。证券经纪人一般是由受过正规训练,熟悉和掌握交易程序及交易规则,具有良好的业务素质和职业道德的人承当的。为取得客户的信任,它们很注重自身的形象和声誉,加上证券业协会和证券交易所的自律管理以及证券主管部门的严格监督和有关法律、规章的严格制约,通常,成熟的证券经纪人会自觉遵守交易规则,抵制各种违规行为,对稳定证券市场、维护证券市场的秩序发挥应有的作用。

(二) 证券经纪人的条件

根据我国目前的有关规定,证券经营机构要从事证券经纪业务,应具备以下条件:

(1) 必须是经国家证券管理机关批准的可以经营证券业务的金融企业法人;

(2) 必须具有独立的法人地位和承担从事证券代理业务风险的能力;

(3) 主要管理人员和业务人员必须具有证券从业资格;

(4) 有固定的经营场所和合格的交易设施;

(5) 有健全的组织机构和管理制度,尤其是证券经纪业务的规章制度。

三、证券经纪关系的确立

按照我国现行的一般规则,投资人须先到中国结算公司上海分公司或深圳分公司及其代理点开立证券账户。之后投资者可以选择证券经纪商并与之建立经纪关系。在建立经纪关系之前,证券经纪商须向客户讲解有关业务规则、协议内容和揭示风险,并请客户签署《风险揭示书》和《客户须知》,客户与证券经纪商签订《证券交易委托代理协议》,与其指定的商业银行、证券经纪商签订《客户交易结算资金存管合同》;客户在证券营业部开立证券交易资金账户等。

(一)开户与证券存管

1. 开立证券账户

证券账户的种类包括:股票账户、债券账户和基金账户。

开立证券账户的基本原则:合法、真实。

自然人开户的要求:自然人开立的证券账户为个人账户。开立个人账户时,投资者必须持有本人有效的身份证件,一般为本人身份证,去证券交易所指定的证券登记机构或会员证券商处办理名册登记并开立股票账户。个人投资者在开立股票账户时应载明登记日期和个人的姓名、性别、身份证号码、家庭地址、职业、学历、工作单位、联系电话等,并签字或盖章。如果请人代办,还须提供代办人的身份证。

法人开户的要求:法人开立股票账户应提供有效的法人注册登记证明,营业执照复印件,单位介绍信,社团组织批准件,法定代表人的证明书及其本人身份证,法定代表人授权证券交易执行人的姓名、性别及其本人有效身份证件,法定代表人授权证券交易执行人的书面授权书,此外还应提供法人地址、联系电话、开户银行及账号、邮政编码、机构性质等。

目前,我国专为境外投资者设立了B股交易市场,境外投资者欲进入中国证券市场进行B股交易,必须开立B股账户。B股账户投资者仅限于:外国法人、自然人和其他组织,我国香港、澳门和台湾地区的法人、自然人和其他组织,定居在国外的中国公民,国务院证券监督管理机构规定的境内上市外资股其他投资人。其中,B股个人投资者申请开立B股账户时,必须提供其姓名、身份证号码或护照号码、国籍、通讯地址、联系电话;机构投资者必须提供机构名称、商业注册登记号码、注册地、通讯地址及联系电话。

2. 证券存管

证券存管是财产保管制度的一种形式,是指合法的证券登记机构为方便证券的交易过户、非交易过户等股权登记变更,以及分红派息、证券挂失等各项服务,受投资者委托而实行的对证券的代保管。

证券存管制度是对股票、基金、无纸化国债等记名证券实行集中存管的办法,并按每一股东开设的"股票账户"以电脑记账的形式记载存管证券数量及变更情况。对存管后的证券,实行非流动性制度,对股权、债权变更引起的证券转移,不签发实物证券,通过账面予以划转。

(二)开立资金账户及第三方存管

1. 开立资金账户

资金账户指的是客户在证券公司开立的专门用于证券交易结算、记载客户资金明细数据的账户。证券公司通过该账户对客户的证券买卖交易、证券交易资金划转进行前端控制,对客户证券交易结算资金进行清算交收和计付利息等。

证券营业部为客户开立资金账户应严格遵守实名制原则。客户须持有效身份证明文件或法人合法证件,以客户本人的名义开立;资金账户应与客户开立的各类证券账户、在指定商业银行开立的结算账户名称一致、名实相符。

2. 客户交易结算资金存管

目前我国按照《证券法》的规定,证券公司客户的交易结算资金应当存放在商业银行,以每个客户的名义单独立户管理。中国证监会明确要求证券公司在2007年全面实施客户交易结算资金第三方存管。

客户交易结算资金第三方存管是指证券公司将客户的交易结算资金存放在指定的商业银行,以每个客户的名义单独立户管理。指定商业银行与证券公司及其客户签订客户交易结算资金存管合同,约定客户的交易结算资金存取、划转、查询等事项,并按照证券交易净额结算、货银兑付要求,为证券公司开立客户的交易结算资金汇总账户。客户交易结算资金的存取通过指定商业银行办理,指定商业银行为客户提供交易结算资金余额及变动情况的查询服务。一家证券公司的客户资金可以存放在多家商业银行并确定其中一家为主办银行。客户有权在证券公司选择的指定商业银行范围内,确定存放其资金的银行。

四、证券经纪业务的内容及管理

(一) 委托买卖的含义

委托买卖是指证券商为投资者受理委托业务后进行处理的整个过程。证券的委托买卖是证券经营机构代理客户的买卖,一般可分为柜台交易形式下的委托买卖和交易所集中交易的委托买卖两种。目前我国的证券委托买卖业务绝大部分通过交易所完成,因此本书以介绍交易所场内交易为前提来介绍委托买卖的操作程序。

(二) 按委托价格分类

(1) 市价委托。是指投资者向证券经纪人发出买卖某种证券委托指令时,要求证券经纪人按证券交易所内当时的市场价格买进或卖出证券。

(2) 限价委托。是指投资者要求经纪人在执行委托指令时必须按限定的价格或比限定价格更有利的价格买卖证券,即必须按限价或低于限价买进证券,按限价或高于限价卖出证券。

(三) 委托申报的规则

(1) 报价单位

不同的证券交易采用不同的计价单位。例如,股票为"每股价格",基金为"每份基金价格",债券为"每百元面值的价格",债券回购为"每百元资金到期年收益"。

(2) 价格最小变化档位

深市A股和债券的申报价格最小变动单位为0.01元人民币;基金的申报价格最小变动单位为0.001元人民币;B股为0.01港元;债券回购为0.01元人民币。

(3) 涨跌幅限制

交易所对股票、基金交易实行价格涨跌幅限制,涨跌幅比例为10%,其中ST股票价格涨跌幅比例为5%。股票、基金上市首日不受涨跌幅限制。

(4) 申报限制

买卖有价格涨跌幅限制的证券,在价格涨跌幅限制以内的申报为有效申报,超过涨跌幅限制的申报为无效申报。

(5) 委托买卖单位

买入股票或基金,申报数量应当为 100 股(份)或其整数倍;债券以人民币 1000 元面额为 1 手;债券回购以 1000 元标准券或综合券为 1 手;债券和债券回购以 1 手或其整数倍进行申报,其中,上海证券交易所债券回购以 100 手或其整数倍进行申报。

(6) 申报上限

股票(基金)单笔申报最大数量应当低于 100 万股(份),债券单笔申报最大数量应当低于 1 万手(含 1 万手)。交易所可以根据需要调整不同种类或流通量的单笔申报最大数量。

(四) 撤单

营业部在接受客户撤销或修改通过委托柜台进行的委托时,客户须持身份证、资金卡填写撤单申请,并当面签署姓名。非本人办理的须审核有无委托权限。营业部报单员接单后,审核证件及委托内容,确认无误后查找该笔委托是否成交。如果已经成交,则告诉客户不能撤销或修改;如果还没有成交或部分成交,则立即将该笔委托未成交部分撤销。

客户通过自主终端或电话自动委托系统委托的撤单,由客户按电脑屏幕或电话语音提示操作。

(五) 经纪业务的管理

1. 证券经纪业务的基本要求

我国证券经营机构在从事证券经纪业务时必须遵守下列规定:

(1) 任何金融机构不得为客户的股票申购和交易提供融资融券;

(2) 不得将客户的股票借与他人或者作为担保物;

(3) 综合类证券公司必须将其经纪业务和自营业务分开办理,业务人员、财务账户均应分开,不得混合操作;

(4) 不得在批准的营业场所之外接受客户委托和进行清算交割;

(5) 不得收取不合理的佣金和其他费用;

(6) 严禁挪用客户交易结算资金;

(7) 不得散布谣言或其他非公开披露的信息;

(8) 不得违背委托人的指令买卖证券;

(9) 必须按照国家有关法规和证券交易场所业务规则的规定处理证券买卖委托;

(10) 必须在规定时间内向委托人提供证券买卖书面确认文件;

(11) 不得为多获取佣金而诱导客户进行不必要的证券买卖,或者在客户的账户上翻炒证券;

(12) 不得向客户保证交易收益或者允诺赔偿客户的投资损失;

(13) 不得利用职业之便利用或泄露内幕信息;

(14) 不得为他人操纵市场、内幕交易、欺诈客户提供方便;

(15) 不得接受客户的全权委托而决定证券买卖、选择证券种类、决定买卖数量或者买卖价格。

2. 监督与检查

（1）证券经营机构自我监督

证券经营机构应当建立内部稽核制度,加强对从业人员的管理,强化服务意识,杜绝违反法规、规则和操作规程及其他损害客户利益的事件发生。证券交易所是证券经纪业务的一线监管机构,应当在其业务规则中对会员代理客户买卖证券业务作出详细规定,并实施监管。同时,证券交易所每年应当对会员的财务状况、内部风险控制制度以及遵守国家有关法规和证券交易所业务规则等情况进行抽样或者全面检查,并将检查结果报告中国证监会。

（2）证券管理部门监管

中国证监会和中国证监会授予监管职责的派出机构有权依法对证券经营机构的经纪业务进行抽查,如发现有违反有关规定的行为,根据不同情况,可处以警告、罚款、限制或暂停其从事证券业务直至撤销其证券营业许可证等处罚。

延伸阅读

一个证券分析师的日程表

8:30,上班,准备一天的忙碌工作;

8:40—9:00,总部视频会议,营业部发表观点,每周由一名分析师主持晨会和本周某日下午的投资例会;

9:30,股市开盘,盯盘,研究股票;客户回访,接受客户咨询,给出操作建议;

11:30,上午股市收盘,查找一些行业研究报告准备时间空当或者收市之后研读;

11:30—12:45,中午吃饭时间;

13:00,下午股市开盘,盯盘,研究股票;客户回访,接受客户咨询,给出操作建议;

15:00,下午股市收盘,回访客户,做咨询;

15:15—17:30,股票市场收市,属于下班时间,但是行业分析师还会利用空余时间读读当日的新闻,分析一下当日的市场走势,研读之前搜集的研究报告,为明天的客户咨询、行业研究和个股分析作准备;

18:30—22:00,空隙时间看看财经新闻以及报纸杂志关于经济形势的内容。

（资料来源:http://wallstreetcn.com/node/215044,原文来自 Mergers & Inquisitions,作者 Brian DeChesare,由见闻学堂翻译）

第四节　证券交易其他业务简介

一、证券自营业务

（一）自营业务的含义及特点

证券自营业务是指经中国证监会批准经营证券自营业务的证券公司用自有资金和依法筹集的资金，用自己名义开设的证券账户买卖依法公开发行或中国证监会认可的其他有价证券，以获取盈利为目的。它与委托买卖业务的区别在于：(1) 自营买卖时，证券商必须要拥有资金或证券，而不像委托买卖只要有场所和人力即可。(2) 自营买卖是以营利为目的的，是通过交易合法获得利润，尽管有时可能出现亏本，但目的是营利。(3) 自营买卖是一种经营行为，通过买卖差价获利，而不像委托买卖是一种中介服务。自营买卖时，证券商是以投资者的身份，运用自己的资金，在市场上买卖各类证券，并自行承担证券买卖中的风险。

证券公司可以将自有资金投资于依法公开发行的国债、投资级公司债、货币市场基金、央行票据等中国证监会认可的风险较低、流动性较强的证券，或者委托其他证券公司或者基金管理公司进行证券投资管理，且投资规模合计不超过其净资本80%的，无须取得证券自营业务的资格。

自营业务与经纪业务相比较，显示出如下特点：(1) 决策的自主性。即交易行为的自主性；交易方式的自主性；交易品种、价格的自主性。(2) 风险不稳定性。(3) 收益不稳定性。

（二）自营业务的范围

证券自营业务是证券经营机构从事以证券资产为对象的买卖范围，包括上市证券的自营买卖、柜台自营买卖、承销业务中的自营买卖。

1. 上市证券的自营买卖

这是证券自营买卖业务的主要方面。券商根据行情变化进行自营买卖业务。其特点有吞吐量大、流动性强等。

2. 柜台自营买卖

柜台自营买卖主要交易非上市证券。在我国主要包括上市公司的法人股；非上市公司的股权证；兼并收购中的自营买卖业务。

3. 承销业务中的自营买卖

证券承销商在发行业务中一般采用余额包销的方式。股票在发行中如果没能全部卖出，余额部分应由证券商买入。这种情况多在资本市场状况不好的时候发生。

（三）证券自营业务的监管

1. 专设账户、单独管理

证券公司从事证券自营业务，应当以公司名义建立证券自营账户，并报中国证监会备案。证券公司的证券自营账户自开户之日起3个工作日内报证券交易所备案。专设自营账户是证券公司完善内部监控机制的重要举措，也为证券管理部门对证券公司的业务审计和检查提供了有利条件，起到防范内幕交易、操纵市场等违法行为发生的重要作用。

2. 证券公司自营情况的报告

证券公司每月、每半年、每年向中国证监会和证券交易所报送自营业务情况,并且每年要报送年检报告,其中自营业务情况是主要内容之一。

3. 中国证监会的监管

(1) 中国证监会对证券公司从事证券自营业务情况以及相关的资料来源和运用情况进行定期或者不定期的检查,并可要求证券公司报送其证券自营业务资料以及其他相关业务资料。

(2) 中国证监会及其派出机构对从事证券自营业务过程中涉嫌违反国家有关法规的证券公司将进行调查,并可要求提供、复印、复制或封存有关业务文件等其他必要资料。证券公司不得以任何理由拒绝或拖延提供有关资料,或提供不真实、不完善的资料。

(3) 中国证监会可聘请具有从事证券和业务资格的会计师事务所、审计事务所等专业性中介机构,对证券公司从事证券自营业务情况进行稽核。

(4) 证券自营业务的原始凭证等相关文件、资料和其他必要材料至少妥善保存 20 年。

4. 证券交易所监管

证券交易所根据国家关于证券公司证券自营业务管理的规定和证券交易所业务规则,对会员的证券自营业务实施日常监督管理。

5. 禁止内幕交易的主要措施

(1) 加强自律管理。证券公司作为证券市场上的中介机构,为上市公司提供多种服务,能从多种渠道获取内幕信息,这就要求证券公司加强自律管理。

(2) 加强监管。中国证监会及其派出机构加强对内幕交易的监管,一经发现违法违规行为则严肃处理。

二、资产管理业务

(一) 资产管理业务的含义及种类

资产管理业务是指证券公司作为资产管理人,依照有关法律法规的规定与客户签订资产管理合同,根据资产管理合同约定的方式、条件、要求及限制,对客户资产进行经营运作,为客户提供证券及其他金融产品的投资管理服务的行为。主要包括:

1. 为单一客户办理定向资产管理业务

即证券公司与单一客户签订定向资产管理合同,通过该客户的账户为客户提供资产管理服务的一种业务。其特点是:证券公司与客户必须是一对一的;具体投资方向应标明在资产管理合同当中;必须在单一客户的专用证券账户中经营运作。

2. 为多个客户办理集合资产管理业务

即证券公司通过设立集合资产管理计划,与客户签订集合资产管理合同,将客户资产交由依法可以从事客户交易结算资金存管业务的商业银行或者中国证监会认可的其他资产托管机构进行托管,通过专门账户为客户提供资产管理服务的一种业务。证券公司办理集合资产管理业务可以设立限定性集合资产管理计划和非限定性集合资产管理计划。

3. 为客户特定目的办理专项资产管理业务

即证券公司与客户签订专项资产管理合同,针对客户的特殊要求和资产的具体情况,设定特定投资目标,通过专门账户为客户提供资产管理服务的一种业务。其特点是:

(1)综合性,即证券公司可以与客户是一对一的关系,也可以是一对多,也就是说既可以采取定向资产管理的方式,也可以采取集合资产管理的方式办理该项业务;(2)特定性,即要设定特定的投资目标,通过专门账户经营运作。

(二)资产管理业务的监管

1. 监管职责

中国证监会依据法律、行政法规等有关规定,对证券公司资产管理业务活动进行监督管理。中国证券业协会、证券交易所、期货交易所和证券登记结算机构依照法律、行政法规及相关业务规则的规定,对证券公司资产管理业务实行自律管理和行业指导。

2. 监管措施

(1)证券公司应当就资产管理业务的运营制定内部检查制度,定期进行自查。证券公司应当按季编制资产管理业务的报告,报注册地中国证监会派出机构备案。

(2)证券公司开展定向资产管理业务,应当于每季度结束之日起 5 日内,将签订的定向资产管理合同报注册地中国证监会派出机构备案。

(3)证券公司应当在每个年度结束之日起 60 日内,完成资产管理业务合规检查年度报告、内部稽核年度报告和定向资产管理业务年度报告,并报注册地中国证监会派出机构备案。

(4)证券公司应当聘请具有证券相关业务资格的会计师事务所,对每个集合计划的运营情况进行年度审核。

(5)证券公司和资产托管机构应当按照有关法律、行政法规的规定保存资产管理业务的会计账册,并妥善保存有关合同等文件,保存期不得少于 20 年。

(6)中国证监会及其派出机构依法履行职责,证券公司、资产托管机构应当予以配合。

三、其他相关业务

(一)证券回购业务

1. 证券回购交易的概念

证券回购交易是指证券买卖双方在成交的同时就约定于未来某一时间以某一价格双方再行反向成交的交易,是一种以有价证券为抵押品拆借资金的信用行为。其实质内容是:证券的持有方(融资者、资金需求方)以持有的证券作抵押,获得一定期限内的资金使用权,期满后则须归还借贷的资金,并按约定支付一定的利息;而资金的贷出方(融券者、资金供应方)则暂时放弃相应资金的使用权,从而获得融资方的证券抵押权,并于回购期满时归还对方抵押的证券,收回融出资金并获得一定利息。

股票回购(Stock Repurchases)是指股份公司出资将其发行的流通在外的股票以一定价格购买回来予以注销或作为库存股的一种资本运作方式。主要出于如下动机:股息避税;改善资本结构;传递公司信息;防御外来收购;等等。它与债券回购是两个不同的概念范畴,本章所称"证券回购交易"是指债券回购交易。

2. 证券回购交易的功能

(1)证券回购是一种重要的融资方式。回购市场能有机地将资金市场同证券市场结合起来,这本身就包含着融资融券业务。

(2) 证券回购交易是商业银行保持其资产流动性和资产结构合理性的重要工具和手段。商业银行可以通过回购来调剂其头寸。比如商业银行出现存差（即负债大于资产）时，银行可以通过各种方式进行运作，如央行存款、同业拆借、国债市场运作等，如果通过回购市场运作，其收益更大，因为回购利率高于同业拆借利率、央行存款利率。

(3) 证券回购是中央银行进行公开市场业务操作的重要工具。

(4) 各类非银行金融机构，可以通过证券回购来达到调剂头寸、套期保值和加强资产管理的目的。

我国开办以国债为主要品种的回购交易，其目的主要是发展国债市场，活跃国债交易，发挥国债这一"金边债券"的信用功能，为社会提供不同种类的融资方式。

(二) 转融通业务

1. 转融通业务的概念

所谓"转融通业务"，是证券公司将自有或者依法筹集的资金和证券出借给证券公司，以供其办理融资融券业务的经营活动。证券金融公司是中国证监会根据国务院的决定，批准设立专司转融通业务的股份有限公司。

证券金融公司不以营利为目的，履行的职责包括：为证券公司融资融券业务提供资金和证券的转融通服务；对证券公司融资融券业务运行情况进行监控；检测分析全市场融资融券交易情况，运用市场化手段防控风险；证监会规定的其他职责等等。

2. 转融通业务的规则

(1) 专用证券账户：证券金融公司开展转融通业务，应以自己的名义，在证券登记结算机构分别开立转融通专用证券账户、转融通担保证券账户和转融通证券交收账户。

(2) 专用资金账户：证券金融公司开展转融通业务，应以自己的名义，在商业银行开立转融通专用资金账户，在证券登记结算机构分别开立转融通担保资金账户和转融通资金交收账户。

(3) 了解客户及信用评估：证券金融公司开展转融通业务，应当了解证券公司的基本情况、业务范围、财务状况、违约记录、风险控制能力等，并以书面和电子的方式予以记录和保存。

(4) 转融通业务合同：证券金融公司开展转融通业务，应当与证券公司签订转融通业务合同，约定转融通的资金数额、标的证券的种类和数量、期限、费率、保证金的比例、证券权益处理办法、违约责任等事项。

(5) 转融通期限：除证券暂停、终止交易等特殊情形外，证券金融公司向证券公司转融通的期限不得超过6个月。转融通的期限自资金或者证券实际交付之日起算。

(6) 证券公司担保账户：证券金融公司与证券公司签订转融通业务合同后，应当根据证券公司的申请，以证券公司的名义，为其开立转融通担保证券明细账户和转融通担保资金明细账户。

(7) 转融通保证金：证券金融公司开展转融通业务，应当向证券公司收取一定比例的保证金。证券可以冲抵保证金，但货币资金的比例不得低于应收保证金的15%。可冲抵保证金证券的种类和折算率由证券金融公司确定并公布。

(8) 转融通互保基金：证券金融公司可以根据化解证券公司违约风险的需要，建立转融通互保基金。转融通互保基金的管理办法，由证券金融公司制定，经证监会批准后实施。

（9）转融通的暂停：当市场交易活动出现异常，有必要暂停转融通业务时，证券金融公司可以按照业务规则和合同约定，暂停全部或者部分转融通业务并公告。

（10）涉及转融通业务证券及资金的划转：证券登记结算机构根据证券账户和资金账户持有人发出或者认可的指令，办理转融通业务涉及的证券和资金划转。

（11）协助司法强制执行：司法机关依法对证券公司转融通担保证券明细账户或者转融通担保资金明细账户记载的权益采取财产保全或者强制执行措施的，证券金融公司应当处分保证金，在实现因向证券公司转融通所生债券后，协助司法机关执行。

3．监督管理

（1）制定业务规则

证券金融公司须明确账户管理、授信管理、标的证券管理、保证金管理等管理事项，并经证监会批准后依法实施。

（2）公布信息

证券金融公司应当于每个交易日公布以下转融通信息：转融通余额；转融券余额；转融通成交数据；转融通费率。

（3）建立合规管理与风险控制管理

证券金融公司应当建立合规管理机制，保证公司的经营管理及工作人员的执业行为合法合规。

（4）资金用途

证券金融公司的资金，除用于履行证监会规定的转融通职责和维持公司正常运转外，只能用于银行存款、购买国债、证券投资基金份额等，以及购置自用不动产。

（5）信息系统安全管理

证券金融公司应当建立信息系统安全管理机制，保障公司信息系统安全、稳定地运行。

（6）报告制度

证券金融公司应当自每一会计年度结束之日起4个月内，向证监会报送年度报告。

（7）信息共享与保密

证券交易所、证券登记结算机构、证券金融公司应当建立融资融券信息共享机制。

（8）违规处罚

证券金融公司或者证券公司违反证监会转融通办法规定的，由证监会视具体情形，采取责令改正、出具警示函、责令公开说明、责令定期报告等监管措施；应当给予行政处罚的，由证监会对公司及其有关责任人员单处或者并处警告罚款。

 本章小结

本章首先介绍了证券交易市场的概念及原则，并且从中国证券市场的角度介绍了发展历程。进一步具体介绍了证券交易市场的原则、分类和市场中的各类机构及其组织形式。在第二节中，给出了证券交易实务的具体描述，并阐述了监管者在证券交易市场中所扮演的角色和职能。在第三节和第四节中,主要介绍了证券经纪业务、证券自营业务、证券资产管理业务以及其他业务的特点及其主要内容。本章对证券交易市场和操作实务进行了较为完善的概述和清晰的梳理。

 思考习题

1. 简述证券交易市场的概念以及我国证券交易的发展历程。
2. 基于不同的分类理由,简述证券交易的类别。
3. 简述证券交易的基本过程,并概括各个程序的主要内容。
4. 简述证券经纪业务的参与主体及其证券经纪业务的特点。
5. 简述除证券经纪业务以外的证券公司的其他主要业务,并概述其含义及主要内容。

第四章 证券投资理论

证券投资理论的核心在于风险资产的自身性质和投资者的投资行为。在现有的成熟证券投资理论体系中,马克维茨(Markowitz)于1952年发表的《资产组合选择》一文被视为金融投资理论的开端,具有重要意义。事实上更早的投资理论源泉可以上溯到凯恩斯(Keynes)货币理论中对持有货币和其他替代性资产的投资选择行为的分析。本章将分别介绍几种比较成熟的重要投资理论,这些理论构成了现代投资理论的主流,并在实务中获得了广泛的应用。

第一节 有效市场理论

一、有效市场理论的背景

有效市场假说(Efficient Market Hypothesis)现在已经是金融学领域的基础理论之一,它对投资者的投资理念有着重要影响。市场上随之诞生的指数基金便是该理论的有力支持者。当然,针对有效市场假说的理论和实证上的检验也多如牛毛。但是关于市场是否有效、在何种程度上有效的探讨在很长一段时间内都不会过时。

提到有效市场假说,就不能不提随机游走理论。"随机游走"一词最初出现在美国一本杂志的一个问题中。这个问题是:若一个醉汉被扔到荒郊野外,我们应该从哪里把他找回来?答案是从醉汉最开始所处的地点开始找,因为他的行动是不可预知的,是随机游走。随机游走的现象并不少见,不少人在股票价格变动这一问题上同样发现了随机游走现象的存在。早在1900年法国数学家、经济学家巴里亚(Bachelier)便提出了股价随机游走的想法并通过巴黎的股市做了检验,但在当时并没有引起人们的注意。1953年肯多尔(Kendall)通过对大量的历史股票价格数据进行序列相关分析,发现股价变动并不存在任何规律,而是一种随机游走现象。更为重要的两篇报告来自1959年罗伯茨(Roberts)和奥斯本(Osborne)的研究。罗伯茨发现股票价格的时间序列与随机数序列十分相像,奥斯本则是发现了股价的波动与物理学上布朗运动①的相似性。之后美国经济学家萨缪尔森(Samuelson)也对股价服从随机游走这一理论表示支持。

随机游走理论强调股票价格的变化是随机的,并无规律可循。精明的投资者并不一定能比没有思维能力随机进行选择的狒狒获得更高的股票投资收益率。我们可以通过以下的股价变化公式来说明这一点:

$$F(\Delta P_{j,t+1} \mid \phi_t) = f(\Delta P_{j,t+1}) \tag{4-1-1}$$

式中,$\Delta P_{j,t+1}$表示股票j从时间t到$t+1$发生的价格变化,f表示股票价格变化的概率密度函数,ϕ_t表示在时间t关于股票价格的所有公开信息。这一公式要表明的意思是

---

① 悬浮在液体中的微粒受液体分子的无序撞击而随机运动。

证券价格已经反映了所有的可得的公开信息,同时证券价格变化的概率密度函数是相互独立且与时间无关的。这一理论认为市场上的公开资料已经使得投资者能够确定证券的合理内在价值,真正会造成证券价格波动的只是市场上突然出现的无法预计的新信息。而这些信息是随机冲击,这也使得证券价格会服从随机游走现象。

二、有效市场假说的提出

在随机游走假说开始引起学术界关注之后,法玛(Fama)在《有效的资本市场:理论与实证研究》一文中更为清晰地首次提出了有效市场的概念,完成了对有效市场研究的系统总结工作。在法玛的理论框架中,核心要点在于,当证券价格充分反映了投资者可获得的所有信息时,这一市场便是有效市场。在这样的有效市场中,投资者只能获得与其所选证券风险相对应的收益,而无法从信息挖掘中获取任何超额利润。当有新的信息进入市场时,投资者会基于理性预期在市场上通过买卖行为使得证券价格迅速调整。这一过程可用下面的公式表示:

$$E(P_{j,t+1} \mid \phi_t) = (1 + E(r_{j,t+1}) \mid \phi_t) P_{j,t} \tag{4-1-2}$$

式中,$P_{j,t}$ 和 $P_{j,t+1}$ 表示在时刻 t 和 $t+1$ 的证券价格,E 表示预期,ϕ_t 表示在时间 t 关于证券价格的所有公开信息,而 $r_{j,t+1}$ 表示证券在时间 t 到 $t+1$ 之间的收益率。这一公式的意思是,证券的预期收益率取决于在时刻 t 的所有可获得的信息,如 GDP、利率、汇率、通货膨胀率等等。在市场均衡价格充分反映了已有信息时,我们不可能再通过现有信息获得任何超过预期收益率之外的超额收益。

法玛进一步将市场上的可获得信息分为三个等级:历史信息、公开信息和全部信息。如图 4-1-1 所示。图中最小的圈表示与证券价格有关的所有历史信息;中间的圈除了包括证券的历史价格信息之外,还包括与该证券有关的公开信息如相关公司经营状况、财务报告、人事变动、行业与宏观经济形势等等;而最外面的圈则包括了所有的与此证券相关的信息,除了前面提到的公开信息之外,还包括了尚未公开的公司内幕信息。根据以上不同的信息类型,法玛进一步提出了三种不同强度的有效市场,分别是弱有效市场、半强有效市场和强有效市场。

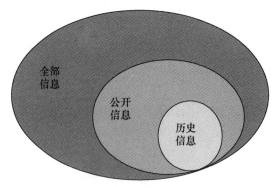

图 4-1-1 三种信息类型的关系

(一) 弱有效市场

如果一个市场属于弱有效市场,那么该市场上的证券价格完全反映了关于此证券的历史交易所包含的信息。这意味着我们无法从历史证券价格的资料中获得证券价格的变化规律从而达到预测未来证券价格变动的目的。那么技术分析将在弱有效市场中毫无用武之地。所有的投资者对于历史资料的判断都是相同的,证券价格会根据历史行情作出迅速调整,从而使通过技术分析来获取超额收益变得不可能。我们可以把这一特征归纳为弱有效市场的无记忆性,即过去的历史信息不会对当前的证券价格产生任何影响。

（二）半强有效市场

相比于弱有效市场,半强有效市场中的证券价格不仅充分反映了历史信息,还反映了与证券价格相关的所有公开信息。比如公司的财务报表信息、股票拆分或分红信息等等。由于这些信息一经发布,投资者可以快速地通过这些信息来判断证券的预期价格变化并作出相应的买卖决策,那么证券价格会在信息公布之后迅速调整以反映投资者们的预期变化。这样,投资者不会通过已公开的任何信息获得超额回报。这一论断宣告了基本分析的失效,通过对证券的基本面作详尽的分析也无法使投资者从中获利。

（三）强有效市场

在强有效市场中,证券价格完全地反映了与证券价值相关的所有信息,不论这些信息是历史信息、公开发布的信息抑或是尚未公布的内幕信息。即便有些信息是内幕信息不为公众所知,但它很快便会透露出来并在证券价格上得到反映。这是因为当了解内幕信息的局内人通过内幕信息进行证券买卖行为时,其行为会通过其家人、朋友、同学等社会关系网络迅速扩散引发效仿,以至于证券价格在这一内幕信息得以公布之前就已经完成了调整过程,从而即便是掌握了该内幕信息也不再能获得超额回报。显然,强有效市场包含了极强的假设,不太可能在现实世界中存在。毕竟我们可以看到很多关于公司高管利用内幕信息牟利的例子。很多经济学家进行了不同证券市场有效性的检验,研究结果大致认为美国的证券市场可能介于弱有效市场和半强有效市场之间。而针对中国证券市场有效性的研究则更多地认为我国的证券市场正在趋于弱有效市场的过程中。

三、有效市场假说的前提

上述关于证券市场有效性的探讨是建立在一系列前提之下的,主要的前提有以下四种：

（1）信息公开的有效性。只有当证券市场存在着良好的信息披露准则和监管机制,才能保证与证券价格有关的信息能够及时得到全面完整的披露并在投资者之间传播。

（2）信息获取的有效性。证券市场向所有合格的社会成员开放,不存在过于苛刻的门槛限制。当有信息公布时,社会上的投资者均能快速且不花或花费少量成本获取这一信息从而作出决策。这保证了投资者获得的信息是及时、充分且相同的。

（3）信息判断的有效性。证券市场上的证券价格取决于投资者判断和决策,而非外生的干预。当投资者获得与证券价格有关的信息时,均能作出相应的合理且及时的判断,并据此作出投资决策。

（4）证券市场的完善性。证券市场上没有摩擦,没有交易成本和税收,所有的资产都是可分割交易的,没有关于证券持有和交易的限制性规定。

前面的三个前提确保了证券的市场价格与其内在价格相一致,而第四个前提则是说明市场是近似于无阻力的,在证券价格偏离其内在价格时,市场上的资金可以快速流动使得获利机会消失。这些前提共同确保了证券市场的有效性,但在现实的市场中却往往很难达到上述要求。一般发达经济体的成熟的证券市场有着更为符合有效市场的标准,其证券价格偏差可以更快地得到纠正;而新兴证券市场则往往需要更长时间去消化影响证券价格变化的信息,与有效市场的差距更远。

四、有效市场假说的检验

有效市场假说的提出带来了巨大的影响和争议,毕竟它对现实世界中投资者的传统投资策略构成了颠覆性挑战。在一个弱有效市场中,技术分析将不再能够获得任何获利机会;而在半强有效市场中,研究公司基本面信息的分析师们也将不再有用武之地;若是在强有效市场里面,即便是掌握了内幕信息都无法获利。由于这一论断极大地挑衅了证券分析人员,招致了不乏巴菲特、索罗斯在内的许多证券投资从业人员的强烈质疑和反对。另一方面,学术界也做了大量实证研究工作来判断市场的有效性。具体可以将这些检验划分为三类,即弱有效市场检验、半强有效市场检验和强有效市场检验。这些检验可以对不同的有效市场假说进行验证,同时也可以给投资者的投资策略选择带来帮助。实践中的研究以针对弱有效市场和半强有效市场为主。

(一)对弱有效市场的检验

由于弱有效市场中证券价格遵循随机游走的规律,并不存在任何可识别的规律,这样对弱有效市场的检验主要侧重于证券价格的时间序列相关性。以下三种方法分别从自相关、过滤法则和相对强度这三个角度来进行检验。

(1)自相关检验。如果我们认为过去的股票价格变化与未来的股价变化之间有所联系,那么其时间序列就会有自相关关系。这样通过检验股价时间序列是否明显存在这一自相关关系,我们便可以得知股票价格随机游走的假设是否合理。实践中的检验大多否定了股价时间序列的自相关关系。这意味着在弱有效市场,技术分析是无效的,不可能通过分析股价或成交量信息的历史数据来获得超额回报。

(2)过滤法则检验。过滤法则检验通过模拟股票的买卖过程来检验随机游走理论的合理性。股票的买卖策略如下:当股价上升时在次日买入一定比例股票;当股价下跌时在次日卖出一定比例股票。若股票价格变化是有规律可循的,那么这种买卖策略所获得的收益应该呈现出一定的特征。然而许多关于美国和英国股票市场的研究并没有找到支持股票变化规律存在的证据。

(3)相对强度检验。相关强度检验同样也是通过构造一种证券投资过程来对随机游走理论进行检验。这一方法的具体操作是,首先选取一个与股票价格变化有关的指标,然后按照这一指标的指示来决定买入或卖出相关股票的时机和数额。许多相对强度检验的研究者认为,通过构造这样的投资策略并不能获得超额回报。

根据上述的一些检验方法,大量的研究者做了许多实证检验。总的来说,80年代以前对西方证券市场的检验表明证券市场是弱有效的。但是在80年代之后出现了许多不支持证券市场弱有效的证据,被称为"异象",后面会详细介绍。

(二)对半强有效市场的检验

由于在半强有效市场中,研究公开发布的信息并不能带来超额利润,那么通过研究股票价格对各种最新公布的信息的反应速度,我们就可以判断市场是否是半强有效的。这里"新公布的信息"一般包括股利政策变化、财务报表发布、股票拆分或合并等等。基于这些信息的检验一般采用事件研究法的研究范式,即研究特定的事件对股票收益的影响。其基本原理在于通过比较事件发生前后一段时间里股票的实际收益和预期收益差值,来判断事件的发生是否带来了累积超额收益。大多数对股票拆分、分红、盈余变化、大宗交易等事件的研究均认为市场能够对这些信息作出判断并迅速反映到证券价格中。比如科文和平克顿(Keown and Pinkerton)研究了公司被接管前后的股票收益率变化,发现在接管的消息公布之前公司的股价开始上升,说明信息正在被股价变动消化;在消息公布当天股价向上跳跃;而在消息公布之后股价并没有继续上升或出现反转。这说明市场价格对公开信息发布的反应与半强有效市场是相符的。但是也有少数研究者持相反的意见。

(三) 对强有效市场的检验

由于强有效市场的假设比较极端,目前对强有效市场的检验并无成熟的方法。一般而言对强有效市场的检验大多重点集中于观察那些特定的投资者,如上市公司内部人员以及一些专业投资者,是否能够依赖于某些特定的公开或内幕信息获得超额回报。由于难以获得关于内幕人员的交易数据,一般的做法是观察专业投资者的投资业绩,看他们能否在不占有内幕信息的情况下凭借其专业技能获得超额回报。有些研究认为上市公司高管的股票交易行为往往能高于其他公司人员和一般大众,也有研究认为公司内部人员作为一个整体时并不能在股票投资上取得更好的回报。另外,被认为拥有专业的分析技术和比普通投资者更为广阔的信息渠道的专业机构,同样并未从整体上获得更为突出的收益。总体上来说,对强有效市场假说的研究难以得到清晰一致的结论。

五、对有效市场假说的质疑

自从有效市场假说被提出,理论界和实务界便纷纷进行了一系列实证研究以试图检验或推翻这一假说。许多证券市场的从业人员更是希望找出经验上的证据来驳斥有效市场理论对技术分析和基本分析所提出的挑战。而找到不符合有效市场假说的"异象"便是一条最直接的路径。当然针对有效市场假说的质疑要想站得住脚,必须满足两个条件。一是质疑者所发现的异常现象要能够持续存在;二是通过利用这种异常现象获取的投资收益要高于搜寻和利用这种异常现象的成本。这样这种异象才可能产生引人关注的超额回报。而一旦存在着持续且显著的无风险套利机会,那么显然市场价格并未消化所有的潜在信息,即市场是无效的。几个经典的异常现象是:

(一) 日历效应

日历效应是指在某些特定的日期股票收益率会呈现出一定的特征,比如显著偏高或偏低。首先是"黑色星期一"现象。对在美国纽约证券交易所上市的标准普尔500指数中的样本股收益进行的研究发现,从1953—1977年间,这些股票在每周一的平均收益率显著为负,而在其他交易日则为正。具体的一些研究结果如下表所示:

表4-1-1　纽约证券交易所标准普尔样本股的周一效应

时间	周一	周二	周三	周四	周五
1953.1—1977.12	-0.17	0.02	0.10	0.04	0.09
1962.7—1978.12	-0.13	0.00	0.10	0.03	0.08

对于这种"周一效应"的可能解释是,上市公司总是倾向于在周五交易市场关闭之后才公布那些坏消息。这样可以使得市场有更充足的时间来消化和思考这些消息,以避免在交易日公布消息而引发的巨大股价波动。这样,等到了周一,股票价格下挫概率更大便是理所当然了。但是这样一来人们便能通过在周一买股在周五之前卖股来获利,从而使这一现象逐渐消失。但事实上"周一效应"却在不同的证券市场中长期存在。有人认为这是因为收益并不足以抵消交易成本,导致了市场无效率的长期存在。也有人提出了别的解释。

另一种类似的现象被称为"周五效应"。有研究认为中国股市存在着显著的"周五效应",即如果投资者在周四下午收盘时买入股票,周五下午收盘时卖出股票,其他时间完全不管股市的变动情况也不进行任何操作,这样的投资策略比一般投资者的收益要高数倍。而且中国股市的"周五效应"比较稳定,无论经济形势如何,市场的高收益率显著地集中在周五,这样一种现象自然是与有效市场假设不相符的。

另外一种与周一和周五现象类似的异象叫"一月效应"。显然我们并不应该预期某一个月份的收益率会明显高于其他月份,但事实上一项针对纽约证券交易所上市的股票的研究表明,一月份股票的收益率显著高于其他月份。这种现象被称为"一月效应"。下表是在一些时间段的纽约证券交易所上市股票的月度收益率:

表 4-1-2　纽约证券交易所上市股票的月度收益率

时间段	一月份平均收益率(%)	其他月份平均收益率(%)	差别
1904—1928 年	1.30	0.44	0.86
1929—1940 年	6.63	-0.60	7.23
1941—1974 年	3.91	0.70	3.21
1904—1974 年	3.48	0.42	3.06

资料来源:Michael S. Rozeff and William R. Kinney, Capital Market Seasonality: The Case of Stock Return, *Journal of Financial Economics*, 3, no.4: p.388。

从表中我们可以看出一月份的平均月度收益率确实要显著高于其他月份。一些其他的研究认为在中国和日本的股票市场同样存在着"一月效应"。对其解释有税收效应和资金流动效应等等,同样难有定论。

(二) 规模效应

所谓"规模效应"也常被称为"小公司效应"。它是指市场上市值较小的股票的平均收益率显著高于市值较大的股票的平均收益率。许多研究表明,即使在排除了风险因素之后,小盘股的收益率也是显著高于大盘股的。1981 年,美国学者班茨(Bantjes)发现股票市值能够对该股票的收益率变化作出很好的解释,股票总收益率和和经风险调整后的收益率都有随公司相对规模上升而下降的趋势。美国学者凯姆(Keim)在 1983 年的一项研究中发现"小公司效应"与"一月效应"密切相关,即"小公司效应"大多出现在一月份,而呈现出"一月效应"的公司也大多是小公司。这些研究都表明"小公司效应"对市场有效性构成了挑战。宋颂兴 1995 年的研究表明上海股市存在"小公司效应"。有些学者给出了我国证券市场上"小公司效应"存在的原因:一是小公司流通市值小,供求关系变化对其价格影响更为明显;二是小盘股控盘资金成本小,易于拉升;三是小公司总股本和流通股本小,股本扩张潜力大,业绩好时股价容易上升。但也有学者的研究不支持中国股票市场存在明显的"小公司效应"。

（三）其他异象

除了上述几个经典的异常效应，还有一些学者提出了其他的几个异常效应：

1. 价格调整滞后效应

美国股市上的股票价格根据公司公布的财务报告进行调整有时滞，通常要滞后近90天。这使得投资者可以根据公司新发布的财务报告进行分析从而指导投资获利。这与有效市场中无法通过公开发布的信息获利相矛盾。

2. 超常易变性效应

这是指股票的价格变化脱离了与有效市场假说相一致的未来现金流贴现值的变动标准，从而可以提供短期的套利机会。希勒(Shiller)等人1981年的研究就发现标准普尔股票在1971—1979年的价格变化十分剧烈，呈现出超常易变性。

3. 反转与惯性效应

德庞与希勒(Depon and Shiller)1985年指出了股票价格长期反转的现象。这是指在过去赚钱的股票组合在未来3—5年中的表现要比在过去几年亏损的股票组合更差。与这一长期反转相对应的是股票价格的中期惯性现象。杰格迪什和蒂特曼(Jegadeesh and Tittmann)在1993年指出，过去3—12个月赚钱的股票组合在随后3—12个月的表现平均来说比过去亏损的股票组合要好。德庞与希勒认为价格反转是由于交易者反应过度引起的，而杰格迪什和蒂特曼则认为价格惯性是源自于交易者的反应不足。此外，还有研究者将股票交易量与反转、惯性现象结合起来考虑，发现赚钱的低交易量股票组合和亏钱的高交易量股票组合显示出更强的价格惯性，而赚钱的高交易量股票组合和亏钱的低交易量股票组合显示出了更快的价格反转。

4. 低市盈率与低贝塔系数效应

一些学者用实例表明市盈率低、贝塔系数小的股票往往能够给投资者带来超过市场平均水平的投资收益。

总而言之，一系列研究的结论与股价服从随机游走现象相矛盾。当股票价格并非遵循随机游走而是有一定规律可循时，市场的无效率就会带来超额利润，此时有效市场假说便无法成立了。

第二节 均值方差分析

尽管微观经济学中的效用函数分析已经被广泛应用于金融学领域来分析资本市场中的不确定性和个体的投资行为，但是在实际应用中该理论并不能刻画每一个人在所有不同状态下的效用。因此它并不是一个有很强可操作性的理论。本节我们将介绍一种更为灵活且实用的不确定性分析方法：均值—方差分析。

1990年，马克维茨(Markowitz)获得经济学诺贝尔奖，这归功于他在理论上解决了每个投资者在实际决策中都面临的一个两难问题——高收益与低风险的权衡。在其1952年发表的《投资组合》经典论文中，他提出了一个有足够代表性但却相当简单的决策优化模型(即均值—方差模型)，该模型甚至可以很容易地求出数值解。由于均值—方差分析在严格凹的效用函数下对期望收益和风险方差进行描述，对于任意的分布和效用函数，仅仅用均值和方差并不能完全刻画个体偏好或者期望效用。所以,均值—方差分析很多时候并不让人满意。尽管如此,该模型分析的灵活性以及实证上良好的可检验性,都使其得到广泛应用。

本节从偏好和分布出发,首先证明当效用函数是二次函数或者资产回报率服从正态分布的时候,均值—方差可以完全刻画个体偏好,接下来讨论这种情况下的无差异曲线形状,然后求出不同情况下的证券前沿组合,并在最后对个体最优决策进行了讨论。

一、定义的规范和基本假设的说明

(一)投资回报率

考虑一个两期经济,在时期-0投资,时期-1获得回报(收益)。假设时期-0的投资成本为 c_0,时期-1的回报为 c_1,其中 c_1 是不确定的。定义投资回报率为总回报率:

$$r = \frac{c_1}{c_0} \tag{4-2-1}$$

因为 c_1 是不确定的,所以 r 也是不确定的,假设其行为符合随机分布。方便起见,规定字母(或者在字母上加一个波浪线)表示随机变量,字母上加一横线表示期望值。例如,r(或者 $\tilde{r}$)表示随机回报率,$\bar{r}$ 则表示期望回报率。此外,作为说明,下文将无区别地使用"收益"与"回报"这两个概念。

当投资在多种资产上的时候,我们可以类似地得出投资组合总回报和投资组合回报率的概念。假设个体在资本市场上投资于 J 种不同的资产,则初始资本 c_0 分为 J 份,令 c_{j0} 表示投资与第 j 种资产的份额,其在总资产中的相对比例为 h_j。显然,

$$c_0 = \sum_{j=1}^{J} c_{j0} = \sum_{j=1}^{J} (h_j \cdot c_0)$$

其中 $\sum_{j=1}^{J} h_j = 1$。以 r_i 表示第 i 种资产回报率。由时期-1,第 i 种资产产生的收益为 $r_i c_{i0} (= r_i h_i c_0)$ 可知,该投资组合的总收益为:

$$\sum_{j=0}^{J} r_j c_{j0} \left(= \sum_{j=0}^{J} r_j h_j c_0 \right)$$

故该投资组合的回报率为:

$$r = \frac{\sum_{j=0}^{J} r_j h_j c_0}{c_0} = \sum_{j=0}^{J} r_j h_j \tag{4-2-2}$$

(二)卖空机制

理论上对资本市场的考察,都在理想状态下进行,这就引出另外一个概念——卖空。在均值—方差分析中,构造一个投资组合常常需要卖出一种投资者并不拥有的资产,称此为"卖空"。

尽管在实际资本市场中,因为存在交易费用、买空卖空限制等种种约束条件,卖空并不能很容易地进行,但是为了把重点放在分析风险与收益之间的关系上以及方便起见,在不影响结论一般性的前提下,引入卖空机制将是一个必要的手段。

具体的卖空机制描述是:投资者在时期-0向不拥有某种资产的个体或公司借入,然

后将其在资本市场上卖出,获得收益c_0;在时期 -1,投资者买入该资产,付出成本c_1,并且将买入的资产用来偿还。可见,卖空将会使投资者获得$(c_1 - c_0)$的利润,当然,该结果也可以为负值。正是由于这一机制的引入,才使得资本市场流动起来,从下文可以看出,这在我们分析中具有相当重要的作用。

(三) 基本假设的说明

本节的基本假设主要有以下几条:

(1) 投资者事先知道投资收益率的概率分布,这是任何个体对市场的一种先验判断。

(2) 投资的风险用回报的方差或者标准差表示。

(3) 影响投资决策的因素是:期望回报和风险。

(4) 个体在有效集上进行决策,或者说投资遵循占优策略,即给定风险水平,选择回报最高的资产或组合;给定回报水平,选择最小风险的资产或组合。

(5) 投资者从根本上都是规避风险的,这意味着投资者若要接受高风险的话,必要有高回报来补偿,所以如果让投资者在具有相同回报率的两个证券之间进行选择的话,他们都会选择投资风险较小的,而舍弃风险较大的。用技术性更强一点的术语来说,这一假定意味着投资者要使期望效用最大化,而不仅是使期望回报率最大化。这里的"效用"为满意程度的一种度量,既考虑了回报,也考虑了风险。

(6) 本节始终考虑的是两期经济模型,也称为"单期投资模型"。即投资者在期初投资,在期末获得回报。该模型是对现实的一种近似描述,如零息债券、欧式期权等的投资。显然,对单期投资模型的分析是我们今后分析多期或连续时期模型的基础。

此外,在本节中,如果不加特别说明,资本市场都是指无摩擦的市场,即不存在交易费用,不存在卖空买空限制,投资者能够以无风险利率借贷,借贷的数额可无限大、可分割等等。

二、偏好和分布

虽然期望效用理论基于期望效用最大化对个体的投资行为进行了完整的描述,但理论上的完美性并不能代表实践中的可操作性,显然,基于期望效用理论的资产定价和消费选择理论没有给出具体的函数形式,也就不能在实践中完全刻画投资者的所有不同状态。

马克维茨(1952)提出的均值—方差模型解决了这一问题。一般来说,仅仅用资产(组合)的期望回报以及方差并不能完全包含投资者所需的全部信息。但是,马克维茨通过对效用函数和投资收益的分布作了相应假设之后证明,在效用函数为二次效用函数以及投资回报服从正态分布的假设的基础上,个体投资者的期望效用能够仅仅表示为资产(组合)的期望回报和方差的函数,由此把投资者的选择目标缩小到了资产(组合)的期望回报和方差这两个因素上,并在此基础上展开相关分析。

具体的说,马克维茨的均值—方差分析是通过时期 -1 的回报c_1的期望$E[\tilde{c}_1]$及方差$\text{Var}[\tilde{c}_1] = F(\tilde{c}_1 - E[\tilde{c}_1])^2)$来表达个体效用,再利用效用函数$u(\cdot)$为二次效用函数的假设,把期望效用$u(\tilde{c}_1)$表达成$E[\tilde{c}_1]$和$\text{Var}[\tilde{c}_1]$的函数,即:

$$E[u(\tilde{c}_1)] = F(E[\tilde{c}_1], \text{Var}[\tilde{c}_1]) \tag{4-2-3}$$

为了能够在进一步学习之前对本部分内容有一个感性的认识,这里先提出均值—方差准则：

$$均值—方差准则：G(E[\tilde{c}_1], \text{Var}[\tilde{c}_1]) \tag{4-2-4}$$

其中，G 是期望回报 $E[\tilde{c}_1]$ 的增函数，回报方差 $\text{Var}[\tilde{c}_1]$ 的减函数。换句话说，也就是期望回报是好商品 $\left(\dfrac{\partial G}{\partial E[\tilde{c}_1]} > 0\right)$，回报方差是坏商品 $\left(\dfrac{\partial G}{\partial \text{Var}[\tilde{c}_1]} < 0\right)$。该准则表示，投资者的决策问题是在期望回报和回报的方差之间进行权衡。

本部分主要含义是，在投资组合无约束条件下，若存在某一组合二阶随机占优于有着相同期望收益率的其他所有组合，那么此组合的方差将是所有组合中最小的。因此，在风险可以由方差来完全刻画的情况下，我们的目的就是寻找出对于不同期望收益率具有最小方差的资产组合。

三、证券组合前沿

（一）有效集和可行集

证券市场上有着无穷多的组合，但是投资者并没有必要对所有的证券组合加以研究，这可以通过有效集定理来刻画。

定义 4.1 称一个证券组合为有效集，如果该组合满足以下两个条件：
（1）对给定的风险水平，回报最大；
（2）对给定的回报，风险水平最小。

通过定义 4.1 可以看到，投资者只需要考虑有效集里面的证券组合即可。这就是上一节提到的均值方差准则。

假定在无摩擦证券市场中有 $J \geqslant 2$ 种风险资产，它们可以无限制地卖空，所有资产的回报率都具有有限方差和不等的均值。同时假设任一资产的回报率不能由其他资产的回报率线性组合表示，即 J 种证券是线性无关的。此外，其回报率的均值、方差在本节中均假定为外生因素所决定。J 种风险资产的回报率以向量 $\tilde{r}$ 表示，$\tilde{r} = (\tilde{r}_1, \cdots, \tilde{r}_J)^{\text{T}}$；期望回报率以向量 $\bar{r}$ 表示，$\bar{r} = (\bar{r}_1, \cdots, \bar{r}_J)^{\text{T}}$。$J$ 种风险资产的回报率的方差—协方差矩阵以 V 表示：

$$V = \begin{bmatrix} \text{Var}(\tilde{r}_1) & \text{Cov}(\tilde{r}_1, \tilde{r}_2) & \cdots & \text{Cov}(\tilde{r}_1, \tilde{r}_J) \\ \text{Cov}(\tilde{r}_2, \tilde{r}_1) & \text{Var}(\tilde{r}_2) & \cdots & \text{Cov}(\tilde{r}_2, \tilde{r}_J) \\ \vdots & \vdots & \vdots & \vdots \\ \text{Cov}(\tilde{r}_J, \tilde{r}_1) & \text{Cov}(\tilde{r}_J, \tilde{r}_2) & \cdots & \text{Var}(\tilde{r}_J) \end{bmatrix} \tag{4-2-5}$$

定义 4.2 由 J 种风险资产中任意 k 种构成的证券组合构成的集合为可行集。

可行集具有两个重要性质：
（1）只要 $J \geqslant 3$，可行集对应于均值—标准差平面上的区域为二维的；
（2）可行集的左边界向左凹（如图 4-2-1）。

我们通过一个例子来对其进一步说明。假设有三种证券 A、B 和 C。定义任意两个证券之间的连线为二者的所有的可行证券组合。则 A、B 和 C 两两形成的可行曲线如图 4-2-2：假设 D 为证券 B 和 C 组成的一个证券组合，则 A 和 D 所组成的新的可行性组合为二者之间的连线,若 D 取遍所有 BC 上的点,显然,它涵盖了一个二维的区域。

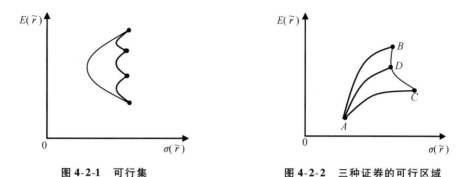

图 4-2-1　可行集　　　　　　　图 4-2-2　三种证券的可行区域

（二）风险资产下的证券组合前沿

1. 仅存在两个风险资产的证券组合前沿

我们以最简单的情况即市场上仅存在两种风险资产的情况作为分析的出发点,初步掌握均值—方差分析的内涵。首先引入前沿资产组合的定义：

定义 4.3　如果一个证券组合在所有具有相同期望回报的证券组合中具有最小的方差,则称这个证券组合是"前沿资产组合"。

这个概念可以类比于二阶随机占优,即收益相等,风险最小组合,亦可以称为"二阶随机占优组合",此处不展开讨论。

对于两资产的市场来说,设两种资产分别为资产 A 和资产 B,在图 4-2-3 的均值—标准差平面上,图中连接资产 A 和资产 B 的双曲线的一段便表达了组合前沿（下文将给出证明）。由于组合可以由某一种资产完全构成,此时另一种资产在持有比例中的权重为零,所以曲线一定通过资产 A 和资产 B 两点。这里,我们用下标 1、2 分别表示资产 A 与资产 B,且 $\sigma_{11}=\sigma_1^2$,$\sigma_{22}=\sigma_2^2$,$\sigma_{12}=\rho_{12}\sigma_1\sigma_2$,如果没有特殊说明,后面依然沿用这一方法。

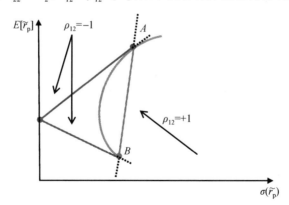

图 4-2-3　两资产的组合前沿

假设个体持有两种资产的头寸分别为 h 和 $1-h$。易知下列两式成立：

$$\tilde{r}_p = h\tilde{r}_1 + (1-h)\tilde{r}_2 \tag{4-2-6}$$

$$E(\tilde{r}_p) = hE(\tilde{r}_1) + (1-h)E(\tilde{r}_2) \tag{4-2-7}$$

设投资组合的方差为 σ_p，则由方差的定义可得：

$$\begin{aligned}\sigma_p^2 &= E[\tilde{r}_p - E(\tilde{r}_p)]^2 \\ &= h^2 E[\tilde{r}_1 - E(\tilde{r}_1)]^2 + 2h(1-h) \cdot E[\tilde{r}_1 - E(\tilde{r}_1)] \\ &\quad \cdot E[\tilde{r}_2 - E(\tilde{r}_2)] + (1-h)^2 E[\tilde{r}_2 - E(\tilde{r}_2)]^2 \\ &= h^2 \sigma_{11} + 2h(1-h)\sigma_{12} + (1-h)^2 \sigma_{22} \\ &= h^2 \sigma_1^2 + 2h(1-h)\rho_{12}\sigma_1\sigma_2 + (1-h)^2 \sigma_2^2 \end{aligned} \quad (4\text{-}2\text{-}8)$$

由(4-2-7)式解得：

$$h = \frac{E(\tilde{r}_p) - E(\tilde{r}_2)}{E(\tilde{r}_1) - E(\tilde{r}_2)} \quad (4\text{-}2\text{-}9)$$

代入(4-2-8)式整理得：

$$\sigma_p^2 = \frac{1}{[E(\tilde{r}_1) - E(\tilde{r}_2)]^2} \{[E(\tilde{r}_p) - E(\tilde{r}_2)]^2 \sigma_1^2 + 2[E(\tilde{r}_p) - E(\tilde{r}_1)] \\ \cdot [E(\tilde{r}_p) - E(\tilde{r}_2)]\rho_{12}\sigma_1\sigma_2 + [E(\tilde{r}_p) - E(\tilde{r}_1)]^2 \sigma_2^2\} \quad (4\text{-}2\text{-}10)$$

所以，在均值—标准差平面上，这是双曲线右半支。因为是在两种资产的情况下，所以二者的任意组合都是收益和方差（标准差）一一对应的关系，则定义4.3的条件自动满足，即该曲线为组合前沿曲线。

下面，我们通过考虑两种资产之间相关系数的特殊情况来获得组合前沿的边界条件：

(1) $\rho_{12} = +1$

此时两资产完全相关，将 $\rho_{12} = +1$ 代入(4-2-10)式，得：

$$\sigma_p = \sqrt{\sigma_p^2} = h\sigma_1 + (1-h)\sigma_2 \quad (4\text{-}2\text{-}11)$$

此时，前沿组合是通过两资产的一条直线，其中虚线部分表示存在卖空的情况。可见，当两资产完全相关的时候，并不存在分散化利益，两种资产完全一致，投资组合中各自的头寸与最终结果完全独立。

(2) $\rho_{12} = -1$

此时两资产完全负相关，将 $\rho_{12} = -1$ 代入(4-2-10)式，由标准差不可能小于零得：

$$\sigma_p = \begin{cases} h\sigma_1 - (1-h)\sigma_2 \geq 0, & h \geq \frac{\sigma_2}{\sigma_1 + \sigma_2} \\ (1-h)\sigma_2 - h\sigma_1 > 0, & h < \frac{\sigma_2}{\sigma_1 + \sigma_2} \end{cases} \quad (4\text{-}2\text{-}12)$$

此时，前沿组合是两条交于纵轴的直线且分别通过两种资产，虚线部分表示存在卖空的情况。可见，当两资产完全负相关的时候，分散化的收益达到最大化，从图中可以看出，二者交于纵轴的点使得风险不再出现。这种情况下，两种资产的风险完全实现对冲。

(3) $\rho_{12} = 0$

此时两资产完全独立，将 $\rho_{12} = 0$ 代入(4-2-10)式，可得：

$$\sigma_p = \sqrt{h^2 \sigma_1^2 + (1-h)^2 \sigma_2^2} \quad (4\text{-}2\text{-}13)$$

由(4-2-13)式以及(4-2-6)式可以求得：

$$\frac{dE(\tilde{r}_p)}{d\sigma_p} = \frac{dE(\tilde{r}_p)/dh}{d\sigma_p/dh} = \frac{\sigma_p[E(\tilde{r}_1) - E(\tilde{r}_2)]}{h\sigma_1^2 - (1-h)\sigma_2^2} \quad (4\text{-}2\text{-}14)$$

由上式的对称性，可以假设 $E(\tilde{r}_1) > E(\tilde{r}_2)$ 以及 $\sigma_1 > \sigma_2$，则该式的符号将依赖于分母，并由 $0 \le h \le 1$，可以通过中值定理很容易地证明（具体证明请读者自己给出），必存在一点 h 使得分母为零。此时，

$$h = \frac{\sigma_2^2}{\sigma_1^2 + \sigma_2^2}$$

易知，该点使得(4-2-14)式无穷大，即该点的斜率无穷大或者说切线垂直于横轴，由数学意义可知，相对于 $E(\tilde{r}_p)$ 来说，该点是全局的 σ_p 最小点，我们把这点称为"最小方差组合"(Minimum Variance Point)，这一点有着许多数学性质，在此我们并不展开，仅仅对该点和资产-B点作一个简单的比较：

令 $h = 0$，此时组合落在资产-B点上，标准差可以很容易求出：

$$E(\tilde{r}_p) = E(\tilde{r}_2); \quad \sigma_p = \sigma_2 \quad (4\text{-}2\text{-}15)$$

当 $h = \frac{\sigma_2^2}{\sigma_1^2 + \sigma_2^2}$，此时组合落在曲线的最小方差组合点上，其标准差为：

$$E(\tilde{r}_p) = \frac{1}{\sigma_1^2 + \sigma_2^2}[\sigma_1^2 E(\tilde{r}_1) + \sigma_2^2 E(\tilde{r}_2)]; \quad \sigma_p = \frac{\sigma_1 \sigma_2}{\sqrt{\sigma_1^2 + \sigma_2^2}} \quad (4\text{-}2\text{-}16)$$

由前面的假定 $E(\tilde{r}_1) > E(\tilde{r}_2)$，以及 $\sigma_1, \sigma_2 \in [0,1]$ 的情况下，能够很容易地证明：

$$\frac{1}{\sigma_1^2 + \sigma_2^2}[\sigma_1^2 E(\tilde{r}_1) + \sigma_2^2 E(\tilde{r}_2)] > E(\tilde{r}_2); \quad \frac{\sigma_1 \sigma_2}{\sqrt{\sigma_1^2 + \sigma_2^2}} < \sigma_2 \quad (4\text{-}2\text{-}17)$$

因此，相对于资产-B的投资者来说，投资的分散化带来了好处，但个体投资者却并没有付出任何成本，这一结论显然是激动人心的。

综上所述，在两风险资产情况时，有以下几点结论以及说明：

(1) 图4-2-3中，由 $\rho_{12} = \pm 1$ 时三条直线所构成的三角形区域给出了两资产在持有量均为非负情况下的前沿组合边界。但在二者相关系数为严格大于 -1、小于 $+1$ 的任意值时，前沿组合都是非线性的。

(2) 图4-2-3中的虚线表示组合前沿扩展线，表示存在卖空的情况，通过卖出一种资产卖出另一种资产就可以得到虚线上的点。

(3) 在期望回报与方差平面之上，组合前沿将由一条抛物线表达。但为了分析方便，本节按传统的做法，采用标准差代替方差（以下同），由图4-2-3中的双曲线来刻画组合前沿，显然，这对结论并没有任何影响。

(4) 最小方差组合是说：在没有给定一个具体的期望回报水平时，全局的最小方差组合。也可以理解为，个体对风险有无穷大的厌恶，并且完全不关心投资收益的最优组合。前沿组合表达的是给定一个期望回报水平时的最小方差组合。初学者一定要注意区分最小方差组合与组合前沿在这一点上的区别。

(5) 根据有效集的概念，有效集将由图4-2-3中双曲线上半支来刻画，即最小方差组合以上的点。

2. 任意多个风险资产的证券组合前沿

现在我们把上面的分析推广到任意多资产的情况,同前,依然假设不存在无风险资产、无卖空限制。米勒(Miller)1972年首先严格地推导出这种情况下的组合前沿。图4-2-4展示了三个风险资产下的组合前沿,其形状与两风险资产情况下类似。

A、B和C分别代表了三种不同的资产,由前面的分析可知任意两个资产都可以产生双曲线形式的组合前沿。把任意两个资产的组合看作一个新的资产,称为"合成"资产,这类似于封闭式基金。图4-2-4中A、B资产组成一个资产组合APB,接下来把新的"合成"资产与另外的资产C重新组合,我们将得到一个新的前沿组合PC。由于资产的前沿组合都在该资产的左边,所以当把所有资产及所有合成资产看成一个新资产重新组合以后可以得出整体的资产组合前沿。显然,这个全局前沿组合一定处在所有"小资产前沿组合"的左边。

注意:为了给读者一个多资产下组合前沿的大体轮廓,上面对多资产状况的描述是不严格的,并且图4-2-4仅仅给出了三个资产的情况,如果增加新的资产,则全局组合前沿由PC向左移动。关于任意多个风险资产情况下的组合前沿的数学求解将依赖于矩阵和二次规划的技术,在此并不展开探讨。

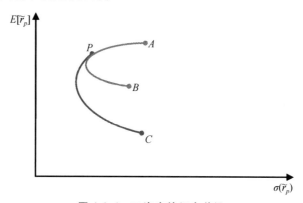

图4-2-4 三资产的组合前沿

四、引入无风险资产的证券组合前沿

上一部分的讨论都是建立在仅存在风险资产的条件下,现在我们引入无风险资产的情况,无风险资产指的是具有固定回报的证券资产。若个体在时期-0就能知道时期-1的某资产回报,我们就称该资产为"无风险资产"。通常情况下,并不存在严格无风险资产,人们都是在近似的意义上使用这个概念。实践中,在忽略通货膨胀因素的情况下,往往把政府发行的债券看作无风险资产。资本市场最重要的作用就是融资,无风险资产在我们的分析中依然起到这个作用。其具体的交易无关紧要,我们所注重的是由于无风险资产出现所带来的具有确定性回报和成本的一个新增借贷市场。下面从最简单的情况开始分析。

(一)一个风险资产和一个无风险资产的资产组合前沿

依然假设个体处于两期经济中,市场上存在回报为r_f的无风险资产A,以及回报为$\tilde{r}_1$的风险资产B。假设时期-0个体的初始总财富为c_0;因为对于时期-1来说,市场存在风险,所以其财富$\tilde{c}_1$为一随机变量。再假设个体对无风险资产A的持有比例为h_0,对风险资产 B 的持有比例为 h_1，其中 $h_0 + h_1 = 1$。易知，时期 -1 的财富为：

$$\tilde{c}_1 = c_0 h_0 \cdot r_f + c_0 h_1 \cdot \tilde{r}_1 = (r_f \cdot h_0 + \tilde{r}_1 \cdot h_1) c_0 \tag{4-2-18}$$

由上式两边同除以 c_0，可得组合回报率 $\tilde{r}_p$ 以及期望回报率 $E(\tilde{r}_p)$ 分别为：

$$\tilde{r}_p = \frac{\tilde{c}_1}{c_0} = r_f \cdot h_0 + \tilde{r}_1 \cdot h_1 \tag{4-2-19}$$

$$E(\tilde{r}_p) = E[r_f \cdot h_0 + \tilde{r}_1 \cdot h_1] = r_f \cdot h_0 + E(\tilde{r}_1) \cdot h_1 \tag{4-2-20}$$

由定义可得该组和的方差为：

$$\begin{aligned}\sigma_p^2 &= E[\tilde{r}_p - E(\tilde{r}_p)]^2 \\ &= E[(r_f \cdot h_0 + \tilde{r}_1 \cdot h_1) - (r_f \cdot h_0 + E(\tilde{r}_1) \cdot h_1)]^2 \\ &= E[\tilde{r}_1 - E(\tilde{r}_1)]^2 \cdot h_1^2 \\ &= \sigma_1^2 h_1^2\end{aligned} \tag{4-2-21}$$

上式化简得：

$$h_1 = \frac{\sigma_p}{\sigma_1} \tag{4-2-22}$$

可见，个体对于风险资产持有比例的选择等同于对组合的标准差（方差）进行选择。由 $h_1 = 1 - h_0$ 得：

$$h_0 = 1 - \frac{\sigma_p}{\sigma_1} \tag{4-2-23}$$

把(4-2-22)、(4-2-23)式代入(4-2-20)式，化简得：

$$E[\tilde{r}_p] = r_f \cdot \left(1 - \frac{\sigma_p}{\sigma_1}\right) + E[\tilde{r}_1] \cdot \frac{\sigma_p}{\sigma_1} = r_f + \frac{\sigma_p}{\sigma_1}[E(\tilde{r}_1) - r_f] \tag{4-2-24}$$

这一结果说明，个体对于时期 -1 财富的平均回报率（或期望回报率）是与个体所愿意忍受的组合之方差（风险）相关的。并且该式也表明了个体的风险选择决定了其收益的水平。

另外，从(4-2-23)式可以看出，由于没有初始财富 c_0 的存在，所以并不因个体的区别而使得最终的结果有所差异。这使得我们可以考虑一个一般化的组合决策结果。并且在均值标准差平面上，这表现为一条连接两资产的直线，如图 4-2-5 所示：

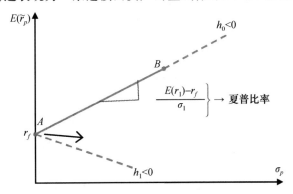

图 4-2-5　一个风险资产和一个无风险资产

图中,过 A、B 两资产的射线为资产前沿组合,其中,虚线表示卖空存在的情况。B 点以上的射线表示卖空资产 A,A 点以下的射线表示卖空资产 B。并且除 A 点以外,其余情况下的资产组合风险都不为零。根据前面的定义,显然前沿组合为连接 A、B 的射线。由 (4-2-24)式可得该线的斜率为:

$$\frac{\mathrm{d}E(\tilde{r}_p)}{\mathrm{d}\sigma_p} = \frac{E(\tilde{r}_1) - r_f}{\sigma_1} \qquad (4\text{-}2\text{-}25)$$

可以看到,这就是夏普比率,它在这里反映了风险和期望回报率之间的关系。一般情况下,由于风险资产的回报大于无风险资产的回报,故(4-2-25)式大于零,即二者呈正向关系。并且,由于前沿组合为直线,所有前沿组合的夏普比率都相等。

(二) 任意风险资产和一个无风险资产的资产组合前沿

现在,我们来探讨一般情况,即在上面分析的基础上引入任意多风险资产。按照第三节中的思路,首先从两个风险资产和一个无风险资产开始考虑,假设两个风险资产可以组成一个风险组合,然后把二者的组合看成一个"合成资产",这样,问题又变为前面一个风险资产和一个无风险资产的情况,此时前沿组合为连接无风险资产和该"合成资产"的一条直线。不同的是,此"合成资产"位于两个风险资产之间构成前沿组合的双曲线上,具体参见第三节的相关分析。当把风险资产的数目推向任意多的时候,可以设想一个全局"合成资产",它与无风险资产前沿组合依然构成一条直线。

对于该种情况下,资产组合前沿为一条直线。更加规范的说法如下:首先,对所有风险资产构建其前沿组合 FF;其次,在纵轴上描出无风险资产 r_f,并将其与所有风险资产的前沿组合 FF 上任意一点相连接,例如 $r_f Z'$,它表示了无风险资产与风险资产的前沿组合所构成的新组合;然后,使得 $r_f Z'$ 左端固定在点 r_f,右端 Z' 点沿 FF 向上移动。可以看到,越往上移动也就越可以在给定的期望回报下获得更小的风险(标准差),当 $r_f Z'$ 移动到与 FF 相切的时候,将会达到有效集的边界,此时,过切点的射线 $r_f ZE$ 为给定回报下具有最小方差的组合,因此,此种情况下的前沿组合为一直线。如图 4-2-6 所示。

其中,有效前沿是 $r_f ZE$,Z 表示由 r_f 出发的射线与 FF 的切点,这里,F 表示仅仅由风险资产构成的有效前沿。线段 $r_f Z$ 表示无风险资产权重为正的情况;Z 点表示无风险资产权重为零的前沿组合上的一个点;射线 ZE 则表示卖空无风险资产的前沿组合。

关于前沿组合,有两点需要特别说明:

(1) 并不是所有的情况下都有切点存在。

切点存在的充分必要条件是无风险利率 r_f 必须小于由所有的风险资产构成的前沿组合之最小方差组合的期望收益率,即 $r_f < E(\tilde{r}_{mvp}) = \frac{A}{C}$。

(2) 当资本市场的借贷利率不等的时候,前沿组合并不是一条直线。

注意到原来的讨论隐含了个体在市场中可以以相等的无风险利率 r_f 进行借贷,这种情况下,组合前沿为一条由 r_f 点出发的射线,与所有风险证券组成的证券组合前沿相切。但是现实经济中往往是贷款利率 r_f^B 大于存款利率 r_f^L,此时的情况如图 4-2-7 所示。

因为借贷利率不等,故投资者不能以 r_f^L 借到资金,因此对于射线 $r_f^L Y$ 来说,处于 Y 点之右的虚线部分 YL,并不包含在有效集之内,因此这一部分应该从前沿组合中排除;同样,

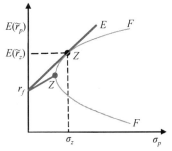 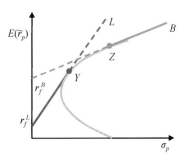

图 4-2-6　任意风险资产和一个无风险资产　　　图 4-2-7　借贷利率不相等时的组合前沿

对于个体来说,当他投资或者借出资金的时候,并不能以 r_f^B 贷出资金,因此对于射线 $r_f^B ZB$ 来说,处于 Z 点之左的虚线部分,也被排除在有效集之外;显然,对于 YZ 之间这一段曲线来说,其前沿组合与纯风险资产下的前沿组合重合。根据以上分析可以得出借贷利率不同的情况下,个体的前沿组合由三部分组成:一是线段 $r_f^L Y$,表示在 r_f^L 下,将无风险资产和投资组合 Y 相结合所产生的新的前沿组合;二是曲线段 YZ,表示只投资在风险证券的组合前沿上;三是射线 ZB,表示在利率 r_f^B 下,将无风险资产卖空并与风险组合 Z 相结合所产生的新的前沿组合。

五、均值—方差下的投资决策

通过前面的分析我们可以看出,在决定证券组合前沿的过程中我们并不涉及投资者的个人偏好,但这并非意味着投资者的偏好无足轻重。恰恰相反,在下面的分析中我们可以看到,个体的最终决策都将依赖于个体的偏好。均值方差分析中个体的决策分为两个步骤:

(1) 确定市场基本价值关系和有效组合前沿,这显示个体对于市场的先验信念。这一步中仅仅考虑均值方差这两个客观状态所决定的变量,如果市场中所有个体的信息都相同,那么这一步对于任意的投资者都是相同的。

(2) 通过个体偏好选择最优组合,即达到最大可得的无差异曲线。

到目前为止我们已经知道对于不同的个体来说,有效前沿是相同的。但是不同的个体依然会投资于不同的组合,这是因为个体具有不同的风险偏好。

依照风险厌恶者的无差异曲线的凸性特征,根据微观经济学里面消费者效用最大决策是选择效用曲线和预算线的切点,我们可以首先得出个体在仅存在风险资产下的投资策略,如图 4-2-8 所示:

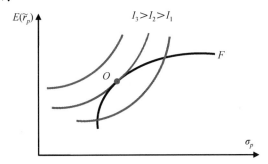

图 4-2-8　不存在无风险证券时风险厌恶者的最优投资策略

图中 I_1、I_2、I_3 分别表示无差异曲线，个体一定会尽可能地选择处于西北方向的无差异曲线，而 F 表示个体的有效前沿。这类似于微观经济学中消费者的预算约束线。因此，最终个体将会选择点 O，来使得自己效用最大化。但由于不同的个体具有不同风险偏好，这又使得每一个投资者都具有各自的无差异曲线，使得他们选择不同的组合，如图 4-2-9 所示。

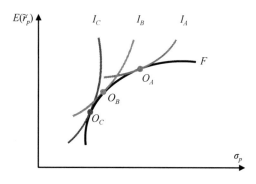

图 4-2-9　不同风险偏好个体的投资决策

图中，I_A、I_B、I_C 分别表示不同个体的无差异曲线，此时有效集都为 F，但是其最优投资组合却因风险偏好的不同而分别取在 O_A、O_B、O_C 三个不同的点上。从图中可以看出拥有无差异曲线 I_A 的个体风险厌恶系数最小，I_C 最大，I_B 居中。这表示 I_A 的投资者可以为了提高回报而忍受比其余两者更高的风险程度。

接下来考虑引入无风险资产的情况。由前面的讨论可知，此时个体的有效前沿为一条从 r_f 点出发的射线 $\left(\text{仅分析 } r_f < \dfrac{A}{C} \text{ 的情况}\right)$。如图 4-2-10 所示。由图中可以看出，个体在不存在无风险资产的时候最优投资组合是选择 I_1 和前沿组合 F 相切的 O_1 点，此时最优的投资策略不包括无风险资产，并且无差异曲线 I_2、I_3 上的点是不能达到的。但在引入无风险资产 r_f 以后，有效前沿曲线 F 变为射线 $r_f E$，此时个体可以达到更高的无差异曲线 I_2，并获得效用更大的投资组合点 O_2。

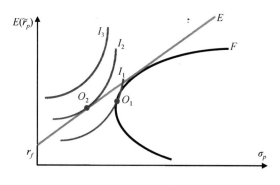

图 4-2-10　不同风险偏好个体的最优决策

第三节 资本资产定价模型

资本资产定价模型(Capital Asset Pricing Model，CAPM)是现代金融学最为重要的基石之一，它是通过上一节的最优资产组合理论发展出的市场均衡定价模型。它对市场上资产的风险和预期回报之间的关系作出了简单明了的预测，并给出了其精确的数学表达式。基于上一节中马克维茨的资产组合理论，威廉·夏普(William Sharp)、约翰·林特纳(John Lintner)和简·莫辛(Jan Mossin)分别将其发展成资本资产定价模型。随后，许多学者进行了扩展并将其引入到应用领域中。不论是在学术研究还是证券实务中，资本资产定价模型都得到了广泛的研究和运用。

一、假设条件

为了提出一种对市场中资产进行定价的理论，我们首先需要进行一系列的假设来简化我们面对的市场环境。资本资产定价模型隐含着一系列关于市场和投资者的假设，具体如下：

(1) 无税收和交易成本。首先，我们忽略对诸如资本利得或红利利得之类收入的个人所得税。其次，市场上的证券买卖不需要任何费用，即市场是无摩擦的。

(2) 资产可以无限分割且允许无限卖空。即任何资产的每次交易数额都可以非常小，且投资者可以选择无限地卖空任意一项资产。

(3) 金融市场是完全竞争的，每个人都是价格接受者。且所有的资产都是商品，可自由流通。

(4) 投资者是风险厌恶和永不满足的，且通过对投资组合在某一时期内的预期回报率和标准差来进行投资决策。当风险给定时，投资者会选择预期回报率最高的投资组合；当预期回报率给定时，投资者会选择最小风险(组合标准差)的投资组合。

(5) 投资者能够无限地在资本市场上以无风险利率借入或贷出资金。

(前面的这些假设条件对资本市场和投资者作出了一系列初步规定，下面的几个假设则是关于投资者内部的同质性的。)

(6) 所有投资者都有相同的投资期限，接受相同的无风险利率。

(7) 所有投资者均能免费及时地获取信息。

(8) 所有投资者有着相同的期望。即市场上每个投资者对于证券的期望收益、方差和它们之间的协方差的估计是相同的，并不因人而异。

我们可以很清楚地看到上述假定描绘出了一个极端的异于现实的证券市场。在这一市场上所有的投资者都有着相同的信息，且对证券市场上的资产有着相同的看法，使用相同的方式来进行投资决策。同时证券市场是完全流动的，不存在任何投资流动障碍。这样，由于每个人采取着相同的态度，我们把主要精力集中在证券价格将会在投资者的集体行为下如何变动的问题。而资本资产定价模型就是我们所给出的每一种证券的风险和收益之间的精确的变动关系。

二、资本市场线

(一) 分离定理

上面我们作出了关于证券市场和投资者的一系列假设,这样我们可以进一步结合这些假设来考察在资本市场上投资者的决策行为。首先,由于所有投资者对证券市场上的资产的预期回报、方差及协方差的看法相同,这说明他们所面临的有效集是相同的。在投资者面临着相同的风险资产有效集时,由于市场利率对所有人都是相同的,这使得在引入无风险资产后,投资者的线性有效集包含着由无风险借贷点与风险资产切点组合而成的一条射线;其次,投资者将根据自己的无差异曲线来选择线性有效集上的最优点。不同投资者由于风险偏好不同,将在相同的线性有效集中选择适合自己的不同组合。虽然投资者选择的无风险资产和风险资产的比例不同,但是其选择的风险资产具有相同的组成成分,这是因为从无风险借贷点引出的一条切线对所有投资者都是相同的。这样,每一个投资者会把自己的所有资金分为两部分,一部分投资于无风险资产,另一部分投资于相同的风险资产组合,唯一存在差异的是其个人风险偏好不同带来的两类资产投资比例的不同。

上述原则被称为"分离定理",也称"两资产组合定理"(Two Mutual Fund Theorem)。即投资者的最佳风险资产组合与其风险偏好无关。这样我们即便不知道投资者的无差异曲线,也可以确定其风险资产的最佳组合。

(二) 市场组合

资本资产定价模型除了能引出分离定理,还有另外一个重要特征。即在均衡时每种证券在切点组合的构成中有一个非零的比例,没有一种证券在均衡的切点组合中比例为零。根据分离定理我们可以知道,在每一个投资者的投资组合中,风险资产部分与投资者的风险偏好是无关的。风险资产部分仅仅是对切点组合的投资。如果每一个人都购买切点组合所包含的风险证券,而某些证券在切点组合中比例为零,那么这些证券便无人投资从而价格下降。从而这些证券的预期回报率将上升,直到它们被包括在切点组合中为止。这样我们便推论出,均衡情况下每种证券在切点组合中都将有一个非零的比例。

当每一种证券的价格调整都停止时,这个市场便进入了均衡状态。首先,每一个投资者对每一种风险证券都持有了一定的数量;其次,市场上每种证券的价格使得其供给与需求相等;最后,无风险利率水平使得借入资金的总量与贷出资金的总量相等。最终,均衡时切点组合中各证券的比例与市场组合中各证券的比例相同。于是,我们便可以引出市场组合的定义:市场组合是由所有证券组成的组合,在这一组合中投资者投资于每一种证券的比例等于该证券的相对市值,即这种证券的总市值与所有证券的总市值之比。

市场组合这一概念在资本资产定价模型中有着非常重要的地位,原因在于每一个投资者的有效集便是由一部分市场组合投资和一部分无风险利率的借贷构成。我们习惯用字母 M 表示切点组合,即市场组合。一般而言,市场组合不仅包括普通股票,还包括许多其他种类的投资,如优先股、房地产等等。但在实践中许多人将市场组合局限于普通股的范畴。

(三) 资本市场线

资本资产定价模型可以快速描绘出有效组合的风险和收益。下面的图 4-3-1 便形象地描绘出了投资者所面临的线性有效集上的组合的风险收益关系。

在图 4-3-1 中，M 点即表示市场组合，其对应的预期收益和风险分别为 r_M 和 σ_M，r_f 表示无风险利率。投资者的有效组合即落在从 r_f 出发穿过 M 点的射线上，这条线上的组合的预期收益率和方差由无风险组合和市场组合搭配而成。这一线性有效集即为"资本市场线"(Capital Market Line，CML)。若投资者不是使用无风险资产和市场组合相搭配来投资，那么其投资组合必将落到资本市场线之下，如图中黑点所示。此时，投资者在给定预期回报的情况下会承担更多风险，在给定风险水平时只能得到低于资本市场线上组合的预期收益率。

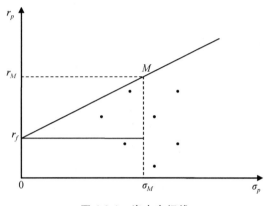

图 4-3-1 资本市场线

我们可以很简单地表示出资本市场线的斜率，由无风险利率点和市场组合点 M 的预期回报率和标准差可知，资本市场线斜率为：

$$k = \frac{r_M - r_f}{\sigma_M} \tag{4-3-1}$$

知道了斜率，且资本市场线穿过无风险利率点，即其截距为 r_f，那么我们可知资本市场线方程的表达式如下：

$$r_p = r_f + \left(\frac{r_M - r_f}{\sigma_M}\right)\sigma_p \tag{4-3-2}$$

这一方程给出了资本市场线上任一组合的预期回报率 r_p 和其标准差 σ_p 之间的精确关系。

三、证券市场线

(一) 任意组合的方差及其与市场组合的协方差

从资本市场线我们可以看出，单个证券将落在线性有效集之下，这是因为单个证券并非是有效的组合。资本资产定价模型没有给出单个证券的预期回报率和标准差之间的关系。那么，为了进一步探索单个证券的风险收益关系，我们需要进一步深入探讨。首先我们需要讨论一些方差和协方差的性质。

对于任意一个组合，其方差公式如下：

$$\sigma_p^2 = \sum_{i=1}^{N}\sum_{j=1}^{N} x_i x_j \sigma_{ij} \tag{4-3-3}$$

其中，x_i 和 x_j 分别表示投资组合中证券 i 和证券 j 的比例，σ_{ij} 表示证券 i 和证券 j 的协方差。同样我们可以用类似的式子来计算市场组合的方差：

$$\sigma_M^2 = \sum_{i=1}^{N} \sum_{j=1}^{N} x_{iM} x_{jM} \sigma_{ij} \qquad (4\text{-}3\text{-}4)$$

其中，x_{iM} 和 x_{jM} 分别表示市场组合中证券 i 和证券 j 的比例。由于证券 i 与市场组合的协方差 σ_{iM} 可以写成：

$$\sigma_{iM} = \sum_{j=1}^{N} x_{jM} \sigma_{ij} \qquad (4\text{-}3\text{-}5)$$

那么可以证明，市场组合的方差可以写成如下形式：

$$\sigma_M^2 = x_{1M} \sigma_{1M} + x_{2M} \sigma_{2M} + \cdots + x_{NM} \sigma_{NM} \qquad (4\text{-}3\text{-}6)$$

此时，市场组合的方差可以表示为组合中各证券与市场组合的协方差的加权平均和，权数为各证券在市场组合中的比例。这样，我们可以清楚地看出单个证券对市场组合风险的贡献程度。

（二）基于协方差分析的证券市场线

通过对资本市场线的分析我们可以知道市场组合的标准差至关重要，因为它直接决定了资本市场线的斜率，进而影响到投资者投资于无风险资产和市场组合的比例。从上面市场组合的方差公式中我们可以看到，单个证券对市场组合方差的贡献取决于它与市场组合的协方差。同样的，市场上每一种证券的相对风险的度量，也是它与市场组合的协方差。这说明，某一种证券与市场组合的协方差越大，其对市场组合的风险贡献越大。注意，这里的焦点在于单一证券与市场组合的协方差，并非是某一种证券自身的方差。

从上面的分析我们可以进一步推论，那些与市场组合的协方差 σ_{iM} 较大的证券，亦是具有较高的相对风险的证券，必须按照某一比例给投资者提供更高的预期回报率。假设某一种证券给市场组合贡献了较高的风险，却并没有按相应比例给投资者提供更高的预期回报率，那么如果我们把这类证券从市场组合中删除，将会导致市场组合的预期回报率相对于其标准差上升。则此时市场组合不再是最优的风险资产组合，证券市场价格并未达到均衡。由此我们可以知道，均衡的证券市场上风险和回报率之间的关系可以用下式表示：

$$r_i = r_f + \left(\frac{r_M - r_f}{\sigma_M^2} \right) \sigma_{iM} \qquad (4\text{-}3\text{-}7)$$

上面的公式即为基于协方差分析的"证券市场线"（Security Market Line，SML）。如下图 4-3-2 所示，证券市场线同样通过无风险利率点和市场组合点。不同的是横轴表示的是某一证券 i 与市场组合的协方差。市场组合点 M 所对应的协方差即为市场组合的方差 σ_M^2。此时，那些与市场组合有着较大协方差的证券将具有较高的预期回报率。这种协方差与预期回报率之间的关系即可由证券市场线（SML）表示。

（三）基于贝塔系数的证券市场线

基于协方差分析的证券市场线描绘出了某一证券的期望回报和其与市场组合的协方差之间的关系。我们可以知道当某一证券与市场组合的协方差 $\sigma_{iM} = 0$ 时，这一证券的预期回报率即为无风险利率，此时这种证券并未对市场组合的风险作出任何贡献。虽然这种证券并非像无风险资产那样标准差为零而是具有正的标准差，其回报率却并未因此而有所不同。同样我们可以观察与市场组合协方差 $\sigma_{iM} = \sigma_M^2$ 的证券，此时由基于协方差的

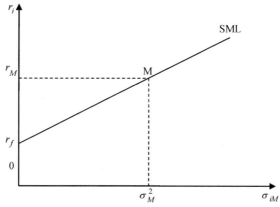

图 4-3-2 基于协方差的证券市场线

证券市场线公式可以知道这种证券的期望回报率与市场组合相同,都为 r_M。这是因为这种证券对市场组合的风险作出了平均的贡献。我们把某一证券与市场组合的协方差与市场组合的方差之比定义为贝塔系数:$\beta_{iM} = \sigma_{iM}/\sigma_M^2$。这样可以得到基于贝塔系数的证券市场线,如下式所示:

$$r_i = r_f + (r_M - r_f)\beta_{iM} \quad (4\text{-}3\text{-}8)$$

某一证券的贝塔系数 β_{iM} 其实是其与市场组合的协方差的另外一种相对测度。此时以证券的贝塔系数 β_{iM} 为横轴,以证券的预期回报率为纵轴,可以画出基于贝塔系数的证券市场线,如图 4-3-3 所示。

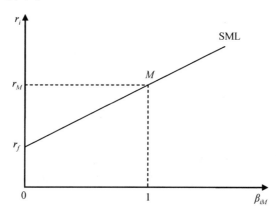

图 4-3-3 基于贝塔系数的证券市场线

对于证券组合,其贝塔值等于组合中各成分证券贝塔值的加权平均,权数为组合中各成分证券的比例。即组合的贝塔值 β_{PM} 可按下式计算:

$$\beta_{PM} = \sum_{i=1}^{N} x_i \beta_{iM} \quad (4\text{-}3\text{-}9)$$

我们已知,证券组合的预期回报率等于其成分证券的预期回报率的加权平均,其权数为各证券的投资比例,而每个单一证券是落在证券市场线之上的,那么由这些单一证券组成的组合也会落在证券市场线之上。同时,不论组合是否有效,它都会落在证券市场线上,然而仅有效组合会落在资本市场线上,非有效组合将落在资本市场线之下,如图 4-3-1

所示。

四、市场风险与非市场风险

我们可以把某一种证券的风险 σ_i^2 分解为市场风险和非市场风险两部分,如下式所示:

$$\sigma_i^2 = \beta_{iM}^2 \sigma_I^2 + \sigma_{\varepsilon i}^2 \qquad (4\text{-}3\text{-}10)$$

这里 β_{iM} 表示证券 i 的贝塔系数;σ_I^2 表示证券 i 的市场风险,也称"系统风险";$\sigma_{\varepsilon i}^2$ 表示证券 i 的非市场风险,也称"非系统风险"或"个别风险"。市场风险和非市场风险之和即为这一证券的总风险。从下面的图 4-3-4 可以看出,对于一个证券组合来说,随着组合中的证券数目增加,组合的总风险会不断降低,直到最后接近于市场风险的水平。组合中证券的非市场风险通过分散化投资可以被规避掉,但是市场风险部分则无法通过分散化来进一步规避。

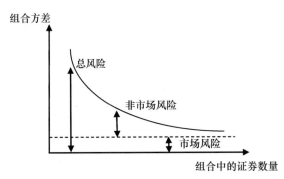

图 4-3-4 组合风险的分解

之所以要把证券的风险分为市场风险和非市场风险两部分,是因为对于投资者而言,某一种证券的预期回报率的来源是其市场风险而不是非市场风险。市场风险是投资者无法通过分散化来规避的,它可以由证券的贝塔值或其与市场组合的协方差来衡量。由资本资产定价模型可知,某一证券的贝塔值越大,或其与市场组合的协方差越大,其预期回报率越高。而非市场风险则无法给证券带来额外的预期回报。当某一组合的非市场风险未能分散化时,这一非有效组合便会落在资本市场线之下。投资者无法通过承担非市场风险而获得额外的预期回报。

五、资本资产定价模型的实际应用

根据资本资产定价模型,我们可以进行对投资组合的业绩评价。常用的评价指标有以下两类。第一类是比较不同组合的单位风险回报率,这种方式将组合回报和组合面临的风险结合起来一同考虑,每单位风险回报率高的组合更优;第二类是基于差异回报率,即在给定组合风险的情况下计算出其期望报酬率,然后将期望报酬率与实际回报率比较。第一类评价指标包括夏普比率(Sharpe Ratio)和特雷诺比率(Treynor Ratio);第二类则以詹森指数(Jensen Index)为代表。

(一)夏普比率

夏普比率是将组合的标准差作为风险的衡量标准来考察组合的收益率。其计算公式如下所示：
$$\text{Sharpe Ratio} = (r_p - r_f)/\sigma_p \qquad (4\text{-}3\text{-}11)$$

其中 r_p 表示投资组合的实际收益率，r_f 表示无风险利率，σ_p 表示投资组合收益率的标准差。可以看出，夏普比率衡量的是每单位风险所带来的超额回报，它与资本市场线所反映的思想是一致的。夏普比率越高，投资组合的绩效越好。

（二）特雷诺比率

特雷诺比率也是一种基于单位风险回报的组合绩效评价指标。与夏普比率不同，特雷诺比率衡量风险不再是用组合收益的标准差，而是用投资组合的贝塔系数。这一点使得特雷诺比率与证券市场线有着更为密切的关系。其计算式如下：

$$\text{Treynor Ratio} = (r_p - r_f)/\beta_p \qquad (4\text{-}3\text{-}12)$$

与前面类似，r_p 表示投资组合的实际收益率，r_f 表示无风险利率，β_p 是投资组合的贝塔系数。将投资组合实际收益率超过无风险利率部分除以投资组合的贝塔值，所得的特雷诺比率越高，说明组合的绩效越好。

（三）詹森指数

詹森指数不同于前面两种基于单位风险回报的比率，它衡量的是一种差异回报率。即在给定组合风险的情况下，组合的实际回报率与期望回报率之差。在使用詹森指数之前，我们需要在 CAPM 的假定上再加上一条，即投资者的投资组合已经是充分多样化，仅包含系统风险。由证券市场线我们知道投资组合的期望收益率为：

$$E(r_p) = r_f + \beta_p[E(r_m) - r_f] \qquad (4\text{-}3\text{-}13)$$

这样，我们用投资组合的实际收益率与期望收益率做差，将差值记为 α，即：

$$\alpha = r_p - E(r_p) \qquad (4\text{-}3\text{-}14)$$

综合上面两个式子我们可以得到：

$$\alpha = (r_p - r_f) - \beta_p(r_m - r_f) \qquad (4\text{-}3\text{-}15)$$

即：特有收益率 = 组合超过无风险利率的收益 - 贝塔值 × 市场组合超过无风险利率的收益

对于得到的不同的詹森指数值，我们有不同的解释：

（1）若 $\alpha > 0$，则表明投资组合被市场低估，因此其实际回报率高于期望收益率。如果一个投资组合的 α 比较大，则表明此投资组合相对于市场的表现更出色。

（2）若 $\alpha < 0$，则表明投资组合被市场高估，因此其期望回报率将高于实际回报率。这样的组合会给投资者带来损失。小于零的 α 的绝对值越大，表明相对于市场的表现而言此组合的业绩越糟糕。

（3）若 $\alpha = 0$，则表明该投资组合的表现与市场的评价一致，投资者获得的是合理的期望回报，并没有其他的超额回报或者损失。

使用以上三类业绩评价指标具有很强的操作性，但由于这些指标也有不足，在使用时需要注意以下三个问题：

第一，这三类指标的基础都是资本资产定价模型，因此 CAPM 模型背后的假设与现实世界的差异性可能会导致评价结果失真。

第二，这三类指标中都含有风险的测度，那么在计算风险时样本的选择便至关重要。样本的不同会使得评估结果不同，且不具有可比性。

第三,这三类指标都要求计算市场组合的收益或标准差,那么在现实中用何种组合来近似或替代市场组合是值得考虑的。基于不同的市场组合得到的业绩评估结果同样并不具有可比性。

因此,在实际应用中我们要注意这些指标的局限性,合理选择评价指标并谨慎使用。同时进一步研究更为合理的评价指标,来规范组合业绩的评价,促进合理决策。这需要理论和实际相结合来进一步摸索。

第四节 套利定价理论

前面介绍的马克维茨的均值方差模型和资本资产定价模型给出了有效组合的确定方法,解释了证券的期望回报的影响因素。但是这些理论都具有苛刻的前提假设,比如投资者仅根据证券的期望收益率和标准差来选择投资组合、资本市场是无摩擦的以及投资者是理性的等等。现实世界中这些难以满足的假设条件让很多人开始质疑前述模型的准确性。在这样的背景下,新的资产定价模型应运而生。1976年罗斯(Ross)在因素模型的基础上提出了套利定价理论(Arbitrage Pricing Theory,APT),来解释证券的期望收益和风险之间的关系。与资本资产定价模型相比,套利定价理论所使用的假设要少很多,它的主要假设是市场上不存在无风险套利的机会。同时,它还有以下三个基本假定:(1)市场处于竞争均衡状态;(2)投资者偏好更多的财富;(3)资产回报可以用因素模型来表示。

一、因素模型

(一)单因素模型

证券市场上的风险可以分为系统风险和非系统风险两类。其中系统风险是整个证券市场所固有的风险,它是指由于某种因素的变化导致证券市场上所有资产价格均发生变化的现象,这种风险不能够通过多样化投资组合来规避。系统风险主要包括经济周期风险、利率风险以及政策风险等等。而非系统风险是指某一个行业或公司的特有风险,它影响的是特定资产的收益率。所以对于上市股票而言,其收益率不仅受到其自身的财务状况、发展前景的影响,也会受到宏观上的经济政策和行业变动的影响。系统风险和非系统风险加总即为市场总风险。但这里不是简单的算数加总,而是根据几何勾股定理计算而来。

1963年,威廉·夏普提出了单因素模型。这一模型认为证券收益之间存在关联性,这种关联性是由于某种共同的因素驱动。不同证券的收益率对这种共有因素的敏感度不同。这类共有因素即为系统性风险。作为例子,我们可以假设系统风险测度的是关于宏观经济的新信息,其初始期望值为零。用 M 表示实际宏观因素对期望值的偏离,β_i 表示某个公司对这一系统风险的敏感度,ε_i 表示公司所特有的风险,R_i 表示公司证券的实际收益率,则单因素模型可用下面的公式表示:

$$R_i = E(R_i) + \beta_i M + \varepsilon_i \tag{4-4-1}$$

上述公式的含义是:在单因素模型下,公司的实际收益率等于其初始期望收益率加上随机的宏观经济变量的影响,再加上公司特有风险带来的一项随机变量。

（二）多因素模型

单因素模型将市场风险分为系统风险和非系统风险两部分，但对于系统风险并未作进一步细分。它假定了每一种证券价格对各种系统风险的敏感度是相同的。这种假设并不令人信服，现实生活中的经济周期风险、利率风险等对于资产价格的影响程度很可能并不一致。那么通过多因素模型，我们可以进一步测度资产价格对每一种系统风险的敏感程度，从而更精确地描述资产价格和风险之间的关系。

类似于之前的例子，我们把 GDP 增长率和利率变化 IR 作为系统风险的衡量，从而得到一个双因素模型：

$$R_i = E(R_i) + \beta_{iGDP}GDP + \beta_{iIR}IR + \varepsilon_i \tag{4-4-2}$$

在双因素模型中，GDP 增长率和利率变化 IR 期望值均为零，它们表示的是未预期到的变化。

如果我们进一步细分这些系统风险，就可以推广出一般化的多因素模型了。对于与 N 种证券相关的 M 种因素（$N<M$），某一种证券 i 的收益率可写成：

$$R_i = E(R_i) + \sum_{k=1}^{M}\beta_{ik}F_k + \varepsilon_i \tag{4-4-3}$$

式中，F_k 代表不同的因素，β_{ik} 代表证券 i 的收益率对因素 k 的敏感度，其他符号与前面一致。

二、套利定价理论

（一）套利定价理论的提出

与资本资产定价模型类似，套利定价理论描述的也是证券收益率的形成过程。它认为证券收益率与一组因子相关，而非资本资产定价模型中的单一因子。因此套利定价理论可以看作是资本资产定价模型的扩展。在套利定价理论的假设下，市场上若存在无风险套利的机会，则资产价格会发生变动直至这种套利机会消失。当不存在任何套利机会时，此时的资产价格即为均衡价格。一个简单的例子如下：某投资组合包括两种资产 A 和 B，其期望收益率和贝塔值如表 4-4-1 所示。

表 4-4-1 投资组合的期望收益率和贝塔值

组合构成	期望收益率	贝塔值
A	12%	1.5
B	10%	1.5

由上表可知，资产 A 和 B 具有相同的贝塔系数，即具有相同的风险，但是其期望收益率却不同。这预示着无风险套利的可能性是存在的。通过建立如下组合即可无风险获利：卖空资产 B 用所获资金（比如 10 万元）买资产 A。则该投资组合的期望收益如下：

表 4-4-2 套利组合的期望收益率

投资组合	交易头寸	期望收益率
B	-10 万元（卖空）	-10%
A	+10 万元	+12%
组合	0	+2%

按上述方式操作,可以在不投入任何本金的情况下获得2%的期望回报率。组合的贝塔系数为零说明这一操作是无风险的。当有一部分投资者开始利用此套利机会来构造投资组合时,资产价格将发生调整直至这种失衡状况得到纠正。在均衡状态下,投资组合的期望系统风险和非系统风险均为零,其实际收益率等于期望收益率加上各种系统风险的非预期变动带来的回报率。根据这一思想,我们将建立套利定价模型。

(二) 套利定价模型

套利定价模型同样也需要进一步的假设条件,主要有:(1) 证券回报可以用因素模型表示;(2) 有足够多的证券来分散掉不同的风险;(3) 证券市场不允许有持续的套利机会。

在单因素模型中,系统风险被抽象为一种因素。随后的多因素模型则认为系统风险由多种因素构成。在此我们将讨论一般性的多因素套利模型。之前的多因素模型公式如下:

$$R_i = E(R_i) + \sum_{k=1}^{M} \beta_{ik} F_k + \varepsilon_i \tag{4-4-4}$$

它表明证券 i 的收益率偏离其期望收益率的原因是系统风险中各种因素的非预期变动加上自身的特有风险变动。如果市场上存在无风险套利机会,我们首先构造零投资额且无风险的投资组合,组合中各证券的权重之和为零,即 $\sum_{i=1}^{N} X_i = 0$(其中 X_i 表示证券 i 的权重)。根据多因素模型,上述组合的收益率可写成:

$$\begin{aligned}
R_p &= \sum_{i=1}^{N} X_i R_i \\
&= \sum_{i=1}^{N} X_i E(R_i) + F_1 \left(\sum_{i=1}^{N} \beta_{i1} X_i \right) + F_2 \left(\sum_{i=1}^{N} \beta_{i2} X_i \right) + \cdots + \sum_{i=1}^{N} X_i \varepsilon_i \\
&= E(R_p) + F_1 \left(\sum_{i=1}^{N} \beta_{i1} X_i \right) + F_2 \left(\sum_{i=1}^{N} \beta_{i2} X_i \right) + \cdots + \varepsilon_p
\end{aligned} \tag{4-4-5}$$

其中, $E(R_p)$ 表示组合的期望收益率, ε_p 表示组合的特有风险(非系统风险)带来的回报率。由于无风险套利组合的系统风险为零,有:

$$\sum_{i=1}^{N} \beta_{i1} X_i = \sum_{i=1}^{N} \beta_{i2} X_i = \cdots = 0$$

另外,由于此投资组合是高度分散化的,则该投资组合的非系统风险也趋近于零。这种无风险套利机会将使得投资者建立更多的此类无风险套利组合,从而使市场趋于均衡。此时,市场上的任何无风险套利组合将不再有超额利润,则有:

$$E(R_p) = \sum_{i=1}^{N} X_i E(R_i) = 0$$

又因为:

$$\sum_{i=1}^{N} X_i = 0$$

$$X'l = 0$$

$$X' = (X_1, X_2, \cdots, X_N), \quad l = (1, 1, \cdots, 1)$$

$$\sum_{i=1}^{N} \beta_{i1} X_i = \sum_{i=1}^{N} \beta_{i2} X_i = \cdots = 0$$

$$X'\beta = 0$$

$$X' = (X_1, X_2, \cdots X_N), \quad \beta = \beta_{i1}, \beta_{i2}, \cdots, \beta_{ik}$$

$$E(R_p) = \sum_{i=1}^{N} X_i E(R_i) = 0$$

$$X'E = 0$$

$$X' = (X_1, X_2, \cdots X_N), \quad E = [E(R_1), E(R_2), \cdots, E(R_N)] \quad (4\text{-}4\text{-}6)$$

由上面的关系式可知,向量 l 和 β 是期望收益率空间的基础向量。即任何一个期望收益率向量 E,都可以表示为向量 l 和 β 的线性组合,如下所示:

$$E = \lambda_0 l + \lambda \beta \quad (4\text{-}4\text{-}7)$$

其中 λ_0 和 λ 为常数,

$$\lambda = (\lambda_1, \lambda_2, \cdots, \lambda_k), \quad \beta = (\beta_{i1}, \beta_{i2}, \cdots, \beta_{ik})$$

表示第 i 个资产对第 k 个因素的非预期变动的敏感度。根据以上套利定价模型,我们可以得到任一资产 i 在均衡条件下的期望收益率决定模型:

$$E(R_i) = \lambda_0 + \lambda_1 \beta_{i1} + \lambda_2 \beta_{i2} + \cdots + \lambda_k \beta_{ik} \quad (4\text{-}4\text{-}8)$$

其中 λ_0 表示无风险因素的回报率,即无风险利率 r_f。λ_k 表示投资者承担第 k 个风险的补偿额,β_{ik} 表示资产 i 对第 k 个因素的敏感度。当证券 i 只对因素 1 有一个单位的敏感度时,有:

$$\beta_{i1} = 1, \quad \beta_{i2} = \cdots = \beta_{ik} = 0 \quad (4\text{-}4\text{-}9)$$

此时有 $E(R_i) = r_f + \lambda_1 \beta_{i1}$,即 $E^1 = r_f + \lambda_1$,$\lambda_1 = E^1 - r_f$。这里 E^1 表示第 1 个共同因素的期望回报率,λ_1 表示第 1 个共同因素的期望回报率超过无风险利率的部分。类似的,我们可以得到:$\lambda_2 = E^2 - r_f$。这样我们可以把多因素套利模型写成:

$$E(R_i) = r_f + (E^1 - r_f)\beta_{i1} + (E^2 - r_f)\beta_{i2} + \cdots + (E^k - r_f)\beta_{ik} \quad (4\text{-}4\text{-}10)$$

公式中 $(E^k - r_f)\beta_{ik}$,表示第 1 个共同因素带来的风险贴水。某一资产对某一因素的敏感度越高,其相应的风险贴水就越大。

三、影响资产定价的主要系统风险因素

针对套利定价模型,许多学者运用因素分析法、多元回归法等方法进行实证研究,试图找出影响资产价格的主要系统风险。一般而言,常见的系统风险因素有以下几项:

1. 总体经济因素

总体经济因素可以用 GDP 或 GNP 的增减以及一些工业生产指数的强弱来刻画。国内生产活动的增强表示经济活力上升,公司的经营状况和现金流变好,股票价格趋于上升;相反则代表经济活力的衰退,公司盈利的减少和股价下跌。

2. 通货膨胀因素

通货膨胀对经济运行也有着很大的影响。当通货膨胀率高企时,经济秩序在一定程度上被打乱,对资产价格也有着很大的影响。

3. 利率因素

利率的任何非预期变动都将影响公司的资本成本和投资计划,进而影响公司价值。因此,利率变动对于资产价格有着重要影响。除了利率的绝对值变化,利率的期限结构也对资产价格有着重要影响。

4. 风险报酬因素

风险厌恶者对承担风险要求回报,那么对承担风险的报酬率的衡量在资产定价中变得十分重要。通常我们可以用政府长期公债收益率和低信用的长期债券收益率的差值来计算承担风险的报酬率。

5. 实际消费因素

一国居民以及企业的实际消费变动会极大地影响经济活力。实际消费能力的上升会增强经济活力;反之则会使经济趋于衰退,进而影响到企业价值。

6. 能源因素

能源因素的非预期变动也会影响消费者决策以及投资组合的选择。能源价格对通货膨胀也有着重要影响,其非预期变动会影响企业的生产成本和预期盈利,进而影响股票价格。因此能源因素也是资产定价的一个常用因素。

 延伸阅读

金融投资理论与诺贝尔经济学奖

2013年的诺贝尔经济学奖被授予了三位著名经济学者,他们分别是尤金·法玛、罗伯特·希勒和彼得·汉森。他们被授予诺贝尔经济学奖是为了表彰他们在资产定价领域的卓越贡献。

汉森获得诺奖主要是源于其方法论上的突出贡献,可谓实至名归。然而法玛和希勒的同时获奖却让人略有些诧异,因为他们的学术主张可谓截然相反。法玛是有效市场理论的创始人,其资本资产定价模型早已成为金融学的基石之一。而希勒可谓有效市场理论的坚决唱空者,其代表作《非理性繁荣》畅销已久。学术上的针锋相对在学界早就不是新鲜事,意见相左却同时获得诺奖的承认也非罕事。但基于这两个理论进行投资是否都能获得很好的回报呢?这就要看投资者理论联系实际的本领了。

许多华尔街人士对有效市场假说不屑一顾。巴菲特也曾说过,"如果市场总是有效的,那我只能沿街乞讨"。但是法玛对投资理论的贡献并不止于有效市场理论,其三因子模型也十分重要,并深刻改变了华尔街对冲基金的投资模式。基于股票的贝塔值、规模和市净率来选股并获得成功的例子不在少见。法玛的博士生克里夫·阿斯内斯在华尔街创立了AQR资本,并把法玛的小盘价值股理论付诸实践大赚一笔。可见法玛的理论绝非纸上谈兵。

另一方面,希勒凭借其畅销书有着比法玛更多的群众基础。希勒在其个人主页上提供各种与美国股市有关的数据下载,并且提出了广受追捧的CAPE(周期调整市盈率)估值指标。即用十年的平均盈利取代普通市盈率指标中的过去一年盈利来计算估值指标,这样可以平滑经济周期的影响。其理论的最著名的应用便是对2000年互联网泡沫破灭的预测,当时美股的CAPE指标已经是达到了历史高点。

不同的金融理论在学术界和业界都有着各自的拥护者,它们将在过去和现在一直共存着。很难说谁的观点取得了压倒性优势,或许这样才能使金融投资理论继续保持着其魅力与活力。

本章小结

本章分别介绍了几类关于证券投资的基本理论。均值方差理论是较早被提出的用于投资指导的量化理论,有其优点也有其局限性;有效市场假说则已经成为证券投资理论上的基石,大大推进了投资理论的发展;资本资产定价模型是投资组合理论的发展和集大成者,在理论和实际中得到了最为广泛的运用;套利定价理论在理论基础方面稍弱,但对现实的解释能力却很强。不同的投资理论有着清晰的发展脉络和一定的联系,它们共同构成了投资领域理论大厦的基础。

思考习题

1. 有效市场理论内容有哪些?超额收益的存在是对有效市场理论的否定吗?
2. 为何证券投资组合可以分散风险?可行集和有效集的关系是什么?
3. 资本市场线和证券市场线之间有何区别与联系?
4. 比较资本资产定价模型和套利定价模型,它们有何区别与联系?

第五章 行为金融

传统金融学发展出了诸如资产组合理论、资本资产定价理论、套利定价理论、期权定价理论等一系列理论,打下了现代金融学的基石。但最近一些年来,许多与传统金融学理论相悖的市场异象正在不断地向经典理论提出质疑。在此基础上,行为金融学应运而生,它是金融学和行为心理学相结合的产物。通过对传统金融学理论假说的修正,行为金融学理论给出了关于市场异象的新的解释,并逐步成为金融理论中不可或缺的一部分。基于新的行为金融学理论,我们不仅可以重新解释现实,还可以据此构造出各种相应的投资策略。

第一节 心理学偏差

前面的章节介绍了在传统假设下人们在金融市场上的决策行为,本章将讨论较新的行为模式。这些新的行为模式与人们观察到的人类心理特征密切相关,它们不断地对传统方法下的教条提出挑战。本章将详细讨论这些传统金融理论所难以解释的异常现象,首先要给出的是这些新的行为模式的心理学基础(我们只介绍了最主要和最常见的几类心理学偏差)。这些心理学理论的引入,能更好地解释现实生活中的个人行为和金融市场上的种种决策。

一、前景理论、框架与心理账户

(一)前景理论

前景理论的提出是基于期望效用理论不能很好地解释风险条件下的决策行为这一看法。

在介绍前景理论之前,先看几个心理学方面的实例。

例5-1 从以下两项中选择更令人满意的一项:

选择 A:请在100%概率获得100美元与25%概率获得420美元之间选一项;

选择 B:请在100%概率损失100美元与25%概率损失420美元之间选一项。

调查结果显示第一个问题有83%的人选择了100美元,说明这些人是厌恶风险的;第二个问题有87%的人选择了420美元,说明这些人是在追逐风险。人们的风险态度是变化的,这种态度上的矛盾是与期望效用理论不符的。

例5-2 从以下两项中选择更令人满意的一项:

选择 A:今天已经获得了200美元,请在100%概率再获得100美元与50%概率再获得200美元之间选择一项;

选择 B:今天已经获得了400美元,请在100%概率损失100美元与50%概率损失200美元之间选择一项。

调查结果显示,大部分人在 A 中选择了前者,即确定地获得300美元;而在 B 中选择了后者,即 50% 的可能性获得 200 美元。为何人们在 B 中不选确定地获得 300 美元,而在 A 中却选择了确定性的 300 美元?这说明重点不是财富的绝对值水平,而是财富的变化。在例 2 中人们的财富初始水平不同,人们会参考自己的参照点(Reference Point)来判断自己的财富增长和损失情况。期望效用理论认为只有最终的财富绝对值水平是人们关心的,这也与实际调查结果不相符。

例 5-3 随机猜硬币的正反,猜错罚款 100 美元,猜对奖励多少美元才会让你参加这一赌局?

调查结果显示,猜对的奖励平均为 250 美元时,人们才愿意进入赌局。这很明显地说明损失所造成的心理影响要高于收益,即人们有损失规避(Loss Aversion)的倾向。

正是这些与期望效用理论不符的规律,促使人们寻找期望效用理论的替代性理论。前景理论便是最为流行的一种。期望效用理论使用总的财富水平来衡量效用,而前景理论更关注财富的变化。在前景理论中,对某一种前景 $P(p, z_1, z_2)$ 的价值 $V(P)$ 的衡量公式可表示为以下形式:

$$V(P) = V(p, z_1, z_2) = \pi(p) \times v(z_1) + \pi(1-p) \times v(z_2)$$

其中 $\pi(p)$ 为相应概率 p 对应的决策权重。下图即为一个典型的价值函数。横轴表示财富相对于参照点的变化而非财富绝对值。在财富差异为正即收益域内,价值函数是凸函数,决策者是风险规避的;在财富差异为负即损失域内,价值函数为凹函数,人们是风险偏好的。损失对人们的心理影响明显要大于收益。

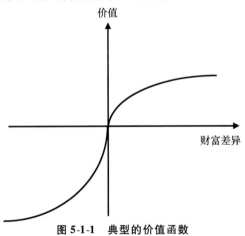

图 5-1-1 典型的价值函数

(二) 框架

决策框架指决策者对于问题和可能结果的看法。一旦问题的结构框架发生变化导致决策者的行为发生变化,期望效用理论便无法成立了。因为在期望效用理论下人的选择应该是始终如一的。例如以下两个问题的框架就会影响人们的选择:

例 5-4 存活框架

假设现在某地区爆发了一种疾病,预计会导致 300 人死亡。现在有两种可选疾控方案。

方案 A:300 人中有 100 人生还。

方案 B:有 1/3 概率 300 人全部生还,有 2/3 的概率无人生还。

调查结果显示70%受访者选择方案A,受访者显然是规避风险的。

例5-5　死亡框架

假设现在某地区爆发了一种疾病,预计会导致300人死亡。现在有两种可选疾控方案。

方案A:300人中有200人死亡。

方案B:有1/3概率300人全部存活,有2/3的概率300人全部死亡。

这个问题有78%的受访者选择了方案B。尽管上述两例的方案本质上完全相同,但是问题的框架却左右了人们的选择。这说明在决策中问题的框架起着重要作用。

(三) 心理账户

首先看下面的两个例子中人们的决策有什么特点。

例5-6　你将要去看一场电影,票价20美元。当你走进电影院时,发现丢了20美元的纸币,这时你还会继续花20美元购票看戏吗?

例5-7　你将要去看一场电影,票价20美元。当你走进电影院后,发现把刚买的电影票弄丢了,这时你还会再花20美元重新买一张电影票吗?

上述两个例子并无本质区别,都是在损失了20美元后,判断花20美元继续购买一张电影票值不值。调查结果却显示人们并不是这么决策的,例5-6中90%的人表示会继续购票,而在例5-7中有55%的人表示不会再去重新购票了。产生这种矛盾现象的原因是人们普遍使用心理账户(Mental Accounting)来管理自己的决策。人们可能会将金钱按各种名目分类:财富(如存款、房产)是一类,收入(如工资、奖金)是一类,意外之财或损失也可能是一类,等等。这些账户是心理上的而非实际存在的。可以开户也可以销户。现实中的例子表明金钱并非是可以相互替代的,心理账户会使得人们的行为看起来反常。例如"坚决不动用退休金"和"将这个月工资用来买一块奢侈手表"。在电影票的例子中,消费者为看电影建立了一个"购票账户",看电影带来的快乐值得上20美元的票价,此"购票账户"便会成功销户。之前丢失的20美元与电影票账户是没有太大关系的。但在丢失了一张电影票时,再花20美元买票,"购票账户"会录入两次票价,此时票价似乎变为了40美元,可能高出了电影的效用而使人们放弃再次购票。

以上是一些前景理论中的基本行为理论,有些经济学家质疑前面的案例调查得到的结果,认为实验中的场景不代表现实中真正的决策,同时受访者可能代表性不够(在许多案例中是向学生作出的调查)。或许将来还会出现其他的与前景理论相竞争的理论,但重点在于,心理因素会系统地影响个人行为决策。在金融市场中,这些受心理因素影响的个人决策如何加总为群体决策,是金融学领域十分关注的议题。

二、启发式预测与偏差

传统的金融理论有一个隐含的假设,那就是人们可以考虑到所有的与决策相关的信息并进行正确的加工决策。这一设定对普通人来说显得太过苛刻。比如CAPM模型要求投资者知道所有证券的预期收益和方差,以及不同证券收益之间的协方差。在现实中,人们往往是基于有限的信息去进行决策,且遇到难以处理的信息时会用一些捷径和启发式来作出判断。这些信息收集和处理的局限性也有着心理学上的基础。

(一) 感知与记忆

人们并非总是能轻松获得并存储各类信息,事实上,接收存储信息的感知(Perception)过程是经常出错的。例如我们经常看到我们"希望看到"的现象。在一项实验中,向参与者展示几张扑克牌,这些扑克牌是红心或者黑桃,但有一张是黑色的心形。结果几乎所有受访者都无法分辨这一点,坚信他们看到的都是正常的红心或黑桃。这说明感知与个人期望是密切相关的。有时候为了利己,容易出现认知失调(Cognitive Dissonance)。即明知自己可能是错的,却为了避免心理上的不一致而固执已见。

另一方面,人们也不是将过去的所有信息存储在自己的大脑里,需要时便随时读取。实验证明记忆(Memory)是具有重建性且记忆强度是可变的。十分正面或十分负面的事物更容易被记下并在事后记起。而且人们倾向于"重写历史",高估自己对事态的判断力,做"事后诸葛亮"。这是一种事后聪明偏差。

感知和记忆还容易受到框架效应的影响,这也是之前提到的金融决策受框架效应影响的原因之一。框架效应有很多类型,常见的几种如下:

(1) 对比效应:参照物影响判断,比如一个身材适中的解说员采访高个子篮球运动员时显得十分矮小。

(2) 首因效应:当受访者被要求根据几个关键词来谈对一个人的印象时,相对于"嫉妒、顽固、冲动、刻苦、聪明",以"聪明、刻苦、顽固、冲动、嫉妒"来排序会让受访者有更好的印象。这说明第一个出现的特征有很强的影响。

(3) 近因效应:事情按时间序列发生时,最近出现的事情影响最大。这与首因效应有矛盾之处,哪个效应更强因情景而变化。

(二) 启发式

现实中人们往往需要快速作出决策,但是人们的注意力、收集信息和处理信息的能力都是比较有限的,此时就需要用到捷径或启发式(Heuristics)。启发式是一种基于信息集的某个子集进行决策的规则,在日常生活中被广泛使用着。启发式也分为有意识和无意识的启发式。无意识的启发式随进化演进而来,人们在听到一声巨响后会迅速躲开然后观察四周衡量是否真正有危险,在冰箱里拿出有气味的食物后会仔细观察来判断是否能继续食用。这些例子都反映了捷径或是启发式对人类生存的重要贡献。但也有一些启发式是有意识的,有以下几种典型例子:

(1) 模糊厌恶:熟悉的事物让人感到舒服,而模糊不定的结果让人厌恶。人们倾向于坚持已拥有的事物而不是去研究其他新的有风险的选择。

(2) 多元启发式:当不同选择之间并不排斥时,人们倾向于多尝试不同事物。比如吃自助餐时人们会尽量多尝一些品种以避免自己错过了某些美食。

(3) 禀赋效应:人们安于现状不愿意去改变,因为保持现状让人感到舒服。

(三) 偏差

在一些学术文献中,启发式被分为了代表性启发式、可得性启发式和锚定。这些不同的启发式会给决策带来不同的偏差。

(1) 代表性启发式(Representativeness Heuristic)的典型是概率判断错误,即在充分了解情况的基础上认为某件事情发生的概率比实际发生的概率更大或更小。一个例子是联合谬误(Conjunction Fallacy),即A事件和B事件同时发生的概率并不等于两个事件分别发生的概率之和。代表性启发式的另一种重要形式是基率忽视(Base Rate Neglect),即对已知的先验概率的忽视。相对应的贝叶斯法则就阐释了这一原理:

$$P(B|A) = P(A|B) \times [P(B)/P(A)]$$

例如,当我们没有气压计时,下雨天概率为40%,晴天概率为60%,同时有下式:

$$P(预期下雨|雨天) = 90\%$$
$$P(预期下雨|晴天) = 2.5\%$$

即在当前下雨的情况下,气压计有90%的几率准确预报雨天。在晴天时,气压计有2.5%的几率预报雨天。在不看气压计时,预测明天下雨的概率应为40%。由全概率公式,容易计算气压计预测下雨的概率为0.375。但在已知气压计预报明天是雨天时,此时我们应该根据贝叶斯公式来更新信息,预期明天下雨的概率应为:

$$P(雨天|预期下雨) = P(预期下雨|雨天) \times [P(雨天)/P(预期下雨)] = 0.9 \times (0.4/0.375) = 0.96$$

可以看出在气压计预测要下雨的情况下真正下雨的概率达96%,而没有气压计提供的预报信息时下雨概率仅为40%。

除了以上两种情况,还有其他代表性启发式偏差的例子,如对大数定律的违背带来的赌徒谬误、热手现象等等,不再一一详细阐述。

(2) 可得性启发式(Availability Heuristic)带来的偏差基于这样一种心理:人们往往会误认为铭记于心的事件发生的可能性较大。例如受访夫妇在回忆某些夫妻共同承担的家务劳动时,均认为自己付出的更多。这可能是因为自己的劳动更容易回忆起来导致的。存在两个因素支持可得性偏差。一个是近因偏差(Recency Bias),即最近发生的事情更容易回想起来。另一个是显著性偏差(Salience Bias),即事件的强度会影响可得性偏差。例如新闻头版对空难的逼真报道会暂时性地让许多人高估此类事件发生的概率,从而在某段时间内避免飞行。

(3) 锚定(Anchor)反映的是初始值对于人们的估计的重要影响。一般情况下人们从某个初始值开始进行估计并不断调整得到最终的估计值,但这种调整常常是不充分的。例如快速观看下面8个数字,快速估算它们的乘积是多少。

$$1 \times 2 \times 3 \times 4 \times 5 \times 6 \times 7 \times 8$$
$$8 \times 7 \times 6 \times 5 \times 4 \times 3 \times 2 \times 1$$

对于前一列数字,大多数人答案的中位数是512;对于后一列数字,大多数人答案的中位数是2250。这是因为大多数人在快速估算前无意识地计算了前几个数字的乘积,但是使用前几个数字作为锚而不考虑数列的总长度会导致调整不充分。关于这种锚定导致的不充分调整,有两种观点。一种观点认为由于人们对问题真实值的不确定性,决策者会调整答案使其偏离锚定值直至一个看似可信的范围。另一种观点认为人们缺乏认知努力,存在认知惰性,主动去偏离锚定值的调整过程是需要付出努力的,因此人们往往过早停止调整。如询问受访者联合国中非洲国家成员比例是多少,在这之前随机向受访者展示一个1至100之间的数字。结果显示,当向受访者展示的数字是10时,受访者答案的中位数是25;当展示的数字是65时,受访者答案的中位数是45。很明显此时受访者表现出了认知惰性,不愿意偏离锚定值太远。

有学者认为,前面关于启发式及其偏差的讨论与有限理性的观点相一致。有限理性假定人们有能力解决传统经济模型设定的复杂最优化问题是不合理的。相反人们追求"要求最低的满意结果",即人们在所处环境中作出力所能及的选择。而启发式的目的正是在于用最少的时间、知识和计算量在现实世界中作出合理的选择。因此有研究人员认为,启发式和其偏差虽然错误估计了概率,但这个问题真的很严重吗？启发式一定是非理性的吗？这些观点都有待进一步的讨论。

三、过度自信

过度自信是指人们倾向于高估自己的知识水平、能力和信息的精确度,或者人们对未来以及控制未来的能力过于乐观的倾向。心理学研究表明大多数人在大多数时间内确实是过度自信的。在经济金融决策领域过度自信现象同样广泛存在。下面将介绍各种形式的过度自信,并讨论其带来的偏差。

(一)错误校准

错误校准(Miscalibration)是一种基本的测度过度自信的方式。错误校准指人们有高估自己知识的准确度的倾向。典型的错误校准检验采用如下方式:在控制实验中,实验对象被要求为当前已知的某个数量(如华山的高度或某个月的上证指数值)设定一个90%的置信区间。一般而言实验对象会存在错误校准问题,即他们给出的区间过窄。换一种说法,如果要求人们回答大量的关于x%置信区间的设定问题,若校准是正确的,那么他们提供的区间中包含真实值的区间数量应该也有x%。也即有x%的答案是包含真实值的。然而实际结果却不是这样的,包含真实值的置信区间比例明显地低于x%。从个体角度来看这个问题结论是类似的,当要求个人就一系列问题作出预测时,他提供的置信区间包含真实值的比例一般都会远低于x%。例如某个人报告自己的正确率为80%,但事实上他的回答中正确比例只有40%。这就意味着过度自信。

(二)其他过度自信表现形式

除了错误地估计自己知识的精确性之外,还有一些其他的过度自信表现形式。首先是自我感觉良好效应。这是指人们会认为自己的某些正面个人特质(运动、音乐、驾驶能力等)会高于平均水平。理论上任何一个群体中只有50%的人比平均水平更优秀,但实际中很多调查都表明人们自我感觉良好。例如有一个关于驾车的调查,高达85%的学生认为自己驾车能力位于受访者中的前30%。

另一种形式的过度自信被称为"控制幻觉"。这是指人们认为他们对事件有着超乎寻常的控制力。如人们可能会认为掷骰子的人能够控制投掷的结果。在一项实验中学生会参加赌博比赛,他们会走进一个房间与另一个看似学生的人进行赌博游戏。而这个貌似学生的人其实是实验人员,他们会故意有选择地表现得"敏捷"或"迟钝"。每局的胜负完全是随机的,看谁抽到的扑克值更大。每局参赌人员都可以自由选择赌注,最大赌注不超过10美元。当参赌学生面对的是表现得"迟钝"的对手时他们会提高赌注,而面对"敏捷"的对手时他们会表现得谨慎并选择很低的赌注。这说明实验对象给学生们的优越感会使得学生认为自己可以影响随机事件的胜率。

还有一种现象与控制幻觉相关,叫作"过度乐观"。这是指人们在认真分析历史经验之后,过于高估(低估)有利(不利)结果的概率。比如过度低估患上癌症的概率;又如新婚夫妇往往极度低估离婚的概率。

(三) 群体过度自信差异

人们往往不确定自己对常识的掌握程度,但是却倾向于在自己的专业领域内表现得过度自信。过度自信也深深地困扰着诸如律师、医生、银行家之类的职业人员。另外,性别对过度自信的影响十分显著,男性往往比女性表现得更为过度自信。且在更具"男子气概"的事情上,男性比女性的过度自信程度表现得更为突出。教育程度对过度自信的影响也是如此。受教育程度高的人比常人更为过度自信,这意味着他们的认知与实际值差别更大。

(四) 阻碍修正过度自信的因素

过度自信为何广泛存在于各类群体中,且人们始终无法从过去的自大中吸取教训呢?有三种行为偏差被用来解释过度自信的持久性,分别是自我归因偏差、事后聪明偏差与证实偏差。

自我归因偏差(Self-attribution Bias),指人们倾向于将好的结果归功于自己的努力,而将坏的结果归因于无法控制的外部环境,这会导致过度自信程度的提高。而事后聪明偏差(Hindsight Bias)是人们的一种"我早就知道如此"的想法。当焦点事件存在明确的可选结果时(如世界杯冠军会是谁),或当事件结果揭晓前经历了一段想象过程时,这种偏差更为流行。另一种类似的偏差被称为"证实偏差"(Confirmation Bias),指人们往往找结果与自己信念一致的证据,而忽略与之相矛盾的事实。如某个潜在的重病患者会将一些症状往积极的方向去解释。这些偏差告诉我们过度自信为何难以克服,因为我们的思维模式总是倾向于通过各种方式为自己辩护。

第二节 市场异象

自美国经济学家哈里·马科维茨(Harry M. Markowitz)在1952年创立最优资产组合理论以来,学者们通过不断的深入研究,逐渐构筑了现代金融理论的框架。1970年,尤金·法玛(Eugene Fama)提出了有效市场假说(Efficient Markets Hypothesis,EMH),他对这一假说的经典定义是:有效金融市场是指这样的市场,其中的证券价格总是可以充分体现可获信息变化的影响。

有效市场假说理论基于四个假设前提。首先,市场信息是被充分披露的,每个市场参与者在同一时间内得到等量等质的信息,信息的发布在时间上不存在前后相关性。其次,信息的获取是没有成本或几乎是没有成本的。再次,市场上存在大量的理性投资者,他们为了获取利润最大化而参与交易,这其中又包括三点假设:(1)投资者是理性的,因此他们能够对证券作出合理的价值评估;(2)假设在某种程度上,有些投资者并非理性,但由于投资者之间的证券交易是随机进行的,因此这种非理性会相互抵消,最终并不会影响到证券价格;(3)即使投资者的非理性行为并不是随机的,但他们会在市场中遇到理性的套利者,后者将消除前者对证券价格造成的影响。最后,投资者对新信息会作出全面的、迅速的反应,从而导致股价发生相应变化。

然而,自从进入20世纪80年代,大量的经验研究发现了证券市场中存在的异象,这无疑给现代金融理论模型提出了难题。例如,席勒(Shiller)发现根据未来红利支付的预期现值模型来推断的股价波动要远远小于现实的波动,这也被称为"波动率之谜"。梅赫拉(Rajnish Mehra)与普雷斯科特(Prescott)于1985年提出了股权溢价之谜。德·帮德(De Bondt)和塞勒(Thaler)在1985年发现股票长期的历史累计收益与未来长期股票收益负相关,基于该现象构造的投资策略可以获得超额收益,并被称为"长期反转"。杰格迪什(Jegadeesh)和蒂特曼(Titman)在1993年发现,股票中期的历史累计收益与未来股票的中期收益正相关,而基于该现象构造的投资策略也可以获得超额收益,该现象被称为"中期惯性"。发现中短期的惯性投资策略可以获得超额收益,而按照市场有效假说中的半强有效市场的观点,投资者无法利用市场上的公开信息来构造投资策略获得超额利润。然而,许多研究发现,在控制了一些风险因子之后,股票收益与公司规模、账面市值比、盈利价格比等特征相关。另外,伯纳德(Bernard)和托马斯(Thomas)根据盈余公告的事件研究发现,股票价格对盈余公告先"反应不足",后"反应过度"。总之,这些经验证据所发现的异象对有效市场假说形成了极大的挑战,基于此,本节将对资本市场中主要的一些市场异象进行介绍。

一、规模效应(The Size Effect)

规模效应通常也被称为"小公司效应",主要是指公司的规模大小与股票的市场收益率之间存在相反的关系。这里,公司的规模大小主要是用股票市场来进行衡量,具体而言通常使用股票发行在外的流通市值来进行衡量。班茨(Banz)在1981年首先提出了"规模效应",利用1936—1975年间在纽约证券交易所所有上市公司作为研究对象,他发现股票市值随着公司规模的增大而表现出减少的趋势。通过将所有上市公司的股票按照股票市值分成五组,他发现规模最小的组合平均收益率比规模最大的组合平均收益率高出19.8%。同样是在1981年,雷伊姆甘宁(Reimganum)也发现公司规模最小的股票,其平均收益率要高于根据CAPM模型预测的理论收益率。"规模效应"的发现吸引了大量学者的关注,在1983年,金融学领域的顶尖期刊之一《金融经济学期刊》(Journal of Financial Economics)还专门准备了一期特刊来讨论"规模效应"的相关研究。

对于我国股票市场上是否存在"规模效应"的研究大致始于90年代中期,一些学者通过研究上海股票市场和全国股票市场的上市公司股票,运用与国外相似的研究方法进行了检验,但得到的结论并不完全一致。有的学者发现我国股市存在相似的"规模效应"现象,而有的学者则发现所谓的"规模效应"并不明显,或仅在某些时间段具有明显效应。总体而言,在具体的研究过程中,由于受到各种因素的影响,例如对公司规模的定义、分组标准的界定以及组合股票收益的计算等存在差异,可能会造成对是否具有"规模效应"得出不同的结论。

许多研究从不同角度对于"规模效应"进行了解释。其中,一个主要的解释是忽视效应。该效应认为,相对于规模较大的上市公司而言,那些实力雄厚的机构投资者不愿意将更多的人力物力投入到小规模公司中,这一方面使得小规模公司的股票更容易被市场或中小投资者影响,另一方面也造成小规模公司自身的信息更难以被投资者知晓,这将增加持有小规模公司股票的风险,从而需要更高的收益率来补偿这种风险。因此,"规模效应"可以看作是对持有小规模公司的一种风险溢价。此外,由于小规模公司的股票在流动性上普遍低于大规模公司,为了弥补较低的流动性可能给投资者造成的变现损失,投资者同样也需要一定的补偿来持有小规模公司的股票,这种非流动性溢价也是对"规模效应"的一种可能解释。

二、账面市值比效应(Book-to-Market Effect)

账面市值比效应指的是,股票的收益和它的账面市值比之间具有正相关关系,即账面市值比越高的股票组合,其收益率也越高,而账面市值比越低的股票组合则具有较低的收益率。较早有学者利用美国和日本股票市场的数据,均发现股票的平均收益与发行该股票的公司的账面市值比正相关。法玛(Fama)和弗伦奇(French)在1992年的一篇经典文献"*The Cross-Section of Expected Stock Returns*"中比较正式地提出了"账面市值比效应"的概念。随后,两位作者还发现,在1975年到1995年这段期间,利用世界范围内的股票来构造股票投资组合,其中账面市值比高的股票组合与账面市值比低的股票组合相比,其平均收益率每年要高出约7.68%。此外,他们还对全球13个国家和地区的主要证券市场进行了研究,包括:美国、日本、英国、德国、法国、意大利、荷兰、比利时、瑞士、澳大利亚、悉尼、新加坡和香港,发现这13个市场中有12个存在明显的账面市值比效应。

同样,我国股票市场上是否存在账面市值比效应也是一个引发学者广泛关注的问题。尽管可能选取的研究期间或数据样本有所差异,但大多数的文献都发现,中国证券市场上也存在着账面市值比效应,同时,利用账面市值比效应还能够对股票未来的收益进行预测。

对于账面市值比效应的解释,可以主要归纳为两个方面:

第一个是风险解释,该解释从理性定价理论的观点出发,认为账面市值比实际上是一种财务危机风险,账面市值比较高的公司通常是盈利或销售等基本面特征表现不佳的公司,其财务状况比较脆弱,更容易陷入财务困境,从而影响企业的未来前景。相对于低账面市值比的公司而言,账面市值比较高的公司具有更高的风险,因此,账面市值比高的公司股票能够获得较高收益主要是对其本身所具有的高风险的补偿。

第二个是行为金融解释,该解释从市场参与者的角度,从投资者的认知偏差和个人偏好等非理性因素来对账面市值比效应进行解释。由于投资者,特别是中小投资者对上市公司的信息缺乏充分理解,因此在进行投资判断时会简单地依赖公司的基本面数据来进行推测,即过去基本面较好的公司,在未来的基本面状况也相应较好。由于账面市值比较高的公司通常是基本面表现不佳的公司,因此投资者会对该类公司的股票价值非理性地低估。相对的,账面市值比较低的公司通常属于基本面较好的公司,因此投资者会对该类公司的股票价值非理性地高估。投资者对账面市值比高的公司过度悲观,同时对账面市值比的公司过度乐观,会导致过度反应。而一旦该过度反应被纠正,股票收益就会出现反转现象,从而导致账面市值比高的公司比账面市值比低的公司具有更高的收益,即账面市值比效应。

此外,丹尼尔(Daniel)和蒂特曼(Titman)认为账面市值比效应的存在不是由于风险因素,而是因为特征因素,它代表了投资者的偏好,从而决定了收益的高低,这与投资者由于过度反应造成高账面市值比公司的股票具有较高收益的观点是基本一致的。

三、动量效应(Momentum Effect)与反转效应(Reversal Effect)

动量效应,通常也称为"惯性效应",主要是指股票的收益率有延续原来运动方向的趋势,即过去表现较好的股票在将来会继续上涨,而过去表现较差的股票在将来会继续下跌。杰格迪什(Jegadeesh)和蒂特曼(Titman)在1993年最早发现并对动量效应进行了系统论证。他们利用美国股票市场在1965年到1989年之间的数据,首先根据股票在投资组合形成期为1至4个季度的累积收益率进行排序,将排序位于最高10%的股票组合定义为赢家股票组合,将排序位于最低10%的股票组合定义为输家股票组合,买入赢家组合,同时卖出输家组合以形成零成本套利组合。然后,将该零成本套利组合持有1至4个季度,从而产生了16种形成期和持有期不同的投资策略组合。他们研究发现,这些投资策略组合的超额收益大多显著为正,且平均每月能够产生1%的超额收益。换句话说,"追涨杀跌"的交易策略正符合了动量效应这一思路。两位学者认为收益率最高的是形成期为12个月和持有期为3个月的组合,其超额收益率可以达到每月1.31%,也正是因为此,他们把这种现象称为"中期动量效应"。

反转效应通常是指在一段较长的时间内,过去表现差的股票在随后一段时间内价格会出现上涨,而先前表现较好的股票在随后一段时间内价格会出现下跌。这种价格反转的现象被认为是股票价格恢复其正常水平的过程。德·帮德(De Bondt)和塞勒(Thaler)在1985年较早地发现了股票市场上的反转现象,他们使用1926年到1982年在纽约证券交易所上市的所有股票进行研究,发现过去5年的赢家组合和输家组合股票的收益率在随后的3年内发生了反转,且在随后的这段时间内,输家组合比赢家组合的平均累积收益率要高出25%,他们把这种现象称为"长期反转效应"。与此同时,杰格迪什(Jegadeesh)和莱曼(Lehmann)在1990年分别对美国股票市场进行了研究,均发现反转效应也存在于期限小于或等于一个月的投资组合中,即股票收益在短期水平内也会出现反转现象。他们把这种现象称为"短期反转效应"。在现实股票投资策略中,"逆向投资策略"正是基于反转效应的思路,通过买进过去表现差的股票,同时卖出过去表现好的股票来进行套利。著名的基金经理、邓普顿集团的创始人约翰·邓普顿曾经就说过:"当别人慌忙抛售股票时你要买进,而在别人急于买进时抛出,这需要投资者有最大的坚韧不拔,然而回报也是最大的。"

总体而言,动量效应和反转效应均说明股票的历史收益率可以用来预测未来短期、中期或长期水平的股票收益。投资者根据股票的历史表现来构造相应的股票投资组合,有可能获得高于市场组合的超额收益,这与有效市场理论是完全相悖的。对于这两种效应的解释主要存在两个方面:一个是有效市场假说学派,在理性框架下基于风险的解释;另一个是行为金融学派,在非理性框架下基于行为的解释。这里,我们主要介绍非理性框架下基于行为的解释。

行为金融学理论认为,投资者对信息的反应不足导致动量效应,投资者对信息的反应过度导致反转效应。一些学者尝试从行为金融学的角度解释动量策略超额收益的来源,比如BSV模型、DHS模型、HS模型以及锚定与调整模型,在这些模型中认为是由于交易者不够理性而导致动量效应与反转效应。

(1) BSV模型

BSV模型由巴伯利斯、施莱弗和维什尼(Barber, Shleifer and Vishny,1998)提出。他们认为,市场中的投资者会犯两种错误:选择性偏差错误(Representative Bias)和保守性偏差错误(Conservation Bias)。选择性偏差是投资者过分关注近期趋势,而不是根据总体特征来进行决策,这会导致对新近消息关注度不够造成反应不足。保守性偏差是指当情况发生变化时投资者仍然坚持原有判断,而不及时修正自己的预测模型,从而导致过度反应。

在 BSV 模型中,假设股票收益率服从随机游走,但是投资者对这个假设前提并不认同。他们总是以为股票收益率要么在不断向均值回归,要么按原来趋势运动,并且投资者在两种偏差之间的转移过程遵循贝叶斯法则。因此证券市场不断在过度反应与反应不足之间转换,导致动量效应和反转效应的出现。

(2) DHS 模型

DHS 模型由丹尼尔、赫什莱佛和苏布拉马尼亚姆(Daniel, Hirshleifer and Subrahmanyam,1998)提出。该模型认为市场中存在有信息和无信息两类投资者。有信息投资者在对其所拥有的信息进行反应时可能存在过度自信偏差(Overconfidence)和自我归因偏差(Biased Self-contribution)。

过度自信偏差使投资者对自己的价格预测能力十分自信,从而忽略了自己对价格的预测误差。由于十分重视自己所拥有的私人信息,而忽略先验信息(已经公开的信息)的价值,因此在进行投资决策时,投资者会赋予前者更多的权重,而降低对后者的关注,从而导致过度反应,致使市场上表现出动量效应。

自我归因偏差是指投资者高估自己,即认为投资决策上的正确是因为自己的能力所致,而一旦投资出现了失误则是由于其他的外部因素所导致。因此,投资者会十分重视支持自己判断的信息,而忽略那些与自己判断相悖的信息。这种自我归因不仅会导致短期动量和长期反转效应,同时也会增强投资者的过度自信偏差。

(3) HS 模型

HS 模型由洪和斯坦因(Hong and Stein ,1999)提出,在模型中,假定市场中存在"消息观察者"(News Watchers)和"趋势投资者"(Momentum Traders)这两类投资者,这两种投资者只能有限地处理公开消息中的部分信息。具体来说,"消息观察者"靠挖掘关于股票未来价值的信息来进行决策,而不考虑股票过去和当前的价格;而"趋势投资者"是指投资者分析股票价格过去的变化来预测未来的变化。HS 模型认为由于"消息观察者"对私人信息的反应有不足,随后,"趋势投资者"又想通过套利策略来利用这种反应不足的倾向,结果又进一步导致了反应过度。

四、盈余公告后漂移现象(Post Earnings-Announcement Drift,PEAD)

盈余公告后漂移现象,也被称为"盈余惯性",主要是指未预期盈余较高的公司在未来一段时期内的市场收益率会显著高于未预期盈余较低的公司。盈余公告后漂移现象的存在意味着股票的价格并没有及时地对盈余公告的信息作出反应,而是在经过一段时间的调整之后才逐渐将盈余信息融入股价当中,这显然与有效市场假说的假设前提是相悖的。

鲍尔(Ball)和布朗(Brown)在 1968 年首次发现了盈余公告后漂移现象,两位学者利用纽约交易所上市公司的月度股票收益数据和年报数据,考察了盈余公告公布前 12 个月到公布后 6 个月的股价变动情况。发现在盈余公告信息发布之后,股票价格与未预期盈余之间的正向关系。如果未预期盈余为正,那么股票价格将持续向上漂移;而如果未预期盈余为负,那么股票价格将持续向下漂移。随后,大量的研究对该现象的存在进行了验证,并对盈余公告后漂移现象的成因进行了分析,其视角主要分为支持有效市场假说和行为金融学的两个方面。

支持有效市场假说的学者认为,研究使用的模型、方法的不足,风险溢价,投资者额外承担的交易成本,套利限制和宏观经济因素都可能是造成盈余公告后漂移现象的原因。而行为金融学主要从投资者类型、投资者有限关注等方面对盈余公告后漂移现象进行了解释。

从投资者类型来看,投资者一般可以分为两类,一类是以机构投资者为代表的成熟投资者,他们能够获取更多的公司信息,同时能够更为专业地对信息进行处理,从而可以比较客观地判断企业的未来盈余情况。另一类是以中小投资者,特别是以散户为代表的投资者,他们缺乏足够的财务专业知识,在信息获取渠道上也有诸多限制,从而对公司未来盈余情况的估计容易产生偏差。上市公司股票受到不同类型投资者持有股票比例的影响,往往可能导致公司的未预期盈余信息无法迅速融入股价当中,从而产生盈余公告后漂移现象。

从投资者有限关注来看,所谓"有限关注",也称为"有限注意",通常是指个体在处理信息或执行多任务时的能力是有限的,因此注意力变成认知过程中的一种稀缺资源,个体在面临多信息或多任务时必须分配其有限的注意力,从而对某一事件投入更多的关注势必造成对其他事件的关注度下降。若投资者的关注度越低,注意力越分散,意味着越有可能对公司盈余信息的即时反应不足,这会加剧盈余公告后漂移现象的产生。例如,一些研究发现,临近周末时,投资者的注意力更可能分散,通过对比投资者对周五和非周五盈余公告的反应程度,发现投资者在周五的即时反应低15%,而延迟反应则高70%。而当盈余信息公布当天投资者所面临的发布盈余公告的信息越多时,投资者也会因为外部信息导致注意力被分散,导致股价对信息反应不充分,在未来漂移程度也会越大。

五、应计异象

斯隆(Sloan)在1996年首次发现了应计异象,他通过将会计盈余分割成应计利润和现金流两部分,考察了两者所包含的信息质量与特点,并研究分析了股价对两者的反应程度。他发现,在持续性方面,应计项目要低于现金流量。同时,美国市场中存在高估应计项目、低估现金流量的现象。若投资者采取买入低会计应计公司股票,同时卖出高应计公司股票进行套利,可以获得10.4%的超额收益。这种由于应计项目被错误定价而产生超额收益的现象被称为"应计异象"。

对于应计异象的解释按照其是否基于有效市场假说可以分为两类:一类是基于有效资本市场假说,这类支持者以市场是有效的作为出发点,认为应计异象是风险溢价的一种表现形式,因此尽管应计异象是广泛存在的,但依然不能否定市场的有效性;而另一类则是基于非有效市场假说,认为应计异象的存在是市场缺乏有效性的一个证据,而这类观点的支持者将应计异象的存在性归于投资者缺乏理性、投资者"功能锁定"、市场错误定价等方面。

第三节 行为投资策略

关于投资者能否长期战胜市场这个问题,不同的答案对应不同的投资哲学:(1) 投资者不能长期战胜市场。它表明投资者认为市场是有效的,即假设证券价格已经充分地反映了市场上所有可获得的信息,任何试图取得超过市场表现的超额收益的行为,除非幸运,否则都是徒劳。它对应的是消极的投资策略,例如,组合投资策略。(2) 投资者能够长期战胜市场。它表明投资者认为市场是非有效的,即投资者可以通过预测影响某种资产价格走势的因素,获得长期的超额投资收益。与之相对应的是积极的投资策略,例如,基本分析策略、技术分析策略。

行为金融学不仅是对传统金融学的革命,也是对传统投资决策范式的挑战。它不完全肯定人类理性特别是完美理性的普遍性,而认为人类行为既有理性的一面,同时也存在许多非理性的因素。基于人们的实际决策并不能遵从最优决策模型这样一个事实,行为金融理论将心理学引入到金融学中,从微观个体的行为、心理和社会动因等角度来了解和研究证券市场中的问题,从而提出一套更加符合金融市场实际的投资行为模型和投资策略,即行为投资策略。

行为投资策略,是根据投资者所犯的系统认知偏差所造成的市场非有效性来制定的投资策略,即利用股票价格的错误定价:在大多数投资者意识到自己的错误之前,投资那些价格有偏差的品种,并在价格定位合理后平仓,从而获利。心理学的研究已经证实,人类的心理决策特征是在长期演化过程中逐渐形成的,具有相当的稳定性,在较长时间内都不会有明显的变化,因此投资管理者可以充分利用人们的行为偏差而长期获得超额收益。基于行为金融的投资策略就是利用投资者心理偏差引起的对市场未来获利能力和公司收益的期望的偏差,进而引起这些公司股票的错误定价,由于人类行为模式改变很慢,基于行为偏差的市场无效率很可能持续很长一段时间,从而为利用这种偏差进行套利的投资提供了机会。

证券市场中的各种异象以及非理性繁荣或恐慌,一方面反映了市场的非有效性,另一方面,也为投资者提供了战胜市场的投资策略。行为金融实践家巴菲特(Buffett)、索罗斯(Soros)、泰勒(Taylor)等利用市场运行的特点和投资者普遍的心理特征,各自形成了独特的投资理念和投资决策,因此拥有了战胜市场的秘密武器。

随着行为金融理论的发展,行为投资策略越来越为一些职业投资管理人所运用。具体而言,目前的行为投资策略主要有:逆向投资策略和惯性投资策略、小盘股投资策略、集中投资策略、量化投资策略以及成本平均策略和时间分散策略等类型。随着人们对市场认识的不断深入,许多基金和投资公司已经开始将行为投资策略运用于业务中对其投资活动进行指导,据估计,美国超过700亿美元的投资资金都运用行为投资策略,甚至主流的基金经理人也开始采用。此外,行为金融理论传播迅速,以行为投资策略为指导理念的证券投资基金已从欧美国家流行到亚洲国家,这些基金公司为避免非理性投资行为,通过计算机动态数量分析模型为投资人构建资产组合,以追求资本的长期增值。

一、逆向投资策略和惯性投资策略

逆向投资策略(Contrarian Investment Strategy)是行为金融最成熟且最受关注的运用之一。其原理是利用市场上存在的反转效应和赢者输者效应,买进过去表现差的股票而卖出过去表现好的股票来进行套利。投资者在投资决策过程中,往往过分注重上市公司的近期表现,并根据公司的近期表现对其未来进行预期,导致对公司近期业绩作出持续过度反应,形成对业绩较差公司股价的过度低估和对业绩较好公司股价的过度高估现象,从而为投资者提供了利用逆向投资策略套利的机会。德波特(De Bondt)和塞勒(Thaler) 1985年的研究表明这种投资策略每年可获得大约8%的超常收益。尽管这个发现已经有三十年的历史,但这种超常收益在许多市场仍然存在。当然,这种超常收益的源泉也存在争论:莫顿(Merton)1987年认为,这个超常收益是幻觉,是方法和度量误差的产物;而法玛(Fama)1991年指出,这个超常收益可能是真实的,但它是对随时间变化的风险的理性补偿。

逆向投资策略最初是由美国的投资管理人戴维·德瑞曼(David Dreman)提出并实际运用的,他因此被华尔街和新闻媒体称为"逆向投资之父"。德瑞曼研究了投资者在股市中的过度反应,根据市场反转效应现象实施逆向投资策略,主要做法是购买过去2—5年中表现糟糕的股票,并卖出同期表现出色的股票。他对逆向投资理论进行了深入的研究,在其专著《逆向投资策略》一书中,介绍了四种根据逆向投资原理的选股方法,主要包括:低 P/E 策略、低 P/CF 策略、低 P/B 策略和低 P/D 策略。由于投资者大都具有明显的羊群行为,市场存在系统性的定价错误,在特定阶段不被市场看好的股票,价值往往会被过度低估,当市场对这类股票的价值重新定位时,其表现会相对优异。德瑞曼经营的投资公司自1988年成立以来,采用逆向投资策略获得了很好的经营业绩,一直位居利普分析中心208个同类基金的榜首。

与逆向投资策略相反的是惯性投资策略(Momentum Investment Strategy),也称为"动量交易策略"或"相对强度交易策略"(Relative Strength Trading Strategy),是利用动量效应,即股票价格在一定时期内存在黏性,来预测股票价格的持续走势从而进行投资操作的策略。由于价格黏性和人们对信息的反应时滞的存在,已经开始上涨的股票预期将会在一定时期内继续上涨,应该买入;相对的,已经开始下跌的股票预期将会继续下跌,应该卖出。

在实践中,惯性投资策略已经有所应用,如基于美国的价值线排名(Value Line Rankings)系统构建惯性投资策略,主要是捕捉利润和股价快速增长的公司。排名最好的公司盈利超过分析师预期,分析师通常会提高对这些公司的盈利估计,当公司的价值得到提升时,若市场反应不足或反应速度缓慢,投资者可以及时买入,利用股价的持续上涨获利。

二、小盘股投资策略

20世纪80年代,芝加哥大学的本茨(Banz)通过实证研究发现了存在小公司比大公司回报高的现象,验证了小公司股票收益率在长期内优于市场平均水平,即所谓的"规模效应"。小盘股投资策略(Small Company Investment Strategy)就是利用这种规模效应,对小盘股进行投资的一种策略。在使用该策略时,投资者挖掘具有投资价值的小盘股,当预期小盘股的实际价值与将来股票价格的变动有较大的差距时,考虑选择该种股票;先前被低估的小盘价值股一旦有利好消息传出,可能导致市场上投资者对新信息反应过度,从而使股票价格大幅上涨。此外,由于小盘股流通盘较小,市场上投资者所犯系统性错误对其股价波动的影响更大,从而为利用该种投资策略的投资者带来超额投资收益。

小盘股可分为小盘价值股和小盘成长股。法玛(Fama)和弗兰奇(French)1993年的研究表明,小盘股效应很可能是由小盘价值股引起的。国外研究了在纽约股票交易所(NYSE)交易的小盘股(主要是小盘价值股)与纳斯达克证券交易所(NASDAQ)交易的小盘股(主要是小盘成长股)的业绩,结果发现NYSE的小盘股收益远远超过NASDAQ的小盘股收益,当名义收益增长时,小盘股的投资收益率增长超过大盘股的投资收益率增长。

三、集中投资策略

集中投资策略(Centralization Investment Strategy)的思想最初来源于英国经济学家凯恩斯(Keynes)。1934年他在写给商业同行的一封信中谈到:"一个人的知识和经验无疑是有限的,任何时候,我个人充分信任的公司从未超过两三家……过度分散地投资于那些知之甚少和无条件就给予信任的公司的股票,以为那样就可以控制投资风险,这样的观点是错误的,集中投资策略可能产生超过平均水平的长期收益。"简单来说,集中投资策略就是选择少数几种可以在长期产生高于平均收益的股票,即那些目前价值被低估,但具有长远投资价值的股票,然后将大部分资本集中投资在这些股票上,不管股市短期涨跌都坚持持有,直到市场发现这些股票的价值,股价上升,从而产生巨大的获利空间。

集中投资策略往往与价值投资策略(Value Strategy)相对应。将投资集中于价值被低估的股票的投资策略之所以能够获得稳定的回报,主要有以下两个方面的原因:

第一,集中投资策略有助于减少投资者的认知偏差。通过分析企业的内在价值,将注意力集中在少数几家公司上,投资者可以对它们进行更深入的研究。选择的股票越少,犯认知错误的可能性就越低,可能遭遇的风险就越小。同时,长期持有股票,投资者可以保持稳定的心态,从而避免受价格波动和市场情绪波动的影响出现非理性行为。

第二,该策略能够利用价值投资的理念获利。集中投资策略通常在分析公司的内在价值、评估公司价值与当前价格的差距后,在股票被低估时买入,当股价上涨后卖出获利。这实际上是利用他人的认知偏差和市场的错误定价而获得超额收益。

集中投资策略早已为投资者所运用,投资大师巴菲特(Buffett)就是这一策略的成功实践者。他运用这一策略的原则包括:第一,选择少数几家经营业务简单且有良好的发展前途、管理团队优秀、价值被市场低估的公司(如10—15家),这些公司可能有很高的成功率,能够将过去的优秀业绩保持下去;第二,将投资基金按比例分配,将资金重点投资在这些股票上;第三,面对股价波动,保持冷静对待,持股至少五年。

巴菲特"简单易懂"的集中投资理念使投资者既能克服框定依赖偏差,又容易对所投资的公司掌握战略性的控制力。他这种理念来源于以定量分析为主的基本学派大师本·格雷厄姆(Ben Graham)与以定性分析为主的菲利普·费希尔(Philip Fisher),他则是集二者于大成。格雷厄姆首创"安全边际"(Margin of Safety)的稳健投资观念,他认为如果股票价格低于内在价值,这种股票就存在安全边际,因此他建议投资者将精力用于辨认价格被低估的股票,而不管大盘的表现。费希尔则主张投资成长率高于平均水平、利润相对成长以及拥有卓越管理阶层的企业。他认为仅仅通过阅读公司财务报告并不足以判断是否应该投资,而应尽可能地从公司获取第一手资讯,从而更加深刻和系统地了解公司的经营状况和未来的发展前景。巴菲特的投资准则主要包括企业、管理、财务和市场四个方面。

(1) 企业准则:业务简明易懂、贯穿始终的经营历史、令人满意的长期发展前景。证券市场上充斥着大量的信息。为了避免"认知吝啬鬼"(Cognitive Miser)所导致的信息不充分和偏差所导致的信息有限,投资于业务简单易懂的公司成为一种很有用的策略。业务简单的公司,就不需要投资者去搜集大量的信息了解公司发展前景,只要通过日常生活中的一些具体表象就可以对公司的发展前景作一些基本的判断。例如,巴菲特20世纪80年代购买通用食品公司和可口可乐公司的股票,当时很多机构投资者认为这些股票毫无吸引力,但巴菲特就是因为公司业务比较简单而对其投资。基于简单的生活习惯判断,很容易就推断出可口可乐公司未来的发展前景。这种判断不需要投资者收集大量的专业信息进行预测,即使是"认知吝啬鬼",犯错误的机会应该也不多。并且,也不需要通过阅读行业分析师的投资报告来了解行业和公司的发展。其实阅读了这些报告,反而容易陷入分析师所具有的思维模式,形成与分析师观点一致的框定依赖偏差。

从行为金融的角度来看,选择业务简单、有长期经营历史的公司,投资者能够降低代表性偏差和可得性偏差;寻找有长期稳定发展前景的公司,有助于远离不确定性,避免重大的决策错误,减少后悔厌恶;投资熟悉的企业,有助于减少从众行为等认知偏差。

(2) 管理准则:管理者的理性行为、坦诚、避免惯例驱使。管理者的品质决定了其如何运用公司的资金进行再投资,进而决定了投资者的投资收益。管理者的理性行为是决定一个公司能否长期持续发展的重要因素。一个理智的管理者应该是对股东坦诚、不受市场惯例驱使而且对自己的行为负责的。例如,巴菲特之所以购买通用动力公司的股票,很大程度上是因为该公司总裁安德斯(Anders)的理性管理能力。在企业的经营过程中,过度自信、过度乐观、证实偏差等一些非理性因素的存在,使得管理者容易作出错误的决策,导致公司长期价值下降,甚至整个公司走向衰亡,投资者遭受巨大损失。只有投资者、管理者和监管者各方都能理性思考、理性决策,公司才能长期稳定地发展,投资者才能获得持续的投资回报。

(3) 财务准则:集中于权益资本收益而不是每股收益,计算股东收益,寻找经营利润率高的公司的股票,对每一美元的留存收益,确认公司已经产生出至少一美元的市场价值。巴菲特对会计准则及财务报表的缺陷有着深刻的理解,对选择的公司会进行详尽分析:投资者通常用每股收益来评价企业的经营业绩,而巴菲特认为衡量企业经营状况最重要的指标是已投入股权资本的收益状况和股东收益。此外,他还通过比较公司市场价值增量与留存收益增量来检验一家公司是否具有良好的发展前景。从行为金融的角度看,考察权益资本收益、股东收益和经营利润率等指标,有利于减少企业财务报表中的水分,避免框定依赖偏差和决策错误。对投资者而言,内部结构和财务报表复杂的公司,比结构和业务简单的公司更容易引发错误的判断。

(4) 市场准则:确定公司的内在价值,在有吸引力的价位上买进。巴菲特强调要通过分析企业未来现金流,在合理贴现的基础上确定公司的内在价值,然后耐心等待市场的调整,并根据企业的内在价值在合适的价位买入。例如,1994年股市低迷,一些股票的价格低于其价值,巴菲特大量买进甘尼特公司和PNC银行的股票。从行为金融的角度看,投资者关注企业本身的内在价值而不是市场价格的波动,锚定一个理性的价值,有助于减少投资者情绪波动,避免错误锚定、损失厌恶和后悔厌恶等偏差,保持一个稳定的心态进行投资分析。

四、量化投资策略

与集中投资策略或者其他投资策略通过综合分析各类信息,依赖主观判断及直觉来精选个股、构建组合、获取超额收益的"判断型投资"不同,"量化投资策略"(Quantitative Investment Strategy)把选股思路模型化,使用数学公式、根据过去的数据判断将来的价格走势,借助计算机实现选股程序化。其组合构建是对通过宏观数据、市场行为、企业财务数据、交易数据进行分析,利用数据挖掘技术、统计技术、计算方法等处理数据,以得到最优的投资组合和投资机会。

首只量化基金巴克莱投资管理公司(Barclays Global Investors,BGI)成立于20世纪70年代。其投资管理规模从1977年的30亿美元发展到2008年的15000亿美元,居全球资产管理公司第二名。从20世纪90年代到21世纪初,量化基金得到了快速的发展,并以其良好的业绩表现吸引了更多投资者的关注。

量化投资策略是一种比较机械的、不依赖于人为判断和干预的投资方法。由于计算复杂且对速度要求高,量化投资的组合决策过程和交易过程通常是由电脑系统自动来完成的。量化投资以先进的数学模型替代了人为的主观判断,借助系统强大的信息处理能力,因而具有更大的投资稳定性,极大地减少了投资者情绪的波动影响,避免在市场极度狂热或悲观的情况下作出非理性的投资决策。

量化投资策略也有很多不同的类型。莫顿(Merton)和斯科尔斯(Scholes)两位诺贝尔经济学奖获得者拥有的长期资本管理公司(Long-term Capital Management,LTCM)在20世纪90年代中期曾经辉煌一时。他们通过不同金融工具间的价差变化来获取收益。具体而言,他们利用计算机处理大量历史数据,通过连续而精密的计算得到两种不同金融工具之间的正常历史价差,然后结合市场信息分析他们之间的最新价差。如果两者存在偏差,并且该偏差正在放大,电脑立即发出指令大举入市;经过一段时间的市场调节,放大的偏差会自动回复到正常轨迹上,此时电脑发出指令平仓离场,获取差值收益。整个过程通过对冲机制规避风险,使市场风险最小,但由于其模型假设前提和计算结果都是在历史统计数据基础上得到的,一旦出现与计算结果相反的走势,则这种对冲就变成了一种高风险的交易策略。

与LTCM不同的是,西蒙斯(Simons)管理的大奖章基金则用高频交易从市场的微观结构里寻找交易机会。他们通过捕捉市场大量异常瞬间机会获取收益。西蒙斯的观点是:"我们绝不以'市场恢复正常'作为赌注投入资金,有一天市场终会正常,但却很难预料是哪一天,因而我们寻找那些可以复制的微小的获利瞬间。"大奖章基金与LTCM还有一个重要的区别是不涉及对冲,而多是进行短线方向性预测,依靠同时交易很多品种、在短期作出大量的交易来获利。由于会在很短的时间内平仓,即使一笔交易亏损,也不会损失很大,数千次交易之后,只要盈利交易多于亏损交易,总体交易结果就是盈利的。

与定性决策相比,量化分析能够避免基金经理主观决策的随意性,降低对基金经理个人能力和经验的依赖。它根据严格的组合配置原则建立符合投资目标的优化投资组合,避免受到基金经理的情绪和主观决策的干扰,同时,借助程序化的计算机模型,也能够跟踪和发现大量人力不及的投资机会。量化投资可以去除投资者的心理给投资过程带来的偏差,电脑不会有情绪化的反应,而人往往不守纪律,决策随意性很大,例如,很多投资者都过早止盈而却迟迟不止损等,量化投资的公式没有这种心理负担,因此,从这个意义上来说,电脑可以战胜人脑。

量化模型的主要优势体现在对大量个股的海选、瞬间时机的把握、科学的配置比例等方面。但在判断市场趋势何时发生转换的择时决策上,多数量化模型无能为力。因此,量化投资的主导思想是获取收益,而规避风险并非量化投资的强项。所以,量化基金在某种程度上也需要结合人的思想和判断,例如,"主动量化管理"将这两者结合在一起。

五、成本平均策略和时间分散策略

成本平均策略(Dollar Cost Averaging Strategy)针对投资者的损失厌恶心理,建议投资者在将现金投资于股票时,按照预定的计划以不同的价格分批买进。分批投资可以使投资成本平均化,从而规避一次性投入可能带来较高损失的风险。

时间分散策略(Time Diversification Strategy)针对投资者的后悔厌恶心理,以及人们对股票投资的风险承受能力可能与年龄成反比的特点,建议投资者在年轻时配置更高比例的股票,而随着年龄的增长,逐渐减少资产组合中股票的投资比例,而同时逐步增加债券投资比例。

两种投资策略体现了投资者的感受和偏好对投资决策的影响,属于行为控制策略。由于投资者并不总是风险规避的,而损失给投资者带来的痛苦又远大于盈利带来的喜悦,因此,投资者在进行股票投资时,应事先制订一个计划,在不同的时间根据不同的价格分批投资,以减少风险,降低成本。

本章小结

本章首先结合事例,对目前具有代表性的心理学偏差概念进行了介绍。然后简要描述了资本市场上存在的异象,并从行为金融的角度进行了解释。在本章的最后一部分,利用对投资者的非理性分析和对异象的挖掘从而制定出行为投资策略,包括:逆向投资策略和惯性投资策略、小盘股投资策略、集中投资策略、量化投资策略、成本平均策略和时间分散策略等。

思考习题

1. 如何理解前景理论?你在实际生活中是否遇到过能用前景理论解释的事例?
2. 典型的心理学偏差有哪些?对于投资者的行为可能会产生哪些影响?请举例说明。
3. 资本市场上存在的异象有哪些?
4. 各种行为投资策略进行投资选择的依据分别是什么?

第六章 固定收益证券

固定收益证券是承诺未来还本付息的债务工具以及相关衍生品的总称。从字面上理解,固定收益证券是现金流固定的证券,以国债和企业债为代表;但从固定收益证券的实际现金流来看,其收益的固定性是很弱的。这里面有两个原因:一是大量的固定收益证券,其本身的现金流就不是固定的,如浮动利率债券、可赎回债券以及抵押支持债券等等;二是由于风险的存在,固定收益证券最终实现的收益率具有很大的不确定性。从本质上而言,固定收益证券是一种利率产品。

第一节 固定收益证券概述

固定收益证券发展到今天,已经成为一个大家族,涉及很多品种,大致可以分为三类:其一为基础性债务工具,按剩余期限是否超过一年,又可分为货币市场工具和资本市场工具;其二为衍生产品,对于债务工具而言,影响其风险收益的两大要素为利率和信用;其三是将基础性债务工具及相关衍生产品进行结构拆分和重组后形成的结构型债务工具。

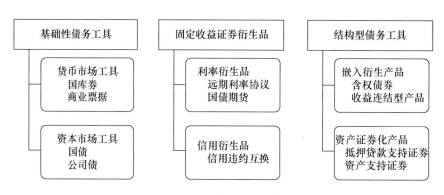

图 6-1-1 固定收益证券分类

一、国债

国债(National Debt)也被称为"公债"或者"金边债券",是中央政府为了筹集资金而向投资者发行的、承诺在一定期限内还本付息的债券凭证。国债是国家信用的基本形式,以中央政府的税收作为还本付息的保证,风险小、流动性强,投资者一般不用担心政府的偿还能力。随着世界经济的发展和国家职能的不断扩展,政府支出日益增加,所以需要通过发行国债来弥补政府财政赤字、筹集基础设施建设资金,或者弥补国际储备的不足。国债具有以下特征:

(1)安全性高。在我国,国债是由财政部代表中央政府发行,由国家财政收入作担保,信誉度非常高,几乎不存在违约风险。

（2）流通性强。国债由于信用等级高，因此很容易在证券市场上变现，流通性非常强。

（3）收益稳定。国债的偿还期限固定，利息率固定，其价格很少受到经济波动的影响，因此收益较为稳定。

（4）免税待遇。国债是中央政府自己的债务，为了鼓励人们投资国债，大多数国家都规定，购买国债的投资者可以享受税收优惠，甚至免税。比如，《中华人民共和国个人所得税法》中规定，个人的利息、股息和红利所得应缴纳个人所得税，但国债和国家发行的金融债券利息免缴个人所得税。

二、地方政府债券

地方政府债券（Local Government Bond）是指有财政收入的地方政府及地方公共机构为筹措交通、通信、住宅、教育、医院和污水处理系统建设资金而发行并偿还的债券。由于地方政府债券风险小、收益较高、安全性仅次于有"金边债券"之称的国债，地方政府债券也被称为"银边债券"。

在发达国家，发行地方政府债券是发展地方经济和地方公益事业最重要的手段之一。在我国，地方政府发行债券经历了一个变革过程。1995年1月1日起实施的《中华人民共和国预算法》第28条规定，除法律和国务院另有规定外，地方政府不得发行地方政府债券。从1998年开始，我国实施积极的财政政策，中央政府代地方政府举债，并转贷地方用于国家确定项目的建设。2009年为应对国际金融危机，扩内需保增长，财政部颁布了《2009年地方政府债券预算管理办法》和《2009年地方政府债券资金项目安排管理办法》。新办法规定，地方政府发行债券由财政部以记账式国债发行方式代理发行，实行年度发行额管理，由地方政府承担还本付息责任，及时向财政部上缴本息、发行费等资金。至此，中央政府的角色由"转贷"变为"代理"，地方政府变为地方政府债券真正的"债务人"。

三、中央银行票据

中央银行票据（Central Bank Bill），简称"央行票据"，是指中国人民银行面向全国间债券市场成员发行的、期限在一年以内的短期债券。由于我国的短期国债发行量较小，人民银行不得不发行央行票据，作为公开市场业务的交易工具。央行票据与金融市场各发债主体发行的债券具有根本的区别：债券是一种筹集资金的手段，而央行票据是中央银行调节基础货币的一项货币政策工具，目的是减少商业银行可贷资金量。中央银行票据具有以下功能：

（1）为市场提供基准利率。连续发行央行票据将形成稳定的市场短期利率水平，为货币市场提供基准利率，从而为中央银行推进利率市场化改革创造条件。

（2）推动货币市场的发展。央行票据具有无风险、期限短、流动性高等特点，其发行改变了目前我国货币市场、债券市场缺乏短期工具的现状，有利于促进货币市场的发展。央行票据的发行可以改变货币市场缺乏短期工具的现状，为机构投资者灵活调剂头寸、减轻短期资金压力提供重要工具。

(3) 有利于增强央行公开市场操作的有效性。引入央行票据后，中国人民银行可以利用票据或回购及其组合，进行"余额控制、双向操作"，对央行票据进行滚动操作，增加公开市场操作的灵活性和针对性，增强了执行货币政策的效果。

四、金融债券

金融债券（Financial Bond）是由银行和非银行金融机构为筹集资金而向社会发行的债务凭证。金融债券的发行者是金融机构，一般具有较高的资信，所以金融债券多为信用债券，无须担保。与其他债务凭证相比，金融债券具有信用度较高、收益稳定、以中长期为主等特征。

按照不同的标准，金融债券有着不同的分类。按期限的长短，金融债券可以分为短期债券、中期债券和长期债券；按利息的支付方式，可分为附息金融债券和贴现金融债券；按发行条件，可分为普通金融债券和累进利息金融债券；按发行主体，可分为政策性银行债券、商业银行债券、商业银行次级债券、保险公司债券、证券公司债券和其他金融机构债券等。

进入20世纪80年代后，随着改革开放的逐步推进和国民经济的不断发展，我国金融机构开始发行金融债券。首先是在国际市场上发行外国金融债券，1982年，中国国际信托投资公司率先在东京证券市场上发行了100亿日元的外国金融债券。1985年，中国工商银行、中国农业银行开始在国内发放人民币金融债券。1994年，国家开发银行第一次发行政策性银行债券。

五、企业债券

我国的企业债券（Enterprise Bond）是指在中华人民共和国境内具有法人资格的企业在境内依照法定程序发行，约定在一定期限内还本付息的有价证券，金融债券和外币债券除外。企业债券属于我国经济发展和改革过程中的一类特殊固定收益债券，其发行审批权限归属国家发展与改革委员会。由于国家发改委的权限范围主要涉及国有经济部门，因此企业债券的实际发债主体主要是中央政府部门所属机构、国有独资企业或国有控股企业等大型国有机构，而且均由大型银行、大型国有集团对债券进行担保。这样，我国的企业债券实质具有很高的信用级别，属于具有"国家信用"的准政府债券。我国企业发行企业债券必须符合以下条件：

（1）具有法人资格；
（2）股份有限公司净资产不低于人民币3000万元，有限责任公司和其他类型企业净资产不低于人民币6000万元；
（3）累计债券余额不超过企业净资产（不包括少数股东权益）的40%；
（4）最近三年可分配利润（净利润）足以支付企业债券一年的利息；
（5）筹集资金投向符合国家产业政策和行业发展方向，所需相关手续齐全；
（6）已发行的企业债券或其他债务未处于违约或者延迟支付本息的状态；
（7）债券的利率不得超过国务院规定的利率水平；
（8）最近三年没有重大违法违规行为。

六、公司债券

在我国,公司债券(Corporate Bond)指根据《公司法》设立的公司依该法发行的约定在一定期限内还本付息的有价证券。公司债券是公司解决资金短缺的一种重要方式,一般期限较长。

通常,公司对外筹集资金主要有三种方式:发行股票、发行债券及向银行等金融机构借款。由于发行股票筹集的资金不用偿还,没有债务负担,而且经常是溢价发行,故股票筹资的实际成本较低。但股票发行手续复杂,前期准备时间长,还要公布公司财务状况,受到的制约较多;此外,增发股票还导致股权稀释,影响到现有股东的利益和对公司的控制权。向银行等金融机构借款能较快满足企业的资金需求,但信贷的期限一般较短,资金的使用往往受到严格的监管;而且,公司经营状况不佳时,银行往往不愿意提供贷款。相对而言,发行债券所筹集的资金期限较长,资金使用自由,而且购买债券的投资者无权干涉企业的决策,现有股东对公司的控制权不变,从这一角度看,发行债券在某种程度上弥补了股权融资和信贷融资的不足,成为许多公司非常愿意选择的一种融资方式。但公司通过债券融资也有不足之处,主要是由于公司债券的风险性较大,为增强债券对投资者的吸引力,债券利率一般都高于银行贷款利率,故发行成本较高。

发行公司债券,应当符合下列规定:

(1)股份有限公司的净资产不低于人民币3000万元,有限责任公司的净资产不低于人民币6000万元;

(2)公司的生产经营符合法律、行政法规和公司章程的规定,符合国家产业政策;

(3)公司内部控制制度健全,内部控制制度的完整性、合理性、有效性不存在重大缺陷;

(4)经资信评级机构评级,债券信用级别良好;

(5)公司最近一期未经审计的净资产额应符合法律、行政法规和中国证监会的有关规定;

(6)最近三个会计年度实现的年均可分配利润不少于公司债券一年利息;

(7)本次发行后累计公司债券余额不超过最近一期末净资产额的40%,金融类公司的累计公司债券余额按金融企业的有关规定计算;

(8)筹集的资金投向符合国家产业政策;

(9)债券的利率不超过国务院限定的利率水平;

(10)国务院规定的其他条件。

七、互换

互换(Swap)就是两个或多个当事人按照商定条件,在约定的时间内,交换现金流的合约。利率互换(Interest Rate Swap)是最为传统的一种互换产品,指双方同意在未来的一定期限内,根据同种货币的相同名义本金交换现金流,其中一方的现金流根据浮动利率计算出来,而另一方的现金流则根据固定利率计算出来。在普通互换中,固定利率支付者,被称为"买了互换"(Buy the Swap),建立了互换的多头,支付固定利率,收取浮动利率;而浮动利率支付者被称为"卖了互换"(Sell the Swap),建立了互换的空头,支付浮动利率,收取固定利率。

信用违约互换(Credit Default Swap)产生于 20 世纪 90 年代,是目前被广泛使用的一种信用衍生产品。信用违约互换的买方定期向卖方支付固定金额(通常为相关债券面值的一定比例),而卖方只有在违约事件发生时,才会有支付行为。信用违约互换事件,一般是指相关实体或相关债券的发行者发生违约、破产或进行债务重组等。对于买方而言,信用违约互换是通过定期向卖方支付固定费用而得到的一种保障,即在未来某一时刻,买方因违约事件的发生而遭受损失时,可从信用违约互换的卖方得到偿付。

八、资产支持证券

资产支持证券(Asset-backed Security)是资产证券化(Asset Securitization)的产物。作为近年来非常成功的一项金融创新,资产证券化是集合一系列用途、质量、偿还期限相同或相近,并可以产生大规模稳定的现金流的资产,对其进行组合包装后,以其为标的资产发行证券进行融资的过程。

从理论上说,任何能产生现金流的资产都能被证券化为债券出售,而实际上资产支持证券多数也都是由贷款和其他金融资产作为担保。在资产证券化的过程中,资产以证券形式销售至投资者手中,不仅意味着未来的现金流将由投资者获得,而且意味着资产相关的风险也转由投资者承担。为了将资产顺利地转化为证券出售,需要一些特殊的制度设计和产品设计,其中关键的两点包括:

(1)风险隔离。多数资产证券化过程中,都需要设立一家特殊目的机构(Special Purpose Vehicle,SPV),资产的原始持有者将基础抵押资产真实出售给 SPV,SPV 再以该资产未来的现金流作为抵押发行证券,用发行收入支付资产购买价格。SPV 最大的特征在于,其业务和资产负债都仅仅来源于该项基础抵押资产和相应发行的证券,从而保证了资产证券化的风险与资产原持有人的其他风险完全隔离。

(2)信用增级。在资产证券化过程中,如果基础抵押资产的信用度较低,相应证券的信用等级也必然不高。为了提升证券的信用等级,提高销售价格,在证券发行前往往需要经过一个信用增级过程。在实际操作过程中,既可以经由第三方金融担保还款或购买信用违约互换等方法来实现外部信用增级,也可以通过安排储备资金、实行超额抵押或设计证券的优先/次级结构等方法实现内部信用增级。

按照中国人民银行和中国银监会 2005 年 4 月联合发布的《信贷资产证券化试点管理办法》,我国的资产支持证券是指由银行业金融机构作为发起机构,经信贷资产信托给受托机构,由受托机构发行的、以该财产所产生现金支付其收益的受益证券。经国务院批准,2005 年 12 月 8 日,国家开发银行和中国建设银行在银行间债券市场发行了首批资产支持证券共计 71.94 亿元,从而拉开了我国资产支持证券试点的帷幕。目前我国证券市场中的资产支持证券主要包括专项资产管理计划(ABS)、住房抵押贷款支持证券(RMBS)、资产支持票据(ABN)和担保债务凭证(CDO)等。

九、可转换债券

可转换债券是指债券的投资者有权在到期前的特定时刻以一定的转股价将一定量的债券转为同一公司发行的普通股,嵌入可转换条款的债券就被称为"可转换债券"(Convertible Bonds，简称"可转债"）。可转债等于在普通债权中嵌入了一个以转股价为执行价格、以股票为标的的认股权证，其中投资者是权证多头。

在执行可转债的买入期权时，债券持有人所获得的普通股数量被称为"可转换比率"。可转换权利可能在债券存续期的整个期间内或部分期间内存在，并且规定的可转换比率总是根据股票分拆和股票派息情况按比例调整。

可转债的最低价格为以下两个价值中的较高者：（1）债券的转换价值；（2）不含转换权的债券价值，即在假设债券不可转换的情况下，根据可转债的现金流量确定的债券价值，这种价值被称为"直接价值"。

与可转债相关的一个结构型产品是可分离债。可分离债也是普通债券和认股权证的组合，但与可转债中的债券和认股权证始终组合在一起不同，可分离债发行之后，就被分拆为普通债券和认股权证，分别在债券市场和权证市场上交易。

案例分析一

阿里小贷资产证券化

在经过三年与工商银行、建设银行等银行的合作放贷后，中国电子商务巨头阿里巴巴于2010年成立小贷公司，开始自营小额贷款业务。基于商家在阿里巴巴平台经营大数据的分析是阿里小贷和传统银行、一般小贷公司最大的区别：根据平台商家的历史数据（包括个人信息、征信信息、历史表现、交易信息、经营状况等）建立预测模型，综合分析商家违约风险的概率，确定准入客户，细化客户授信。

依托阿里巴巴云计算平台处理能力，通过每天处理30PB数据，包括店铺等级、收藏、评价等800亿个信息项，运算100多个数据模型，阿里小贷实现3分钟申请、1秒放贷、零人工干预。阿里小贷每笔贷款成本仅为2.3元，是普通银行的千分之一，并且违约率约1%，远低于一般小贷5%—6%的违约率水平。

阿里旗下两家小贷公司（浙江阿里小贷和重庆阿里小贷）的注册资本金合计为16亿元，而根据央行与银监会共同下发的《关于小额贷款公司试点的指导意见》，从银行业金融机构获得的融资额不得超过注册资本的50%，则阿里小贷可供放贷的资金最多24亿元，服务约30万家小微企业。在2013年获批发行资产证券化项目盘活资金后，阿里小贷规模迅速扩大：截至2014年上半年，阿里小贷在成立后的四年间累计发放贷款突破2000亿元，累计贷款客户超过80万家。2013年阿里小贷全年新增贷款约1000亿元，作为对比，同期全国新增小额贷款规模仅为2268亿元。

早在2012年，阿里小贷为解决资金困境，尝试与银行、信托、基金及保险公司等开展合作，通过资产转让（包括收益权转让、债权转让）的方式获得外部融资。但是这种私募方式资金方比较单一、单次融资规模也较小，为了拓宽融资渠道，阿里小贷走上了资产证券化的道路。2013年7月，阿里小贷与东方证券资产管理有限公司合作推出的"东证资管—阿里巴巴专项资产管理计划"正式获得证监会批准。该计划分十期,每期结构一致,目标规模5亿元,期限1至2年,总额不超过50亿元,存续期不超过3年。各期募集资金用于向原始权益人(每期在重庆阿里小贷和浙江阿里小贷中选择一家作为原始权益人)购买基础资产,即阿里小贷因通过阿里巴巴、淘宝网和天猫商城平台向借款人发放小额贷款而合法享有的债券资产。根据不同的风险、收益特征,专项计划分为优先级、次优级、次级资产支持证券,认购份额比例为7.5:1.5:1。优先级资产支持证券优先获得收益,然后是次优级资产支持证券,次级资产支持证券优先偿还损失;优先级与次优级资产支持证券向境内合格机构投资者发行,次级资产支持证券向阿里小贷(该计划原始权益人)定向发行。

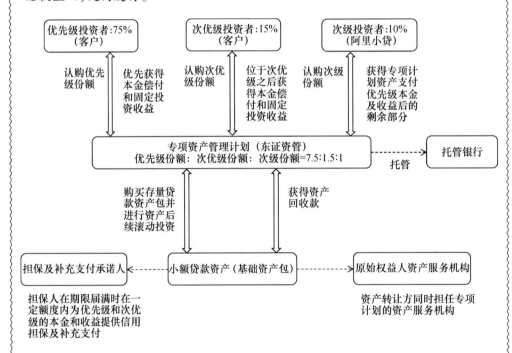

"东证资管—阿里巴巴专项资产管理计划"交易结构

为了控制信用风险、利率风险、现金流预测风险,阿里小贷和东证资管从基础资产到证券化流程,从贷款人到投资人,都进行了风险控制:

(1)信贷风险控制。阿里小贷建立了多层次的微贷风险预警和管理体系,根据客户在阿里巴巴/淘宝网平台上的信用及行为数据,对客户的还款能力及还款意愿进行较准确的评估。同时结合网络店铺/账号关停机制提高客户违约成本,从源头上控制信用风险。

（2）加强资产池管理。阿里小贷的小额贷款资产经过严格的筛选后方可被专项计划受让并纳入资产池,东证资管从几个方面控制信贷资产的加入以保证资产池质量:① 注入资产的信用等级,必须是五级分类的正常级、借款人未发生逾期或不良记录;② 注入资产的离散度,设定单笔贷款金额限制、每个行业贷款金额限制等以确保具有较高的离散度。

（3）信用增级。采用内部分级(优先级/次优级/次级)结构以及外部补充支付两种增信模式,为优先级、次优级的本金及收益提供了较厚的安全垫。特定条件下的情景模拟显示,信用损失率超过 60% 时,优先级资产支持证券持有人的收益会受到损失;信用损失率超过 65% 时,优先级资产支持证券持有人的本金开始受到损失。目前阿里小贷的小额贷款资产不良率不超过 1%,在信用增级机制下,优先级的本金和收益面临的风险极小。

（4）专业监控。东证资管及资产服务机构对资产池的不良贷款率实时监控,当标的资产不良率超过设定比例时,停止滚动受让小额贷款资产,直至降至安全范围,以保障优先级份额的本金及收益安全。

（5）提高投资者适当性管理要求。为保障投资者具有相应的风险承受能力,优先级资产支持证券认购起点为 500 万元,次优级为 2000 万元,面向机构投资者发行,转让环节提高投资者单笔成交申报的最低数量至 5 万份。

（资料来源:《东证资管—阿里巴巴 1 号专项资产管理计划说明书》,载东方证券资产管理有限公司网站 http://www.dfham.com）

第二节 债券收益率与定价

一、债券收益率

（一）到期收益率

到期收益率是固定收益证券投资的一个重要价格指标,是假定投资者持有证券一直到偿还期末的收益率。对于一般固定收益证券而言,如果利息是一年支付一次,那么到期收益率的计算公式为:

$$P_0 = \sum_{t=1}^{n} \frac{C}{(1+r)^t} + \frac{F}{(1+r)^n} \qquad (6-2-1)$$

这里,r 为到期收益率;C 为一年所获得的利息;P_0 为当期价格;F 为期末偿还价格;n 表示偿还期。

例 6-1 一个债券期限为 5 年,票面利率为 5%,面值为 100 元,1 年支付 1 次利息,目前价格为 95.7876 元。求该证券的到期收益率。

$$95.7876 = \sum_{t=1}^{5} \frac{100 \times 5\%}{(1+r)^t} + \frac{100}{(1+r)^5}$$

$$r = 6\%$$

实际上,只要我们知道一个证券每年的现金流和在 0 时点的价格,那么就能计算出它的到期收益率。

例 6-2 有一个金融工具,当前价格为 3852 元。该证券有以下年收益:

时间点	承诺年收益
1	1000 元
2	1000 元
3	1250 元
4	2000 元

如果利息是一年支付一次,那么到期收益率的计算如下:

$$3852 = \frac{1000}{(1+r)} + \frac{1000}{(1+r)^2} + \frac{1250}{(1+r)^3} + \frac{2000}{(1+r)^4}$$

$$r = 12\%$$

(二) 等价收益率

如果债券不是一年支付一次利息,而是更为普遍的一年支付两次利息,那么到期收益率的计算公式为:

$$P_0 = \sum_{t=1}^{n} \frac{C}{(1+r/2)^t} + \frac{F}{(1+r/2)^n} \tag{6-2-2}$$

这里,r 为到期收益率;C 为半年所获得的利息;t 为付息日距 0 时点的时间间隔(多少个半年);P_0 为当期价格;F 为期末偿还价格;n 表示到期日距 0 时点有多少个半年。

此时得到的到期收益率 r 属于等价收益率。很明显,等价收益率是按照单利方法计算出来的年收益率。

例 6-3 一个债券期限为 5 年,票面利率为 5%,面值为 100 元,一年支付两次利息,当前价格为 104.49 元。求该债券的到期收益率。

$$104.49 = \sum_{t=1}^{10} \frac{100 \times 2.5\%}{(1+r/2)^t} + \frac{100}{(1+r/2)^{10}}$$

$$r = 4\%$$

(三) 年实际收益率

年实际收益率是指考虑到各种复利的情况下,债券一年的收益率。如果半年的收益率为 2%,那么一年的实际收益率是多少呢?应该是 4.04%,即:

$$(1+2\%)^2 - 1 = 4.04\%$$

如果月收益率为 1%,那么年等价收益率是多少?年实际收益率又是多少?

年等价收益率为 12%,即:

$$1\% \times 12 = 12\%$$

年实际收益率为 12.68%,即:

$$(1+1\%)^{12} - 1 = 12.68\%$$

(四) 零息债券的到期收益率

如果一年支付一次利息,那么零息债券到期收益率的计算公式为:

$$P_0 = \frac{F}{(1+r)^n} \tag{6-2-3}$$

其中,r 为到期收益率;P_0 为当期价格;F 为期末偿还价格;n 表示偿还期。

如果一年支付两次利息,那么零息债券到期收益率的计算公式为:

$$P_0 = \frac{F}{(1 + r/2)^n} \tag{6-2-4}$$

其中,r 为到期收益率;P_0 为当期价格;F 为期末偿还价格;n 表示偿还期共包括多少个半年。

(五)持有期收益率

持有期收益率(Holding Period Return)是指在某一投资期内实现的收益率。这一收益率取决于三个来源:一是获得的利息;二是利息再投资获得的收益;三是资本利得或者资本损失。

如果投资期只有一期,则持有期收益率的计算很简单。

$$P_{t+1} + C_{t+1} = P_t(1 + \text{HPR}_t)$$

$$\text{HPR}_t = \frac{P_{t+1} - P_t + C_{t+1}}{P_t} \tag{6-2-5}$$

这里,HPR_t 为第 t 期的持有期收益率;P_t 为债券发行或购买时的价格;P_{t+1} 为债券到期日或者出售时的价格;C_{t+1} 为 $t+1$ 时点上获得的利息。

例 6-4 假设某投资者在 2014 年 1 月 1 日购买了一张债券,面值为 1000 元,价格为 800 元,票面利率为 6%,每半年支付一次利息,利息支付日为每年的 1 月 1 日和 7 月 1 日。该投资者将这张债券于 7 月 1 日售出,价格是 803 元,则持有期收益率为:

$$\text{HPR}_t = \frac{P_{t+1} - P_t + C_{t+1}}{P_t}$$

$$= \frac{803 - 800 + 1000 \times 3\%}{800} = 4.125\%$$

由于持有期为半年,因此按年计算的等价收益率为 8.25%。

如果持有期较长,或者现金流的形成与前面的不同,那么持有期收益率的计算公式也应作出调整。上例中,假定投资者在 2015 年 1 月 1 日以 805 元的价格出售了债券,持有期刚好为一年。由于该债券是半年支付一次利息的,则持有期收益率应该按照下面的方法计算:

$$P_{t+2} + C_{t+2} + C_{t+1}(1 + \text{HPR}_t) = P_t(1 + \text{HPR}_t)^2$$

$$805 + 30 + 30(1 + \text{HPR}_t) = 800(1 + \text{HPR}_t)^2$$

$$\text{HPR}_t = 4.06\%$$

则等价收益率为 8.12%。

(六)总收益率

到期收益率的计算包括四个假定:(1)投资者持有证券到期;(2)全部现金流如约实现,即不存在违约风险;(3)再投资收益率等于到期收益率,即利率的期限结构呈水平状;(4)没有回购条款,即债券发行者不能在偿还期到来之前回购债券。即使忽略违约问题和回购条款,投资者购买债券时,并不总是持有到期的,常常会提前变现,这样资本利得就不再等于购买价格与到期面值之差,而是不确定的。进一步看,如果假定投资者持有到期,一旦再投资利率发生变化,投资的真实收益率就会偏离到期收益率,也是不确定的。到期收益率实际上是承诺的到期收益率(Promised Yield to Maturity),并不是预期收益率的精确指标。

尽管到期收益率应用广泛,但其内在的缺陷始终难以克服,由此产生了总收益率(Total Return)的概念。由于债券投资获得收益的来源有三个,我们把这三个来源进行分解来计算总收益率。

首先,利用年金等式确定全部利息收入累积到期末时的价值:

$$C\left[\frac{(1+r)^n-1}{r}\right] \tag{6-2-6}$$

其中,C 为半年的利息支付;n 为至偿还期或者出售债券时利息支付的次数;r 为半年基础上的再投资率(假定各期再投资的收益率都是 r)。

其次,计算利息的利息。利息总价值中,全部静态利息之和为 nC,因此,利息的利息为:

$$C\left[\frac{(1+r)^n-1}{r}\right] - nC \tag{6-2-7}$$

最后计算资本利得,即:

$$P_n - P_0 \tag{6-2-8}$$

例 6-5 分解平价债券投资收益。某投资者购买一张平价债券,面值为 1000 元,当然价格也是 1000 元;偿还期为 7 年,票面利率为 9%(半年付息),已知到期收益率为 9%。那么在到期日,累积收入为 1852 元,即

$$1000 \times (1+4.5\%)^{14} = 1852$$

所以,投资收益就是 852 元(= 1852 − 1000)。

分解如下:

(1) 利息加上利息的利息为 852 元。

$$45\left[\frac{(1+4.5\%)^{14}-1}{4.5\%}\right] = 852$$

(2) 利息的利息为 222 元(= 852 − 14 × 45)。

(3) 资本利得为 0。因为是平价债券,期末偿还价格即为面值,这与购买价格相等。

因此,利息的利息占总收益的 26%(= 222/852)。收入中的 26% 是有风险的,这一风险就是再投资收益率的风险。也就是说,如果市场利率发生变化,利息的利息就会发生变化,从而影响投资者实现的收益率。

例 6-6 分解折价债券。某人投资于期限 20 年的债券,面值为 1000 元,票面利率 7%(半年支付),价格为 816 元,到期收益率为 9%。

那么在到期日,累积收入为 4746 元,即:

$$816 \times (1+4.5\%)^{40} = 4746$$

因此,总收益为 3930 元(= 4746 − 816)。

分解如下:

(1) 利息加上利息的利息为 3746 元。

$$35\left[\frac{(1+4.5\%)^{40}-1}{4.5\%}\right] = 3746$$

(2) 利息的利息为 2346 元(= 3746 − 40 × 35)。

(3) 资本利得为 184 元(= 1000 − 816)。

也就是说,总利息为 1400 元,利息的利息为 2346 元,资本利得为 184 元,总共为 3930

元。该债券的主要收益是利息的利息,因此,利率的变化,进而再投资收益率的变化,将在很大程度上影响投资者实现的收益率。

二、债券定价

(一) 固定利率债券的定价

由于有了无风险零息债券的到期收益率,就可以给无风险的附息债券定价。一年付息一次的附息债券定价公式为:

$$V_0 = \sum_{t=1}^{n} \frac{C_1}{(1+r_t)^t} + \frac{F}{(1+r_n)^n} \qquad (6\text{-}2\text{-}9)$$

其中,r 为零息债券的到期收益率;n 代表偿还期;t 代表年限;C 为年利息;F 为面值。

例 6-7 假定有一国债,面值为 1000 元,票面利率为 5%,期限为 3 年,一年付息一次。

则该债券相当于三个零息债券的组合,其一面值为 50 元,期限为 1 年;其二面值为 50 元,期限为 2 年;其三面值为 1050 元,期限为 3 年。因此,该国债的价值等于这三个零息债券的价值之和。假定零息债券到期收益率曲线为 1 年 4.17%,2 年 5.41%,3 年 5.57%,那么本例中的国债价值为 985.42 元,计算过程如表 6-2-1 所示。

表 6-2-1 附息债券的价值计算

时点	现金流量(元)	零息债券的到期收益率	现值(元)
0			
1	50	4.17%	48.00
2	50	5.41%	45.00
3	1050	5.57%	892.42
合计			985.42

(二) 浮动利率债券的定价

浮动利率债券是指票面利率随事先约定的参考利率定期浮动的债券。由于金融市场的惯例都是期初确定利率水平、期末支付利息,一般的浮动利率债券的投资者每期收到的利息都是根据每个浮动期期初的市场参考利率来确定的。由于票面利率浮动,除了下一次付息日将要支付的利息已知之外,之后的利息都是未知的。如果浮动利率债券的票面利率是相应现金流的合理贴现率,浮动利率债券的定价就是非常简单的,其公式为:

$$V_t = (F+C)\mathrm{e}^{-r(t^*-t)} \qquad (6\text{-}2\text{-}10)$$

其中,r 为浮动期的利率;t^* 为下一个计息时刻;C 为离当前最近的下一个付息日将收到的利息;F 为面值。

例 6-8 一个剩余期限为 9 年又 11 个月、面值为 100 元的浮动利率债券,票面利率为 3 个月期 SHIBOR 加 0.45%,每 3 个月支付一次利息。上个付息日的 3 个月期 SHIBOR 为 2.55%,今天的 2 个月期 SHIBOR 为 2.46%,试求该债券的合理价格。

由于该债券的剩余期限为 9 年又 11 个月,这意味着 1 个月前刚刚支付利息,2 个月后将再次支付利息:

$$100 \times \frac{2.55\% + 0.45\%}{4} = 0.75(元)$$

假设该债券的利差保持在0.45%不变,则其合理的贴现率应为2.46% + 0.45% = 2.91%(两个月计一次复利),转化为连续复利利率为2.9%。那么该债券的合理价格为:
$$(100 + 0.75)e^{-2.9\% \times 2/12} = 100.2642(元)$$

(三)固定收益证券衍生品定价

固定收益证券有很多衍生品,包括基于固定收益证券的期权、远期、期货等。衍生产品的定价,也要基于到期收益率曲线。例如,在给利率的顶和底定价时,需要借助利率期限结构,只是该利率期限结构不是一条曲线,而是二项式利率图,但二项式利率图也是根据即期利率曲线得到的。

第三节 利率期限结构

在给定时点上,其他条件相同但到期期限不同的利率通常是不相等的。利率期限结构(Term Structure of Interest Rate)是指不存在违约风险时不同期限的零息债券到期收益率之间的关系。零息债券到期收益率也被称为"即期利率",而各种不同期限零息债券到期收益率所构成的曲线为到期收益率曲线。

在市场中,我们可以观察到不同形状的利率期限结构。如图6-3-1所示,上升的利率期限结构最为常见,这意味着剩余期限越长,利率水平越高;如果利率期限结构接近水平,说明短期和长期利率水平差异不大;而下降的利率期限结构则意味着剩余期限越长,利率水平越低。

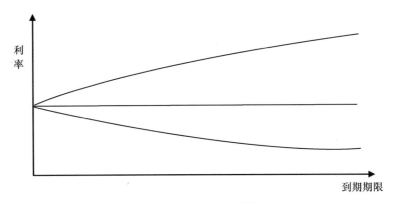

图6-3-1 到期收益率曲线的基本形状

一、传统的利率期限结构理论

传统的利率期限结构理论主要包括:纯预期理论(Pure Expectation Theory)、流动性偏好理论(Liquidity Preference Theory)、市场分割理论(Market Segmentation Theory)和习性偏好理论(Preferred Habitat Theory)。

(一)纯预期理论

根据纯预期理论,当前的利率期限结构仅代表了市场对未来即期利率变化的预期。在这个理论下,上升(下降)的收益率曲线意味着市场认为未来的即期利率会上升(下降),水平的收益率曲线则意味着未来的即期利率保持不变。纯预期理论的出发点是,长期证券到期收益率等于现行短期利率和未来预期短期利率的几何平均。

纯预期理论的假定为：(1) 市场上各类证券没有违约风险；(2) 全部投资者都是风险中立者，服从于利润最大化原则；(3) 证券买卖没有交易成本；(4) 投资者都能准确预测未来的利率；(5) 投资者对证券不存在期限偏好。

由于长期证券的收益率是短期收益率的几何平均，则：

$$(1+R_n)^n = (1+i_1)(1+i_2^e)\cdots(1+i_n^e) \tag{6-3-1}$$

这里，R_n 为期限为 n 年的证券的收益率；i_1 为当期短期利率；i_2^e 为第 2 期的单期预期利率；i_n^e 为第 n 期的单期预期利率。

当 $n=2$ 时，

$$(1+R_2)^2 = (1+i_1)(1+i_2^e)$$

由于：

$$R_1 = i_1$$

则：

$$(1+i_2^e) = \frac{(1+R_2)^2}{(1+i_1)} = \frac{(1+R_2)^2}{(1+R_1)}$$

$$i_2^e = \frac{(1+R_2)^2}{(1+R_1)} - 1 \tag{6-3-2}$$

当 $n=3$ 时，

$$(1+R_3)^3 = (1+i_1)(1+i_2^e)(1+i_3^e)$$

$$(1+i_3^e) = \frac{(1+R_3)^3}{(1+i_1)(1+i_2^e)} = \frac{(1+R_3)^3}{(1+R_2)^2}$$

$$i_3^e = \frac{(1+R_3)^3}{(1+R_2)^2} - 1 \tag{6-3-3}$$

当期限为 n 时，

$$i_n^e = \frac{(1+R_n)^n}{(1+R_{n-1})^{n-1}} - 1 \tag{6-3-4}$$

也就是说，只要知道相邻两期零息债券的到期收益率，就可以计算出单期远期利率，即投资者如果知道各种期限的收益率 $R_n(n=1,2,\cdots,n)$，他就可以知道未来短期利率的预期值。

如果 $R_2 < R_1$，也就是说，收益率曲线下降，那么短期预期利率也下降，即 $i_2^e < R_1$，这个问题留给读者证明。

只要假设市场存在特定的预期，纯预期理论就可以解释所有形状的利率期限结构。然而，纯预期理论的根本缺陷在于它没有考虑债券投资中的风险，而债券投资中存在着利率风险和再投资风险。如果未来利率上升，尚未到期的债券价格将会下跌；如果利率下降，债券投资中收到的现金流的再投资利率会随之下降。这两种情形都可能给投资者带来损失。风险厌恶的投资者在承担利率风险时，必然要求在利率中体现相应的风险溢酬。忽略了风险这一重要因素，纯预期理论是无法很好地解释现实市场中利率期限结构的变动的。

(二) 流动性偏好理论

流动性偏好理论在纯预期理论的基础上引入了流动性风险。该理论认为，债券剩余期限越长，需要提前变现时的利率风险越大，也就是说债券的流动性风险越大。由于一般投资者都是风险厌恶的，因此只有在长期债券投资收益率能同时涵盖预期利率水平和风险溢酬时,投资者才愿意持有长期债券。换句话说,流动性偏好理论认为,从长期利率中提炼出来的远期利率同时反映了市场对未来的预期和流动性风险溢酬,剩余期限越长,该风险溢酬越大。

在流动性偏好理论下,收益率曲线上升可能是因为:(1)市场预期未来利率将上升;(2)市场预期未来利率不变甚至下降,但流动性风险溢酬随期限增加提高很多,使得利率期限结构趋于上升。以此类推,流动性偏好理论可以解释利率期限结构的所有形状。

由于同时考虑了预期和流动性风险溢酬的影响,流动性偏好理论比纯预期理论更贴近现实。但这一理论认为投资者总是偏好持有短期债券,因而风险溢酬总是随期限递增的。然而现实市场并非总是如此。在投资期较长的情况下,持有短期债券会面临再投资风险,而合适期限的长期债券则不存在这个问题。除此之外,投资者特定的资产负债状况往往也会使得他们可能对某些期限的债券有一定的偏好。这些都是流动性偏好理论未加以考虑的情形。

(三) 市场分割理论

市场分割理论又被称为"期限偏好理论",是莫迪里安尼(Franco Modigliani)和萨奇(Richard Sutch)于1966年提出来的。该理论强调了交易成本在投资中的重要性,长期证券的投资者在不久的将来需要资金时,因证券不能兑现,而只能变卖,就必须承担交易成本;为降低交易成本,投资者就要在投资之前考虑资金的使用。一般情况下,消费者持有证券到偿还期末,与他们的消费需求发生的时间相配合,如与他们的退休时间相配合;厂商购买证券的期限一般与购买机械设备的时间相配合;商业银行持有证券的期限一般与其对第二准备金的需求相配合,因而期限较短;保险公司、退休基金购买证券的期限一般很长,原因是其资金多为长期性资金。而证券发行者在发行证券时一般要考虑交易成本,因而倾向于发行期限较长的证券。

无论是投资者还是发行者都有期限的偏好。如果发行者更愿意发行长期债券,而投资者更喜欢购买短期债券,那么短期债券的价格将上升,收益率会下降,就会发生收益率曲线向上倾斜的情况;反之,如果发行者愿意发行短期债券,而投资者愿意购买长期债券时,长期债券价格将上升,收益率将下降,就会产生收益率曲线向下倾斜的情况,如图6-3-2 所示。

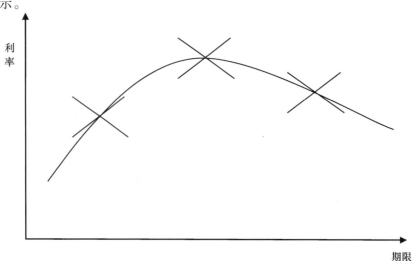

图 6-3-2　市场分割的期限结构理论

（四）习性偏好理论

作为市场分割理论的补充，产生了习性偏好理论。投资者偏好于某一期限的债券，但当市场有相当大的套利机会时，投资者会放弃平日的习性去套利。我们以 2 期为例来说明，2 期债券的收益率 i_2 与 1 期债券的收益率 i_1 之间的关系，可以用下面的公式说明：

$$i_2 = \rho + \frac{i_1 + i_{1,2}^e}{2} \tag{6-3-5}$$

其中，ρ 为放弃偏好的补偿。

这个式子说明，短期利率和长期利率之间通过一个习性补偿联系起来。如果长期利率高于短期利率和习性补偿之和，那么投资者将会改变习惯去购买长期债券。

二、仿射利率期限结构模型

仿射利率期限结构模型是一类动态利率模型的统称，这类均模型强调的是模型设定的数学形式，把收益率曲线表示成状态变量的线性函数，最大的特点在于其参数的非时变性。

（一）Merton 模型

Merton（1973）最早提出动态利率模型，将对股票收益率的设定形式移植到利率模型中来，提出风险中性测度下瞬时利率的变化服从如下普通布朗运动：

$$dr = \lambda dt + \sigma dz \tag{6-3-6}$$

其中，dr 表示利率在一个很短的时间内的波动；λdt 为很短时间内自由趋势变量对利率的影响；σ 为利率在一年内波动多少个基点；dz 表示一个随机变量，其均值为 0，标准差为 $\sqrt{dt}$。这就是利率期限结构的 Merton 模型。

例 6-9 有以下数值：$r_0 = 6.2\%$，$\sigma = 1.2\%$，$dt = 1/12$，$\lambda = 0.25\%$。如果随机变量在 1 个月后，取值为 0.2，那么利率的变化为：

$$dr = \lambda dt + \sigma dz$$
$$= 0.25\% \times 1/12 + 1.2\% \times 0.2 = 0.261\%$$

原来利率为 6.2%，1 个月后利率变为 6.461%。

利率趋势是上升的，1 个月为 0.021%，即 2.1 个基点，也就是：

$$\lambda dt = 0.25\%/12 = 0.021\%$$

1 年的标准差为 1.2%，1 个月的标准差为 0.346%，即每月 34.6 个基点，也就是：

$$\sigma \sqrt{dt} = 1.2\% \times \sqrt{1/12} = 0.346\%$$

在风险中性的条件下，利率趋势实际上由两个因素构成：一是对利率的真实预期；二是风险溢价。1 个月 2.1 个基点的利率趋势量，可以是市场本身就预期利率会上升 2.1 个基点，也可以是短期利率预期上升 1.5 个基点，同时风险补偿 0.6 个基点，还可以是短期利率预期下降 0.8 个基点，同时风险补偿 2.9 个基点，等等，有很多种可能组合。

这里，虽然我们运用的是风险中性测度下的参数，但得到的资产价格和即期利率结果同样适用于现实世界，这就是风险中性定价法的特点。

（二）Vasicek 模型

Vasicek（1977）创立了关于利率期限结构的均衡模型。Vasicek 模型解决的是 Merton

模型不能刻画利率的均值回归特征这一问题,假定在资本效率和长期货币政策稳定的情况下,短期利率服从均值反转的规律。当短期利率超过长期均衡利率时,趋势变量为负值;当短期利率低于均衡利率时,趋势变量为正,将抬高短期利率,使得利率向上变化。

Vasicek 模型为:

$$dr = k(\theta - r)dt + \sigma dz \quad (6\text{-}3\text{-}7)$$

其中,θ 是个常数项,代表长期均衡水平的利率;系数 k 为正数,代表均值反转的速度。

在模型中,θ 与 r 的差距越大,短期利率朝长期均衡利率 θ 的变化幅度就越大。由于 Vasicek 模型是属于风险中性的,故利率变化趋势涵盖了利率的预期以及风险溢价。而且,利率预期以及风险溢价如何构成趋势变量,并不影响市场价格。为了理解这一问题,我们作出如下假定,令 r_∞ 代表长期均衡利率,风险溢价为 λ,Vasicek 模型可以写为:

$$dr = k(r_\infty - r)dt + \lambda dt + \sigma dz \quad (6\text{-}3\text{-}8)$$

$$dr = k[(r_\infty + \lambda/k) - r]dt + \sigma dz \quad (6\text{-}3\text{-}9)$$

定义 $k(r_\infty + \lambda/k)dt = kr_\infty dt + \lambda dt$,那么,上面两个式子(6-3-8)(6-3-9)完全一样。

由 r_∞ 和 λ 的不同组合可以生成相同的 θ。只要生成相同的 θ 值,市场价格就是相同的。

例 6-10 假定 $k=0.03$,$\sigma=100$ 基点/年,$r_0=4\%$,$r_\infty=6.2\%$,$\lambda=0.25\%$。
则:

$$\theta = r_\infty + \lambda/k = 6.2\% + 0.25\%/0.03 = 14.533\%$$

根据这些参数,Vasicek 模型得出下个月短期利率预期变化为 0.0263 个百分点,即:

$$k(\theta - r)dt = 0.03 \times (14.533\% - 4\%)/12 = 0.0263\%$$

下个月的利率波动率为 28.87 个基点,即:

$$\sigma\sqrt{dt} = 100 \times \sqrt{1/12} = 28.87$$

Vasicek 模型比 Merton 模型有了较大改进,但仍存在诸多不足之处,具体表现在:

第一,Vasicek 模型下的瞬时利率和即期利率仍然服从正态分布,从而可能出现负利率。

第二,在刻画利率期限结构静态特征方面,尽管不再发散而是收敛于一个常数,但现实中经济繁荣时的长期利率往往较高,而经济萧条时期的长期利率则较低。也就是说,不仅应该是有界的,还应该是时变的,但 Vasicek 模型无法反映这一点。另外,由于 Vasicek 模型属于均衡模型,其参数设定为常数,对于复杂的利率期限结构形状,Vasicek 模型仍然难以完全一一拟合。

第三,Vasicek 模型下的利率波动率尽管与剩余期限长短有关,但却无法描述常见的驼峰状利率波动曲线,而且利率波动率与利率水平仍然是无关的,因此还没有很好地反映现实中利率波动率的特征。

第四,Vasicek 模型仍然是单因子模型,因此无法描述短期利率与长期利率的不同变动,由此引致不同期限的债券价格相关度过高。

三、离散的无套利模型

在实际应用中,许多模型,特别是含有市场数据接口的无套利模型,很难得到解析解,从而大大提高了模型运用的难度。这个时候,我们就需要借助数值技术来为利率产品定价,其基本思路就是用大量离散的小幅度二值运动来模拟连续的资产价格运动,得到未来的利率分布树图,从而为利率产品定价。

(一) Ho-Lee 模型

Ho-Lee 模型是华裔学者托马斯·侯(Thomas Ho)与李尚宾(Sang Bin Lee)于 1986 年创立的。该模型假定短期利率服从下面的规律:

$$dr = \lambda(t)dt + \sigma dz \qquad (6\text{-}3\text{-}10)$$

与前面的模型不同,在 Ho-Lee 模型中趋势变量 λ 是时间依赖的。也就是说,在不同的时段,利率的趋势是不同的。例如,在前一个月,趋势变量 λ 的取值也许是 10 个基点;而在第二个月,λ 的取值也许是 20 个基点;在第三个月,λ 的取值也许是负的 5 个基点。

在 Ho-Lee 模型中,利率变化遵循二项式结构,如图 6-3-3 所示。

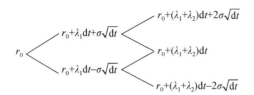

图 6-3-3　Ho-Lee 模型

该模型表明,下一期短期利率为本期利率加上某个常数与时间段的乘积,再加上或者减去另一个常数乘以时间段的平方根。不论利率上升还是下降,下期利率都要加上 $\lambda_1 dt$,这是短期利率的趋势变量。在利率的上升状态,利率要加上 $\sigma\sqrt{dt}$,而下降状态要减去 $\sigma\sqrt{dt}$。σ 是短期利率的标准差,$\sigma\sqrt{dt}$ 是 dt 时间段内利率的标准差。单一阶段的方差为 $V[dr] = \sigma^2 dt$,标准差为 $S[dr] = \sigma\sqrt{dt}$。

(二) BDT 模型

费希尔·布莱克(Fischer Black)、伊曼纽尔·德曼(Emanuel Derman)和威廉·托艾(William Toy)在 1990 年发表论文,创立了关于利率期限结构的 BDT 模型。该模型假定利率服从这样的过程:

$$dr = -\frac{d[\ln\sigma(t)]}{dt}(\ln\theta - \ln r)rdt + \sigma(t)rdz \qquad (6\text{-}3\text{-}11)$$

其中,θ 代表长期均衡利率。

BDT 模型假定利率变化服从对数正态分布,并允许短期利率的波动率在不同阶段取不同的值。为了确保利率二项式树图的结构性特征,要求利率先上升后下降与先下降后上升的结果是一样的。在 BDT 模型中,由于不同阶段利率波动 $\sigma(t)\sqrt{dt}$ 不是一个常量,因此先上升后下降与先下降后上升所达到的利率水平不相同。为了简化计算,需要有结点的树图,为此,在 BDT 模型中允许在同一阶段不同情形下的趋势变量可以不同。

BDT 模型的主要优点是可以反映利率期限结构的实际波动情况,因为波动率随着时间而变动,而且利率的趋势变量也受到利率水平的影响。BDT 模型具有均值反转的性质,尽管这种性质是通过波动率的期限结构表现出来的。

第四节 固定收益证券风险与利率风险度量

一、固定收益证券风险

所有的固定收益证券都伴随着风险,但风险大小随证券的种类及发行者不同而各异。风险是无法避免的,随着市场化的发展,即便是最保守的投资工具,也会存在一定的风险,关键是认识风险并管理风险。

(一)利率风险

固定收益证券的价格与利率呈反向变动。在市场利率上升时,投资者会发现固定收益证券的价格下降,因为新投资者要求债券有更高的收益率;同样的,在市场利率下降时,固定收益证券的价格会上升。距到期日的时间越长,债券的利率风险越大。可以通过缩短所持有债券的期限或者投资于不同期限的多种债券来降低利率风险。如果投资者持有债券至到期日的话,利率风险为零。

(二)违约风险

不同发行者发行的债券,信用风险也不同。例如,国债几乎无违约风险,企业债券则相对有一定程度的违约风险。对于不同地方政府发行的债券,其信用风险取决于自身的财务状况和课税能力。公司债券的信用风险与其财务状况有关,反映在资产负债表、利润表及盈利能力上。

投资者依赖于被国家认可的信用评级公司对债券进行信用分析。美国三家主要的商业评级公司是穆迪投资者服务公司(Mody's)、标准普尔公司(Standard & Poor's)和惠誉国际评级公司(Fitch),中国则是大公国际资信评估有限公司。大公的信用评级分为长期债务评级、短期债务评级、中小企业评级和国家信用评级等十个系列,其中长期债务评级如表6-4-1所示。

表 6-4-1 大公长期债务信用评级

信用评级	定义
AAA	偿还债务的能力极强,基本不受不利经济环境的影响,违约风险极低
AA	偿还债务的能力很强,受不利经济环境的影响不大,违约风险很低
A	偿还债务能力较强,较易受不利经济环境的影响,违约风险较低
BBB	偿还债务能力一般,受不利经济环境影响较大,违约风险一般
BB	偿还债务能力较弱,受不利经济环境影响很大,有较高违约风险
B	偿还债务的能力较大地依赖于良好的经济环境,违约风险很高
CCC	偿还债务的能力极度依赖于良好的经济环境,违约风险极高
CC	在破产或重组时可获得保护较小,基本不能保证偿还债务
C	不能偿还债务

案例分析二

"11超日债"违约事件

2014年3月4日,*ST超日(002506.SZ)发布公告称,公司2012年发行的"11超日债"第二期利息8980万元将无法于原定付息日2014年3月7日按期全额支付,仅能够按期支付400万元,付息比例仅为4.5%。3月7日当天上述公告所述事实兑现,至此,"11超日债"正式违约,成为国内首例债券违约事件,意味着中国式刚性兑付的最核心领域"公募债务零违约"成为历史。

上海超日太阳能科技股份有限公司是一家主要生产各种型号与规格的单晶硅、多晶硅太阳能组件和太阳能灯具的新能源企业,生产的硅太阳能组件95%以上出口,畅销德国、西班牙、意大利、美国等主流光伏市场,并于2010年11月在深交所中小企业板上市。

根据媒体梳理,"11超日债"违约前后事件大致如下:

2012年2月28日,超日太阳发布公告,预计2011年归属于上市公司股东的净利润为8347万元;

2012年3月7日,超日太阳发行10亿元公司债券,其中4亿元用于偿还银行贷款,剩余资金用于补充公司流动资金;

2012年4月26日,超日太阳发布2011年年报,显示公司亏损0.55亿元;

2012年11月2日,深交所发布通报批评,指出超日太阳在业绩预告、电站项目、变更募集资金用途方面信息披露不规范,对公司、董事长、总经理、财务总监、董事会秘书通报批评;

2012年12月29日,鹏元资信将超日太阳主体评级和"11超日债"信用等级定为AA-,列入信用观察名单;

2013年1月16日,在"11超日债"债券受托管理人中信建投的要求下,公司董事会通过以部分应收账款、机器设备和不动产作为债券担保的决定;

2013年4月10日,鹏元资信将超日太阳主体评级和"11超日债"信用等级调降为BBB+;

2013年4月27日,超日太阳发布2012年年报,显示亏损17.52亿元,连续两年亏损导致股票退市警告;

2013年5月2日,"11超日债"停牌;

2013年5月18日,鹏元资信将超日太阳主体评级和"11超日债"信用等级调降为CCC;

2014年2月28日,超日太阳发布业绩快报,显示归属于上市公司股东的净利润预亏13.31亿元;

2014年3月4日,超日太阳公告无法按期全额支付"11超日债"利息;

> 2014年10月23日,在第二次债权人会议上,超日太阳重组方案获得通过;完成投资后,江苏协鑫将成为超日太阳的控股股东,负责其生产经营,并提供部分偿债资金;嘉兴长元、上海安波、北京启明、上海韬祥、上海辰祥、上海久阳、上海文鑫和上海加辰为财务投资者,主要为超日太阳债务清偿、恢复生产经营提供资金支持;
>
> 2014年12月17日,*ST超日发布公告称,公司将以2014年12月22日作为还本付息日,对每手"11超日债"面值1000元派发本息合计1116.40元(含税),作为国内公募债违约第一单并将打破刚性兑付的"11超日债"将完成兑付。
>
> 超日太阳的重组方案兑付了国内公募债违约第一单,这对于持有超日债的投资者来说是一大利好,但并不利于中国债券市场的长期发展。因为打破债券市场的隐性刚性兑付有以下重要作用:一是有助于提高投资者风险意识;二是风险释放有利于推行市场改革;三是有助于实现债务产品更好定价;四是有助于纠正中国资本市场道德风险问题。
>
> (资料来源:周大胜:《"11超日债"违约事件》,载《债券》2014年第3期)

(三)赎回风险

许多公司债券是可以被其发行者提前赎回的,这意味着发行者可以在到期日前以某一特定价格将债券赎回。这对发行者有利而对投资者是不利的,因为当市场利率大幅下降至债券息票率以下时,发行者可能会提前赎回债券,继而重新发行息票率更低的新债券。

如果债券是溢价购买的,且赎回价低于这一溢价的话,赎回风险可能会造成债券本金的损失。在发行者尚未意识到可以采取赎回行动前,投资者可以对市场利率下降的幅度进行估计,这样可以预测债券的赎回风险。债券的赎回条款使得债券的久期具有不确定性。

(四)购买力风险

固定利率债券的利息支付是固定的,因此利息收入的价值受通胀的影响。如果通胀率上升,债券价格趋于下降,因为利息收入的购买力下降了。因此,至少可以说固定利率债券不是良好的防通胀的保值工具。当通胀水平很低时,债券价格相对较高。

为应对购买力风险,可以投资于那些未来收益率大于预期通胀率的债券。如果预测将来通胀会上升,则投资于浮动利率债券,这类债券的息票率会随市场利率进行相应调整。

(五)再投资利率风险

投资者将收到的利息收入进行再投资时,所处的利率水平可能低于债券的息票率,特别是市场利率下降时。无利息支付发生的零息债券无再投资风险。

二、利率风险的度量

利率风险是固定收益证券投资的主要风险,而利率风险的敏感性分析是利率风险度量的重要手段,其基本思想就是估计当利率发生变动时,固定收益证券的价值将如何变化。

(一) 久期

一般来说,比较常用的度量利率风险一阶敏感性的指标包括久期、基点价格值和价格变动收益率值。基点价格值是指贴现率每变化一个基点所引起的资产价值变动额,在业界经常用 DV01 表示。价格变动收益率值则是指资产价值变动给定金额时所需要的贴现率变化。基点价格值越大,价格变动收益率值越小,资产价格的利率风险越高。而久期是三者中最重要和最常用的指标。

久期(Duration)被定义为给定时刻固定收益证券价值变动的百分比对到期收益率变动的一阶敏感性。用公式表示如下:

$$D = -\frac{\frac{dV}{V(t)}}{dr} \tag{6-4-1}$$

其中,D 为久期,$V(t)$ 表示固定收益证券在 t 时刻的初始价值。由于在大部分情况下,利率与资产价值总是反向变动,(6-4-1)式中的负号意味着久期一般为正。

将(6-4-1)式乘以初始价值 $V(t)$ 可得:

$$D \times V(t) = -\frac{dV}{dr} \tag{6-4-2}$$

(6-4-2)式被称为"美元久期"(Dollar Duration),即到期收益率变动引起的债券价值变动金额。美元久期常用"$\$D$"表示。

可以看出,久期和美元久期的主要部分都是证券价值对到期收益率的一阶导数。从经济含义看,由于一阶导数捕捉了证券价值对利率敏感性中的主要部分,因此久期和美元久期反映了证券价值自利率风险的主要部分。久期与美元久期的绝对值越大,固定收益证券的利率风险越大;反之亦然。从几何意义看,固定收益证券价值与到期收益率关系曲线上各点的切线斜率就是美元久期的一阶导数,因此切线越陡,意味着美元久期的绝对值越大。

从久期的具体计算来看,证券定价公式不同,其价值对到期收益率的一阶导数自然不同,从而不同证券的久期计算公式也将是不同的。对于简单的固定收益证券来说,其定价的解析解是可得的,从而可以直接用求导的方式解出久期的计算公式。但一些复杂的固定收益证券,或者无法写出价值的解析解,或者定价公式极为复杂、求导不易,在这种情况下,通常用中心差分的形式来近似计算久期:

$$D \approx -\frac{1}{2}\left(\frac{V(t) - V_-}{V(t) \times \Delta r} + \frac{V_+ - V(t)}{V(t) \times \Delta r}\right) = \frac{V_- - V_+}{2 \times V(t) \times \Delta r} \tag{6-4-3}$$

其中,V_- 和 V_+ 分别代表利率期限结构向下平移和向上平移 Δr 时相应达到的证券价值,可以用定价公式或数值方法计算得到。(6-4-3)式得到的久期又被称为"有效久期"(Effective Duration)。

当使用普通复利对证券定价时,久期公式为:

$$D = -\frac{dV}{dr_a}\frac{1}{V(t)} = \frac{1}{1 + \frac{r_a(t,t_n)}{m}}\left[\sum_{i=1}^{n}\frac{c_i \times (t_i - t)}{\left(1 + \frac{r_a(t,t_n)}{m}\right)^i}\frac{1}{V(t)}\right] \tag{6-4-4}$$

通常将括号中的部分称为"麦考利久期"(Macaulay Duration),以纪念最早提出这一概念的经济学家弗里德瑞克·麦考利(Frederick Macaulay),而将整个(6-4-4)式称为"修正久期"(Modified Duration)。

麦考利久期的优点在于经济含义直观,可以视为付息期限 $t_i - t$ 的一种加权平均,其权重为每次现金流现值 $\dfrac{c_i}{\left(1+\dfrac{r_a(t,t_n)}{m}\right)^i}$ 占债券价格(所有现金流现值之和)的比重,权重之和为1。因此,麦考利久期是期限的加权平均,其单位是年。相应的修正久期的单位也是年,这是久期名称的最初来源。

尽管久期捕捉了固定收益证券利率风险的主要部分,是利率风险测度和管理的重要工具,但它却存在天然的局限性。

首先,在现实中,影响固定收益证券价值的通常不止一个利率,而久期用到期收益率的变动代表整条利率期限结构的变动。这种用单因子代替多风险因子进行分析的方法,实际上是假设整条利率曲线发生平行移动,即所有期限的利率变化幅度相等。这显然是不符合现实的近似简化处理,尤其在利率期限结构非平行变化严重时,久期的可信度将大大下降。

其次,即使在收益率曲线水平移动的假设下,久期仅仅是资产价值对利率的一阶敏感性,无法反映和管理资产价格的全部利率风险,当利率变化较大时这个缺陷尤其显著。

要改善久期的第一个缺陷,唯一的思路是引入多因子分析,但针对每种证券的所有风险因子逐一进行分析显然是不现实的。目前主要的做法有两种:一是采用关键利率久期;二是采用主成分分析法。

针对久期的第二个缺陷,人们引入了二阶指标——凸性。下面进行详细讨论。

(二)凸性

仅考虑一阶敏感性的不足可以在图 6-4-1 中展示出来。可以看到,当升跌同样幅度时,如果仅考虑久期(一阶)的影响,价格会变动至 V_- 或 V_+。事实上,由于价格曲线是凸向原点的,在利率上升时,债券的真实价格仅会跌至 V_{++};而在利率下降时,债券的真实价格会上升至 V_{--}。也就是说,仅考虑久期而忽略二阶以上的影响时,总会倾向于低估债券价格,尤其当收益率变化较大时,这个误差是不可忽略的,因此我们需要考虑高阶的影响,以提高利率风险测度的精确性。

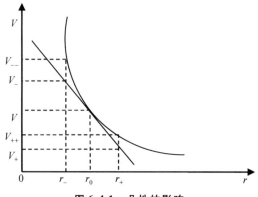

图 6-4-1　凸性的影响

凸性(Convexity)反映的是利率的二阶敏感性,用公式表示如下:

$$C = \frac{1}{2}\frac{d^2V}{dr^2}\frac{1}{V(t)} \tag{6-4-5}$$

将(6-4-5)式乘以初始价值可得:

$$\$C = C \times V(t) = \frac{1}{2}\frac{d^2V}{dr^2} \tag{6-4-6}$$

由此即得到美元凸性(Dollar Convexity)。

对于简单的不含权固定利率债券来说,在连续复利的情形下,凸性和美元凸性的计算公式分别为:

$$C = \frac{1}{2}\frac{d^2V}{dr^2}\frac{1}{V(t)} = \frac{\sum_{i=1}^{n} c_i \times e^{-r(t,t_n) \times (t_i-t)} \times (t_i - t)^2}{2V(t)} \tag{6-4-7}$$

$$\$C = \frac{1}{2}\frac{d^2V}{dr^2} = \frac{1}{2}\sum_{i=1}^{n} c_i \times e^{-r(t,t_n) \times (t_i-t)} \times (t_i - t)^2 \tag{6-4-8}$$

对于复杂的固定收益证券来说,则需要采用差分的思路,计算有效凸性(Effective Convexity),即:

$$C \approx \frac{1}{2}\frac{1}{V(t)}\frac{\frac{V_- - V(t)}{\Delta r} - \frac{V(t) - V_+}{\Delta r}}{\Delta r} = \frac{V_- + V_+ - 2V(t)}{2 \times V(t) \times (\Delta r)^2} \tag{6-4-9}$$

与久期可以被直观地解释为利率变动时固定收益证券价格变动的百分比不同,我们很难用简单的经济思想来描述凸性,因为它是与收益率变动的平方成比例的,从几何角度讲,凸性是对曲线凸度的一个度量,凸性的意义就在于提高了利率风险度量的准确性。与一阶导为负不同,凸性引起的价格变化通常是正的。

例 6-11 以一个 15 年期、息票率为 8%、一年付息一次的债券为例,假设初始 YTM 为 10%,表 6-4-2 说明了 YTM 分别上升(下降)0.5% 和 3% 后债券价格的真实变动百分比,以及久期和凸性对债券价格变化率的度量结果。

表 6-4-2

YTM	9.5%	10.5%	7%	13%
久期	4.306%	-4.306%	25.836%	-25.836%
凸性	0.127%	0.127%	4.577%	4.577%
总和	4.433%	-4.179%	30.414%	-21.259%
实际	4.436%	-4.182%	31.090%	-21.808%

从例 6-11 可以看出,引入凸性很大程度上提高了利率风险度量的精确性,收益率变动越大,凸性的贡献越明显。而且,考虑久期和凸性之后,基本可以反映 YTM 变动的结果,更高阶数的影响可以忽略不计。

第五节 中国固定收益证券市场

从 1981 年我国恢复国债发行算起,中国固定收益证券市场经过三十余年的发展,从最初的不完善,可以说是零起点,到现在的粗具规模,形成了丰富的产品结构,适应于不同企业的融资需求,提供多元化的融资工具。如表 6-5-1 所示,截至 2014 年 1 月,我国债券市场存量规模接近 30 万亿元,在全球债券市场已占有一席之地。我国固定收益证券市场将继续朝着市场化、规范化的方向发展,进一步提升对国民经济增长和经济结构战略调整的促进作用。

表 6-5-1 中国债券市场存量统计

类别	债券数量(只)	数量比重(%)	债券余额(亿元)	余额比重(%)
国债	228	3.16	86493.36	29.02
地方政府债	62	0.86	8616.00	2.89
央行票据	16	0.22	5462.00	1.83
金融债	754	10.46	102363.66	34.34
政策银行债	434	6.02	85979.98	28.85
商业银行债	70	0.97	3478.30	1.17
商业银行次级债券	138	1.91	9569.70	3.21
保险公司债	23	0.32	1340.61	0.45
证券公司债	38	0.53	1226.60	0.41
其他金融机构债	51	0.71	768.47	0.26
企业债	1622	22.51	23427.00	7.86
一般企业债	1614	22.39	23399.01	7.85
集合企业债	8	0.11	27.99	0.01
公司债	782	10.85	6974.32	2.34
一般公司债	433	6.01	6538.55	2.19
私募债	349	4.84	435.77	0.15
中期票据	2409	33.43	38315.42	12.85
一般中期票据	2326	32.27	38130.98	12.79
集合票据	83	1.15	184.44	0.06
短期融资券	1116	15.48	14699.50	4.93
一般短期融资券	940	13.04	9196.30	3.09
超短期融资债券	126	1.75	4655.50	1.56
证券公司短期融资券	50	0.69	847.70	0.28
国际机构债	3	0.04	31.30	0.01
政府支持机构债	75	1.04	8800.00	2.95
资产支持证券	96	1.33	393.44	0.13
RMBS	7	0.10	10.64	0.00
ABS	39	0.54	97.48	0.03
ABN	21	0.29	73.30	0.02
CDO	29	0.40	212.02	0.07
可转债	26	0.36	1605.88	0.54
可分离转债存债	10	0.14	598.35	0.20
同业存单	8	0.11	280.00	0.09
合计	7207	100.00	298060.22	100.00

数据来源:Wind 资讯

一、中国国债市场

现代意义上的中国国债市场从 1981 年国家恢复发行国债开始起步,历经三十余年的发展,主要经历了以下几个发展阶段:

(一)强制销售时期(1981—1987 年)

在这一时期,大部分债券都是间接发行。银行的主要功能是向国有企业提供贷款,因为中国既不存在证券市场也没有真正意义上的金融中介,甚至机构投资者在中国也是根本不存在的,因此,国债被摊派给个人。因为国债发行的目的是为了经济建设,个人购买国债的行为被宣传成爱国的表现,因此面向个人投资者出售国债是一种政策决策。

(二)实物债券柜台市场主导时期(1988—1993 年)

中国 1981 年恢复发行国债后,经历了长达七年的有债无市的历史过程。债券市场的真正起步,还要从 1988 年财政部在全国 61 个城市进行国债流通转让试点开始算起,这是中国国债二级市场的正式开端。

1990 年 12 月上海证券交易所成立,开始接受实物债券的托管,在交易所开户的投资者可以进行记账式交易,形成了场内交易和场外交易并存的市场格局,但在 1994 年前交易所的交易量一直很小。当时债券市场流通的均为实物债券,并且没有统一的托管机构。实物债券发行后分散在各地的代保管机构,交易只能在代保管机构所在地进行,不能跨地区交易。

(三)交易所债券市场主导时期(1994—1997 年)

1994 年财政部发行国债 1028 亿元,比 1993 年增加近 2 倍,从而也促进了交易所债券交易的活跃。更为重要的是,这一年交易所开辟了国债期货交易,在这种情况下,交易所债券市场的债券现货交易开始明显放大。1995 年发生了"327 事件"后,国债期货市场关闭,国债现货交易陡然萎缩。

1995 年 8 月国家正式停止了一切场外债券市场,证券交易所变成了中国唯一合法的债券交易市场。1995 年财政部试点发行了 117 亿元的记账式国债。到了 1996 年,记账式国债开始在上海、深圳证券交易所大量发行。随着债券回购交易的展开,初步形成了以交易所债券市场为主导的国债二级市场。

(四)银行间债券市场的兴起(1998 年至今)

1998 年,银行离开了交易所债券市场,同年银行间债券市场建立。银行间债券市场建立后,交易量飞速上涨,远远超过了交易所债券市场,创新金融产品在银行间债券市场不断推出。2001—2003 年,承销团制度在记账式、凭证式国债发行中全面引入。从 2002 年开始,财政部和人民银行推出记账式国债柜台交易试点,以进一步提高市场流动性。

从 2004 年开始,财政部开始跨市场发行国债,即同时在股票交易所市场和银行间债券市场发行国债。国债的跨市发行,解决了银行间债券市场和交易所债券市场的分割问题,有利于国债市场的统一,提高了国债的流动性和货币资金运用效率。2009 年 11 月,财政部在银行间市场招标发行 200 亿元 50 年期国债。50 年期国债在丰富债券市场品种、完善债券市场结构等方面意义重大,有利于债券市场的长期发展。

二、中国金融债市场

新中国成立后的金融债券发行始于1982年,中国国际信托投资公司率先在日本的东京证券市场发行了外国金融债券。从20世纪80年代至今,我国金融债市场的发展,可以分为三个阶段:

(一) 商业银行主导阶段(1985—1993年)

为推动金融资产多样化,筹集社会资金,国家决定于1985年由中国工商银行、中国农业银行发行金融债券,这是改革开放后国内发行金融债券的开端。1988年,部分非银行金融机构开始发行金融债券。1993年,中国投资银行(1998年并入国家开发银行)被批准在境内发行外币金融债券,这是我国首次发行境内外币金融债券。

(二) 政策性银行主导阶段(1994—2002年)

1994年,我国成立三家政策性银行,商业银行停止金融债的大规模发行,金融债券的发债主体开始转向政策性银行,其中又以国家开发银行为主。当年仅国家开发银行就7次发行金融债券,总金额达758亿元。国家开发银行不仅是中国第二大发债人,还是近年来中国金融创新的领路人。国家开发银行在1999年5月首次发行了10年期以法定1年定期存款利率为基准的浮动利率债券,从此浮动利率债券开始成为我国债券市场的一个主要品种。2001年12月,国家开发银行首次发行了30年超长期固定利率债券,满足了市场对超长期债券的需求。2002年6月,国家开发银行首次推出了发行人普通选择权债券,该债券的偿还顺序位于一般金融债券之后,因而具有次级债券特征,也成为中国债券市场上次级债券的雏形。

(三) 多样化发展阶段(2003年至今)

2003年8月,中国证监会发布《证券公司债券管理暂行办法》,并于2004年3月核准中信证券、海通证券、长城证券发行债券42.3亿元。2004年6月,《商业银行次级债券发行管理办法》颁布实施,当年我国商业银行次级债券共计发行748.8亿元。2004年9月,中国保监会发布了《保险公司次级定期债务管理暂行办法》,借鉴国际通行做法,允许保险公司发行次级债,将有效解决中国保险公司在发展过程中对资本金需求快速增加的问题,促进中国保险业的持续健康发展。2005年,中国人民银行为了进一步规范金融债券的发行,出台了《全国银行间债券市场金融证券发行管理办法》,自此金融债的发行主体又增加了商业银行、财务公司和其他金融机构。总的来说,金融机构发行的金融证券是中国主要的固定收益工具,近几年中国金融债券的存量稳定在市场总存量的1/3左右。

三、中国信用债市场

根据发行监管机构的不同,我国的信用债可以分为三大类:第一,企业债和中小企业集合债,由发改委核准发行;第二,公司债和可转债,由证监会核准发行,发行主体仅为上市公司;第三,短期融资券、中期票据和中小企业集合票据,由中国银行间市场交易商协会注册发行。我国信用债市场的发展,大致可以分为两个阶段:

(一) 缓慢发展阶段(1985—2004年)

1985年5月,沈阳房地产开发公司向社会公开发行了5年期企业债券,这是改革开放后的第一只企业债券。1987年,国务院颁布关于企业债发行的第一个基本法规《企业债券管理暂行条例》，规定中国人民银行是企业债券的主管机构，并于1993年出台了《企业债券管理条例》。20世纪90年代末，由于经营不善的公司出现了多起违约事件，政府中止了地方企业债券的发行。

短期融资券最早出现在1987年的上海，于1989年向全国推广，用以满足企业的短期融资需求。期限一般是3个月、6个月或9个月，发行对象主要是企业和个人，利率高于同期限的银行定期存款利率。1992年，短期融资券发行规模为228亿元，达到发行巅峰。1997年，部分企业短期融资券不能按期兑付的信用风险逐步暴露。之后，中国人民银行再未审批短期融资券的发行，企业短期融资券暂时退出市场。

（二）快速发展阶段（2005年至今）

2005年以来，中国公司债券市场重新崛起，金融市场改革不断推进，债券市场品种不断创新，机构投资者成为投资主力。以2005年《短期融资券管理办法》出台为标志，我国信用债市场进入快速发展阶段。同年5月，中国国际航空股份有限公司等5家企业首次在银行间债券市场以簿记建档方式发行7只短期融资券。

2007年8月14日，中国证监会正式颁布实施《公司债券发行试点办法》，标志着中国债券市场又进入了新的发展阶段。长江电力发行不超过80亿元以及第一期发行40亿元公司债券的申请于当年9月获得证监会审核通过，这是我国《公司债券发行试点办法》实施后的第一只公司债券。

2008年，国家发改委对企业债发行核准程序进行了简化，将先核定规模，后核准发行两个环节，简化为直接核准发行一个环节。这解决了企业债审批难、期限长等弊端，并且降低了企业债的发行门槛，拓宽了募集资金的使用范围，大大提高了企业发债的积极性。目前对公司发行企业债不再强制要求提供担保，发行方式方面也鼓励发行人采用更加市场化的方式。同年，中国人民银行推出新的债务融资品种——中期票据。企业申请发行中期票据，可以一次注册，分期发行，灵活性高；期限一般为3—5年；完全市场化的发行方式，充分利用资金市场的较低利率，降低融资成本；无担保要求，募集资金用于生产经营，无具体项目限制。

四、中国的资产证券化

资产证券化在20世纪70年代诞生于美国，随后在世界范围内迅速发展起来。我国内地的资产证券化起步于20世纪90年代，但发展较为波折，大体上有以下几个阶段：

（一）萌芽阶段（1992—1996年）

1992年，三亚市开发建设总公司以三亚市丹州小区800亩土地为发行标的，土地每亩折价25万元（其中17万元为征地成本，5万元为开发费用，3万元为利润），发行总金额为2亿元的三亚地产投资券，预售地产开发后的销售权益，首开房地产证券化之先河。

1996年8月，珠海市政府在开曼群岛注册了珠海市高速公路有限公司，根据美国证券法的144A规则，发行总额为2亿美元的资产担保债券。随后，国内高速公路建设不同程度引进了证券化融资设计。从这些交易结构来看，多数采用了离岸证券化方式，因此较少受到国内证券市场的关注。

(二) 探索阶段(1997—2004 年)

1997 年 7 月中国人民银行颁布《特种金融债券托管回购办法》,规定由部分非银行金融机构发行的特种金融债券,均须办理资产抵押手续,并委托中央国债登记结算公司负责相关事项。这在某种程度上使不良资产支持证券的发行成为可能,此后出现了由资产管理公司主导的几笔大额不良资产证券化。2000 年,中国人民银行批准中国建设银行、中国工商银行为住房贷款证券化试点单位,标志着资产证券化被政府认可。

由金融资产支持的资产证券化始于 2003 年 6 月,当时华融资产管理公司将涉及全国 22 个省市 256 家企业的 132.5 亿元债权资产组成资产包,以中信信托为受托人设立财产信托,期限为 3 年。这一项目被称为"准资产证券化",并且首次在国内采用内部现金流分层的方式实现了内部信用增级。

到了 2004 年,开始出现政府推动资产证券化发展的迹象。2004 年 2 月,《国务院关于推进资本市场改革开放和稳定发展的若干意见》提出:加大风险较低的固定收益类证券产品的开发力度,为投资者提供储蓄替代型证券投资品种,积极探索并开发资产证券化品种。2004 年 4 月出现了更符合现代意义的资产证券化,即中国工商银行和瑞士一波、中信证券、中诚信托等签署了中国工商银行宁波分行不良资产证券化项目的相关协议,对其 26 亿元不良资产进行了证券化。2004 年 12 月,中国人民银行公布实施《全国银行间债券市场债券交易流通审核规则》,从而为资产证券化产品流通扫清障碍。

(三) 试点与发展阶段(2005 年至今)

2005 年被称为"中国资产证券化元年",信贷资产证券化和房地产证券化取得新的进展,引起国内外广泛关注。2005 年 4 月,中国银监会发布《信贷资产证券化试点管理办法》,将信贷资产证券化明确定义为"银行业金融机构作为发起机构,将信贷资产信托给受托机构,由受托机构以资产支持证券的形式向投资机构发行受益证券,以该资产所产生的现金支付资产支持证券收益的结构性融资活动";并于同年 11 月发布了《金融机构信贷资产证券化监督管理办法》,从市场准入、风险管理、资本要求三个方面对金融机构参与资产证券化业务制定了监管标准。2005 年 12 月,作为资产证券化的试点银行,中国建设银行和国家开发银行分别以个人住房抵押贷款和信贷资产为支持,在银行间市场发行了第一期资产证券化产品;同月,我国内地第一只房地产投资信托基金——广州越秀房地产投资信托基金,正式在相关交易所上市交易。

2007 年,由于出台了规范信贷资产证券化信息披露及资产支持证券在银行间市场质押式回购交易的相关规定,信贷资产证券化进入扩大试点阶段,规模不断扩大,延伸到不良资产。截至 2008 年底,共有 11 家发起人进行了 16 单信贷资产证券化业务试点,发行总规模为 667.85 亿元,加上专项资产管理计划,资产证券化产品总规模为 931 亿元。2008 年年底,随着金融危机的爆发以及国内宏观经济金融政策调整的影响,监管机构出于审慎原则和对资产证券化风险的担忧,暂停了不良资产证券化试点。

2012 年,中国人民银行、银监会和财政部联合下发《关于进一步扩大信贷资产证券化试点有关事项的通知》,资产证券化业务重新启动,同时规定首批资产证券化产品规模为 500 亿元。目前,我国资产证券化主要分为两个方向,即由证监会监管的企业资产证券化(专项资产管理计划)和银监会监管的银行信贷资产证券化、非金融企业的资产支持票据。

本章小结

本章首先对主要固定收益证券品种的概念、特点和发行条件进行了解释,接着从不同角度考察了债券的收益率指标和固定利率债券、浮动利率债券的定价问题,本章第三节对传统、仿射、离散三大类型的利率期限结构理论进行了深入分析,第四节阐述了债券的几种风险和其中的利率风险度量手段,第五节回顾了中国固定收益市场的发展历程。总体而言,本章对于理解固定收益证券的定价、风险和发展有一定参考价值。

 思考习题

1. 企业债券与公司债券的异同点是什么?
2. 仿照平价债券和折价债券,分解溢价债券。某人投资于期限 20 年的债券,面值为 1000 元,票面利率为 8%(半年支付),价格为 1231.15 元,到期收益率为 6%。
3. 根据利率期限结构的纯预期理论,证明如果收益率曲线下降,那么短期预期利率也下降。
4. 债券凸性的主要决定因素是什么?
5. 资产证券化泡沫与金融危机是否有必然联系?

第七章 证券投资基金

第一节 证券投资基金的发展历程

证券投资基金是现代证券市场的一种新型投资方式或投资制度。具体说,证券投资基金就是汇集多数不特定且有共同投资目的的投资者的资金,委托专业的金融投资机构进行科学性、组合性、流动性投资,借以分散和降低风险,共同受益的一种投资方式或制度。

各国对证券投资基金的称谓有所不同。美国称为"共同基金""互助基金"或"互惠基金"(Mutual Fund),也称为"投资公司"(Investment Company);英国及中国香港地区称为"单位信托基金"(Unit'Trust);日本和中国台湾地区则称为"证券投资信托基金"。虽然称谓不同,但内容及操作却有很多共性。

一、证券投资基金发展历程

证券投资基金起源于19世纪60年代的英国,迄今为止,它大致经历了产生、发展、成熟三个阶段。

(一)1868年至1920年的产生阶段

19世纪60年代,随着第一次工业革命的成功,英国成为全球最富裕的国家,它的工业总产值占世界工业总产值的1/3以上,国际贸易额占世界总贸易额的25%,因此国内资金充裕,利率较低。与此同时,美国、德国、法国等国家正开始进行工业革命,需要大量的资金支持。在这种背景下,英国政府为了提高国内投资者的利益,出面组织了由专业人员管理运作的以投资美国、欧洲及殖民地国家证券为主要对象的"外国和殖民地政府信托投资基金"。这标志着证券投资基金开始起步。

(二)1921年至20世纪70年代的发展阶段

在第二次工业革命中,钢铁、汽车、电力、石化等工业迅速兴起。经过19世纪70年代到20世纪初三十多年的历程,美国的经济跳跃式地超过了英国,国民生产总值位居世界第一位。尤其是在第一次世界大战后,美国的经济更是空前繁荣。在此背景下,1921年4月,美国设立了第一家证券投资基金组织——美国国际证券信托基金,这标志着证券投资基金发展中"英国时代"的结束和"美国时代"的开始。之后在1924年3月21日,"马萨诸塞投资信托基金"设立,这意味着美国式证券投资基金的真正起步。1940年,美国仅有证券投资基金68只,资产总值达4.48亿美元;到1979年,证券投资基金数量已经发展到524只,资产总值达945.11亿美元。

(三)20世纪80年代以后趋于成熟的阶段

证券投资基金的成熟主要体现在三个方面:一是证券投资基金在整个金融市场中占有重要的地位;二是证券投资基金成为一种国际化现象;三是证券投资基金在金融创新中得到快速发展,有力地促进了金融运行机制的创新。目前,证券投资基金已经成为发达国家的金融运行和国际金融市场中一支举足轻重的力量。根据美国证券业的统计,截至2008年年末,全球共同基金资产规模达到18.97万亿美元。基金行业与银行业、证券业、保险业成为现代金融体系的四大支柱产业。

二、我国证券投资基金发展概况

证券投资基金在我国发展时间还比较短,但在证券监管机构的大力扶持下,在短短几年时间里获得了突飞猛进的发展。1997年11月,国务院颁布《证券投资基金管理暂行办法》。1998年3月,两只封闭式基金——基金金泰、基金开元设立,分别由国泰基金管理公司和南方基金管理公司管理。2004年6月1日,《中华人民共和国证券投资基金法》正式实施,以法律形式确认了证券投资基金在资本市场及社会主义市场经济中的地位和作用,成为中国证券投资基金发展史上的一个重要里程碑。证券投资基金从此进入崭新的发展阶段,基金数量和规模迅速增长,市场地位日趋重要,呈现出下列特点:

首先,基金规模快速增长,开放式基金后来居上,逐渐成为基金设立的主流形式。1998—2001年9月是我国封闭式基金发展阶段,在此期间,我国证券市场只有封闭式基金。2000年10月8日,中国证监会发布了《开放式证券投资基金试点办法》。2001年9月,我国第一只开放式基金诞生。此后,我国基金市场进入开放式基金发展阶段,开放式基金成为基金设立的主要形式。而封闭式基金一直处于高折价交易状态,2002年8月后的5年内没有发行新的封闭式基金,封闭式基金的发展陷入停滞状态。自2006年开始,随着我国早期发售的封闭式基金到期日的逐步临近,陆续有到期封闭式基金转为开放式基金。截至2014年年末,我国共有证券投资基金1888只,净值总额合计约为4.55万亿元,调整后的基金总份额为4.17万亿份。在1888只证券投资基金中,有13只为封闭式基金,净值合计约为0.04万亿元;有1875只为开放式基金,净值总额合计约为4.51万亿元。[①]

其次,基金产品差异化日益明显,基金的投资风格也趋于多样化。我国的基金产品除股票型基金外,债券基金、货币市场基金、保本基金、指数基金等纷纷问世。近年来,基金品种不断丰富,如出现了结构化基金、ETF联接基金等。在投资风格方面,除传统的成长型基金、混合型基金外,还有收益型基金、价值型基金。

再次,中国基金业发展迅速,对外开放的步伐加快。近年来,我国基金业发展迅速,基金管理公司数不断增加,管理基金规模不断扩大。截至2012年末,我国已有开展业务的基金管理公司72家,管理资产规模合计3.61万亿元。2007年,我国出现了第一家管理基金规模超过千亿元的基金公司。在基金管理公司数量不断增加的同时,其业务范围也有所扩大。2007年11月,中国证监会基金部发布《基金管理公司特定客户资产管理业务试点办法》,允许符合条件的基金管理公司开展为特定客户管理资产的业务。此外,2006年,中国基金业开始了国际化航程,获得QDII资格的国内基金管理公司可以通过募集基金投资国际市场,即设立QDII基金。2008年起,部分基金管理公司获准到香港设立分公司,从事资产管理业务。

2012年,基金行业管理资产规模较2011年增长30.23%,其中非公开募集资产规模

---

① 数据来源于同花顺数据库。

增长 27.39%，公募基金规模增长 30.99%。另外，根据 1997 年出台的《证券投资基金管理暂行办法》和 2004 年出台的《证券投资基金法》(2012 年修订)，我国证券投资基金管理逐步走向规范化和法制化。

第二节　基金总体业绩评价

基金总体业绩评价是基金业绩评价体系的核心，也是择股择时能力、持续性等评价的基础。其基本思想是判断基金的业绩是否超过市场的平均收益、获得超额收益，从而对基金的总体优劣进行评价，其实质是根据基金过去的表现来判断基金是否能够战胜市场，真正体现专家理财、风险分散等优势，并以其获取超额收益的高低来评价基金的优劣，为投资者的投资决策提供依据。

本节依次介绍了经典的基金总体业绩评价指标及其发展，并分析了这些经典的指标存在的局限性及适用范围。

一、未经风险调整的收益衡量

(一) 基金单位净资产、基金资产收益率

1. 基金单位净资产

基金单位净资产，又称"基金单位净值"，即每一基金单位代表的基金资产的净值，是评价基金业绩的最基本的指标。其计算公式为：

$$基金单位净资产 = (总资产 - 总负债) / 基金单位总数$$

总资产减总负债即为某一时点上的基金资产净值，代表了基金持有人的权益。其中，总资产指基金拥有的所有资产，包括股票、债券、银行存款和其他有价证券等；总负债指基金运作及融资时所形成的负债，包括应付给他人的各项费用、应付资金利息等；基金单位总数是指当时发行在外的基金单位的总量。

基金单位净值是开放式基金申购和赎回的价格基础，开放式基金的基金单位交易价格取决于申购、赎回行为发生时尚未确知(但当日收市后即可计算并于下一交易日公告)的单位基金资产净值。

基金资产估值是计算单位基金资产净值的关键。基金往往分散投资于证券市场的各种投资工具，如股票、债券等，由于这些资产的市场价格是不断变动的，因此，只有每日对单位基金资产净值重新计算，才能及时反映基金的投资价值。基金资产的估值原则如下：

(1) 上市股票和债券按照计算日的收市价计算，该日无交易的，按照最近一个交易日的收市价计算；

(2) 未上市的股票以其成本价计算；

(3) 未上市国债及未到期定期存款，以本金加计至估值日的应计利息额计算；

(4) 如遇特殊情况而无法或不宜以上述规定确定资产价值时，基金管理人依照国家有关规定办理。

2. 基金资产收益率

基金资产收益率是衡量基金盈利能力的重要指标。其计算公式为：

$$基金资产收益率 = 利润总额 / 基金平均资产总额 \times 100\%$$

基金平均资产总额为基金期初总资产与期末总资产的平均数。基金资产收益率指标越高,表明基金资产利用效果越好,说明基金在增加收入和降低资金成本等方面取得了良好的效果。

(二) 货币加权收益率与时间加权收益率

一只投资基金的本金在一个度量时期内是不断变化的,随时都有新资金的投入,也不断有资金的撤出。在这种情况下,主要通过计算货币加权收益率和时间加权收益率来反映基金的收益情况。

1. 货币加权收益率

货币加权收益率等于当期的利息收入除以当期的平均本金余额。假设本金在当期的变化是平稳的,当期的平均本金就是期初本金余额和期末本金余额的平均数。所以有:

期初的本金余额为 A,期末累积值变为 B(仅考虑一个时期),当期产生的利息 I,期末的本金余额就是 $(B-I)$,当期的平均本金余额就是 $(A+B-I)/2$,当期的货币加权收益率可近似表示为:

$$r \approx \frac{I}{(A+B-I)/2} = \frac{2I}{A+B-I} \tag{7-2-1}$$

如需精确计算,可假设期初的本金为 A,在时刻 t 的新增投资为 C_t,货币加权收益率为 r,在期末的累积值可表示为:

$$A(1+r) + \Sigma_t C_t (1+r)^{(1-t)} \tag{7-2-2}$$

时刻 t 的新增投资额 C_t 只在时刻 t 以后产生收益,即产生收益的时间长度为 $(1-t)$。用 B 表示期末的累积值,则有:

$$A(1+r) + \Sigma_t C_t (1+r)^{(1-t)} = B \tag{7-2-3}$$

其中,$C_t > 0$ 表示增加投资;$C_t < 0$ 表示抽走投资。由此式计算的 r 即为货币加权收益率。

货币加权收益率可以准确衡量基金赚钱和亏损的程度。在币值加权收益率的计算中,各不同时期投入、赎回的资金额对收益率的影响很大。若在高收益期投入的或保持的资金量较大,而低收益期投入的或保持的资金量较小,则总收益率就会较高。

2. 时间加权收益率

时间加权收益率是指在每单位时间期间计算其金额加权收益率后,计算整个时间期间收益率的几何平均数。时间加权收益率是扣除了资金增减变化后计算的收益率,即在本金恒定的基础上计算的收益率,其计算公式为:

假设在整个投资周期内 $n-1$ 次本金的存入和取出,则时间加权收益率为:

$$R_{TW} = (1+R_1)(1+R_2)\cdots(1+R_n) - 1 = \prod_{i=1}^{n}(1+R_i) - 1 \tag{7-2-4}$$

其中,R_{TW} 表示时间加权收益率;$R_i(i=1、2、3\cdots n)$ 表示每个阶段的收益率(第 i 期的持有期收益率)。

但时间加权收益率不同于几何平均收益率:时间加权收益率不开 n 次方,而几何平均收益率则要开 n 次方。这意味着,时间加权收益率说明的是 1 元投资在 n 期内所获得的总收益率,而几何平均收益率是计算 1 元投资在 n 期内的平均收益率。

总体而言,币值加权收益率是从具体的投资人的角度计算的收益率,而时间加权收益率是从整个基金管理人的角度计算的收益率,这个收益率能更好地反映基金的运作情况。

二、风险调整的收益衡量

基金的投资收益与股票的投资收益一样,具有波动性和风险性,因此投资者在进行基金业绩评价时,不仅要考虑基金的单位净资产净值和投资收益率,还应根据每只基金的投资风险水平对上述指标进行必要的调整。目前国内外对于基金总体业绩评价广泛采用的就是下面经典的三大风险调整指标。

(一) Treynor 指数

Treynor 指数(Treynor Ratio)用"TR"表示,是投资基金每单位风险获得的风险溢价,是投资者判断某一基金管理者在管理基金过程中所冒风险是否有利于投资者的判断指标。计算公式为:

$$TR_p = \frac{\overline{R} - \overline{R}_f}{\beta_p} \tag{7-2-5}$$

其中,TR_p 表示 Treynor 业绩指数;$\overline{R}$ 表示某只基金的投资考察期内的平均收益率;$\overline{R}_f$ 表示考察期内无风险资产的平均收益率;β_p 表示某只基金的系统风险。

Treynor 业绩指数的含义就是每单位系统风险资产获得的超额报酬(超过无风险利率 R_f)。Treynor 指数越大,单位风险溢价越高,开放式基金的绩效越好,基金管理者在管理的过程中所冒的风险有利于投资者获利;相反,Treynor 指数越小,单位风险溢价越低,开放式基金的绩效越差,基金管理者在管理的过程中所冒的风险不利于投资者获利。

但 Treynor 指数考虑的是系统风险,而不是全部风险,因此,无法衡量基金经理的风险分散程度。系统风险不会因为投资组合的分散而降低,因此,即便基金经理的风险分散做得很好,Treynor 指数可能并不会因此变大。

(二) Sharpe 比率

Sharpe 比率(Sharpe Ratio)是经风险调整后的绩效指标,反映了单位风险基金净值增长率超过无风险收益率的程度。其计算公式为:

$$SR_p = \frac{\overline{R} - \overline{R}_f}{\sigma_p} \tag{7-2-6}$$

其中,SR 表示 Sharpe 比率;$\overline{R}$ 表示某只基金的投资考察期内的平均收益率;$\overline{R}_f$ 表示考察期内无风险资产的平均收益率;σ_p 表示考察期内投资组合的标准差。

如果 Sharpe 比率为正值,说明在衡量期内基金的平均净值增长率超过了无风险利率,在以同期银行存款利率作为无风险利率的情况下,说明投资基金比银行存款要好。Sharpe 比率越大,说明基金单位风险所获得的风险回报越高。反之,则说明了在衡量期内基金的平均净值增长率低于无风险利率,在以同期银行存款利率作为无风险利率的情况下,说明投资基金比银行存款要差,基金的投资表现不如从事国债回购。而且当 Sharpe 比率为负时,按大小排序没有意义。

Sharpe 比率与 Treynor 指数的主要区别在于对基金的风险计量的不同。Treynor 指数假定在非系统风险能够被完全分散的情况下,用基金的系统风险作为基金风险的计量。而 Sharpe 则认为正是由于非系统风险并没有被完全分散掉,基金才能够获得超额收益,因而采用基金收益的标准差作为基金总风险的计量。即使是非系统风险被完全分散掉,

Sharpe 比率也一样可以使用,因而其使用范围要远远大于 Treynor 指数。

用不同的指数对基金进行排名有时候结果可能不一致。一般而言,当基金完全分散投资或者分散程度很高的时候,用 Sharpe 指数和 Treynor 指数进行的排名结果是一致的。但如果将分散程度差的和分散程度好的基金进行比较,结果可能不同。分散程度差的组合的 Treynor 指数可能很好,Sharpe 指数可能很差。

(三) Jensen 指数

Jensen 指数(Jensen Index),又称为"阿尔法值",是测定证券组合经营绩效的一种指标,是证券组合的实际期望收益率与位于证券市场线上的证券组合的期望收益率之差。其计算公式为:

$$\alpha_p = \overline{R}_p - [\overline{R}_f + \beta_p(\overline{R}_m - \overline{R}_f)] \tag{7-2-7}$$

其中,$\overline{R}_p$、$\overline{R}_f$、$\overline{R}_m$ 分别表示基金组合、无风险资产和市场组合的收益率;β_p 表示基金组合的系统风险;α_p 即 Jensen 指数。

Jensen 指数同 Treynor 指数一样假定基金资产组合可以完全分散非系统风险,计算的是基金业绩中超过市场基准组合所获得的超额收益。如果 Jensen 指数大于 0,表明基金业绩表现优于市场基准组合,大得越多,业绩越好;反之,如果 Jensen 指数小于 0,则表明绩效不好;Jensen 指数等于 0,说明该基金与处于同等风险水平的被动管理的基金收益率相同,没有差异,该基金的表现被评价为中性。

上述三个指标对风险和收益的衡量不同,因此,它们虽各有其合理性,但却不能对同一投资组合业绩给出一致的评价,如表 7-2-1 所给出的例子。[①]

表 7-2-1 投资组合 P 和市场组合 M 的基本信息

	投资组合 P	市场组合 M
$\overline{R}$	35%	28%
β	1.20	1.00
σ	42%	30%
$\sigma(e)$	18%	0

若 $\overline{R}_f = 6\%$,可分别计算出上述三个指标。

Treynor 比率:

$$T_p = (35\% - 6\%)/1.20 = 0.24$$
$$T_M = (28\% - 6\%)/1.00 = 0.22$$

Sharp 比率:

$$S_p = (35\% - 6\%)/42\% = 0.69$$
$$S_M = (28\% - 6\%)/30\% = 0.73$$

Jensen 指数:

$$\alpha_p = 35\% - [6\% + 1.2(28\% - 6\%)] = 2.6\%$$
$$\alpha_M = 0$$

---

① 此例转引自 Zvi Bodie, Alex Kane and Alan J. Marcus, Investment, 3rd ed., Irwin, 1996。

由以上计算不难看出：根据 Treynor 比率，市场组合 M 优于投资组合 P；根据 Sharp 比率，市场组合 M 优于投资组合 P；根据 Jensen 指数，我们可以认为投资组合 P 是不错的。

这些方法也存在着一定的局限性。首先，Treynor 指数和 Jensen 指数都是在 CAPM 基础之上推导出来的，而 CAPM 模型需要诸多的假设前提，在现实生活中，这些假设前提很难满足，特别是基金收益序列的平稳假设和收益的正态分布假设。另外，投资者不仅关心收益率的均值和方差，也非常关心收益率的高阶矩（主要是偏度和峰度）。其次，实际当中无法确知真正的市场组合，所以总要选择一个替代者，不同基准组合对业绩排序的影响很大，有时候，基准的选择比模型的选择对基金的业绩评价影响更大。最后，Treynor 指数和 Sharpe 比率作为相对指标，反映的是基金单位风险获得的超额收益，但是并不能说明这些超额收益的大小是多少，来自哪里。两个指标只能用来比较两个基金业绩优劣，而具体值的大小并没有实际意义。

尽管这三种经典方法存在一些缺点，但由于其简单易行，而且其他各种改进方法也存在种种缺陷，因此迄今为止，这三种方法仍被广泛应用于基金业绩评价。

接下来介绍改进的风险调整业绩评价方法。

三、改进的风险调整业绩评价方法

（一）估价比率

估价比率（Appraisal Ratio）也是建立在 CAPM 基础之上，是一种与 Jensen 指数密切相关的评价投资组合绩效的测度指标，用"AR"表示。AR 等于用 CAPM 测度的投资组合的非常规收益率除以其非系统风险，它反映的是每单位非系统风险所带来的超额收益。由于投资组合既承受系统风险，也承受非系统风险（尽管可能比较小），所以将全部资产投资于 Jensen 指数最大的组合是不合适的。因此，AR 指标测算的是每单位非系统风险所带来的超额收益。计算公式为：

$$AR_p = \frac{D_p}{\sigma_{D_p}} = \frac{\overline{R}_p - R_M}{\sigma_{D_p}} \qquad (7\text{-}2\text{-}8)$$

其中，$\overline{R}_p$ 表示基金组合的平均收益率；R_M 表示市场组合的收益率；$D_p = \overline{R}_p - R_M$ 表示基金组合与市场基准组合的差异收益率，用以衡量投资组合的非常规收益；σ_{D_p} 表示差异收益率的标准差，用以衡量组合的非系统性风险。投资组合与基准组合之间的差异收益率的标准差，通常被称为"跟踪误差"（Tracking Error），反映了积极管理的风险。

估价比率能够对积极组合对总体组合的 Sharpe 比率的贡献作出衡量，因此可以作为解决积极组合与被动组合的最优组合问题的一个有用指标。基金组合与基准组合差异收益率的标准差可以对组合在实现投资者真实投资目标方面的相对风险作出衡量，因此是一个更有效的风险计量方法。估价比率越大，说明基金经理人单位跟踪误差（基金超额收益的标准差）所获得的超额收益率越高，因此，估价比率较大的基金的表现要好于估价比率较小的基金。

（二）M^2 指数

针对 Sharpe 比率不易解释的缺点，弗兰科·莫迪利安尼（Franco Modigligliani）和李·莫迪利安尼（Leah Modigligliani）在 1997 提出了 M^2 方法（被称为"改进的 Sharpe 比率"）。该方法的基本思想是构建一个虚拟的资产组合，使其总风险等于市场组合风险，通过比较虚拟资产组合与市场资产组合的评价收益率来评价基金的投资业绩。

测度的具体计算方法如下:计算组合的收益率和标准差;计算市场指数的收益率和标准差;把一定量的国债(无风险资产)头寸与组合混合,使混合资产的风险与市场指数相同;计算混合资产的收益率;计算测度。其计算公式如下:

$$
\begin{aligned}
M^2 &= R_{p_t'} - R_{Mt} \\
&= [(\sigma_{Mt}/\sigma_{pt})(R_{pt} - R_{ft}) + R_{ft}] - R_{Mt} \\
&= (\sigma_{Mt}/\sigma_{pt})(R_{pt} - R_{ft}) - (R_{Mt} - R_{ft}) \\
&= SR_p \sigma_{Mt} - (R_{Mt} - R_{ft})
\end{aligned}
\quad (7\text{-}2\text{-}9)
$$

其中,$R_{p_t'}$ 为风险调整至市场风险后混合资产 p' 的收益率;σ_{Mt} 和 σ_{pt} 分别表示市场组合 M 和投资组合 p 的收益率的标准差;SR_p 表示 Sharpe 比率。

M^2 测度是风险调整后的绝对收益率,与 Sharpe 比率相比,M^2 测度的经济含义更加明确,对不同基金的收益率进行直接比较,因此易于被广大普通投资者理解和接受。但这一方法仍然是以 CAPM 理论以及它的严格假设为基础的,因此 CAPM 对经典指标(尤其是 Sharpe 比率)的制约同样也适用于 M^2 测度。

(三) 衰减度

衰减度(Decay Rate),又称"业绩指数",该指标利用半方差模型充分体现投资者厌恶损失的心理,它的优点在于允许组合收益率符合任何分布。当 R_p 服从正态分布时,衰减度计算公式为:

$$DR_p = SR_p^{\,2}/2 \quad (7\text{-}2\text{-}10)$$

其中,SR_p 表示组合的 Sharpe 比率。

业绩指数和 Sharpe 比率相比,在基金收益率服从正态分布时,基金业绩排序一致;在基金收益率不服从正态分布时,业绩指数可根据基金收益高阶矩(偏度、峰度)进行修正,具有正偏度的基金组合降低了风险的可能,具有高峰度的基金组合增加了风险的可能。该方法适用于基金收益率为任何分布的情况。无论基金收益率是否服从正态分布,均可以根据业绩指数的大小进行基金业绩比较。在基金收益率不服从正态分布的情况下,业绩指数是 Sharpe 比率的最好替代。不过该方法只适用于基金具有超额收益率为正值的情形。如基金超额收益为负值,则无法对基金业绩进行比较和排序。

接下来,我们以上海证券交易所的四只封闭式基金为例分析其 2014 年业绩,并与沪深 300 指数对比。[①]

表 7-2-2　上证四只封闭式基金概况

基金代码	基金简称	基金成立日	资产规模（亿元）	单位净值（2014/12/31）	基金经理	银河 3 年评级
500038	基金通乾	2001/8/29	28.06	1.4031	张延闽、郭鹏	★
500056	基金科瑞	2002/3/12	38.83	1.2943	郑希	★★★
500058	基金银丰	2002/8/15	36.49	1.216	钱睿南、神玉飞	★★★
505888	嘉实元和	2014/9/29	101.05	1.0105	胡永青、郭东谋	

---

① 此例的相关数据来源于同花顺数据库。

表 7-2-2 介绍了上海证券交易所上市的四只封闭式基金的基本情况。基金通乾、基金科瑞和基金银丰成立较早,嘉实元和则是 2014 年才成立,但资产规模远大于其他三只基金。单位净值则是基金通乾最高,嘉实元和最低。

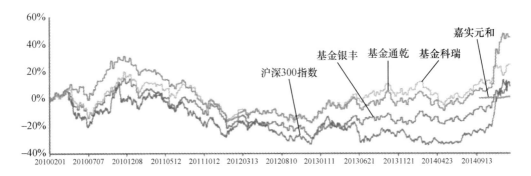

图 7-2-1　近五年四只基金净值走势对比

图 7-2-1 展示了近五年四只基金的净值变化与沪深 300 指数的净值变化对比图。整体来看,四只封闭式基金的净值走势都高于沪深 300 指数。单从基金净值来比较分析,基金的业绩高于大盘的业绩,基金可以获得超额收益。但是,仅仅分析基金净值是不够的。

表 7-2-3　2014 年上证四只封闭式基金业绩与沪深 300 指数对比

基金简称	回报(%)	超额回报	信息比率	Sharpe	标准差	Jensen 指数 (Alpha)	Beta	跟踪误差	R 平方
基金通乾	-1.87	-2.95	-0.16	-1.48	11.8	-23.46	0.03	39.99	0.66
基金科瑞	7.22	6.14	3.34	4.23	13.99	93.68	0.03	41.16	0.31
基金银丰	7.8	6.72	3.44	3.83	16.76	101.4	0.04	42.62	0.6
嘉实元和	0.68	-0.4	0.89	3.48	1.13	8.91	0	38.31	0
沪深 300 指数	1.08	—	—	—	—	—	—	—	—

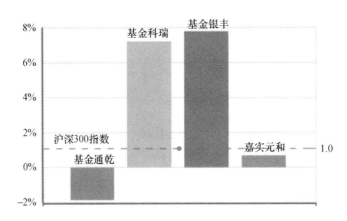

图 7-2-2　2014 年上证四只封闭式基金收益与沪深 300 指数对比

表 7-2-3 和图 7-2-2 则展示了 2014 年四只封闭式基金的业绩与沪深 300 指数的对比。基金科瑞和基金银丰的回报率远高于沪深 300 指数的收益,但嘉实元和的回报低于沪深 300 指数的收益,而且基金通乾的收益为负。再看表 7-3-2 中 Sharpe 比率和 Jensen

指数,基金科瑞、基金银丰和嘉实元和的 Sharpe 比率和 Jensen 指数大于0,说明了在2014年这三只基金的业绩基本也都向好;从排序的情况来看,Jensen 指数和 Sharpe 比率有所差异。而基金通乾的业绩不甚理想,其 Sharpe 比率和 Jensen 指数都为负,说明即使在经济回暖时,并非所有的基金业绩都能高于沪深300指数的收益率。

四、多因素模型

由于以 CAPM 为基础的单因素模型无法解释股票特征(规模大小、成长或价值偏好等)对基金业绩的影响,因此国外学者又发展了多因素模型用于评价基金业绩。多因素模型是建立在 APT 基础上的,其中以法玛(Fama)和佛伦奇(French)的三因素模型以及卡尔哈特(Carhart)的四因素模型最具代表性。

(一) 三因素模型

三因素模型如下:

$$\bar{R}_p - \bar{R}_f = \alpha_p + \beta_i(\bar{R}_M - \bar{R}_f) + s_i SMB_t + h_i HML_t + \varepsilon_{it} \quad (7\text{-}2\text{-}11)$$

其中,$\bar{R}_p$、$\bar{R}_f$、$\bar{R}_M$ 分别表示基金组合、无风险资产与市场基准组合的收益率;SMB_t 表示小盘股组合与大盘股组合收益之差;HML_t 表示高 B/M 组合与低 B/M 组合收益之差;截距 α_p 代表基金 p 的超额业绩,α_p 值越大,表明基金业绩越好;若 SMB_t 的系数 s_i 显著大于零,说明与市场指数相比,基金更偏好小盘股(相对于大盘股而言);同样,若 HML_t 的系数 h_i 显著大于零,则说明基金更偏好价值股(相对于成长股而言)。

(二) 四因素模型

在法玛和佛伦奇三因素模型的基础上,卡尔哈特考虑了股票收益的动量特征对基金业绩的影响,从而将三因素模型扩展为四因素模型。其表达式如下:

$$\bar{R}_p - \bar{R}_f = \alpha_p + \beta_i(\bar{R}_M - \bar{R}_f) + s_i SMB_t + h_i HML_t + p_i PRIYR_t + \varepsilon_{it} \quad (7\text{-}2\text{-}12)$$

其中,$PRIYR_t$ 表示前一年业绩最好的股票组合与前一年业绩最差的股票组合的当期收益之差,它反映了股市的动量效应(Momentum Effect)。与三因素模型类似,截距 α_p 代表基金 p 的超额业绩。α_p 值越大,表明基金业绩越好。

多因素模型假设 β 值是多维系统风险的度量,在基金经理人无择时能力及选股能力时,基金的预期收益等于无风险收益率及 β 值与相应因素的风险溢价乘积之和。

五、无基准的业绩评价法(事件研究法)

传统的基金业绩评价方法主要通过考察基金超过市场组合的超额收益的大小来对基金总体业绩进行评价,这必然要考虑如何选择市场基准的问题,而市场基准和模型对基金业绩评价的影响一直存在着争议。为了避免基准选择的困境,通过考察基金组合中的证券在评价期间和未持有期间收益的差距来对基金总体业绩进行评价。这种不需要事先设定基准的方法称为"事件研究方法"(Event Study Measure,ESM)或"无基准的业绩评价法"(Without Benchmark Measure)。

(一) 康奈尔的事件研究法

康奈尔(Cornell)最早提出无基准业绩评价方法,他通过假设风险资产的收益率是固定不变的,从而可以通过加权平均来计算基金在某期间的期望收益率,即:

$$E(R_{pt}) = \overline{R}_{pt} = \sum_{i=1}^{n} w_{pit} R_{pi(t-1)}, \quad i = 1,2,3,\cdots,N \quad (7\text{-}2\text{-}13)$$

其中，$E(R_{pt})$ 表示基金 p 在 t 期的期望收益率；w_{pit} 表示基金 p 对债券 i 的投资比例；$\overline{R}_{pi(t-1)}$ 表示证券 i 在 t 期前的样本区间内的平均收益率；N 表示基金 p 中包含的证券数量。

这样，就可以利用 T 期基金 p 的实际收益率减去其期望收益率之差的平均数对基金 p 的业绩表现进行 ESM 度量，即：

$$\text{ESM}_p^c = R_{pt} - E(R_{pt}) = \frac{\sum_{t=1}^{T} \sum_{i=1}^{N} [w_{pit}(R_{pit} - \overline{R}_{pi(t-1)})]}{T} \quad (7\text{-}2\text{-}14)$$

$$t = 1,2,3\cdots, T, i = 1,2,3,\cdots,N$$

如果用 $R_{pi(t-1)}$ 直接代替 $\overline{R}_{pi(t-1)}$，则有

$$\text{ESM}_p^c = \frac{\sum_{t=1}^{T} \sum_{i=1}^{N} [w_{pit}(R_{pit} - R_{pi(t-1)})]}{T} \quad (7\text{-}2\text{-}15)$$

$$t = 1,2,3\cdots, T, i = 1,2,3,\cdots,N$$

康奈尔方法不需要事先设定评价的基准，避免了基准选择带来的困境，但是将基金当前收益和前期收益比较，容易造成人为的选择因素，缺乏比较的客观性。

(二) 科普兰和梅耶斯的事件研究法

针对康奈尔选择基金前期的期望收益率作为基金业绩评价的标准容易造成人为调节前期组合收益的弊端，科普兰(Copeland)和梅耶斯(Mayers)在康奈尔的事件研究法的基础上，选择评价期(事件)后的组合的期望收益率作为基金业绩评价的标准，避免事先人为的因素，使得评价更为客观。这样，科普兰和梅耶斯的 ESM 度量为：

$$\text{ESM}_p^{cM} = \frac{\sum_{t=1}^{T} \sum_{i=1}^{N} [w_{pit}(R_{pit} - R_{pi(t+\tau)})]}{T} \quad (7\text{-}2\text{-}16)$$

$$t = 1,2,3\cdots, T, i = 1,2,3,\cdots,N$$

其中，τ 表示基金评价期后第几期，τ 可以取 1 或者 2 等。虽然科普兰和梅耶斯克服了康奈尔的事件研究法使用评价前期的期望收益率可能带来的人为主观因素，但是评价期以后发生的诸如收购等事件也会影响评价的准确性。

(三) 格林布莱特和蒂特曼的投资组合变动法(PCM)

格林布莱特(Grinblatt)和蒂特曼(Titman)在 ESM 的基础上，将 EMS 重新表述为基金组合所投资证券的收益率及其投资比例时间序列之间的协方差，提出了"投资组合变动度量"(Portfolio Change Measurement, PCM)。

PCM 认为基金经理可以很好地预测资产收益率是否高于平均收益率。如果基金经理预测到某资产高于平均收益，则会在资产组合中增加该资产的权重；相反，当某资产的预期收益率低于平均收益率时，就会减少该资产在资产组合中的权重。好的基金经理正是通过调整组合资产的权重来获得超过平均收益的超额收益的。也就是说，好的基金经理会随时加入(或增加)高收益资产，减少(或剔除)低收益资产，因而资产的收益和其持有时间应该具有正的相关性。资产收益越高，持有的时间应该越长；相反，收益越低，持有

的时间应该越短。据此,就可以用组合中资产的收益率和其权重时间序列之间的协方差作为基金业绩评价的标准,用公式表示为:

$$\mathrm{cov}_p = \sum_{i=1}^{N} \mathrm{cov}(w_{pi}, R_{pi}) = \sum_{i=1}^{N} [E(w_{pi}R_{pi}) - E(w_{pi})E(R_{pi})] \qquad (7\text{-}2\text{-}17)$$

其中,cov_p 表示基金 p 中资产 i 的权重与收益的协方差。其实,(7-2-17)式就是 EMS 的另一种表示形式。如果 cov_p 显著大于 0,也就是资产的权重与其收益显著相关,根据 PCM 假设,说明基金经理具有好的投资业绩。

将(7-2-17)式变形后可得:

$$\mathrm{cov}_p = \sum_{i=1}^{N} E\{[w_{pi} - E(w_{pi})]R_{pi}\} \qquad (7\text{-}2\text{-}18)$$

在样本协方差的基础上,上述两式是一致的,因为:

$$\mathrm{Scov}(w_{pi}, R_{pi}) = \frac{\sum_{t=1}^{T} w_{pit}(R_{pit} - \bar{R}_{pi})}{T} = \frac{\sum_{t=1}^{T} (w_{pit} - \bar{w}_{pi})R_{pit}}{T} \qquad (7\text{-}2\text{-}19)$$

其中,$\mathrm{Scov}(w_{pi}, R_{pi})$ 表示基金 p 中资产 i 的权重与收益的样本协方差;w_{pit} 表示 t 期开始时资产 i 的权重(样本均值为 $\bar{w}_{pi}$);R_{pit} 表示 t 期到 $t+1$ 期内资产 i 的收益(样本均值为 $\bar{R}_{pi}$)。

通常情况下,格林布莱特和蒂特曼利用前 k 期(第 $t-k$ 期)的权重作为第 t 期的期望权重的替代。这样,(7-2-19)式就可以表示为:

$$\mathrm{PCM}_p = \frac{\sum_{i=1}^{N}\sum_{t=1}^{T}[w_{pi(t-1)} - w_{pi(t-k)}]R_{pit}}{T} \qquad (7\text{-}2\text{-}20)$$

其中,$w_{pi(t-k)}$ 表示资产 i 在基金 p 中第 $t-k$ 期的权重。

(四)无基准业绩评价方法的适用性

无基准模型避免了基准选择所带来的偏差,但是其应用也受到其假设条件的制约:

(1)无基准模型主要通过基金不同时期对不同资产的权重的变动和其收益之间的关系来对基金的业绩进行评价,但是如果仅仅考虑不同资产的名义收益,而不考虑资产的风险因素,基金经理就可能通过提高高风险资产的权重从而提高权重和收益之间的相关关系,但是这种收益是风险补偿获得的,并不反映基金经理的管理才能。

(2)无基准模型假定资产在前后期的收益保持不变,这和实际情况不符。更多的情况是资产的收益随市场的变化而变化:在市场上涨阶段,资产的收益提高;在市场下跌阶段,资产的收益下降。

(3)无基准模型比较的是前后期资产收益和其权重之间的相关关系,但是如果存在新股情况,则会给模型构建带来一定的麻烦。

(4)无基准模型分析基金组合中所有证券的持有情况,因而需要了解基金真实的投资活动,这在实际中很难获得。

除了上面介绍的无基准业绩评价方法之外,随着学科交叉的不断发展,新的理论方法不断引入到基金的业绩评价当中,其中包括层次分析、灰色关联度分析、数据包络分析、主成分分析以及随机占优分析等。这些新方法新理论的引入,极大地丰富了基金业绩评价理论体系,但是由于其要借助更复杂的运算,因而在实际应用中很少采纳。

第三节 基金择股择时能力评价和持续性评价

一、基金择股择时能力评价

由于证券投资基金也是一种风险投资,因此,其盈利水平的衡量必须与其所承担的风险相联系。同时,反映基金管理者对投资组合盈利的管理能力,主要有两个方面:一是管理人员对投资对象的选择能力,即通过选择正确的投资对象而取得较好的投资收益;二是对投资时机的选择,即通过选择正确的投资时机而取得较好的投资收益。

所谓基金经理的择股能力主要是指其对市场证券进行分析选择,通过购买被低估的证券或卖出被高估的证券来积极管理投资组合,获得超额收益的能力。而基金经理的择时能力则是指其预测市场组合未来的实现情况,根据期望的市场走势调整其投资组合,在预期市场走势上升时增加波动幅度较高的风险资产,提高收益,反之则增加波动幅度较小的风险资产,减少损失的能力。择股实际上是动态的处理行业分析以及行业中的个股分析,如果基金经理能够比较准确地把握未来市场的整体走向,那么其可以相应调整手中持有的投资组合,以提高收益率或降低风险。

目前对基金择股择时能力的检验方法主要有以下四种:一是由 Jensen 指数扩展而来的参数方法;二是不需要事先假定基金收益率概率分布的非参数检验方法;三是以基金组合中个股表现为基础的特征指数衡量方法(DGTW 模型);四是将基金超额收益进行分解的业绩归属模型。由于后三种方法的影响远不如参数方法广泛,而且在应用中也存在一些局限性,因此我们在本节中主要介绍参数方法。

(一) 参数方法

基金择股择时能力的参数方法实际通过基金的风险变动来考察基金经理的时机选择能力。其主要思路就是通过基金风险变动和基金超额收益之间的非线性关系来考察基金经理对于时机选择能力的大小。参数模型要考察基金风险变动和基金超额收益的非线性关系,因此都需要事先假定基金收益率的概率分布。

1. TM 模型

特雷诺(Treynor)和玛泽(Mazuy)认为,如果基金经理人能够预测到市场收益,那么,当他认为市场将要上涨时,将持有更高比例的市场组合,提高其组合的 β 值,反之,当他认为市场将要下跌时,将会减少市场组合的持有比例,降低其组合的 β 值。他们在单因素 Jensen 模型基础上加入一个二次项,用来检验基金经理人的市场时机把握能力。TM 模型的表达式如下:

$$R_{it} - R_{ft} = \alpha_i + \beta_i(R_{Mt} - R_{ft}) + \gamma_i(R_{Mt} - R_{ft})^2 + \varepsilon_{it} \tag{7-3-1}$$

其中,R_{it}、R_{ft}、R_{Mt} 分别表示基金组合、无风险资产与市场基准组合的收益率,β_i 为基金 i 的系统风险,ε_{it} 为随机扰动项。

α_i 与市场走势无关,表示与系统风险报酬无关的投资收益,因此可用来判断基金经理人的选股能力。如果 α_i 在统计意义上显著大于零,则说明基金经理人具有正的选股能力,α_i 越大,选股能力就越强;相反,如果 α_i 显著小于零,则说明基金经理人的选股能力为负,α_i 越小,选股能力就越差。

γ_i 代表时机选择能力,统计上显著大于零的 γ_i 说明基金经理人具有正的择时能力,γ_i 越大,择时能力越强;相反,若 γ_i 显著小于零,则说明基金经理人的择时能力为负,γ_i 越小,择时能力越差。

2. HM 模型

亨里克森(Heriksson)和默顿(Merton)将基金经理人的时机选择能力定义为基金经理人正确预测市场收益与无风险收益之间差异大小的能力,认为具有择时能力的基金经理人能够根据这种差异,有效地调整资金配置,以减少市场收益低于无风险收益时的损失。他们在单因素 Jensen 模型的基础上加入一个虚拟项,从而得到如下模型:

$$R_{it} - R_{ft} = \alpha_i + \min(0,(R_{Mt} - R_{ft})) + \gamma_{2i} - \gamma_{1i}\max(0,(R_{Mt} - R_{ft})) + \varepsilon_{it}\gamma_i \quad (7\text{-}3\text{-}2)$$

其中,D 是一个虚拟项,当 $R_{ft} > R_{Mt}$ 时,D 取 1,否则 D 取 0;α_i 代表证券选择能力,如果 α_i 在统计意义上显著大于零,则说明基金经理人具有正的选股能力,且 α_i 越大,选股能力就越强;γ_i 代表时机选择能力,如果 γ_i 在统计意义上显著大于零,则表明基金经理人具有正的择时能力,且 γ_i 越大,择时能力越强。

3. CL 模型

张(Chang)和卢埃林(Lewellen)对 HM 模型进行了线性变换,得到了如下 HM 模型的等价形式:

$$R_{it} - R_{ft} = \alpha_i + \gamma_{1i}\min(0,(R_{Mt} - R_{ft})) + \gamma_{2i}\max(0,(R_{Mt} - R_{ft})) + \varepsilon_{it} \quad (7\text{-}3\text{-}3)$$

CL 模型与 HM 模型相比,主要优点是回归系数具有更加明确直观的经济含义。α_i 代表证券选择能力,它等价 HM 模型中的 α_i。如果 α_i 在统计意义上显著大于零,则说明基金经理人具有正的选股能力。γ_{1i} 表示基金 i 在空头市场的 β 值,γ_{2i} 为基金 i 在多头市场的 β 值。HM 模型中对择时能力 γ_i 的检验,等价于 CL 模型中对 γ_{2i} 是否显著异于 γ_{1i} 的检验。如果 γ_{2i} 显著大于 γ_{1i},则表明基金经理人有择时能力。

实际上,CL 模型是 HM 模型的等价形式,CL 模型中的 α_i 等于 HM 模型中的 α_i,CL 模型中的 $\gamma_{2i} - \gamma_{1i}$ 等于 γ_i。两个模型的结果完全相同,区别仅在于 CL 模型的估计系数比 HM 模型的估计系数具有更加明显的经济解释。

4. 条件业绩模型

条件业绩模型是在传统的基金业绩评价方法的基础上,考虑变量的时变性,将先决的公开可得信息变量(Predetermined Publicly Available Information Variables)引入传统的业绩评价模型,并将这些变量对收益的影响从原回归系数中剥离出来,通过回归分析各影响因子的显著程度。

费尔森(Ferson)和夏德特(Schadt)假定风险系数 β 是前定信息向量的线性函数,即有:

$$v_i(Z_t) = \beta_i + v_i(Z_t - E(Z_t)) \quad (7\text{-}3\text{-}4)$$

其中,β_i 表示系统风险,$Z_t - E(Z_t)$ 表示前定向量 Z_t 偏离其期望向量的行向量,v_i 衡量前定变量影响的条件贝塔向量。

将(7-3-4)式代入 TM 模型,就可以得到条件 TM 模型:

$$r_{it+1} = \alpha_i + \beta_i r_{Mt+1} + v_i(z_t r_{Mt+1}) + \gamma_i (r_{Mt+1})^2 + \varepsilon_{it+1} \quad (7\text{-}3\text{-}5)$$

其中，r_{it+1}、r_{Mt+1} 分别表示基金 i、市场组合 M 扣除无风险收益率后的超额收益；系数 v_i 反映的是基金经理对公开信息变量 Z_t 的响应；$v_i(z_t r_{Mt+1})$ 表示公共信息效应；γ_i 表示基金经理对私人信息的效应。

条件业绩模型将随时间而变化的各种公开可得经济变量引入已有的模型，更好地解释了基金业绩受这些经济变量影响的程度，解决了非条件模型没有考虑经济变量的时变性所造成的误差。

就条件模型而言，条件方法比较适合美国等成熟市场的实际情况，评价结果也比无条件模型有所改善，但在使用上存在一定的限制，且对 α、β 与前定信息变量间的线性关系假定缺乏严格的理论说明，信息变量的选取受主观影响较大。

由最初的 TM 模型以来，参数方法不断得到发展。虽然参数方法也存在一些缺点，比如，理论基础存在局限性、信息结构与行为假设过于严格、择股能力与择时能力之间的负相关关系难以解释等，不过，参数方法是建立在函数逼近的基础上的经验模型，非常直观和通俗易懂，容易实现，数据要求较少，因此至今仍被广泛使用。

（二）非参数方法

经典非参数方法主要是由默顿和亨里克森所建立的非参数方法，其主要优势在于不必建立在市场收益率概率分布和单个证券的定价方式假设基础之上。但非参数方法需要已知基金经理人每次预测情况的资料，而这是比较困难的，从而限制了非参数方法的实际运用。

经典非参数方法使用基金资产组合中股票的比例作为市场择时预测的一个代理变量来检验基金经理人的择时能力，问题是如果基金经理人的预测期间与这些比例数据可以获得的期间不相匹配，将导致一个不可控的误差。即使有研究运用基金历史收益率与消极管理的基金收益率作对比进行非参数检验，也只能检验基金的总体业绩，而对基金经理的预测能力没有起到检验的作用。这些问题都导致了非参数方法实际运用的局限性。

二、基金业绩持续性研究评价

证券投资基金的业绩持续性（Performance Persistence）是指在样本期内基金业绩是否稳定，是否具备前后的连续性。即，前期业绩较好的基金在未来期的业绩是否也会相对较好，而在前期业绩较差的基金在未来期的业绩是否也会较差。在行为金融学中，套用篮球比赛中的术语，将之称为"热手效应"或"冷手效应"。

基金业绩持续性研究是基金业绩评价体系的一个重要组成部分，在一定程度上决定进行基金业绩评价是否必要，是否有意义。如果基金业绩具有持续性，投资者就可以选择前期表现较好的基金进行投资，从而取得较高的投资收益；如果基金业绩不具备持续性，则基于基金历史业绩的评价信息对于未来的投资决策就没有任何价值。

目前关于基金持续性检验的方法大体上有四种：横截面回归法、基于双向表的检验方法、史毕尔曼秩相关系数检验法及扫描统计量法。由于横截面回归法是基金持续性检验中应用最广泛的参数方法，因此，我们主要介绍横截面回归法。

（一）持续性检验方法

横截面回归法是利用前后各期基金超额收益的相关性来检验基金业绩持续性的一种参数方法。该方法的基本思路就是将实证期间分为排名期和评价期两个期间，利用评价期的超额收益对排名期进行横截面回归,通过回归系数是否显著来判断基金是否存在持续性。其原假设为基金在排名期的业绩与评价期的业绩无关;备择假设为基金排名期的业绩与评价期的业绩有关。

首先将整个样本期分为相等的两个子样本期,分别为排名期和评价期。然后通过检验基金后期业绩对前期业绩的横截面回归的斜率系数是否显著对业绩持续性进行判断。其具体做法为:

(1)将整个样本期间分为两个子期间,这两个子期间分别称为"评价期"和"持续期"。由于持续性检验结果可能对不同的期间具有敏感性,因此通常利用"滚动方法"构造不同的评价期和持续性,即在保持各评价期和持续期样本数量不变的情况下,将评价期的起始和终止时间顺次向前顺延一期,相应的持续期的起始和终止时间也顺次向前顺延一期,这个过程一直进行,直至最后一个持续性的终止时间达到整个样本期间的终止时间。"滚动方法"考虑了潜在的基金业绩随时间的变化,减少了经济周期的影响。

(2)计算基金在各个子期间的业绩。业绩通常采用未经风险调整收益、Jensen 指数等风险调整收益。

(3)利用持续期的基金业绩对评价期的基金业绩进行横截面回归:

$$\alpha_{i2} = \alpha + b\alpha_{i1} + \varepsilon_i \tag{7-3-6}$$

其中,α_{i1} 为基金 i 在评价期的业绩;α_{i2} 为基金 i 在持续期的业绩;b 为度量业绩持续性的斜率系数;ε_i 为随机误差项。

如果横截面回归中的斜率系数 b 在统计意义上显著大于 0,则拒绝评价期与持续期基金业绩无关的零假设,而接受评价期与持续期基金业绩相关的备择假设。如果斜率系数 b 显著为正,则表明基金业绩具有持续性;如果斜率系数 b 显著为负,则表明基金业绩出现反转。

横截面回归法仅仅适用于基金收益率服从正态分布的情况,而更多的证据表明基金的收益率呈现尖峰厚尾特征,因而其适用性受到了一定的制约。

(二)基金持续性的理论解释

目前针对基金业绩持续性现象的主流解释,主要有数据质量假说、股票惯性假说、基金经理才能假说等,但是这些假说或多或少地存在一定的问题,并不能完全解释基金业绩的持续性。同时也有学者试图从基金赋税等角度进行解释,不过问题随之而来。如果业绩持续性的确是由赋税引起的,则在不同税制的国家与地区同时发现了业绩持续性现象,就不好自圆其说。本节主要介绍三种主流假说。

1. 数据质量假说

基金业绩持续性现象提出后,不少学者开始检查基金数据质量。股票一般都集中交易、公开报价,数据易于收集、整理,而基金并非在交易所挂牌交易,数据分散在各个基金管理公司,不易于收集、整理。所以,相对股票数据库,基金数据库的问题较多。不少研究希望分析基金数据质量对基金业绩持续性的影响,因为基金数据质量较低所导致的偏差可能得出错误的持续性结论。

首先是生存偏差效应(Survivorship Bias)。在一个较为成熟的市场中,优胜劣汰的市场规则将发挥更大作用,业绩较差的基金将被合并、清盘,从而消失在市场中,只有业绩较好的基金才能得以存续并被收录到基金数据库中。这就导致在事后研究中采用的数据倾向于包含业绩优秀的基金,存在一种对历史业绩的高估,也就是如果数据库中只包括生存下来的优秀基金,那么在持续性不存在的情况下,也易于发现业绩的持续性证据。

但是,也存在一种方向相反的影响,即当数据库只包括生存的基金时,倾向于不易发现业绩持续性的证据。因为当业绩持续差的基金从样本中去除,但是业绩好坏相间的基金没有被去除时,会给人一种错觉,就是基金业绩的反转现象更为普遍。

其次,偏袒和孵化可能导致新的生存偏差。偏袒是将时机有利的交易指定给某特定基金,人为延续业绩优秀基金的优势。孵化是指试探性地推出一些新基金,测试市场反映与基金经理投资能力,若效果良好再正式对公众开放,也就是说已经淘汰了一批运行效果不佳的基金,而这些基金的数据无从获取。

最后,历史业绩的继承问题也将导致新的偏差。某只基金在成立若干年后转化为两只或以上的新基金,每只新基金都继承其历史收益,这也将导致错误的持续性结论。

2. 股票惯性假说

惯性效应是指在短期内,股票价格有朝同一方向变化的趋势。股票惯性现象最早由杰格迪什(Jegadeesh)和蒂特曼(Titmann)在1993年系统性地提出,他们发现,根据股票过去3—12个月的市场表现,买进表现好的股票,同时卖出表现较差的股票,所构造的零成本投资组合平均每月产生约1.2%的超额收益,折合年超额收益率约为14%,这是一个非常可观的收益。

卡尔哈特(Carhart)则发展了股票惯性假说,将股票惯性与基金业绩持续性联系起来,在三因子模型的基础上,提出了四因子模型,其主要变化是添加了捕捉惯性效应的因子。具体做法是:将基金按照上一年的回报率由高到低分成10组,如果买入去年业绩最好的基金(第一组),而卖出业绩最差的基金(第十组),每年可产生8%的收益率,在这8%的差异中,股票市值和股票态势可以解释4.6%。卡尔哈特发现基金持续性问题与股票惯性现象有惊人的相似:基金业绩有短期持续性,而且业绩差的基金有更强的持续性,但当把期限延长时,持续性逐渐消失,而且这种持续性主要是针对业绩排序优劣两极的基金,这些特征都是股票惯性现象所具备的。但他同时认为业绩优秀的这部分基金多是恰好购买了受股票惯性影响的股票,而非执行一种既定的投资策略。

3. 基金经理才能假说

投资者购买基金,将资产委托给基金经理管理,除开自身知识和精力的局限外,对基金经理的信任是非常重要的原因。作为资本市场上最大的机构投资者之一,基金具有相当大的信息优势(包括私人信息),基金经理也具备普通投资者所欠缺的专业优势,所以投资者相信基金能够获得超出市场平均水平的收益,实现基金业绩的持续盈利。有研究试图寻找基金经理才能与基金业绩持续性之间的相关关系。

由于基金资产的主要投资对象是股票,所以在股票市场存在一定可预测性的前提下,基金业绩的可预测性是可能的,甚至在基金经理具备证券选择能力与时机选择能力时,即使在股票市场不存在可预测性,基金收益的可预测性也能够达到经济意义上的显著。

基金业绩的可预测性如果被投资者知晓,将带来现金流入与流出的可预测性。投资者现金的操作将使得这些投资者受益,同时,也使得基金业绩呈现出持续性的态势。

本章小结

本章首先对证券投资基金进行了系统的介绍,然后对证券投资基金的总体业绩、择股择时能力、业绩持续性方法进行了系统的研究。以基金过去的总体业绩——基金的收益和风险评价为起点,以基金超额收益的来源——基金经理的择股择时能力评价为过渡,以基金业绩的持续性研究为终点,对基金过去、现在和未来的业绩评价进行了相对独立而又相互关联的分析考察。中国的证券市场是一个典型的新兴市场,机构投资者比例不高,而证券投资基金正是适应市场发展和社会对专业化理财服务日益增长的需求而产生的。因此,本章对更好地促进我国证券投资基金的发展,建立客观、公正的中国证券投资基金业绩评价体系是必需的。

 思考习题

1. 证券投资基金有哪些特点?
2. 证券投资基金的业绩评价方法有哪些?
3. 我国开放式基金的业绩评价方法有哪些?有什么局限?
4. 某人持有一只开放式基金 10000 份额,持有期已满一年,其中已经获得 5% 的分红(现金分红方式持有)。他想赎回全部份额。已知该基金在赎回前一日的净值为 1.32 元,赎回费率为 1.8%,则他可以拿回多少现金?

第八章 股票估值

本章将介绍股票(特指普通股)的估值模型,通过估值模型,确定股票的内在价值,从而比较股票内在价值和市场价格的高低。若内在价值高于市场价格,表明该股票被低估;反之则被高估。投资者根据估值的结果,作出买入低估股票或卖出高估股票的正确决策。股票估值是股权投资理论的一个重要组成部分。

第一节 股票估值概述

股票价值评估是投资者作出买卖股票决策的基础。从价值投资的角度看,投资者在买卖股票之前,应该对股票的内在价值进行评估,以判断当前市场价格是否合理。如果市场是有效的,那么股票价格最终将回归其内在价值,因此,投资者可以通过买入或买空被低估的股票、卖出或卖空被高估的股票来赚取收益。

对股票价值最直接的评估来自会计报表,这种评估方法称为"会计方法"。常用的会计方法有:

一、账面价值法

账面价值法是一种常用的股票估值方法,它是运用每股账面价值(Book Value),即企业资产负债表上的公司净值与发行在外的普通股数量的比值来估计股票价值。

从股东是"剩余索取者"的角度来说,股东的利益是公司资产扣除负债后的剩余价值,那么股东权益即为公司净值。财务报表中的资产和负债是基于历史价值而非当前价值来确认,因此,利用账面价值来估计股票内在价值存在一定的缺陷。

一方面,账面价值衡量的是资产和负债的历史价值,而市场价值衡量的是资产和负债的当前价值。然而,某些资产项目,例如厂房、设备等固定资产项目,其历史价值通常并不等于当前价值。更重要的是,许多资产(如组织资本和品牌价值等)并不包含在资产负债表中。

另一方面,市场价值基于持续经营假设,反映出公司预期的未来现金流的贴现值,而账面价值基于会计准则,将资产的购置成本分摊到一定年限内。

基于上述两方面的原因,股票的市场价值一般不等于其账面价值。很多情况下,前者高于后者,但是,账面价值并不代表股票价格的底线。事实证明,少数公司的股价低于其账面价值。

二、清算价值法

清算价值(Liquidation Value)是指公司破产后,变卖资产、偿还债务后剩余的可分配给股东的资金。公司的清算价值与发行在外的普通股数量的比值就是每股清算价值。相对于每股账面价值,每股清算价值更好地衡量了股票的价格底线。如果某公司的市值低于其清算价值,该公司将成为被并购的目标。因为对并购者来说,它可以通过以低于清算价值的价格收购该公司的大量股票获得控制权,进而清算该公司,以此获利。

三、重置成本法

重置成本(Replacement Cost)是指重置公司各项资产的成本,扣除负债后的净值。在大部分情况下,尤其是发生通货膨胀时,公司的重置成本较好地反映了公司的市场价值。一般来说,公司的市场价值不会长期高于其重置成本。若市场价值长期高于重置成本,投资者会试图复制这家公司,然后以市场价值出售,并从中获利。随着越来越多的投资者采用该策略,行业内出现大量相似的公司,竞争压力将导致行业内所有公司的市场价值下降,同时,复制者的需求导致重置成本提高,最终公司市场价值等于重置成本。

托宾(Tobin)对公司市场价值与重置成本两者间的关系进行了研究。公司市场价值与其重置成本的比值被称为"托宾 q 值"(Tobin's q),即:

$$q = \frac{公司所有资产的市场价值}{公司所有资产的重置成本}$$

根据上述观点,托宾 q 值在长期中趋于 1。托宾 q 值不等于 1 时:

(1) 若 $q>1$,表明公司资产的市场价值高于其重置成本,激励公司追加对资本设备的投资;

(2) 若 $q<1$,表明公司资产的市场价值低于其重置成本,公司将没有追加资本投资的意愿。

尽管资产负债表可以提供账面价值、清算价值及重置成本等有用信息,但只靠这些还无法准确评估公司股权的内在价值。为了更好地估计公司股票的价值,需要假设公司将持续经营,并预测公司未来的现金流,通过股利折现模型或现金流折现模型,对普通股的内在价值进行定量的估计。

评估股票内在价值的方法主要有两类,一类是绝对估值法,包括股利折现模型、自由现金流模型等;另一类是相对估值法,包括市盈率模型、市净率模型、市现率模型和市销率模型等。

绝对估值法选择恰当的折现率,对公司股利流、自由现金流等进行折现,从而计算出公司股票的内在价值。常见的有股利折现模型和自由现金流折现模型,其中,自由现金流模型又分为企业自由现金流折现模型和股权自由现金流折现模型。

相对估值法将股票价格和财务报表中的某些变量(例如,盈利、现金流、账面价值或销售额等)的比率,与其理论值(或行业平均水平、市场平均水平)进行对比,从而判断某公司的股票是否有相对投资价值,例如市盈率(P/E)模型、市净率(P/B)模型、市现率(P/CF)模型、市销率(P/S)模型等。

尽管两种方法存在很大差异,但它们也有共同点:第一,市场资本化率对两种估值方法都很重要,因为市场资本化率通常是折现率;第二,两种方法都受各种变量(如股利、现金流等)的预期增长率的影响。然而,即使采用同样的估值方法,不同的分析师对各个变量的不同估计也会导致相同股票的不同估价。因此,评估股票价值的关键在于预测股票可能给投资者带来的收益和相应的风险,然后运用某种适当的方法对股票价值进行评估。本章主要介绍股利折现模型、自由现金流模型和市盈率模型。

第二节 股利折现模型

一、基本估值模型

金融资产的价格是由它未来现金流的现值决定的。我们主要通过折现法估计股票的价值。股票为其投资者提供了两种收益：股利（在本章中指现金股利）和股票持有者出售股票时的资本利得，因此，股票的现金流包含出售前每期的股利和出售时的现金收入。股票价值评估中的折现率，是经过风险调整的期望收益率。若股票被正确定价，即处于均衡水平时，其期望收益率必等于必要收益率（又称为"市场资本化率"），用 k 表示，可以由资本资产定价模型得到。因此，个股风险越高，其折现率越大；风险越低，折现率越小。

假设某投资者购买了某公司的股票并计划持有一年。预计该公司在年末发放股利 D_1，其后公司股价为 P_1，k 为折现率，则该公司股票初始的内在价值为：

$$V_0 = \frac{D_1 + P_1}{1 + k} \tag{8-2-1}$$

其中，V_0 代表 $t=0$ 时期股票的内在价值，D_1 代表第一年末发放的股利，P_1 代表第一年末股票的预期售价，k 代表该股票经过风险调整的期望收益率。同样的，第一年末股票的内在价值为：

$$V_1 = \frac{D_2 + P_2}{1 + k} \tag{8-2-2}$$

假设每时期股票的出售价格等于其内在价值，则有 $P_1 = V_1$，(9-2-1)式可以表示为：

$$V_0 = \frac{D_1}{1 + k} + \frac{D_2 + P_2}{(1 + k)^2} \tag{8-2-3}$$

即股票的初始内在价值等于持有该股票两年的股利所得与第二年末出售该股票的价格所得的现值。因此，如果投资者持有 n 期，则：

$$V_0 = \frac{D_1}{1+k} + \frac{D_2}{(1+k)^2} + \frac{D_3}{(1+k)^3} + \cdots + \frac{D_n + P_n}{(1+k)^n} = \sum_{t=1}^{n} \frac{D_t}{(1+k)^t} + \frac{P_n}{(1+k)^n} \tag{8-2-4}$$

(8-2-4)式表明股票的内在价值由其投资者持有期间所有股利的现值和期末股票价值（价格）的现值决定。

由此无限地替换下去，可以得到如下公式：

$$V_0 = \frac{D_1}{1+k} + \frac{D_2}{(1+k)^2} + \frac{D_3}{(1+k)^3} + \cdots = \sum_{t=1}^{\infty} \frac{D_t}{(1+k)^t} \tag{8-2-5}$$

(8-2-5)式表明，股票的内在价值是未来无穷期所有预期股利的现值。该模型被称为"股利折现模型"（Dividend Discount Model，DDM），表示投资者在公司发行股票时投入公司的资金最终将以股利的形式偿还，因此，股利的现值就决定了股票的内在价值。从表面上看，(8-2-5)式只考虑了股利的因素，而忽视了股票投资中的资本利得；实际上，股利折现模型建立在股利和资本利得的基础之上，资本利得是股票价值的一个重要组成部分，它取决于投资者对未来股利的预期。需要特别说明的是，在这一模型下，完全不支付股利的股票内在价值将为零,所以,一般情况下都假设公司是支付股利的。

在应用这一模型对股票内在价值进行估计时,需要对未来股利作出预测。最简单的情况是零增长模型(Zero-growth Model)。零增长模型假设股利的增长率为零,即未来各期的股利都是一个确定的常数,$D_0 = D_1 = D_2 = \cdots = D_\infty$,则(8-2-5)式转化为:

$$V_0 = \frac{D_0}{k} \qquad (8\text{-}2\text{-}6)$$

零增长模型在普通股的估值中应用并不广泛,因为鲜有普通股股利是保持稳定不变的。然而,由于零股利增长率的假设,该模型较常用于对永久债券和优先股进行估值。

例 8-1 某公司股票当前支付的每股现金股利为 0.6 元,预期每年不变,市场资本化率为 10%,那么,该股票的内在价值为:

$$V_0 = \frac{0.6}{0.10} = 6.00(\text{元})$$

如果该公司股票的当前市场价格等于 7 元,说明该股票被高估了,投资者应该减持或者卖空;如果当前市价等于 5 元,说明该股票被低估了,投资者应该增加持仓或买空。

二、股利增长率固定的估值模型

股利折现模型的第二种特殊形式是固定增长模型(Constant-growth Model)。前一部分已经提到过,零增长股利的严格假设在普通股的估值中并不具有代表性。固定增长模型对零增长模型进行了改进,以更加符合实际。该模型又称为"戈登模型"(Gordon Model),由戈登(Gordon)所推广普及,隐含以下几个假设:

(1) 所评估的股票永久性地支付股利;
(2) 股利以常数 g 的速度逐期增长;
(3) 市场资本化率 k 保持不变,且大于股利增长率 g。

根据前两个假设,有:

$$D_1 = D_0(1+g)$$
$$D_2 = D_1(1+g)$$
$$\vdots$$
$$D_n = D_{n-1}(1+g)$$

因此,(8-2-5)式可以改写为:

$$V_0 = \frac{D_0(1+g)}{1+k} + \frac{D_0(1+g)^2}{(1+k)^2} + \frac{D_0(1+g)^3}{(1+k)^3} + \cdots = \sum_{t=1}^{\infty} \frac{D_0(1+g)^t}{(1+k)^t} \qquad (8\text{-}2\text{-}7)$$

根据假设(3),$k > g$,上式可以化简为:

$$V_0 = \frac{D_0(1+g)}{k-g} = \frac{D_1}{k-g} \qquad (8\text{-}2\text{-}8)$$

显然,当股利增长率 g 等于零时,(8-2-8)式相当于(8-2-6)式,所以,零增长模型是固定增长模型的一个特例。此外,如果假设(3)不满足,即 $k \leq g$,则(8-2-7)式不能被简化为(8-2-8)式,V_0 将趋于无穷大。在实际中,一个公司是无法持久保持一个很高的增长率的,股利增长率也如此,所以通常 $k > g$,从而 V_0 取一个有限值。当然,在短期内可能存在较高的股利增长率,我们将在多阶段增长模型中进一步分析。

由(8-2-8)式可以看出,戈登模型中股票的内在价值取决于三个因素:当期股利的大小(D_0)、股票的市场资本化率(k)以及股利增长率(g)。内在价值与每股股利和股利增长率成正比,与市场资本化率成反比。下面举例说明。

例 8-2 假设某公司当前支付的股利是每股 0.6 元,预计将来按照每年 8% 的增长率持续增长,股票的市场资本化率为 14%,求该公司股票的内在价值。

根据题干可知,$D_0 = 0.6, k = 0.14, g = 0.08$,将这三个值一并代入(8-2-8)式,则可算出股票的内在价值为:

$$V_0 = \frac{0.6(1 + 0.08)}{0.14 - 0.08} = 10.80(元)$$

下面分别考察影响股票内在价值的三个因素发生变化时,股票内在价值将如何变动。

(1) 假设其他条件保持不变,当前的每股股利下降到 0.3 元,则该股票的内在价值为:

$$V_0 = \frac{0.3(1 + 0.08)}{0.14 - 0.08} = 5.40(元)$$

(2) 假设其他条件保持不变,股利增长率下降到 6%,则该股票的内在价值为:

$$V_0 = \frac{0.6(1 + 0.08)}{0.14 - 0.06} = 8.10(元)$$

(3) 假设其他条件保持不变,市场资本化率上升到 18%,则该股票的内在价值为:

$$V_0 = \frac{0.6(1 + 0.08)}{0.18 - 0.08} = 6.48(元)$$

以上结果表明,在戈登模型中,前面关于当前股利、股利增长率以及市场资本化率这三个因素对股票内在价值影响的分析是正确的。

三、多阶段股利增长估值模型

根据企业生命周期理论,企业生命周期包括发展、成长、成熟、衰退几个阶段。在不同的阶段中,企业的投资需求和盈利能力不同,因而现金股利分配政策也存在差异。例如,企业处于生命周期的早期,尤其是成长阶段时,有较多高收益的投资机会,企业将大量资金用于这些可以为企业和股东带来丰厚利润的投资机会,这时,企业需要留存较多的利润,即选择更多的留存收益,相对应的是,较低的现金股利支付比例,但由于盈利机会较多,企业利润增长较快,股利增长率较高。当企业进入成熟阶段后,生产和盈利能力都已达到一个相对较高的水平,新的高收益的投资机会减少,此时企业将派发较多的现金股利,但股利增长率却随着盈利机会的减少而降低。

考虑到企业生命周期不同阶段的增长率差异,可以利用多阶段增长模型(Multiple Growth Model)对股票的内在价值进行估计。该模型假设股利在不同阶段呈现不同的增长特点。下面以两阶段增长模型为例,来说明多阶段股利增长模型估值的原理。假设股利增长率在一定时期(如 T 期)内维持在一个较高的水平 g_1,此后长期保持在正常的水平 g_2 上,那么,股票的内在价值为:

$$V_0 = \sum_{t=1}^{T} \frac{D_0 (1 + g_1)^t}{(1 + k)^t} + \frac{V_T}{(1 + k)^T} \qquad (8\text{-}2\text{-}9)$$

其中，$V_T = \dfrac{D_T(1+g_2)}{1+k} + \dfrac{D_T(1+g_2)^2}{(1+k)^2} + \cdots + \dfrac{D_T(1+g_2)^t}{(1+k)^t} + \cdots = \sum_{t=1}^{\infty} \dfrac{D_T(1+g_2)^t}{(1+k)^t}$。

(8-2-9)式的含义是，股票的内在价值等于两个阶段股利折现值之和。假设 $k > g_2$，该式可以化简为：

$$V_T = \frac{D_T(1+g_2)}{k-g_2}$$

将 $D_T = D_0(1+g_1)^T$ 代入上式，得到：

$$V_T = \frac{D_0(1+g_1)^T(1+g_2)}{k-g_2} \tag{8-2-10}$$

将(8-2-10)式代入(8-2-9)式，并将(8-2-9)式右边的前半部分化简，得：

$$V_0 = \frac{D_0(1+g_1)}{k-g_1}\left[1-\left(\frac{1+g_1}{1+k}\right)^T\right] + \frac{D_0(1+g_1)^T(1+g_2)}{(k-g_2)(1+k)^T}$$

进一步化简得：

$$V_0 = \frac{D_0(1+g_1)}{(1+k)^T}\left[\frac{(1+k)^T-(1+g_1)^T}{k-g_1} + \frac{(1+g_1)^{T-1}(1+g_2)}{k-g_2}\right] \tag{8-2-11}$$

例 8-3 假设某公司当前的股利是每股 1 元，股票的市场资本化率为 16%，预计未来 5 年内股利的增长率为 20%，第 5 年后股利增长率降低到 6%，并将长期保持下去，求该公司股票的内在价值。

将 $D_0 = 1.0, T = 5, k = 0.16, g_1 = 0.20, g_2 = 0.06$ 代入(8-2-11)式中，可以算得：

$$V_0 = \frac{1.0(1+0.20)}{(1+0.16)^5}\left[\frac{(1+0.16)^5-(1+0.20)^5}{0.16-0.20} + \frac{(1+0.20)^{5-1}(1+0.06)}{0.16-0.06}\right]$$

$$= 18.10(元)$$

这个简单的两阶段增长模型还可以扩展到不同阶段有不同的期望回报率或者多阶段的情况。如果股利增长阶段超过两期，可以对各阶段股利分别求现值，再将求得的各阶段股利的现值加总，只要保证最终一个阶段的股利增长率稳定在一个比市场资本化率更小的值上，就能求出股票的内在价值。

四、留存收益固定的估值模型

在股利折现模型中，股利增长率是一个重要的参数，那么，股利或盈利增长的源泉是什么呢？由于一个企业只有在每年的净投资额为正（即投资总额超过资产折旧额）的情况下，才能保持增长。如果净投资额为零，那么该企业只能维持现有的生产能力，而无法推动盈利的增长。因此，为了保证盈利增长，就必须有正的净投资额，这要求企业每年留存一部分收益以作投资之用，从而，企业的盈利分解为股利和留存收益两部分。下面讨论留存收益固定时的股票估值模型，假定留存收益全部作为新增投资，且新增投资的收益率与股权投资收益率相等，那么：

（一）留存收益额固定模型

已知 EPS 为每股税后净利润，ROE 为股权投资收益率，假设留存收益额固定，即：

$$E_1 - D_1 = E_2 - D_2 = \cdots = E_n - D_n$$

令 $\dfrac{E_1 - D_1}{E_1} = a$，则每个时期的盈余与股利的关系如下：

$$D_1 = E_1 - aE_1 = E_1(1 - a)$$
$$E_2 = \text{ROE}(E_1 - D_1) + E_1 = E_1(1 + a\text{ROE})$$

由于 $E_2 - D_2 = E_1 - D_1 = aE_1$，那么：

$$D_2 = E_2 - aE_1 = E_1(1 + a\text{ROE}) - aE_1$$

同理，

$$E_3 = E_1(1 + 2a\text{ROE})$$
$$D_3 = E_3 - aE_1 = E_1(1 + 2a\text{ROE}) - aE_1$$
$$\vdots$$

把上述 $D_1、D_2、D_3\cdots$ 代入 (8-2-5) 式得：

$$V_0 = \frac{E_1 - aE_1}{1+k} + \frac{E_1(1 + a\text{ROE}) - aE_1}{(1+k)^2} + \frac{E_1(1 + a\text{ROE}) - aE_1}{(1+k)^3} + \cdots$$

$$= \frac{Ek_1(1-a)}{1+k} + \frac{E_1(1-a) + E_1 a\text{ROE}}{(1+k)^2} + \frac{E_1(1-a) + 2E_1 a\text{ROE}}{(1+k)^3} + \cdots$$

$$= \sum_{t=1}^{\infty} \frac{[E_1(1-a)]^t}{(1+k)^t} + \sum_{t=1}^{\infty} \frac{(t-1)E_1 a\text{ROE}}{(1+k)^t}$$

化简得：

$$V_0 = \frac{E_1 - aE_1}{k} + \frac{E_1 a\text{ROE}}{k^2} = \frac{D_1}{k} + \frac{\text{ROE}(E_1 - D_1)}{k^2}$$

因此，留存收益额固定的股票估值模型为：

$$V_0 = \frac{D_1 + \dfrac{\text{ROE}}{k}(E_1 - D_1)}{k} \tag{8-2-12}$$

例 8-4 假设某公司预计下一年每股税后净利润为 2 元，每股派发 1 元现金股利，且此后保持这一留存收益额固定不变，公司的股权投资收益率为 12%，股票的市场资本化率为 10%，求该公司股票的内在价值。

将各变量的值代入 (8-2-12) 式，得到：

$$V_0 = \frac{1.0 + \dfrac{0.12}{0.10}(2.0 - 1.0)}{0.10} = \frac{2.2}{0.10} = 22.00(元)$$

(二) 留存收益率固定模型

1. 股利增长率 g 的估计

假设每期的留存收益率固定，即 $RE_t/E_t = b$ ($t = 0, 1, 2, \cdots$)，其中，RE_t 为第 t 期的留存收益 (Retained Earnings)，b 即为留存收益率，则：

$$D_t = E_t(1 - b)$$

由于留存收益的再投资收益率与股权投资收益率相等 (即在纯粹股东出资的公司中)，公司的盈利可以由下式表示：

$$E_{t+1} = E_t + RE_t \times \text{ROE} \tag{8-2-13}$$

上式两边同时除以 EPS_t 可得：

$$\frac{E_{t+1}}{E_t} = 1 + \frac{RE_t}{E_t} \times \text{ROE} = 1 + b\text{ROE}$$

因此，股利的增长率可以表示为：

$$g = \frac{D_{t+1}}{D_t} - 1 = b\text{ROE} \tag{8-2-14}$$

(8-2-14)式表明，股利增长率是由留存收益率和股权收益率共同决定的。留存收益率越高，或者股权收益率越高，股利增长率也越高。在实际估计股利增长率时，留存收益率是公开信息，可以从公司的财务报表获得；而留存收益的再投资收益率是非公开信息，只能用以往的股权收益率来代替。

假设某公司的留存收益率为 50%，且公司以往的资料显示，公司的股权收益率为 20%，那么该公司的股利增长率为：

$$g = b\text{ROE} = 0.5 \times 0.20 = 0.10，即 10\%$$

2. 留存收益率与股权收益率对股票价格的影响

将股利增长率的公式，即(8-2-14)式代入固定增长模型的股票估值公式(8-2-8)，可以得出留存收益率固定情况下的股票估值公式：

$$V_0 = \frac{D_0(1+g)}{k-g} = \frac{D_1}{k-b\text{ROE}} = \frac{E_1(1-b)}{k-b\text{ROE}} \tag{8-2-15}$$

前面部分已经提到，要使公司盈利增加，必须维持正的净投资额。对无负债经营的公司来说，只能通过留存一部分公司当年的收益来实现。而留存收益必然会降低公司当年的股利发放率，即在盈利一定的情况下，投资者获得的股利会减多少。那么，留存收益将对公司股价产生什么影响？这与公司的具体情况有关。根据(8-2-15)式，可以得知，如果是成长型公司($ROE > k$)，提高留存收益率(相应的降低股利发放率)会推动公司股票内在价值上升；如果是衰退型公司($ROE < k$)，留存收益率的提高会降低公司股票的内在价值；如果是正常公司($ROE = k$)，留存收益率的变动不会对公司股票的内在价值产生影响。

下面分别举例考察留存收益率对不同类型公司的股票内在价值的影响。

(1) 成长型公司

对于成长型公司而言，其股权收益率(ROE)高于其市场资本化率(k)，使得公司投资项目的净现值(净投资收入现值与投资成本现值的差额)为正值，表明成长型公司为其股东提供了良好的投资机会。因此，成长型公司增加留存收益率能提高其股票的内在价值。

例 8-5 假设某一成长型公司 A 的股权收益率为 21%，市场资本化率为 15%，预计下一年每股税后净利润为 4.5 元。求留存收益率分别为 0、30%、50% 时，该公司股票的内在价值。

在本例题中，$E_1 = 4.5$，$\text{ROE} = 0.21$，$k = 0.15$。

当 $b = 0$ 时，

$$V_0 = \frac{4.5(1-0)}{0.15 - 0 \times 0.21} = 30.00(元)$$

当 $b = 0.30$ 时，

$$V_0 = \frac{4.5(1-0.30)}{0.15-0.30\times0.21} = 36.21(元)$$

当 $b = 0.50$ 时,

$$V_0 = \frac{4.5(1-0.50)}{0.15-0.50\times0.21} = 50.00(元)$$

该例题表明,对于成长型公司而言,股票内在价值与留存收益率成正比,与之前的论述一致。

(2) 衰退型公司

对于衰退型公司而言,其股权收益率(ROE)低于其市场资本化率(k),使得公司投资项目的净现值为负值。在这种情况下,投资者更愿意以股利的形式将全部盈利发放出来,而不愿意留存于公司进行再投资,因为投资者可以在市场上找到风险相当而投资收益率更高的项目。因此,衰退型公司的留存收益率越高,其股票内在价值反而越低。

例 8-6 假设 B 公司的股权收益率为 11%,其他情况与上例中 A 公司相同。求留存收益率分别为 0、30%、50% 时,该公司股票的内在价值。

在本例题中,$E_1 = 4.5$,ROE $= 0.11$,$k = 0.15$。

当 $b = 0$ 时,

$$V_0 = \frac{4.5(1-0)}{0.15-0\times0.11} = 30.00(元)$$

当 $b = 0.30$ 时,

$$V_0 = \frac{4.5(1-0.30)}{0.15-0.30\times0.11} = 26.92(元)$$

当 $b = 0.50$ 时,

$$V_0 = \frac{4.5\times(1-0.50)}{0.15-0.50\times0.11} = 23.68(元)$$

该例题表明,对于衰退型公司而言,股票内在价值与留存收益率成反比,与之前的论述一致。

(3) 正常公司

对于衰退型公司而言,其股权收益率(ROE)等于其市场资本化率(k),公司投资项目的净现值为零。也就是说,公司只能获得正常的投资回报,而无法获得超额收益。在这种情况下,公司的股利政策(即股利发放率的高低)不会影响其股票内在价值的大小。

例 8-7 假设 C 公司的股权收益率为 15%,其他情况与上例中 A 公司相同。求留存收益率分别为 0、30%、50% 时,该公司股票的内在价值。

在本例题中,$E_1 = 4.5$,ROE $= 0.15$,$k = 0.15$。

当 $b = 0$ 时,

$$V_0 = \frac{4.5(1-0)}{0.15-0\times0.15} = 30.00(元)$$

当 $b = 0.30$ 时,

$$V_0 = \frac{4.5(1-0.30)}{0.15-0.30\times0.15} = 30.00(元)$$

当 $b = 0.50$ 时,

$$V_0 = \frac{4.5 \times (1 - 0.50)}{0.15 - 0.50 \times 0.15} = 30.00(元)$$

由该例题可以看出,对于正常公司而言,股利支付率的高低并不影响其股票内在价值,也就是对投资者而言,公司股利政策不重要。然而,在实务操作中,由于股息红利税和交易费用等因素,投资者往往更加偏好公司留存较多的收益进行再投资,以延迟缴纳股息红利税及可能发生的交易费用。

对于 A、B、C 公司而言,公司下一年的预期盈利都是 4.5 元,股票的市场资本化率都是 15%,不同的股权投资收益率使得三个公司的股票在相同的留存收益率(不等于0)下有不同的内在价值,股权收益率越高,股票内在价值越大。这是因为,在风险相同的情况下,股权收益率越高,说明公司拥有更好的投资机会。按照现有的财务理论,公司具有许多投资机会时,其股票内在价值由零增长(由 $g = b\text{ROE}$ 可知,留存收益率也为零)情形下的每股价值与公司成长机会现值(Present Value of Growth Opportunities, PVGO)两部分组成,即:

$$V_0 = \frac{E_1}{R} + \text{PVGO} \qquad (8\text{-}2\text{-}16)$$

上式右边第一项是盈利零增长时每股盈利的现值,第二项是成长机会现值。当公司能持续进行超额收益的再投资(ROE > k)时,公司的成长机会现值会持续增长,从而推动股票价值的增加;当公司的再投资对投资者不利(ROE < k)时,公司的成长机会现值就为负值,此时提高留存收益率会导致公司股票内在价值下降;当公司的再投资只能获得正常的收益(ROE = k)时,公司的成长机会现值为零,因而股利政策不影响公司股票的内在价值。

第三节 自由现金流折现模型

根据股利折现模型,股票的内在价值等于其全部预期未来收益的折现值之和,在这个模型中,股利是一种实际发生的现金流,因此该模型受制于股利政策,而现实中很多公司并不一定采取现金分红的股利政策,在这种情况下,股利折现模型失效。为了解决这一问题,引入自由现金流折现模型,该模型适用范围更广,可以用于评估各类上市公司股票的价值。尤其当公司满足下列条件之一时,自由现金流折现模型具有明显优势:(1) 公司从不支付股利;(2) 公司支付股利但股利政策不稳定;(3) 公司自由现金流与公司获利能力吻合较好。在自由现金流折现模型中,自由现金流(Free Cash Flow)是公司在支付了各种经营性支出和满足了再投资需要之后的全部剩余现金。自由现金流折现模型的公式如下:

$$\text{Value} = \sum_{t=1}^{\infty} \frac{\text{FCF}_t}{(1+k)^t} \qquad (8\text{-}3\text{-}1)$$

其中,Value 是企业价值或股权价值,FCF_t 是第 t 期的自由现金流,k 是折现率。

自由现金流可以分为两类:一类是流向企业的自由现金流,称为"企业自由现金流"(Free Cash Flow to the Firm, FCFF)或"营运自由现金流";另一类是流向股权投资者的自由现金流,称为"股权自由现金流"(Free Cash Flow to Equity, FCFE)。

下面将详细地讨论这两种模型并进行对比。

一、企业自由现金流折现模型

企业自由现金流(FCFF)是企业在支付完各种经营性支出并满足了企业投资需求之后,可供全体资本提供者支配的剩余现金流量,其中全体资本提供者包括债权人和股东(包括普通股股东和优先股股东),它们各自的现金流量见表 8-3-1。

表 8-3-1　各类资本提供者的现金流及其贴现率

资本提供者	资本提供者的现金流量	贴现率
债权人	利息(1 − 所得税税率) − 负债净增加额*	税后债务资本成本
优先股股东	优先股股利	优先股资本成本
普通股股东	股权自由现金流(FCFE)	普通股资本成本
企业 = 债权人 + 优先股股东 + 普通股股东	企业自由现金流(FCFF) = FCFE − 利息(1 − 所得税税率) − 负债净增加额*	加权平均资本成本

*负债净增加额 = 新债发行额 − 本金偿还额

企业自由现金流可以从净利润、经营性现金流、息税前收益、税息与折旧和摊销前收益等多个角度来计算。假设没有优先股,从净利润的角度出发,企业自由现金流的计算公式如下:

$$\text{FCFF} = \text{NI} + \text{NCC} + \text{Int}(1 - t_c) - \text{CE} - \text{WC} \tag{8-3-2}$$

其中,FCFF 是企业自由现金流,NI 是企业净利润,NCC 是非现金支出净额,Int 是利息费用,t_c 是企业所得税税率,CE 是资本性支出,WC 是营运资本支出。由于净利润 + 折旧与摊销等非现金支出 = 经营性现金流量,那么(8-3-2)式可以表示为:企业自由现金流 = 经营性现金流量 + 利息费用(1 − 所得税税率) − 资本性支出 − 净营运资本增加额。

因此,如果非现金支出只包含折旧,那么企业自由现金流的计算可以从息税前收益(EBIT)出发计算,即:

$$\text{FCFF} = \text{NI} + \text{Dep} + \text{Int}(1 - t_c) - \text{CE} - \text{WC}$$

$$\text{NI} = (\text{EBIT} - \text{Int})(1 - t_c)$$

$$\text{FCFF} = \text{EBIT}(1 - t_c) + \text{Dep} - \text{CE} - \text{WC} \tag{8-3-3}$$

其中,Dep 是折旧。

计算出企业自由现金流之后,可以采用上一节的折现模型来计算企业的价值,企业自由现金流折现模型的通用表达式如下:

$$V = \sum_{t=1}^{\infty} \frac{\text{FCFF}_t}{(1 + \text{WACC})^t} \tag{8-3-4}$$

其中,V 是企业价值,FCFF_t 是第 t 期的企业自由现金流,WACC 是企业加权资本成本。与股利折现模型类似,根据企业现金流的不同增长类型,可分为零增长、固定增长或多阶段增长模型。假定企业自由现金流在 T 期后以固定速度 g 增长,则企业价值的计算公式如下:

$$V = \sum_{t=1}^{T} \frac{\text{FCFF}_t}{(1 + \text{WACC})^t} + \frac{V_T}{(1 + \text{WACC})^T} \tag{8-3-5}$$

其中，V_T 是 T 期的企业价值，在企业自由现金流 T 期后以固定速度增长的假设下，$V_T = \dfrac{\text{FCFF}_{T+1}}{\text{WACC} - g}$。

根据(8-3-4)式计算出企业价值后，减去企业债务的市值，得到企业股权的价值，即：

$$V_E = \sum_{t=1}^{\infty} \dfrac{\text{FCFF}_t}{(1+\text{WACC})^t} - D \tag{8-3-6}$$

其中，V_E 是股权价值，D 是企业负债的市场价值。再用股权价值除以发行在外的普通股数量即得到每股股票的内在价值。

二、股权自由现金流折现模型

股权自由现金流(FCFE)是企业在支付了各种经营性支出、满足了企业再投资需要以及履行了各种财务义务之后，可供企业普通股股东支配的剩余现金流量。

股权自由现金流可以从净利润、经营性现金流、息税前收益、息税与折旧和摊销前收益等多个角度来计算。从净利润角度出发，股权自由现金流的计算公式如下：

$$\text{FCFE} = \text{NI} + \text{NCC} - \text{CE} - \text{WC} + \text{ND} \tag{8-3-7}$$

其中，FCFE 是股权自由现金流，NI 是企业净利润，NCC 是非现金支出净额，CE 是资本性支出，WC 是营运资本增加净额，ND 是负债净增加额。

计算出股权自由现金流之后，采用折现模型来计算企业股权的价值，股权自由现金流折现模型的通用表达式如下：

$$V_E = \sum_{t=1}^{\infty} \dfrac{\text{FCFE}_t}{(1+r_e)^t} \tag{8-3-8}$$

其中，V_E 是企业股权的价值，FCFE_t 是第 t 期的股权自由现金流，r_e 是权益资本成本。同样的，根据股权现金流的不同增长类型，可采用零增长、固定增长或多阶段增长模型来计算股权的价值。用企业股权的价值除以发行在外的普通股数量，即可得到每股股票的内在价值。假定企业自由现金流在 T 期后以固定速度 g 增长，则用两阶段增长模型计算股权价值，公式如下：

$$V_E = \sum_{t=1}^{T} \dfrac{\text{FCFE}_t}{(1+r_e)^t} + \dfrac{V_{E\,T}}{(1+r_e)^T} \tag{8-3-9}$$

其中，V_{ET} 是 T 期的股权价值，$V_{ET} = \dfrac{\text{FCFE}_{T+1}}{r_e - g}$。用计算出的股权价值除以发行在外的普通股数量即得到每股股票的内在价值。

三、企业自由现金流折现模型与股权自由现金流折现模型的关系

（一）FCFF 与 FCFE 的转换

根据归属对象的不同，将自由现金流划分为企业自由现金流(FCFF)和股权自由现金流(FCFE)。FCFF 和 FCFE 之间可以互相转换。当企业资本的提供者只有债权人和普通股股东时，FCFF 和 FCFE 的转换关系如下：

$$\text{FCFE} = \text{FCFF} - \text{Int}(1 - t_c) + \text{ND}$$

$$\text{FCFF} = \text{FCFE} + \text{Int}(1 - t_c) - \text{ND} \tag{8-3-10}$$

即:股权自由现金流 = 企业自由现金流 - 利息费用(1 - 所得税税率) + 债务净增加额;或者,企业自由现金流 = 股权自由现金流 + 利息费用(1 - 所得税税率) - 债务净增加额。

(二) FCFF 模型与 FCFE 模型的贴现率

在自由现金流折现模型中,贴现率必须与不同归属对象的现金流相匹配。股权自由现金流模型应采用股权资本成本作为贴现率,而企业自由现金流模型应采用企业加权资本成本作为贴现率。

股权资本成本可以由资本资产定价模型(CAPM)计算得到,公式如下:

$$r_e = r_f + \beta(r_M - r_f) \tag{8-3-11}$$

其中,r_e 是股权资本成本,即股票的期望收益率,r_f 是无风险利率,β 是衡量某股票的系统性风险的贝塔系数,r_M 是市场的平均收益率。

假设企业资本的提供者只有债权人和普通股股东,企业加权资本成本即为债务资本成本和股权资本成本的加权平均数,计算公式如下:

$$WACC = \frac{D}{D+E} \times r_d(1-t_c) + \frac{E}{D+E} \times r_e \tag{8-3-12}$$

其中,债务的权重 $\frac{D}{D+E}$ 和股权的权重 $\frac{E}{D+E}$ 是目标比率。目标比率一般用市场价值而非会计价值(又称"账面价值")表示,即 D 表示债务的市场价值,E 表示股权的市场价值。r_d 是企业债务资本成本,t_c 是企业所得税税率,r_e 是股权资本成本。

(三) FCFF 模型与 FCFE 模型的适用场合

通过企业自由现金流模型计算出企业价值后,减去企业债务的市场价值,即得到企业股权价值;通过股权自由现金流模型可以直接算出股权价值。虽然两种模型都间接或直接得到股权价值,但并非总是通用,具体应该采用哪种模型视情况而定。在下列两种情况下,运用企业自由现金流模型可以得到更可靠的股票估值结果。

(1) 企业财务杠杆很高、财务杠杆正在变动或预期将要变动,适用企业自由现金流折现模型。原因在于,财务杠杆不稳定导致企业债务波动,很难准确预测企业的股权自由现金流中的新增债务净额。而且财务杠杆的变动也会改变企业的增长率和风险水平,股权价值对这些变化的反应比企业整体价值更加敏感,从而通过股权自由现金流折现模型评估股票价值更为困难。

(2) 某些企业债务负担重,一定时期内固定资产投资需求巨大,或属于周期性行业,容易出现股权自由现金流为负值的情况。在这种情况下,企业自由现金流折现模型更为适用。

第四节 相对估值法

前两节介绍的股利折现模型与自由现金流折现模型都是绝对估值法,本节将介绍相对估值法。相对估值法主要是选取有代表性的指标如市盈率(P/E)、市净率(P/B)、市现率(P/CF)、市销率(P/S)等与同行业的企业或全市场的平均水平进行对比,从而判断公司是否具有相对投资价值。本部分将以市盈率模型为例介绍相对估值法。

一、市盈率与成长机会

在第二节"留存收益率与股权收益率对股票价格的影响"部分,例8-5和例8-6中,A公司(成长型公司)与B公司(衰退型公司)每股收益都是4.5元,股权收益率分别为0.21和0.11,当两个公司的留存收益率都是50%时,成长型公司股票的内在价值是50.00元,相应的,市盈率是50.00/4.5 = 11.11,而衰退型公司股票的内在价值是23.68元,市盈率是5.26。可见,市盈率是预测成长机会的一个有用指标。

为了直观地展示成长机会是如何体现在市盈率中的,我们对(8-2-16)式进行变形,将等式两边同时除以EPS_1,得到:

$$\frac{V_0}{EPS_1} = \frac{1}{k}\left(1 + \frac{PVGO}{EPS_1/k}\right) \tag{8-4-1}$$

由(8-4-1)式可知,当PVGO = 0时,$V_0 = EPS_1/k$,即用EPS_1的零增长模型对股票进行估值,市盈率恰好等于$1/k$。这表明,当公司的成长机会现值为零,相应的,收益增长率也为零时,公司股票的市盈率为该公司市场资本化率的倒数;当成长机会现值逐渐增大,成为价值决定的主导因素时,市盈率迅速上升。

$\frac{PVGO}{EPS_1/k}$可以解释为,公司价值中,成长机会贡献的部分与现有资产贡献的部分(即零增长模型中的公司价值)之比。当未来成长机会主导总估值时,对公司股票的估值相对于当前收益将较高,即市盈率较高。这样看来,高市盈率表明公司拥有大量成长机会。

那么,市盈率是否随着成长前景的变化而变化呢?答案是肯定的。事实上,市盈率是市场对公司成长前景是否持乐观态度的反应。分析师对某公司的成长前景的预期比市场更加乐观时,会建议买入股票。因此,某公司的市盈率高于另一家公司,并不能说明该公司相对于另一家公司被高估了。若投资者相信该公司的增长速度将高于另一家公司,那么该公司股票有较高市盈率是合理的。也就是说,如果投资者预期该公司的收益将快速增长,他们将愿意为当前的收益支付更高的价格,成长机会的差别导致两家公司的市盈率相差甚远。

为了更直观更明确地理解上述观点,可以回归到股利折现的固定增长模型。固定增长模型的估值公式为:$V_0 = Div_1/(k-g)$,其中,股利是每股收益中未留存的部分,即$Div = EPS_1(1-b)$,股利增长率$g = bROE$,因此,固定增长模型的估值公式可以转化为下式:

$$V_0 = \frac{EPS_1(1-b)}{k - bROE}$$

因此,市盈率可以表示为:

$$\frac{V_0}{EPS_1} = \frac{(1-b)}{k - bROE} \tag{8-4-2}$$

由于固定增长模型要求$k > g$,相应的,上式中,$k > bROE$,在此前提下,市盈率随着股权收益率ROE的增加而增加,因为再投资收益(假设等于股权收益率)越高,将给公司带来更好的成长机会。前文已经证明过,当股权收益率ROE大于市场资本化率k时,提高留存收益率b能推动公司股票内在价值上升,那么,市盈率也相应提高。因此,当公司拥有好的投资机会时,留存更多的收益进行再投资,将会得到更高的市盈率作为回报。

表 8-4-1　不同的 ROE 和 b 的组合下的增长率和市盈率

ROE(%)	留存收益率(%)					
	0		30		50	
	增长率(%)	市盈率	增长率(%)	市盈率	增长率(%)	市盈率
11	0	6.67	3.3	5.98	5.5	5.26
15	0	6.67	4.5	6.67	7.5	6.67
21	0	6.67	6.3	8.05	10.5	11.11

注：假设每年市场资本化率 $k=15\%$。

但是，对于投资者来说，增长率本身并没有多大意义。表 8-4-1 列出了不同的 ROE 和 b 的组合所得出的增长率和市盈率。虽然增长率总是随留存收益率的增加而增加，但市盈率并非总是如此。在第一种情形（ROE=11%）中，随着留存收益率的增加，市盈率反而降低；在第二种情形（ROE=15%）中，留存收益率对市盈率没有影响；在第三种情形（ROE=21%）中，市盈率随留存收益率的增加而增加。

这三种情形中留存收益率对市盈率的影响各不相同是由股权收益率与市场资本化率的大小关系引起的。当市场预期的公司股权收益率小于其市场资本化率时，公司的再投资对投资者不利，投资者更希望公司将收益全部作为股利发放，留存收益率的提高会使得公司的股权价值降低，市盈率随之降低；当公司的股权收益率高于其市场资本化率，则表明公司拥有更有吸引力的投资机会，投资者愿意牺牲当前的股利以换取未来更高的收益，留存收益率的提高将使得公司股票的内在价值提高，相应的，市盈率升高；当公司的股权收益率与市场资本化率相等时，表明公司拥有正常的投资机会，收益留存于公司进行再投资与收益以股利形式发放对投资者来说无差别，此时改变留存收益率对公司股票的内在价值和市盈率无影响。

综上所述，公司的留存收益率越高，其增长率就越高，但市盈率却不一定越高。只有当公司的股权收益率大于其市场资本化率时，增加留存收益才会提高市盈率。否则，高的留存收益率对投资者不利，只会导致市盈率降低。

二、市盈率与股票风险

对于所有的股票估值模型来说，在其他条件相同的情况下，股票的风险越高，其市盈率就越低。因为如果其他条件相同，股票的风险越高，必要收益率即资本市场化率就越高，投资者愿意支付的价格就越低，从而市盈率也就越低。以固定增长的股利贴现模型为例，来更直观地理解这一点。将（8-4-2）式改写为：

$$\frac{V_0}{\text{EPS}_1} = \frac{(1-b)}{k-g} \tag{8-4-3}$$

由资本资产定价模型可以知道，公司风险越高，投资者对该公司股票要求的必要收益率越高，即 k 越大，对于任何股利流，其现值就越小，因此，股价和市盈率越低，在其他模型中亦如此。

然而，市盈率越高并不意味着股票的风险就越小。许多处于创业阶段的公司，风险较大，但市盈率却很高。这与市盈率随风险下降而提高的说法并不矛盾。高市盈率只是因为市场对这些公司的增长率有较高的预期。正因为如此，前面进行分析时，强调在其他条件相同时,风险越高,市盈率越低。在固定模型中,可以表述为,在对增长率的预期不变的情况下,对风险预期越高,市盈率就越低。

三、市盈率分析中的问题

为了对市盈率模型进行更完整的说明,下面对该模型中存在的问题进行分析:

(1) 市盈率的分母是会计利润,因此市盈率的计算在一定程度上受公司所采用的会计准则,如计提折旧和存货估值的方法的影响。在高通胀时期,采用历史成本法对折旧和存货进行估计会低估其真实的经济价值,因为设备和货品的重置成本随一般物价水平上升而上升。

(2) 计算预计盈余时忽略了部分费用,如重组费用和资产减值,使得公司在管理盈余方面有相当大的回旋余地,公司将利用会计准则的灵活性来改善公司表面的盈利状况(即盈余管理行为),进而导致市盈率很难准确估计。

(3) 市盈率受经济周期影响。计算市盈率时采用的是会计利润,是根据会计准则计算的,与公司的经济利润不一致。而股利折现模型中用的是预期的经济利润,即在不削弱公司生产能力的情况下公司能够分派的最大股利。从(8-4-1)和(8-4-2)两式可以看出,股利折现模型推导出的市盈率概念隐含地假设收益是固定增长的,但实际上,会计利润和市盈率随经济周期的波动而上下波动,而且会计利润与经济利润的趋势值可能发生分离。

四、市盈率分析与股利折现模型的结合

在对股票进行估值时,可以将市盈率分析与股利折现模型结合起来。分析师首先通过预测市盈率和股票收益来估计未来某一时刻的股票价格,再将这一股票价格以及这一时期内的预期股利代入到股利折现模型的公式(8-2-4)中,最终计算出股票的内在价值。

例 8-8 假设某公司 2018 年的预期市盈率为 20.5,每股收益为 2.5 元,接下来四年(2015—2018 年)的股利分别为 1、1.3、1.5、1.6,市场资本化率为 11%,试计算该公司股票的内在价值。

根据预测的 2018 年的市盈率和每股收益,可以算出 2018 年的股票价格为:$20.5 \times 2.5 = 51.25$(元),将该股价同股利流一并代入股利折现模型,得到该公司股票的内在价值:

$$V_{2014} = \frac{1}{1+0.11} + \frac{1.3}{(1+0.11)^2} + \frac{1.5}{(1+0.11)^3} + \frac{1.6+51.25}{(1+0.11)^4} = 39.21(元)$$

五、其他的相对估值比率

市盈率是一种相对估值比率,这种比率以公司所在行业或全市场的平均水平为标准来判断公司是否具有相对投资价值。也可直接将同一行业中两家公司的市盈率进行对比,从而了解市场更加看好哪一家公司。此外,还可以采用一些其他的相对估值比率。

1. 市净率

市净率指每股价格与每股净资产(即每股账面价值)之比。账面价值可以衡量股票的价值,因此,市净率可以作为衡量股票的成长前景的指标。

2. 市现率

市现率指每股价格与每股现金流的比值。利润表中的利润在很大程度上受会计方法所影响,甚至会被操纵;而现金流记录的是实际流入和流出企业的现金,受会计决策影响较小。因此,市现率相对市盈率有一定的优势,也被用于股票估值。

3. 市销率

市销率是指每股价格与每股销售额的比率。对于一些处于创业阶段还没有盈利的公司来说,市盈率没有多大意义。因此,市销率成为一种有效的替代性指标。

 本章小结

对公司进行估值的方法主要有三种:第一种是会计方法,即通过资产负债表列示的账面价值,或者清算价值、重置成本对公司价值进行粗略估计;第二种方法是绝对估值法,即计算公司预期未来股利或者现金流的现值;第三种方法是相对估值法,即选取一些有代表性的指标如市盈率来对股票内在价值进行估计。

股利折现模型中,股票价值等于所有未来股利的现值,贴现率为市场资本化率。

固定增长模型假设股利以固定的速度 g 增长,股票的内在价值决定式如下:

$$V_0 = \frac{D_1}{k-g}$$

当固定增长的假设成立且股价等于内在价值时,由上式可以得到股票的市场资本化率:

$$k = \frac{D_1}{V_0} + g$$

固定增长的股利贴现模型只适用于在未来有稳定增长率的公司。然而,现实中公司通常会经历不同的生命周期,需要用多阶段增长模型来估计股票的内在价值。

预期增长率与公司的盈利能力和股利政策有关,其关系式如下:

$$g = b\text{ROE}$$

通过比较股权收益率 ROE 与市场资本化率 k,可以将股利贴现模型与简单的资本收益模型联系起来,其关系如下:

$$V_0 = \frac{E_1(1-b)}{k - b\text{ROE}} = \frac{E_1}{k} + \text{PVGO}$$

若 ROE = k,则股票的内在价值恰好等于预期每股收益除以 k。

自由现金流方法是公司财务中广泛运用的方法。企业自由现金流模型首先用预期未来企业自由现金流的现值估计整个企业的价值,然后减去债务价值,得到企业股权的价值;而股权自由现金流模型直接用预期未来股权自由现金流的现值估值股权价值。前者的贴现率是加权平均资本成本,后者的贴现率是普通股资本成本。

市盈率等市场评估公司增长机会的衡量指标也可用于估计股票价值。如果企业没有增长机会,那么其市盈率恰好等于市场资本化率 k 的倒数。当增长机会成为公司价值的重要组成部分时,市盈率将上升。将市盈率法与股利折现模型结合起来,可以估计股票的内在价值。

思考习题

1. 当企业在什么状况下,应该使用多阶段股利贴现模型而不是固定增长模型?
2. 股利折现模型和自由现金流模型分别适用于什么情形?
3. 若一家公司的股票价值被高估了,即股票内在价值小于市场价格,那么其市场资本化率与期望收益率之间的关系如何?
4. 某公司当前股利为每股 1 元,预期两年内将增长 10%,然后再以 2% 的增长率增长。假设该公司的市场资本化率为 6%,求其股票的内在价值。

第九章　股票基本分析

在技术分析大热期间,对证券的基本分析并不受人关注。但随着一批批价值投资者开始从公司内在价值的角度去给证券估值定价,基本分析逐渐变成显学,并在证券投资理论和实务中占据主导地位。基本分析认为证券价值是随着其内在价值上下波动的,投资的要点在于去发现证券真正的内在价值。一旦明确了证券的内在价值,相应的投资决策便是不言而喻的。

第一节　基本分析概述

一、基本分析的定义

基本分析也称"基本面分析"。证券投资基本分析是依据影响证券收益的基本经济要素的相互关系和变化趋势,来预测证券的风险和收益,并判断证券的内在价值的一种研究方法。其基本假设是证券的价值决定其价格,证券价格会围绕着其内在价值上下波动。

基本分析的来源可以追溯到 1934 年本杰明·格雷厄姆(Benjamin Graham)出版的《证券分析》一书。在基本分析得到重视之前,市场上更早的投资分析理论是一些技术分析理论,例如强调通过股票价格和股市指数的历史数据来预测未来的道氏理论。格雷厄姆的证券分析理论具有划时代的重要意义。在此之前市场上缺少足够的成体系的证券投资分析方法,弥漫着投机的气氛,股价变化鲜有公司业绩的支持。《证券分析》一书所介绍的系统的估值方法给广大投资者提供了一种令人信服的新的投资估值思路。

不同于技术分析,基本分析比较注重证券内在价值的发掘,试图通过研究经济要素的相互关系和变化趋势来解释证券市场上资产价格的变动。信服基本分析的研究人员将仔细研究影响公司运营和盈利的宏观经济因素、行业因素以及公司自身的因素,据此来预测公司的未来盈利并确定公司的内在价值。不同的分析师采用基本分析的方法所得到的结论可以截然不同,但这并不影响基本分析成为一种十分重要和客观的证券分析方法。

二、基本分析的主要特点

(1)基本分析以价值分析为理论基础,以统计和现值估计为主要分析手段,以正确选择投资标的为目标,通过一系列宏观经济分析、行业分析和公司分析来确定证券价值。

(2)基本分析推崇价值投资理念。基本分析十分重视对股票内在价值及其变化的判断,强调通过价值分析选择合理股票的重要性。

(3)基本分析始终认为市场的选择是错误的,这主要表现在市场上的证券价格经常会被高估或者低估。这样,基本分析的一个重要任务便是发现这些被错误估计的证券并通过买卖来纠正其价格对内在价值的偏离。

（4）基本分析通过分析影响证券供求关系的基本因素来判断证券的价格走势。这些基本因素包括宏观因素、中观因素（行业因素）和微观因素（公司因素）。

（5）基本分析所使用的数据是市场外的数据而非市场上的价格和交易数据，这一点与技术分析大相径庭。基本分析所使用的数据大多是宏观经济、行业经济以及上市公司相关的财务和经营数据，而非诸如股价、成交量这样的市场数据。

（6）基本分析一般采用自上而下的分析框架。这种方法首先考虑国内外的整体经济环境，然后考察行业发展历史和现状，最后深入研究相应的上市公司，以判断具体的股票的内在价值和买卖时机。当然，自下而上的反向分析方法同样也有人采用。

三、基本分析的主要内容

由于基本分析是通过研究影响证券价格供求关系的因素来进行预测和判断证券市场，那么很显然能够影响证券价格供求关系的主要因素即为基本分析的主要内容。同时，证券的价值分析是基本分析的基础，所以各种价值分析方法也是基本分析的重要内容。前面已经提到，能够影响证券价格供求关系的主要因素可以划分为宏观因素、中观因素和微观因素。

（1）宏观因素分析包括政治因素分析和一些宏观经济因素分析。如今国内外的政治事件都可能会迅速影响到一国的证券市场。而宏观经济因素分析则既包括对宏观经济形势的研究，也包括对宏观经济政策变化对证券价格影响的研究。宏观经济分析的目的在于研究现在和将来的经济状况是否适合于证券投资。只有在经济前景良好的情况下市场上大部分公司的盈利才会增加，其价格才会上涨。所以在经济全球化的背景下，研究国内外的宏观经济形势是进行证券投资决策的必要之举。

（2）中观因素分析通常指行业分析，它介于宏观因素分析和微观因素分析之间。由于上市公司的发展不仅会受到宏观经济形势的影响，还要受到其所在行业发展状况的影响，那么我们在中观因素分析中将考虑上市公司所处行业的不同市场类型、不同生命周期以及不同的整体发展业绩对具体证券价格的影响。通过分析不同行业的发展前景和投资价值，我们可以在前景良好的行业中进一步选择具有投资价值的公司。

（3）微观因素分析则指公司分析，它是基本分析的最后一步。在确认了总体经济形势、选择了发展前景良好的行业之后，我们还需要在行业中选择出具体的公司。公司分析将通过对公司竞争能力、盈利能力、经营能力、发展能力、财务状况等方面的细致考察来评估其证券价格的变化趋势。由于前面章节的股票估值部分已经有详细的公司分析内容，本章将不对此重点阐述，而是集中介绍宏观经济分析和行业分析这两部分内容。

第二节 宏观经济分析

宏观分析是基本分析的重要组成部分。由于宏观经济因素对整个证券市场都有着强烈的直接影响，准确地把握宏观经济形势对于正确地评估证券价值有着重大意义。一般而言，宏观经济分析又可以从三个角度加以展开。即宏观经济因素分析、经济政策分析和周期分析。下面我们将依次介绍这三类分析方法。

一、宏观经济因素分析

（一）政治因素分析

在研究一国宏观经济形势时,我们很难不关心该国的政治形势。一国的政局稳定性将深刻地影响着该国的经济发展和证券市场稳定。若一国政局出现动荡,则信心的缺失和资本的逃离很可能会引发证券市场剧烈波动甚至崩盘。在如今全球经济一体化的背景下,不仅是本国的政治形势会影响证券市场,国际政治局势的影响同样会传导至国内证券市场。例如伊拉克战争的爆发对全球股市都产生了重大影响。由于现代政治因素的突发易变性,我们很难准确地把握政治的走向进而判断其对证券市场的影响。像国内的罢工、选举丑闻、宗教冲突以及国际上的政府更迭、战争爆发等等现象均可能偶然出现,并对证券市场产生直接的重要影响。因此对国内外政治因素的把握十分重要。

（二）国外经济因素分析

如今全球经济已经一体化,金融市场之间也有着紧密的联系。那么,国外的经济形势的各种非预期变化势必会通过各种途径影响到国内的经济形势和证券市场。主要的国外经济因素包括国外经济增长速度、国外金融市场变化和国外经济政策。

1. 国外经济增长速度

国外经济增长速度可以通过两个渠道影响到本国的证券市场:出口和海外投资收益。如今出口已经成为很多国家国际收支的一个重要组成部分,也是国内经济的重要拉动引擎。如果一国经济比较依赖出口,那么在主要贸易国经济增速放缓需求下降时,本国的出口以及整个经济形势势必会受到较大冲击。该国的出口相关企业盈利也可能会偏离预期。除了出口之外海外投资收益也可以影响到本国证券市场。海外投资收益包括在国外的实业投资和金融投资。如今许多企业处于经营分散化的需要大规模地进行海外投资,例如港商李嘉诚在2014年年初便不断从我国内地撤资转而投资于欧洲的产业。在这种背景下,海外经济状况会直接影响到本国的海外投资收益,再进一步通过财富效应等方式影响到本国经济。

2. 国外金融市场变化

在如今金融一体化的背景下,国外金融市场的变化可以通过各种通讯工具即时传达到国内,全球金融市场已经融为一个整体。在这样的一个全天候无间断的交易市场上,一国金融市场上的变化可以通过利率、汇率等渠道向外传播,而且往往会在媒体的作用下得到放大。这样,国外的金融市场变化也会对国内金融市场产生冲击。比如1997年的东亚金融危机及2007年的美国次贷危机均对其他国家金融市场产生了显著的冲击。

3. 国外经济政策

在如今全球经济一体化的背景下,一国经济形势容易受到他国特别是与本国贸易往来频繁国家的经济政策的影响。而这种国外经济政策的影响最容易体现在贸易政策上。一般来讲发达国家在高科技和资本密集型产业有比较优势,而发展中国家则利于发展劳动密集型产业和一些低端产业。由于发达国家劳动力成本较高,政府往往倾向于通过贸易保护政策创造更多的国内工作岗位来解决社会上的失业问题。而发展中国家政府为了发展扶植一些战略性产业也会制定一些产业政策来限制国外的产品和服务。这些贸易保护政策的制定必然会对他国经济产生影响。自从2008年金融危机爆发,全球经济增速放缓之后，国际上的贸易保护主义又有抬头趋势，贸易争端和贸易制裁屡见不鲜。这些现象都反映出了在全球经济一体化的情况下，各国之间的经济政策变化很容易对他国经济产生影响。

（三）国内经济因素分析

国内证券市场与国内宏观经济之间的关系是尤为密切的，这也是为什么股票市场被称为"宏观经济的晴雨表"。由于上市公司作为一个整体的经营运转情况对整个国家的宏观经济运行有着很强的代表作用，宏观经济的变化自然会对证券市场产生强烈影响。每年一些重要的宏观经济数据的发布都会迅速地影响到证券市场，特别是在一些数据的公布值与预期值之间差距较大时。那么，要准确把握证券投资分析，自然少不了研究国内的宏观经济形势。宏观经济也可采用短期和长期两种分析视角。这里重点考虑一些短期的宏观经济因素。

1. 国内生产总值

国内生产总值（GDP）是衡量一国经济情况的总体指标，它是指在一定时期内一个国家或地区新生产的产品或服务的货币价值总和。国内生产总值可以衡量一个国家在某一段时间内的经济表现和综合财富。如果一国的 GDP 快速增长，说明该国经济处于扩张期，企业有着较多扩大生产销售的机会；相反若一国的 GDP 增长放缓或持续下降，说明该国经济进入了衰退甚至是萧条期，此时企业经营业绩增长的可能性就较小了。

2. 失业率

失业率是一国正在找工作的失业劳动力人数与总的劳动力人数之比。尽管由于社会保障政策、统计口径等因素会影响一国的失业率大小，失业率这一指标仍是衡量一国宏观经济状况的重要依据。从整个经济的角度看，任何时候总会有一些人是处在寻找工作的状态，这种情况下的失业我们称为"自然失业"。当一国的失业率高于自然失业率时，我们认为该国处于未充分就业状态，此时的 GDP 水平将低于潜在 GDP。当一国的失业率低于自然失业率时，我们认为该国经济超出了充分就业状态，属于经济过热，此时的 GDP 水平高于潜在 GDP，经济处于扩张状态。

3. 通货膨胀

通货膨胀指的是在一段时期内物价持续且普遍地上涨的现象。通俗来说它是一种由于国家发行的货币过多、社会总需求大于社会总供给所引发的物价上涨现象。这种物价上涨不是指几种特定的商品价格上涨，也不是指物价一时的上涨，而是指总的物价水平在一段时间内持续性上涨的过程。衡量通货膨胀的价格指数一般有以下几种：消费者价格指数（CPI）、生产者价格指数（PPI）、国内生产总值价格折算指数。其中消费者价格指数被更多地用来度量通胀。按物价上升的速度我们可以把通胀分为爬行通货膨胀、温和通货膨胀和恶性通货膨胀；按通货膨胀的成因我们可以把它区分为成本推动型通货膨胀和需求拉动型通货膨胀。经济理论大多认为温和的通货膨胀对经济是有利的，它可以促使经济趋于充分就业状态。但是过高的通货膨胀则一定是有害于经济的。因为在较高的通货膨胀过程中，并非所有的商品和劳务价格均是同比例上涨的，结果往往是固定资产所有者获利而一般工资收入者受损，使得贫富差距扩大。同时过高的通货膨胀扰乱了正常的价格信号，增加了消费和投资的不确定性，损害经济的正常运转。最后在固定汇率制下本国物价的上涨会使得本币的实际汇率上升，本国商品在国际上的竞争力减弱。除了上述的通货膨胀现象,我们称一段时间内物价的持续下降为"通货紧缩现象"。此时社会上流动性会大大减弱,企业往往由于降价而利润减少,整体经济趋于衰退。一般来讲,通货紧缩比通货膨胀对经济的危害更为严重。

4. 利率

利率即使用资金的价格,它由资本市场上资金的供求关系决定。利率对宏观经济的影响是多方面的。首先利率会直接影响投资水平。企业在作投资决策时需要关注资金的成本,在利率水平上升时企业的投资成本也随之上升。投资成本的上升会抑制企业的投资行为。相反的,利率水平的下降会使得企业投资成本下降,投资热情上涨。其次,利率通过影响托宾 q 来影响经济。托宾 q 指的是资产价格与其重置成本的比值。若利率下降,一般而言资产价格会上涨。若资产价格高于其重置成本,则此时托宾 q 将大于 1,企业也会由于资产重置成本相对较低而增加投资。以上两个角度都指的是利率通过影响投资进而产生乘数效应来影响经济。利率还有一个影响经济的渠道,即通过汇率来影响经济。利率变化将对名义汇率或实际汇率产生影响,从而影响进出口,最终对宏观经济产生影响。

5. 汇率

世界经济和金融市场的紧密联系让一国汇率的波动对他国的经济和金融市场产生了直接或间接影响。一般来讲,一国货币贬值时,会使其出口商品在国际贸易市场上更便宜,从而刺激本国的出口,抑制本国的进口。相反的话,本国货币的升值会使得其出口商品在国际贸易市场上更为昂贵,出口会受抑制而进口会增长。进出口的变化会通过乘数效应进一步影响宏观经济情况。

6. 政府赤字

一国的政府财政赤字是指政府的支出与收入之间的差额。若在某一段时间内,政府的支出大于其收入,则说明政府存在着正的财政赤字,这往往伴随着政府债券的发行以为其资金缺口融资。政府过多发债使得社会上的可用资金减少,从而带来利率上涨的压力。利率上涨会带来挤出效应,减少社会上其他经济主体的投资行为,进而影响到社会的总需求和宏观经济情况。

7. 市场情绪

市场情绪反映的是一国消费者和生产者对经济前景的预期。如果大众对本国经济的未来前景持乐观态度,那么消费者将会由于信心指数上升而增加消费,生产者也会由于前景乐观而增加投资和生产水平。这时社会的总需求扩大,经济呈扩张趋势。相反,若一国国民普遍不看好未来的经济形势,则消费者由于信心不足会减少或推迟其消费,生产者也会相应调整其投资和生产决策,社会总需求不足,整个经济趋于衰退。当然,一国国民对未来经济的预期会受很多因素的影响。影响国民预期的因素里面既有较容易把握的政治、经济等因素,也有许多不可预知的突发事件影响。如"9·11"恐怖袭击事件的突然发生便极大地打击了美国民众的信心而带来了负面的经济影响。

二、经济政策分析

自凯恩斯主义诞生以来,国家通过政策来影响宏观经济已成为常态,而经济政策在影响经济运行的同时自然会对金融市场产生一系列影响。经济政策是通过改变人们的预期来影响证券市场的。我国的证券市场对经济政策变化的反应往往具有夸张性、超前性和滞后性的特点,即股市涨跌幅度大,且由于信息泄露或投资者理解不足反应经常领先于或滞后于政策的出台。随着市场的发展和不断成熟,市场对决策者的政策变化的解读在不断趋于及时和理性。目前来看,常用的一些政策手段包括财政政策、货币政策和股市政策。

(一) 财政政策及其影响

1. 财政预算政策

国家通过对财政收支平衡情况的把握,来对社会总需求产生影响。当财政支出大于财政收入时,这种财政赤字的政策可以起到扩张社会总需求的作用;相反的,财政盈余政策则能压缩社会总需求。通过财政赤字或盈余,倾向性的财政政策能够起到刺激经济或者给经济降温的作用,这也将直接影响到股市表现的强弱。同时,国家财政预算支出的方向会对社会总需求的结构产生影响。例如,当国家大力投资基础建设项目如交通、能源产业时,将刺激相关行业和公司的发展及其证券的表现。

2. 税收政策

类似财政政策,税收政策也可以起到刺激经济和抑制经济两个方面的作用,同时不同的税收政策在结构上也将对证券市场产生影响。若要刺激经济,则需减少税收、降低税率;若要抑制经济,则需增加税收、提高税率。前者将增加微观主体的收入进而刺激投资或消费需求以对证券市场产生正面影响,而后者将产生相反效果。另外,不同税收政策对证券市场的结构性影响也是显而易见的。例如,房地产方面税收的开征与否将极大地影响房地产行业股票的表现;国家对新能源产业的税收支持力度也将在一定程度上左右相关行业和企业证券的资本市场表现。另一种经常被监管部门用来调节股市的税种是印花税,印花税调整到高点或低点,往往代表着政府意图给股市"挤泡沫"或者"救市",当然如今印花税的重要性已经显著降低了。

3. 国债发行政策

由于国债的发行是为了弥补财政赤字,可想而知国债发行规模的扩大表明财政赤字规模的扩大,这将是对股市的长期利好因素。但要注意的是,从短期来看,新发大量国债有可能对股市的资金面产生挤出效应;同时政府发债筹资可能会提升利率从而进一步产生对私人投资的挤出效应。这些是国债发行对证券市场不利的一面。

(二) 货币政策及其影响

货币政策主要有三大手段,即通过调整存款准备金率、央行的贴现率以及进行公开市场操作来调节货币供应量影响利率,进而对经济产生刺激性或抑制性影响。若要刺激经济,则需降低存款准备金率、降低贴现率并在公开市场买入证券,以增加货币供给;若要紧缩经济,则需提高存款准备金率、提高贴现率并在公开市场卖出证券,以减少货币供给。除了这常用的三种货币政策工具,货币政策当局有时候也使用带有一定行政命令色彩的选择性货币政策工具,如直接的信用控制和间接的信用指导。前者是指通过行政命令的方式直接对金融机构的信用活动进行管制和干预,如规定信用配额、限制信用条件等等;后者则是通过窗口指导的方式来间接地影响金融机构的信用活动。

货币政策的特点是通过控制货币供应量来影响宏观经济。货币供给增加时,短期利率的下降将刺激投资需求和消费需求,这有利于股市。同时增加的货币量中有一部分资金可能会流入股市，进一步推升证券价格。因此，一般情况下货币供应量和股价存在着正相关关系。在我国，信贷投放量这一指标由于与货币供应量密切相关，也经常被分析师用来分析流动性与股价的关系。但事实上货币供给与股价的关系远比前述的逻辑来得复杂。虽然扩张性货币政策可能会降低短期利率并刺激经济，但如果货币供应量增长过度，易引发市场的通货膨胀预期。在这种情况下，扩张的货币供给可能会与股价负相关，因为非预期的货币增长可能会导致通货膨胀。

与财政政策相比，货币政策对经济的影响更为间接和迂回。财政政策往往会直接改变社会总需求，而货币政策则需通过调节利率来产生效果。但是财政政策执行起来更为复杂和困难，涉及许多程序上的难题而见效较慢且不够灵活；而货币政策相对更为容易操作，往往是由央行负责执行，不需要复杂的政治协商过程。

（三）股市政策及其影响

除了前述的财政政策和货币政策这两类宏观经济政策，另一类对证券市场影响巨大的政策是当局针对股票市场所制定的股市政策。由于宏观经济政策一般而言比较稳定，其在确定方向后较难改变，往往是通过影响经济基本面而决定股市的中长期走势。而股市政策则经常波动，主要是调节一段时间内的股市供求关系，因此更易影响到股市的中短期走势。下面将会分影响股市供给和影响股市需求两个角度来介绍股市政策。

1. 影响股市供给的股市政策

（1）IPO（首次公开募股）和增发的暂停和重启

企业在证券市场上发行股票，会增加市场上股票的供应量，理论上讲在其他条件不变时会降低股价的均衡水平。因此，监管部门经常使用IPO和增发的暂停和重启来调节股市。股市陷入低迷时，通过暂停IPO和增发来减少股票供给从而减少市场的下行压力；股市进入牛市过度繁荣时，重启IPO和增发可以起到一定的给市场降温的作用。这样，证券监管单位对IPO和增发的态度，将极大地影响到股市的供给，是证券分析人员对当前和今后股市表现的重要参考。

（2）发行制度的改变

发行制度的改变能对股市的供给数量和质量产生重要影响。在我国最初建立股票市场时，股票发行实行的是额度制，即由地方政府直接控制股票发行的额度，这样使得市场明显处于供给不足的状态。之后发行制度改为核准制，由证监会来根据一定的标准审查股票的发行，这大大改善了股票的供给状况。更进一步的，如今在核准制的基础上推出了股票发行的询价机制，这使得新股发行更加趋于市场化，通过价格机制来影响股票市场的供给状况。未来的发行制度则有可能会向注册制转变。

（3）新市场的成立

股票市场可分为场内交易市场和场外交易市场。场内交易市场有主板市场、中小板市场、创业板市场及国际板市场等等。新型证券市场的发展是一个不断丰富完善的过程。随着各类新市场的设立，股票的供给渠道会逐渐拓宽。我国除了在上海和深圳的主板市场，分别于2006年成立中小企业板市场，于2009年成立创业板市场，以后将会进一步发展场外交易市场。新市场建立的短期和长期影响，是分析股市政策的重要组成部分。

（4）流通制度的改革

在全流通的情况下，股票的发行量和流通量应该是一致的。但在一定的特殊制度环境下,股票的流通量不一定等于股票的发行量。市场上股票的供应量指的是股票的流通量,所以流通制度的改革和流通量的调节是直接影响股票供给的重要因素。我国曾经长期实行股权分置政策,即国家股和法人股作为非流通股是不能在证券交易所挂牌交易的,仅有作为流通股的社会公众股可以上市交易。从 2005 年开始,我国进行了股权分置改革,以国家股为代表的非流通股的大小股东,通过向流通股股东支付对价的形式获得了相应的流通权。但为了减轻市场上股票供给急剧增加的压力,对"大小非"(大小非流通股东的总称)已经获得流通权的股票采取限售期制度,即此类股票需经过一定的过渡期才能上市交易。这样,在限售期结束时,解禁的"大小非"股票将成为影响市场行情的重要因素。除此以外,我国股票发行有网上发行和网下发行两种方式,在主要面对机构投资者的网下发行市场,通常对战略投资者和普通投资者采取股票锁定期制度(通常前者为最低 6 个月,后者为最低 3 个月)。这样证券监管当局对锁定期的调节也成为影响中短期股票供给的一个显著因素。

(5) H 股和红筹股回归内地证券市场

H 股指的是我国内地企业在香港证券市场发行和上市的股票,红筹股指的是具有内资背景的、在海外(主要是香港)注册登记并发行上市的股票。内地证券市场与以香港为代表的海外证券市场是分割的市场,因此海外发行的股票暂时不能形成内地的股市供应量。但是出于改善内地证券市场上市公司质量、加强国内外证券市场联动性的考虑,现在已经出现了 H 股和红筹股回归内地证券市场的发展趋势。这也是潜在影响内地股市供给的一个新因素,值得研究者重视和思考。

2. 影响股市需求的股市政策

(1) 市场准入政策

市场准入政策是指对进入证券市场的投资主体及其行为进行限定,这包括质和量两个方面。所谓"质的限定"是指限定投资主体的类别,而"量的限定"是指限定投资主体的投资金额。这些限定会直接影响对股票的需求状况。在早期,我国为了控制市场风险,对投资主体的准入限制十分严格,这极大地限制了股市的正常需求。随着我国股市规模的扩大和制度环境的完善,进入股市的主体类别和资金额度不断放宽。从 1999 年开始,证券监管当局先后出台了国有企业、国有控股企业以及上市公司可以直接进入股市的政策。其中保险公司和社保基金的入市更是由于其庞大的资金规模而对市场需求产生了重大影响。

(2) 证券投资基金发行政策

证券投资基金是股市中最重要的机构投资者,它们聚集社会的闲散资金进行证券投资。从证券投资基金的规模扩张或收缩中,我们可以直接观察到股市的冷热。正因为证券投资基金的重要地位,证券监管当局对基金发行节奏的把握便成了影响股市需求的一个重要因素。一般股市低迷时,证券监管当局倾向于加快证券投资基金的发行节奏,以此来增加证券需求提振市场;反之在市场过热时,监管当局会放缓证券投资基金的发行节奏,来给市场适当降温。

(3) QFII 和 QDII 额度的调整

我国的人民币尚未实现自由兑换,资本项目也没有完全放开,但开放程度近年来一直有增无减,正向着双向开放的目标迈进。外国的证券投资资金进入我国是通过 QFII(合格的境外机构投资者)渠道,而我国的证券投资资金进入外国证券市场是通过QDII(合格的境内机构投资者)渠道。因此,监管当局对QFII或QDII的额度调整便成了影响我国证券市场需求的重要政策之一。若QFII额度扩大,则更多的海外资金可以流入我国的证券市场,这对股市有利好作用;反之若QDII额度扩大,则更多的国内资金可以流向海外,从而降低对国内证券的需求,给股市带来下跌的压力。在实践中QFII和QDII相关信息的发布也确实会引起股市相应的反应。

(4)证券业扶持政策

以券商为代表的证券业的规模是影响证券市场需求的现实因素之一。券商实力增强有助于其扩大自身的自营业务,提高软硬件能力并扩大其经纪等业务。券商自营业务和经纪业务水平和规模的提升最终将带来证券市场整体的需求水平上升。因此,证券监管当局对证券业的扶持政策最终也会影响到证券市场的需求。例如,允许券商在资本市场上增资扩股,允许券商在同业拆借市场进行股票质押贷款,这些政策都会增加股票市场的资金供应量进而增加证券市场需求。其他的许多诸如"银证合作"之类的政策也会起到壮大投资者队伍、增加证券市场需求的作用。

 案例分析

中国的政策调控与股市波动

中国的股市从无到有也不过发展了二十几年的时间,许多人认为目前中国的股市本质上还是一个"政策市"。从历次股市暴涨暴跌与政策调控的关系就可以清晰地看出这一点。下面我们将介绍一些典型的政策变化引起股市暴涨暴跌的例子:

1992年春天,邓小平发表南方重要讲话,极大地振奋了人心,鼓舞了工商业的发展。资本市场更是反应强烈,股市从100点左右一路上涨至500—600点左右。国家领导人的讲话直接影响股市,这是当时特殊的历史时期背景所决定的,在未来很难出现这种现象了。

1992年5月21日,股市的涨跌停板制度正式被取消了,很快股指便从600多点暴涨至1300多点,翻一倍还不止。涨跌停制度的取消本意是为了与国际接轨,但是却极大地撩动了市场的神经,造成了市场的疯涨。

1993年为了推销国债,管理层有意打压股市以分流资金。为了配合1994年发行千亿国债的计划,证监会于1993年11月公布了一系列规定,如新股发行量不超过10亿元、配股不超过10:3、拟上市公司的流通股不能低于5000万元等规定。这被市场认为是利空,股指也一路狂跌。

1996年前后,管理层认为股指应该控制在500—800点这一区间。当股指较低时便有资金不断护盘,当股指涨至1250多点时,证监会便发出加强风险控制的通知,《人民日报》也发表文章呼吁严禁利用股市谋取暴利,立即导致沪深两市的暴跌。

1999年下半年,监管层出台了一系列措施,包括宣布三类国企可以使用自有资金入市、允许保险资金入市并提高其入市资金比例、允许向基金配售新股、证券公司可以将自有股票质押贷款等等。这些措施推动了股市在下半年的大涨。

2001年6月上证综指达到历史高点2245点,管理层适时推出了国有股减持措施,在国有股减持、上市公司增发、监管加强的利空影响下,股价一路狂泻,跌了32%左右。无奈之下证监会宣布暂停国有股减持,马上整个股市几乎涨停。

2005年5月至2006年6月,A股暂停发行了一年之久,此期间股市涨幅近50%。可见IPO的暂停与重启对市场的影响之深。

2014年11月21日,央行宣布降息。这对已经延续了数年的熊市顿时如同雪中送炭。以券商为首的蓝筹股带动A股完成了波澜壮阔的估值修复过程,短短两三个月内大盘上涨了千余点。可见货币政策的宽松也是影响股市的重要因素。

从上述例子中我们可以理解为何中国股市始终被称为"政策市"。由于我国资本市场还处于发展的初级阶段,市场建设不断推进,监管层的政策目标不断改变,导致股市始终由于政策的调整而大起大落。相信这样的局面还会在未来延续下去,直至资本市场趋于成熟。

三、周期分析

经济周期是指以实际国民生产总值为衡量指标的经济活动总水平周期性扩张和收缩交替的现象,而股市周期是指股票市场长期升势与长期跌势周期性更替的现象。股票市场作为国民经济的重要组成部分,被称为"国民经济的晴雨表"。这一说法背后的原因在于,经济由盛转衰的周期性变化是决定股市由牛市变熊市周期性变化的基本原因。因此,经济周期决定股市周期,股市的周期性变化反映了经济的周期性变化。这样,对经济周期的分析构成了宏观经济分析的重要组成部分,是进一步分析证券市场的必要步骤。下面将首先介绍经济周期分析,然后进一步探讨经济周期对股市周期的影响。

(一)宏观经济周期

经济学将经济周期定义为生产或再生产过程中经济扩张和经济萧条的交替更迭。如图9-2-1所示。

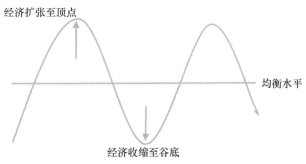

图9-2-1 经济周期循环图

经济周期循环图描绘的是经济的循环波动情况。图中的水平线代表经济的均衡水平,线上区域代表经济处于扩张期,线下部分代表经济处于衰退期。当经济扩张至顶点时,依然会保持增长态势,但是增长速度逐渐放缓;当经济收缩至谷底时,依然会保持下跌趋势,但是下跌速度也逐渐减小直至回到均衡水平并开始下一轮周期性波动。一般而言,经济周期的长短不同,从数年到数十年皆有可能。但是经济的扩张期往往长于衰退期,毕竟破坏所需要的时间往往远少于建设。经济周期这一概念在实际上并没有人们在图形上谈论得那么清晰,这里引用美国国民经济研究局(National Bureau of Economic Research,NBER)对经济周期的内涵作进一步解释:

"经济周期的概念是在对经济活动的历史研究中已经辨别出的一系列事件中发展而来的。尽管在经济周期中出现许多变化,但商业扩张期表现为逐渐发展积累至顶峰。在发展的过程中,反向的力量逐渐增强,最终形式出现逆转,经济进入萧条时期。在经济萧条的时候,扩张的力量又逐渐开始凝聚直到它们占支配地位,一切又重新开始。"

由于经济周期包含扩张和收缩两个不同的形态,用周期性来预测股票市场的变化必须建立在总体经济的扩张期和收缩期都可辨别这个前提基础之上。为了实现这一目的,研究人员按照指标波动与经济波动的先后关系,将经济指标分为了领先指标、同步指标、滞后指标和其他指标。

(1)领先指标(Leading Indicators)指那些在总体经济活动达到高峰或低谷前,先达到高峰或低谷的时间序列,例如货币供应量、股票指数、消费者信心指数、制造业工人平均每天开工时间数等等。这些指标可以对将来的经济状况提供预示性信息。这类指标由于涉及未来的信心,往往是最具分析价值的。

(2)同步指标(Coincident Indicators)指那些高峰和低谷与经济周期的高峰和低谷几乎同步的时间序列。这些指标反映的是国民经济正在发生的状况而非将来的变动。由于这些指标反映国民经济正在发生的变化,它们经常被政府和科研机构用来定义经济周期的不同阶段。

(3)滞后指标(Lagged Indicators)指那些高峰和低谷都滞后于总体经济的高峰和低谷的经济时间序列。一般滞后期介于三个月到半年之间。

(4)其他指标(Selected Series)指没有明显周期性的一些指标。虽然它们没有周期性,但是却对宏观经济运行有着重要影响,如国际收支指标、财政收支指标等等。

除了这些单个指标之外,还有一些指标将这些经济指标序列组合在一起,如综合领先指标序列。综合领先指标序列作为一种预测现在和未来经济状况的指标,每个月都会在媒体上公布。如美国经济咨商局会定期在其网站上公布其所统计的各国宏观经济监测指标序列。除了领先指标之外,同步指标和滞后指标也有相应的综合指标序列,但是人们更为关注综合领先指标序列。

有些研究人员会使用这些综合序列的比率来研究经济形势。例如同步序列除以滞后序列被认为有着与领先指标类似的作用,甚至在某些情况下这一比率比领先指标还要领先。产生这种现象的原因是同步序列在滞后序列之前发生反转,而这两者的比率对这样的变化非常敏感,尤其是在经济周期的转折点上,比率的变化甚至快于普通的领先指标。然而尽管这一比率有着上述优点,却只有在它与纯领先指标相背离时才能体现出其价值。因为此时比率的变化暗示了指标序列间的正常关系发生了变化。

然而，不可忽视的一点是周期性指标在分析宏观经济周期时存在不少局限性，最大的局限性在于周期性指标可能会发出错误的信号。比较常见的情况是，过去的趋势表明当前指标发出的是经济紧缩的信号，但随后该指标序列又出现反转从而使前面的信号失效。当根据指标难作判断时，还会带来其他一系列问题。有一些经济指标序列可能会表现出高度的易变性，因此与预测长期值相比较，这些经济序列预测短期趋势时可信性较差。另一种局限性是数据和修正值的实效性。原因在于投资者在分析的过程中不能及时取得原始数据时，就必须随时留意已有的最新数据的修正，而这些修正可能会改变一些序列的信号或者方向。另外在进行序列的季节修正时也会影响到原序列的趋势。除了以上原因，综合序列内指标选取的主观性也影响了周期性指标的应用。

（二）股市周期对经济周期变化的反应

1. 股市周期反映经济周期的主要特征

（1）股票市场对经济周期有预先反映机制

经济周期对股市周期的决定作用是内在的、长久的和根本性的，但二者却不是完全同步的。实际运行中，一国股价往往是宏观经济变动的先行指标。对二战后美国经济长期观察可发现，股票市场价格指数在经济进入衰退前的平均约 6 个月时上升至最高点，然后回落；而股票市场价格指数在经济开始复苏前约 5 个月时跌到最低点然后回升。显然股票市场的周期变动与宏观经济的周期变动并非完全一致。由于经济很少处于稳定状态而是要么处于扩张期要么处于收缩期，这为投资者在股票市场利用二者周期之间的关系来获利提供了不少机会。

（2）股票市场与景气变动在短期不相关

前面已经指出，股票市场与景气指数粗略来看是同向运行，但股票市场要比景气循环领先一步。就股价与 GNP 的关系而言，若将股价指数与 GNP 时间序列曲线放在同一平面上，虽然从长期来看二者运行趋势具有一致性，但若对比每年的股价指数上升比率与名义 GDP 的增长率，看不出二者之间存在任何有规则的关系。如果对比每年股价指数上升率与实际 GDP 增长率，几乎是完全无关的。所以可以说股票市场与景气指数如果以一年为单位进行对比的话，几乎没什么确定的相关性。原因一是股票市场具有先见性或预期性，二是股票市场的变动除了受经济景气程度影响外，还会受到金融市场和投资者的很多方面因素影响。

（3）经济周期与股市周期关系的基本模式

股市之所以能提前反映经济，是由于金融市场的趋势基本上取决于投资者对经济前景的预期，买入和卖出股票都包含了投资人对未来经济走势的展望。市场上的交易者通常会基于对未来经济走势的预期，采取适当行动买入或者卖出一定的资产，使得作为虚拟经济的股市通常会先于实体经济的发展而发生趋势反转。因此往往在经济过热还没有滑坡时，股市已经开始下跌了；在经济过冷还没有回升时，股市已经开始反转向上了。所以可以简单归纳经济周期与股市周期的关系模式如下：

"经济过热，股市下跌；

经济收缩，股市继续下跌；

经济过冷，股市上涨；

经济扩张，股市继续上涨。"

2. 股市周期的循环阶段

表面上杂乱无章的股市周期,若放在长期视角下进行考察,可以分为具有一定特征的四个阶段,即政策行情阶段、业绩行情阶段、逆政策行情阶段、逆业绩行情阶段,而且这四个阶段的顺序一般不会改变。研究清楚这四个阶段是因何原因循环复始的,对于投资决策有着重要的参考价值。

现代经济社会不断经历着经济周期上升和下降的反复循环,股市周期也相应的可分为四个阶段。首先,以金融宽松和财政政策扩张为背景,由不景气的股价上涨的政策行情阶段为开端,牛市开始启动。不久之后经济由复苏走向扩张阶段,业绩行情阶段开始展开。但在对经济过热、通货膨胀的担忧之中,股市行情接近顶点。此时金融和财政政策一旦收缩,就很可能股市大跌、熊市开启。随之而来的是逆政策行情阶段,由严厉的宏观紧缩政策产生的经济衰退预期将导致下跌的行情。而随着利率的上升经济活动将迎来真正的衰退期,企业业绩滑坡,股市进入逆业绩行情阶段并向谷底运行。图9-2-2描绘了经济周期与股市四个阶段的关系。

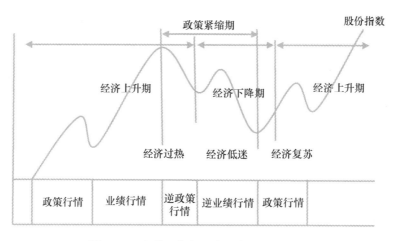

图9-2-2 经济周期与股市四个阶段的关系

股市周期性循环的四个阶段更替进一步说明了股市相对于经济活动的事先反映作用。在经济不景气、企业收益滑坡的时期,由于通货紧缩、物价下降、失业增加,政府倾向于实施宽松的财政政策和宽松的金融政策,从而起到利率降低、生产活动增加的目的。此时股价指数将从谷底反转。尽管真正的经济复苏还要相当一段时间,但是股市出于经济将要走向复苏的预期,开始买盘增加,先于经济走出牛市行情。这种时滞现象在经济的繁荣期同样如此。尽管企业业绩持续上升,企业大量补充库存,个人消费和企业投资意愿高涨,经济一片欣欣向荣,但与此同时物价和工资成本也逐步攀升。出于对通货膨胀和经济过热的担忧,政策当局将逐步调整政策,转为实施紧缩性政策。这时利率将持续上升,股市转为下降,进入逆政策行情的熊市阶段。因此,在判断股市行情长期趋势的反转时机时,不能拘泥于与经济循环的变化保持同步,而要把握好投资者的预期变化来合理判断拐点可能的出现时机。

(三)牛市和熊市的循环阶段

华尔街上有一句谚语:"行情在悲观中产生,在怀疑中成长,在乐观中成熟,在幸福中消亡。"这句话很好地刻画了投资者的心理变化和牛市及熊市行情的循环特征。下面分别是牛市和熊市的各自循环阶段的主要特征。

1. 牛市的两个循环阶段

(1) 牛市的政策行情阶段

牛市政策行情阶段的基本特征是不景气中的股价上涨。如前所述，股市的牛熊转换要比经济周期的扩张和衰退先行一步。但由于现实经济状况仍然比较黯淡，投资者总体上来看还是悲观的，因此此阶段只能以"在怀疑中成长"的方式展开行情。同时政策行情阶段也并非一帆风顺。在对股价上升的怀疑情绪中，一旦实体经济的不良表现被报道关注，激增的做空筹码可能会引发大的调整。但股价在调整完成后仍会随着政府经济刺激政策力度的加大而上升。从技术角度看，在政策行情阶段首先能看到的技术指标是成交量的增加。

在政策行情阶段的主导行业是与金融政策密切相关的金融行业和与财政投资密切相关的建筑、房地产及其他公共服务类行业。在宽松金融政策的带动下，一些利率敏感型股票如银行、证券等一方面会受益于融资成本的下降，另一方面其持有的债券的账面价值也会增加。同时由于金融产品的交易量的上升，佣金和手续费等收入会增加。可见宽松金融政策对金融行业具有显著的扩大业绩的效果。与金融政策类似，财政支出的扩大往往会带动地产、道路、能源、通信等公共服务类产业的建设。同时这些负债率较高的行业也能从宽松的金融环境中通过降低资本成本而受益。因此这些行业在政策行情阶段普遍受到较高的关注。

(2) 牛市的业绩行情阶段

相较于政策行情"在悲观中诞生，在怀疑中成长"，牛市的业绩行情的基本特征是"在乐观中成熟"。在长短期利率见底前后，经济活动逐步复苏，以 GDP 为代表的众多经济指标告诉大家基本面的转好，刺激政策已然奏效。随着需求的逐渐增强和商品市场状况的不断改善，产品销量增加库存减少，易受周期影响的企业会率先实现业绩改善，其股票也成为上升行情的主角。通常整个牛市行情中业绩行情阶段是最稳定的上升行情阶段。从技术指标来看，资本集约型的原材料行业会在行情前半段迅速地增加成交量。而随着经济的升温和可能的政策调整，市场焦点会从大盘股向中小盘股及创业板转移。随着业绩行情接近尾声，股价指数可能会创出新高。此时股市行情正接近峰值水平，值得投资者警惕。

在业绩行情中适合投资的对象发生了较大的变化。在宏观经济和企业业绩的好转得到不断证实和确认的过程中，各个板块的股票被轮番买入，所以被称为"业绩行情"。即使政策微调，利率开始上升，只要市场预期企业的收益率增速超过利率的上升速度，业绩行情就可以维持下去。在业绩行情的前半段，容易被买进的是钢铁、有色金属、化工、水泥等原材料行业，它们的成交量和价格表现要好于一般的制造业和消费板块。这些在经济不景气时业绩严重恶化的企业，在经济复苏扩张时收益变化率是最高的。同时这些行业中流动性高大盘低的股票也会因为机构投资者的增持而变得人气旺盛。但随着经济扩张的长期化，此前更加谨慎的民间设备投资将会增加，市场追捧的对象将转向机械、电机等板块。此时由于金融市场稍微出现紧缩压力，属于中小盘的高新技术等附加值更高的加工行业更受市场青睐，大盘走势将趋于钝化。

2. 熊市的两个循环阶段

(1) 熊市的逆政策行情阶段

在市场情绪一片乐观的牛市晚期,熊市会悄然而至。但与牛市不同的是,熊市往往没有从政策行情到业绩行情那样的标准阶段,其调整的内容和规模也更为随机。现实中熊市下降阶段的调整是相当激烈的,但总体来说通常在时间上是牛长熊短,在幅度上是牛大熊小。由逆政策行情带来的长期调整,通常是由利率政策为代表的金融政策的转换作为导火索。因为在经济过热、企业业绩屡创新高的局面下,宏观调控往往就不可避免了。随着利率的上扬和债券价格的下跌,逆政策行情阶段会如期而至。因此,逆政策行情发端于经济繁荣时的股价下跌。这时更需注意由于国际化因素的影响带来的联动效应。在逆政策行情中途,负面的海外冲击若加重经济衰退,可能带来熊市的延长和进一步下跌。

逆政策行情阶段利率快速上扬,金融类股票受到打压,但经济最初依然是在扩张过程中。此时个人消费类股票继续被看好,特别是业绩超预期增长的企业。在这种局面下,综合股价指数或成分股价指数中的大盘股即便大跌,中小板指数却有可能逆势上涨。许多小型的、财务状况良好、成长性突出的企业,较少受到金融政策转变的影响,在这一阶段的股票表现要好于大盘股。但当经济真正走入衰退期,股市周期发展到逆业绩行情阶段,由于小盘股流动性较差,资本市场资金面又趋紧,容易出现单边走势而暴跌。这一现象需要引起投资者的注意。

(2) 熊市的逆业绩行情阶段

在熊市的逆业绩行情阶段,股市将下跌到谷底,其规模的大小由随之而来的经济不景气的性质和内涵决定。由于政策当局调控的手法不同,在经济过热时可能面临严厉的紧缩政策,若再加上外部负面因素的冲击,可能会引起更深层次的经济衰退;但在提前采用预防性政策的情况下,即使逆政策行情阶段带来股市调整,但由于企业业绩下滑比较轻微,最终的逆业绩行情阶段也会以较短的时间而告终。如果在企业业绩较好时,因紧缩政策造成的逆政策行情阶段的卖出可以看成是下跌的第一次筑底的话,那么因经济衰退、企业业绩恶化带来的逆业绩行情阶段的卖出则可以视为第二次筑底。这种情况下股价下跌本身可能会引起市场恐慌情绪的蔓延,最后造成投资者无差别的抛售而使股市急坠谷底。

不同于股价峰位的稍纵即逝,熊市中低位徘徊的阶段往往时间较长,给投资者留下了较为充分的买进时机。但实际上在进入谷底时投资者一般是抛售居多。从股市周期循环来看,逆政策行情阶段之后将迎来政策行情新阶段。所以在逆业绩行情阶段的后期,与金融政策、财政政策相关的股票以及抗周期能力强的行业领军股票(如电力、铁路、食品等)是值得提前介入的对象。另外在经济衰退后期,小盘股由于前期可能的超跌,相比大盘股往往会迎来更大的涨幅,小盘股的行情会先一步到来。

第三节 行业分析

行业分析是介于宏观经济分析和微观企业分析中间的步骤,也可以称为"中观分析"。行业的发展状况极大地影响着该行业上市公司的业绩,行业的兴衰也会直接决定公司的长远价值。从某种意义上来说,对某一个上市公司证券的投资,一定程度上相当于对该行业的投资。券商中的行业研究员便是通过重点研究一个或几个行业的发展状况来建议投资组合在不同行业间的分配情况。可见,行业分析是证券基本分析中承上启下的重要一环。本节将从行业的定义和分类开始,逐步介绍证券基本分析中行业分析的主要内容。

一、行业的定义和分类

(一) 行业的定义

在对行业下定义之前,有必要区分行业和产业。行业和产业这两个名词经常在国内交替出现,但二者是有一定区别的。行业指的是从事国民经济中相同性质的生产或其他经济活动的经营单位和个人构成的组织体系,例如金融业、农业、建筑业等;而产业指的是这样一个企业群体,该群体的成员由于其产品在很大程度上可以相互替代而处于一种彼此紧密联系的状态,并且由于产品可替代性的差异而与其他企业群体相区别。产业是专门的经济术语,使用条件更为严格。按照产业经济学中产业的定义,产业指的是具有某种同类属性的相互作用的经济活动的集合或系统。要构成产业需满足以下三个条件。(1) 规模性:产业中企业数量和产出量要达到一定规模;(2) 职业化:形成了专门从事这一产业活动的职业人员;(3) 社会功能性:这一产业在社会经济活动中承担着一定的必不可少的角色。而行业虽然也有着专门的职业人员和特定的社会功能,但一般没有规模上的约定。如今产业更多地被理解为按照范围经济和规模经济要求集合起来的行业群体,其概念的外延要大于行业。我国就将国民经济各行业划分为第一产业、第二产业和第三产业。因此,在后文中我们主要使用行业分析这一名词来指代证券投资分析中对各行业的发展阶段及前景的研究、比较和预测。

(二) 行业的分类

若严格按照行业的定义,企业所属的行业是由其产品或服务的性质决定的。然而产品或服务的性质只是行业划分的一个基本标准,并不是唯一的标准。由于对行业进行分类的目的不同,行业的分类方法也各不相同。如根据宏观经济管理和经济统计的需要,产生了传统的三次产业分类法、我国的国民经济产业分类法及联合国标准产业分类法;另外一种分类方式是根据产业的技术特点来分类。然而作为证券投资者或者分析师,其关注的重点在于证券的风险和收益特征,而不太可能去详细了解公司的运营及产品的技术特征。因此除非产品具有非常明显的技术特征,以技术特征作为证券市场的行业分类标准意义不大。不同于宏观经济管理中所采用的行业分类标准,本节所采用的行业分类标准是服务于行业分析的。

美国的常用行业分类方法是由美国政府颁布并实施的标准行业分类码(Standard Industry Classification Codes, SIC Codes)。这套编码按一定规则将各种公司划入不同的行业组别中,并给予特定的4—5位行业代码。编码原则是行业按层次划分并为统计分析提供方便。这套编码方式给行业研究的范围提供了很大的弹性。仿造这一分类方法,中国证券监督管理委员会于2001年4月正式发布了《上市公司行业分类指引》。虽然这并非强制性的标准,但是对证券市场的行业分类起到了很好的规范作用。下面给出的是2012年修订的最新上市公司行业分类指引。

表 9-3-1 上市公司行业分类指引(2012 年修订)

代码门类	代码大类	类别名称	代码门类	代码大类	类别名称
A		**农、林、牧、渔业**	F		**批发和零售业**
	01	农业		51	批发业
	02	林业		52	零售业
	03	畜牧业	G		**交通运输、仓储和邮政业**
	04	渔业		53	铁路运输业
	05	农、林、牧、渔服务业		54	道路运输业
B		**采矿业**		55	水上运输业
	06	煤炭开采和洗选业		56	航空运输业
	07	石油和天然气开采业		57	管道运输业
	08	黑色金属矿采选业		58	装卸搬运和运输代理业
	09	有色金属矿采选业		59	仓储业
	10	非金属矿采选业		60	邮政业
	11	开采辅助活动	H		**住宿和餐饮业**
	12	其他采矿业		61	住宿业
C		**制造业**		62	餐饮业
	13	农副食品加工业	I		**信息传输、软件和信息技术服务业**
	14	食品制造业		63	电信、广播电视和卫星传输服务
	15	酒、饮料和精制茶制造业		64	互联网和相关服务
	16	烟草制品业		65	软件和信息技术服务业
	17	纺织业	J		**金融业**
	18	纺织服装、服饰业		66	货币金融服务
	19	皮革、毛皮、羽毛及其制品和制鞋业		67	资本市场服务
	20	木材加工和木、竹、藤、棕、草制品业		68	保险业
	21	家具制造业		69	其他金融业
	22	造纸和纸制品业	K		**房地产业**
	23	印刷和记录媒介复制业		70	房地产业
	24	文教、工美、体育和娱乐用品制造业	L		**租赁和商务服务业**
	25	石油加工、炼焦和核燃料加工业		71	租赁业
	26	化学原料和化学制品制造业		72	商务服务业
	27	医药制造业	M		**科学研究和技术服务业**
	28	化学纤维制造业		73	研究和试验发展
	29	橡胶和塑料制品业		74	专业技术服务业
	30	非金属矿物制品业		75	科技推广和应用服务业
	31	黑色金属冶炼和压延加工业	N		**水利、环境和公共设施管理业**
	32	有色金属冶炼和压延加工业		76	水利管理业
	33	金属制品业		77	生态保护和环境治理业
	34	通用设备制造业		78	公共设施管理业
	35	专用设备制造业	O		**居民服务、修理和其他服务业**
	36	汽车制造业		79	居民服务业
	37	铁路、船舶、航空航天和其他运输设备制造业		80	机动车、电子产品和日用产品修理业
	38	电气机械和器材制造业		81	其他服务业
	39	计算机、通信和其他电子设备制造业	P		**教育**
	40	仪器仪表制造业		82	教育
	41	其他制造业	Q		**卫生和社会工作**
	42	废弃资源综合利用业		83	卫生
	43	金属制品、机械和设备修理业		84	社会工作
D		**电力、热力、燃气及水生产和供应业**	R		**文化、体育和娱乐业**
	44	电力、热力生产和供应业		85	新闻和出版业
	45	燃气生产和供应业		86	广播、电视、电影和影视录音制作业
	46	水的生产和供应业		87	文化艺术业
E		**建筑业**		88	体育
	47	房屋建筑业		89	娱乐业
	48	土木工程建筑业	S		**综合**
	49	建筑安装业		90	综合
	50	建筑装饰和其他建筑业			

资料来源:中国证券监督管理委员会网站,http://www.csrc.gov.cn/

这一分类方法是采用上市公司营业收入等财务数据作为主要的分类标准和依据,其所采用的财务数据为经过会计师事务所审计并已公开披露的合并报表数据。当上市公司某类业务的营业收入比重大于或等于50%,则将其划入该业务相对应的行业。当上市公司没有一类业务的营业收入比重大于或等于50%,但某类业务的收入和利润均在所有业务中最高,而且均占到公司总收入和总利润的30%以上,则该公司归属该业务对应的行业类别。不能按照上述分类方法确定行业归属的,由上市公司行业分类专家委员会根据公司实际经营状况判断公司行业归属;归属不明确的,划为综合类。同时指引将上市公司的经济活动分为门类、大类两级。与此对应,门类代码用一位英文字母表示,即用字母A、B、C等依次代表不同门类;大类代码用两位阿拉伯数字表示,从01开始按顺序依次编码。

(三) 行业分析的意义

前面已经指出,行业分析介于宏观分析和公司分析之间,其目的也是在于寻找好的投资机会。在糟糕的宏观经济环境中要取得合意的投资收益是比较困难的,类似的在不景气的行业之中找到业绩表现良好的公司的几率会更小。因此行业分析的任务之一在于挖掘具有潜力的行业并据此选取最值得投资的公司。然而行业分析的有效性却受到了不少质疑。要理解行业分析的作用和局限,先需要厘清以下几方面的问题。

首先要确定的是在特定的时期内不同行业之间的收益率是否有显著差异。这是进行行业分析的基础。若无明显差距,则行业分析便显得费时而无益。实际数据表明在一定时期跨度内不同行业之间的收益率差别是十分显著的。不论是各行业上市公司的净资产回报率还是其股票的回报率,均存在着十分显著的行业差别。其次,行业分析的有效性是以行业业绩在不同时期内的相关性为前提的。具体来说是指行业过去和现在的业绩情况是与未来的业绩情况有着较强的相关性的。这也是预测行业走势的基础。再次,要分析行业内公司的收益率是否具有一致性,还是表现出较强的异质性。如果行业内的公司绩效趋于一致,那么进一步的公司分析便不再必需。但是目前的研究指出同行业内公司之间的收益差别较大。同时,有的行业中上市公司的绩效表现受行业因素影响较大,有的行业却并不明显。这可能是由于行业划分不够精细,也可能是行业内公司的运营管理水平不一。弄清楚这些问题能更好地服务于证券投资,这也体现出了行业分析的重要意义。最后需要认识到的是,不同行业的风险不同,同一行业的风险在不同时期也不一定稳定。对行业的风险分析往往是有效且必要的。

以上这些问题从不同角度体现了行业分析的必要性,无论是为了规避损失还是为了赢得收益,行业分析都能提供有用信息。同时,行业分析也为投资组合向更好的风险收益集调整提供了有效路径。

二、行业的生命周期分析

如同人类自身会经历从出生到死亡的生命周期一样,行业也有产生、成长、成熟、衰退的发展演变过程,即行业的生命周期。行业不同的生命周期阶段会展现出不同的特点。以对生物行业的考察为例,通过观察生物行业这一新兴行业,我们可以发现许多公司具有较高的投资率、投资收益和较低的股利发放率。这一特点是与公共事业行业中的企业截然不同的。在新产品带来相当高的边际利润的诱人条件下,许多厂家开始投资于生物领域,造成该行业的规模急剧扩张。但行业发展速度总会因为竞争增强和行业风险的下降而减慢,这时投资机会会减少,公司利润中用于分配的比例也相应增多。最终行业步入成熟后,也会成为具有固定现金流、固定股利发放的低风险行业,其增长率与整个宏观经济的增长同步,呈现出低风险低收益的行业特征。以上的理论分析勾勒出了一个典型的行业生命周期的四个阶段:创业阶段,具有较高发展速度;成长阶段,发展减速但仍高于整体经济增速;成熟阶段,发展速度与宏观经济增速一致;衰退阶段,发展速度低于其他行业,或是逐渐萎缩消失。图9-3-1描绘了四个阶段构成的行业生命周期,下面将对行业发展的四个阶段逐一阐述。

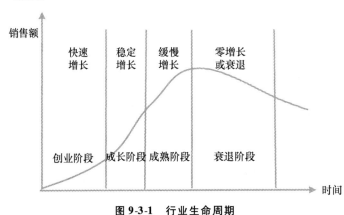

图 9-3-1 行业生命周期

（一）行业生命周期四阶段

1. 创业阶段

任何一个行业都起源于人类的物质和精神需求或是某项新技术或新产品。人类的需求驱动和技术革命带来的新产品是行业产生的根本动力。如80年代的个人电脑和90年代的生物工程技术。在这个阶段行业内许多公司在财务上往往是亏损的,此时市场中的新产品远未达到饱和状态,社会大众还未充分认识和接受新产品。另一方面,较高的研发成本也使得行业的平均利润较低。在创业阶段企业不会过多地向股东支付股息,而是需要将资金投入研发和市场推广领域。许多公司往往会面临着破产的风险。我们很难判断出哪些公司会成为行业未来的领导者,哪些公司最终会退出市场。但是清楚的是此时孕育着未来巨大的市场机会。此时进行特定的公司投资选择具有较高风险。

2. 成长阶段

成长阶段行业的生产技术趋于成熟,生产成本不断下降,市场需求也在逐渐扩大。这个时候行业将实现从高风险低收益向高风险高收益的转变。而一个行业的成长能力取决于以下几个方面:一是对行业内产品的收入需求弹性,弹性越高则此行业成长能力越强;二是行业生产技术的变迁,生产技术进步快的行业效率提升快,成长能力更强;三是市场容量和潜力,市场容量大潜力高的行业有更大的成长机会。

在成长期的行业有着几个较为明显的特点。首先随着技术的成型和产品的推广,产品的销量迅速上升同时生产的单位成本不断下降,行业中的企业开始盈利并能够为投资者带来红利。这个时候会有一些公司脱颖而出,投资于这类公司会获得丰厚回报。因此成长阶段也被称为是投资机会期。其次,由于行业形势较好,会有许多企业开始加入这一行业的竞争之中,这会带来产品价格的下降。一些经营不善产品市场反响不佳的企业将被淘汰或兼并。因此从投资角度来说,这个阶段的企业仍然与创业阶段一样具有高投资风险。

3. 成熟阶段

在成熟阶段,行业中的企业数量会先大幅减少然后趋于稳定。同时由于市场需求趋于饱和,产品的销售增长明显放缓,快速赚取高额利润的机会越来越少。此时整个行业迈向成熟期,如石油、电力、房地产行业等目前便处于成熟期。一个行业的成熟不仅表现在其生产技术的成熟,也表现在其产品的样式、性能、规格等趋于成熟并为广大消费者接受。同时行业中的产业组织也越发成熟,企业之间建立了良好的分工协作关系。

在成熟期的行业也有几个鲜明的特点。一是由于产品普及度提高,市场扩展速度放缓,行业的增长势头受阻;二是竞争将带来一部分企业被淘汰出局和一部分企业的规模急剧增大,少数资本雄厚、技术领先的大公司将稳定各自的市场份额和生产布局,并逐步将竞争手段从价格竞争转化为产品质量和售后服务的竞争;三是行业在成熟后在国民经济中逐渐占有一席之地,其生产要素份额和产值、利税等均达到了一定的比重;四是由于行业增长受阻、机会减少,许多企业开始倾向于向投资者发放稳定的股利来作为前期投资的回报。由于此时市场结构趋于稳定,且存在一定的进入壁垒,新企业往往难以进入,这一时期进行投资具有高收益和低风险的特征。

4. 衰退阶段

前面提到在行业的成熟阶段行业增速会下降到某个适度水平,如果行业的增长完全停止甚至出现负增长,则可以认为行业已经步入了衰退期。目前来看处于衰退期的行业有纺织业、钟表业、造船业等。行业的衰退有一定的客观原因。如电影业的发展导致电视业的衰退,高速公路、铁路的发展导致水运的相对衰退等,均是外在环境的变化导致了某些行业不可避免地衰退。

在衰退期的行业特点有以下几点。一是产品需求不断萎缩,销售额继续下滑,利润水平停滞不前或不断下滑,发放的股息更是大幅减少,许多公司面临着破产的压力。二是行业中的一些企业开始退出本行业而向其他新兴行业转移,行业中企业数量进一步减少。三是行业的衰退期要比其他时期长很多,有些行业是衰而不亡。比如钢铁、纺织、造船等在许多国家都是衰退行业,但是不太可能彻底消亡。

(二)行业生命周期与公司选择

对于上述的行业生命周期四个阶段,哪一个对投资最具有吸引力呢?传统观点认为,高成长率的行业值得投资。但现在看来这种简单的操作方法有失偏颇。如果证券价格已经反映了高成长的可能性,那么这种投资恐怕难以获得较高回报。而且,高成长和高利润潜力会驱使更多竞争者进入该行业,拉低价格并使得利润率下降。这会最终减缓行业发展速度。这种动态机制存在于行业生命周期各阶段过渡期背后。因此也有观点认为相比于投资热闹非凡的高成长率行业,投资于低成长率但更加稳定的行业更有吸引力。理由是在那些稳定的行业投资者不用过多考虑竞争者的问题,这使得投资有持续增长的空间和更小的风险。著名投资组合管理经理彼得·林奇(Peter Lynch)在《彼得·林奇的成功投资》中便表达了自己对高成长行业的厌恶和低成长行业的关注。很显然如何抉择很大程度上取决于投资者的风险收益偏好。

三、行业的经济趋势分析

经济趋势能够实实在在地影响行业的绩效。通过设计合理的指标对经济趋势进行监控,可以帮助我们更好地估计经济运行状况并分析其对行业的影响。经济趋势有两种基本形式:从商业周期变动中产生的经济周期性变化(Cyclical Changes)和经济由于经历组织功能上的变化而产生的结构性变化(Structural Changes)。下面分别从经济周期和结构变化两个角度来阐述经济趋势给行业分析带来的影响。

(一)周期性变化与行业分析

除了从行业自身考察行业生命周期中不同阶段的特点,行业分析中同样重要的是从外部国民经济周期的变化出发来研究行业的发展规律。不同行业的景气程度与国民经济景气变化的关联程度各不相同。根据它们关联程度的差别,可以将行业分为三种类型加以区分和研究,即周期型行业、稳定型行业和增长型行业。

1. 周期型行业

周期型行业的基本特征在于,其销售额和利润会随经济周期的变化而变化,因此也称其为"敏感型行业"。周期型行业的运行变化与宏观经济的周期变化有着密切关系,随宏观经济周期变化呈现周期性波动。当经济处于上升期时这些行业随之扩张,当经济处于衰退期时这些行业随之衰退。这类行业一般具有产品的需求收入弹性较大的特点。当经济欣欣向荣居民收入水平较高时,需求迅速增加;而当经济不景气居民收入水平下降时,对此类产品的需求便急剧下降。比如汽车行业便是典型的周期型行业。经济繁荣,失业率低,平均收入上升时,诸如汽车这样的高档耐用品消费需求会上升从而带动行业繁荣。当经济衰退居民消费需求和能力下降时汽车业便会受到明显冲击。因此周期型行业的证券价格也会随宏观经济一样呈现出周期性波动。

在分析行业内公司对于经济周期的敏感度时往往需要关注以下三个因素。第一是销售额对经济周期的敏感度。如果销售额会随经济周期不断波动,那么这家公司便是典型的敏感型行业公司。第二是经营杠杆比率。经营杠杆比率 = 1 + (固定成本/利润),它衡量的是企业固定成本与可变成本之间的关系。如果企业成本中可变成本相对来说比较高,那么其对经济环境变化的敏感度就会较低。因为经济衰退时企业可以通过减产来削减成本减少亏损。而高固定成本的企业则在销售额大幅下降时不可避免地面对着利润大幅下滑的困境。第三是财务杠杆。财务费用同样也是一种能够提高净利润敏感度的固定成本。有大量融资的公司对经济周期的敏感度也会高些,因为经济不景气时借款利率往往会高于资产收益,从而给公司利润带来负的贡献。通过对以上三方面因素的考察,我们可以进一步确定行业内公司对经济周期的敏感程度。

2. 稳定型行业

稳定型行业的基本特征在于,其销售额和利润在经济周期的各个阶段能保持基本稳定,因此也称"防守型行业"。稳定型行业受经济周期波动影响较小,原因在于这些行业产品的需求收入弹性较小。如食品和日化用品行业,这些行业的产品是人们生活所必需的。经济繁荣时居民收入上升,但也不会明显消费更多的此类产品;经济衰退时居民收入下降,但往往还是会保持此类产品的基本消费水平。另一个类似的例子是烟草行业,大量研究指出对烟草的消费几乎不受到宏观经济变动的影响。因此在经济繁荣时稳定型行业比其他行业可能要表现略差,但在经济衰退时这些行业则可能会收获更为稳定出色的业绩。

从系统风险的角度来看,周期型行业的股票往往是 β 值较高的股票,有着较高的系统风险。当人们对经济的发展前景比较乐观时,股价会随着预期盈利的上升而上升。而周期型行业的股票是对经济周期最为敏感的,所以它们的盈利预期和股价也是上升得最快的。相反若经济走弱,这类股票也是下挫得最厉害的。相反,稳定型行业的股票则通常是低 β 值的股票,系统风险较低,其业绩受经济环境影响较小。当然这也并不能说明投资者会更青睐稳定型行业的股票,关键是看投资者的期望收益能不能补偿投资的风险,这依然是由投资者的风险偏好和证券的风险收益特征共同决定的。

3. 增长型行业

增长型行业的基本特征在于,其销售额和利润相对来说独立于经济周期而保持超常增长态势。增长型行业的公司运营情况不太受到宏观经济总水平周期波动的影响,无论经济活动总水平是处于衰退还是繁荣,它都保持快速增长势头。主要原因在于社会对这类行业的产品或服务的需求有着持续增长的态势。如在我国过去的相当长一段时间内,对计算机、手机、复印机等产品的需求一直十分旺盛,这也造就了这些行业的持续辉煌。但是必须指出的是,增长型行业也不太可能长久持续下去。随着新技术新产品的出现或者人们的消费偏好发生转移,曾经的增长型行业也会变成明日黄花。

从投资的角度来看行业与经济周期的关系,我们可以清晰地看出上述三种行业的股票各有利弊,各有不同的风险收益特征。周期型行业的股票收益率虽然波动较大,但是这类行业有着高收益的机会,只是较易受经济波动的影响。稳定型行业股票的收益虽然比较稳定,风险比较小,但是这类行业的股票收益率一般不会太高。增长型行业的股票由于资本增值迅速,所以获得资本利得的机会较大,但这类行业超常增长持续的时间一般不会太长久,要注意投资热点转换的风险。一般而言,在经济形势开始回暖时,应该减少在稳定型行业股票上的配置,增大在周期型行业股票上的配置,从而获得周期型股票伴随经济上行而收益上升的成果。在经济开始恶化时,要及时抛售周期型行业的股票,买入稳定型行业的股票来抵御经济下行的风险。当然要在实践中把握好经济运行的波峰波谷并非易事,一般有吸引力的投资机会不会明显到大家都能发现的地步,人们往往是在好几个月后才意识到扩张期已经结束或者衰退期已经来临。

(二) 结构性变化与行业分析

当一些部门中存在着剩余的劳动力和资金而另一些部门却经历着劳动力和资金的短缺时,当一国从计划经济向市场经济转型时,当一个经济体从制造业向服务业过渡时,都是经济发生结构性变化的典型例子。行业分析自然需要关注这种结构性变化并考察它们给所分析的行业带来的影响。能够影响到经济的结构性因素很多,比较典型的有人口变化、技术变化、生活方式变化及政策法规的变化。

1. 人口变化

一国的人口变化不仅包括人口的增长率和年龄分布,还包括人口的地理分布、种族融合以及不同人群收入分配的变化。行业分析师都会积极地研究人口状况的变化趋势,来判断其对不同行业和公司的影响。如在过去的 50 年,美国便经历了一个生育高峰期和一个生育低谷期,在生育高峰期出生的那代人(出生于二战末期和五六十年代的人)如今都有了自己的孩子。巨大的生育高峰对美国的社会消费需求产生了重大影响，最突出的影响领域有公司的广告战略、房屋建设以及社会保障和卫生保健等等。而到 2000 年左右有超过 1/8 的美国人年龄在 60 或 65 岁以上，这使得可用的劳动力资源逐步紧缺，且难以再找到合适的劳动力来代替这些退休者。这会增加社会的劳动力成本。同时有一定储蓄的中老年人增多意味着金融服务业的前景很好，因为金融服务业可以为那些想利用储蓄来投资或保值的人提供专业的帮助。另一方面适龄劳动力的下降可能对一些行业如零售业产生消极影响。同样，在中国人口拐点的出现和人口红利的逐步消失也会对许多行业产生深远影响，这些都是行业分析师们十分关注的重大事件。

2. 技术变化

技术变化可能会改变一个行业的产品生产及销售流程，或者是创造出新的产品。例如电子喷油技术的出现使得对汽车汽化器的需求大幅降低。而电脑辅助技术及相应程序的出现，使工程设计和建造程序发生巨大变化。在半导体和微处理器行业，几乎每隔几年行业的制造成本就要下降许多。由于技术进步，不少工厂都开始自己发电来避免对当地公共电力的需求。在长途出行中，飞机和铁路正在挤压客车的市场份额。而涉及互联网的创新及带来的新型产品和服务更是数不胜数。这些技术变化给行业带来了一波又一波的变化和革新。

在产品的营销方面新技术也发挥了重大作用。如现在零售业厂家与客户的关系展现出了一种前所未有的紧密。专业的零售商不再需要漫无目地对全体消费者做市场调查，而是利用新的移动互联网技术和理念对潜在客户进行精准的广告投放。同时网络技术的发展使得零售商在组织和地理上实现分散经营变得更为轻松。另外，条形码扫描技术大大加快了结算进程，并能使公司追踪库存和销售状况。这让公司的存货管理水平有了巨大提升。电子资金划转技术也使得公司在当地银行和总部之间的资金划转更为方便快速。这些技术进步均使包括零售业在内的许多行业获得了长足的发展和改变。相应的行业分析也必须去捕捉和理解现有的和潜在的技术变化可能对某个行业产生的冲击。

3. 生活方式变化

生活方式的内涵包括人们如何生活、工作、组织家庭、消费、娱乐等等。消费者的生活方式极易受到潮流和新时尚的影响。如服装业中各代牛仔裤的推陈出新便体现了消费者喜好的不断改变。离婚率的上升、双职工家庭以及人口在不同城市之间迁移均会对许多行业产生影响。随着电子化教育和各种专业的培训机构的出现，逐步形成新的多层次教育市场。从全球来看，美国的快餐文化、好莱坞文化以及牛仔服饰均对全球大部分国家的相应行业产生了极大的外部冲击。而在新兴发展中国家，富人对各类奢侈品的追逐拉动了许多国家的奢侈品出口。随着经济发展，不同人群的生活方式都在主动或被动地作出改变，相应的各行各业也都按人们需求的变化去作出改变。

4. 政策法规变化

政治气候的变化往往反映着人们价值取向的变化，其结果便是具体的法律法规的变化。今天的社会舆论和趋势往往孕育着明天的法律法规或税收制度。经济状况的变化可能催生新的法规。不断高涨的消费者权益保护意识催生了管理当局对食品、医药等行业的严格监管。对公众和工人人身安全的关注促成了美国消费者产品安全委员会（CPSC）、环境保护局（EPA）和美国职业安全与健康局（OSHA）的成立。对垄断损害社会福利的担忧促使许多国家通过了反垄断的法律。一些国家为了发展幼稚产业往往会实施所谓的产业保护政策。除了经济状况,对公平原则的坚持也会影响法规制定。对高收入者的累进税是为了促进社会公平,在石油危机期间美国向石油公司征收石油暴利税是为了抑制石油销售公司的过高利润。这些法律法规的制定和废除都直接地影响着行业的发展和业态。典型的例子还有,美国在1980年通过的《存款机构解除管制和货币控制法》(DIDMCA)深远地影响了储蓄和贷款行业,而1989年的《金融机构改革、恢复和强化法》则是为了扭转DIDMCA造成的过度影响。另外,国际贸易领域的税法、配额、禁运及其他贸易壁垒都会对许多行业产生直接影响。而争议很大的最低工资政策也会直接影响着劳动力市场的供给和需求。

四、行业结构和行业竞争

行业的内部组织情况是行业分析的核心,只有弄清楚了一个行业是如何组织的才可能理解其发展趋势变化。从经济学的角度,我们可以按照一些标准来划分行业的市场结构类型;而从具体的行业分析角度,波特五力模型(Porter's Five Forces Model)是行业竞争策略分析的标准范式。理解行业结构和行业竞争状况,能够帮助我们理解行业前景并从中选取优秀的公司进行投资。

(一) 行业结构分析

行业结构一般指的是行业市场结构,具体而言就是行业内企业的数量、产品的性质、定价方式以及信息分布情况等因素。以这些因素为标准可以将行业分成完全竞争、垄断竞争、寡头垄断和完全垄断四种类型。在区分这几种类型时所用到的主要指标即行业集中度,通常用业内市场份额排名前几位的厂商的市场占有率总和来度量。

1. 完全竞争型行业

完全竞争型行业指的是行业内许多企业生产同质产品、竞争不受任何阻碍或干扰的市场结构状态。由于市场上的生产者和消费者足够多,导致任何一个人或者厂家都无法影响产品价格,只能作为价格接受者在市场上交易。同时各种生产要素是完全自由流动的,市场上的信息也是完全的。这有些类似于物理学中没有任何摩擦力存在的世界。在现实经济中难以看到完全竞争市场,一般认为农产品等初级产品的市场比较接近于完全竞争。

2. 垄断竞争型行业

垄断竞争型行业指的是行业内许多企业生产者同类但不同质的商品,这样既有垄断的成分又有竞争的成分,既不是完全竞争的状态也不是完全垄断的状态。虽然产品之间存在着一些差别,但这种差别并非本质上的不同,厂商虽然可以对产品价格有一定的控制力,但由于企业数量不少,其价格控制能力受到了较大限制。一般制成品的市场类型多属于垄断竞争型。

3. 寡头竞争型行业

寡头竞争型行业指的是行业内只有少数产量很大的生产者,这些生产者对市场价格和产量具有一定的垄断能力。由于只有少数生产者在这个市场内竞争,因而每个生产者的价格政策和经营方式及其变化都会对其他生产者产生重要影响。在这样的市场上通常会存在一个领导者,其他企业会跟随领导者的定价和经营方式的变化来进行调整。一般而言,资本密集型和技术密集型行业如钢铁、汽车、手机等便属于这种类型。

4. 完全垄断型行业

完全垄断型行业指的是整个行业处于独家经营状态,单个企业提供没有替代品的特质产品。现实生活中几乎不存在完全垄断型行业,因为几乎所有行业都或多或少引入了竞争。一些公用事业和某些资本、技术高度密集型行业或稀有金属的开采业接近于完全垄断型市场。垄断者可以根据市场的供需情况来制订理想的价格和产量,以期达到利润最大化或者某种社会目标。当然,完全追求利润最大化的企业往往会面临着反垄断法和政府管制的约束。

(二) 行业竞争分析

在进行行业分析时,除了前面提到的从经济学角度进行行业市场结构划分,更为实际的是具体的行业竞争状况。因为行业竞争状况直接关系到行业中公司的盈利水平及其持续性。行业竞争分析重点关注行业内特定公司的持续获利能力。通过行业竞争分析我们可以了解到具有什么样特性的公司会在行业中拥有着较为强劲的竞争优势。竞争战略之父迈克尔·波特(Michael Porter)所提出的五力模型是行业竞争分析的经典之作。

波特认为,竞争策略的关键在于一家公司需要在一个行业中寻找到有利的竞争地位。为了寻找或创造出一种盈利的竞争策略,一家公司需要考察所处行业的基本竞争结构。因为公司的盈利能力是受制于行业的盈利能力的。在明确行业的基本竞争结构之后,接下来需要分析某一家公司在所处行业中的相对竞争地位。在本节中将主要讨论决定行业竞争结构的竞争力。而决定公司在行业中的相对竞争地位的分析则是在公司分析中需要阐述的内容。

波特认为,一个行业的竞争环境决定了一家公司获得高于平均水平的资本收益率的能力。这里的"竞争环境"主要由五种竞争力构成,它们对竞争强度的相对影响在不同行业中存在着明显的差异。如图9-3-2所示,这五种竞争力分别是:目前竞争者的敌对程度、潜在进入者的威胁、替代品的威胁、购买者议价能力、供应商议价能力。

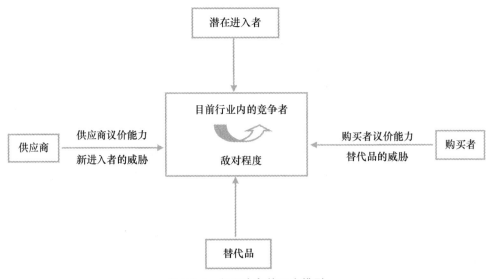

图9-3-2 行业竞争的五力模型

1. 目前竞争者的敌对程度

对每一个被分析的行业,必须首先判断目前公司间的对抗是激烈的、正在增强的还是温和稳定的。当一个行业内有许多规模相当的竞争者时,敌对程度会增强。在考察公司的数量和规模时,外国竞争者同样要计算在内。行业内的竞争者由于寻求扩大其市场份额,会掀起价格战从而降低行业的边际利润。而如果行业本身增长缓慢,这些竞争者争夺市场份额的竞争行为会更加激烈。高额固定成本会刺激公司开动全部能力进行销售,这会导致更残酷的价格战和更剧烈的竞争。最后由于退出障碍的存在(如无法处理昂贵的设备或无法调整劳资协议),一些公司被迫滞留在行业中经受亏损。这些公司的资本收益率会低于平均水平甚至为负数。

2. 潜在进入者的威胁

即使一个行业中目前只有少数几个竞争者,也需要判断未来其他公司进入该行业加剧竞争的可能性。如果行业内当前价格与成本相比较低,则可以认为进入壁垒较高,新进入者的威胁较低。其他的一些进入壁垒包括为了竞争而投入的大量财力,以及资本和进入许可的可获得性。如果该行业存在着明显的规模经济,那么目前在行业中的公司也比新的进入者更具优势。如果该行业的成功依赖于良好的分销渠道,而由于专有分销合同的存在使得新的分销渠道难以建立,那么新的进入者同样会难以进入。相似的,如果存在着较高的产品或品牌的转换成本,如需改变原有的电话系统或计算机系统,此时也会使得新进入者的威胁维持在较低的水平。另外,政府可能会制定一些政策或者许可条件来限制新进入者的加入,从而使得一个行业内的竞争水平存在着某种上限。如果没有上述壁垒存在,竞争者将有着较大的意愿和较强的能力进入到某一个有吸引力的行业,加剧行业内部的竞争并拉低这个行业的超额收益率。

3. 替代品的威胁

替代品会直接限制一个行业的利润潜力,因为替代品的价格直接限制了行业内公司的定价能力。虽然几乎所有的产品都有相应的替代品,我们需要做的是判断替代品在价格和功能上与所在行业产品的相似程度。比如,玻璃容器作为一种替代品会伤害金属容器行业,不断下降的玻璃制品价格迫使金属容器行业的价格和利润下滑。糖业面临着玉米糖浆制造业的竞争,毛纺厂也面临着合成纤维厂商的竞争。在食品行业,消费者可以轻松地在牛肉、猪肉、鸡肉和鱼肉之间作出选择,因为它们基本上是相互替代的。产品越为大众化,替代品的竞争就会越强,利润就会越低。因为替代品的存在对厂商向消费者索取高昂的价格形成了一种无形的限制。

4. 购买者议价能力

购买者同样能够影响行业的盈利能力,因为它们可以通过在商家之间讨价还价来压低产品价格或者索取更多的服务。如果购买者的购买量相对于供应者的供应量来说很大的话,购买者会拥有较大的影响力。如果一家厂商仅仅为单一客户供应产品,那么客户的议价能力是相当强的。这种情形容易发生在汽车零部件制造商和软件开发商身上。当购买者更为关注成本控制时,了解供应商成本的购买者会通过讨价还价和威胁将一部分采购转移到其他供应商处来对供应商施压。此时供应商将面临十分被动的局面。

5. 供应商议价能力

如果重要投入品的供给方厂家处于垄断的地位,或者供应商比购买其产品的行业厂商更为集中,那么它们便可以通过改变其产品的价格或者服务的质量来索取更高的利润。一个特殊的例子是一些发达国家的工会组织。劳动力是生产过程中的关键性投入,而工会这个组织正是致力于提高工人工资待遇,与资方进行各种谈判。当劳动力市场具有这种高度的统一性和组织性时,行业中的相当一部分利润便会为工人所得。需求方是否能够找到合适的替代品是决定供应商议价能力的关键因素。如果有合适的替代品存在,而且其获得成本是需求方可以接受的,那么供给方将会失去议价的筹码,难以向需求方索要高价了。

在进行行业竞争分析时,投资者需要分析以上这些竞争力以判断一个行业的竞争强度,并评估此竞争强度对该行业长期利润潜力的影响。而在一段时间之后需要更新之前对行业竞争程度的分析,因为一个行业的竞争结构在一定时期内很可能会发生变化。

五、行业的增长动力分析

要准确把握中长期的投资机会,就必须仔细地分析行业增长的动力和源泉。前面的行业结构和行业竞争的分析为行业的增长动力分析打下了一定的基础。根据行业增长动力的不同,可以将行业划分为不同的类型加以分析。

(一)投资拉动型行业

投资拉动型行业的发展与国家的财政政策走向密切相关。此时需要判断国家的扩张型或积极的财政政策是否会实施或是退出。若在一个时期内预计到政府的积极财政政策会付诸实施,那么国有投资仍会成为拉动经济增长的主导力量,这会为机械、建筑、建材等投资拉动型行业提供增长动力。相反,在财政政策退却之后,这些行业也可能由于需求不足和产能过剩面临着衰退的危机。

(二)消费升级型行业

消费升级是经济发展带来的消费结构的演变。马斯洛的消费层次理论指出,消费的升级过程可以分为三个阶段:生存温饱阶段,以维持生活的必需品为主;耐用小康阶段,家电消费量的增长比较迅速;精神富裕阶段,教育、娱乐、文化、通讯、旅游等方面的消费会迎来爆发式增长。

(三)比较优势型行业

比较优势是指在开放经济的条件下,各国基于自身的绝对或相对资源禀赋优势在国际产品和要素市场上的竞争力。我国加入世界贸易组织之后,许多行业都蕴藏着投资机会。一些传统的劳动密集型行业如纺织、鞋类、玩具等便获得了很大的发展空间。另一些新兴的比较优势产业如电子产品等也有望迎来快速发展。这种局面是由国际产业转移使得发达国家技术和我国的低要素成本相结合形成的。需要指出的是,比较优势是在不断变化的,一些曾经具有比较优势的劳动密集型行业如今相对于东南亚国家正在快速丧失其原有优势。

(四)政策扶持型行业

分析政策扶持型行业即分析国家的产业政策。国家的产业政策也可能是处于变化发展之中,因此需要通过研究产业政策变化的趋势来挖掘政策扶持带来的投资机会。从我国目前的实际来看,有三类行业值得注意。一是环境保护行业,资源节约、环境友好的经济发展是我们努力的目标;二是信息类行业,大力推进信息化是我国的产业规划重点战略;三是装备制造业,以前我国倾向于发展重工业而相对轻视了装备制造业,现在产业升级的要求使得装备制造业获得了国家的重点扶持。

(五) 体制转轨型行业

产业的市场化过程就是垄断和竞争格局的调整过程,在转轨过程中会有许多的产业重组。这些重组之中一部分是自上而下的,其目的是打破垄断引入竞争,如电力电信行业的重组;另一部分是自下而上的,目的是将分散的企业集中化,重整产业链条,如煤炭行业。这两种重组方式都是为了使行业竞争更为合理有效。

(六) 产业化趋向型行业

产业化趋向型行业指的是一些目前尚未产业化的服务业。随着经济的不断向前发展,一些服务业未来将会加快其产业化的步伐。一方面,经济体制改革的推进会加快相关服务业的产业化进程。如城市化的推进、住房体制的改革深化,这些政策会加快物业管理、社区服务等新兴服务的产业化发展。另一方面,服务型消费时代的到来,也会催生各种新型产业化的服务巨头。如今许多公司已经成长为集电商、百货、物流甚至金融服务于一身的服务业巨头。可以想象,在未来消费升级和服务业繁荣的大背景下,一些传统的服务行业都会加入到重组、改造乃至被颠覆的进程中去。

本章小结

本章介绍了证券投资分析中的一种主流分析方法,即基本面分析方法。基本面分析又可以从宏观、行业和公司三个维度来进行,本章主要阐述了宏观分析以及行业分析的具体内容。宏观分析往往从宏观经济分析、政策分析和周期分析三个角度入手,而行业分析则重在行业趋势、生命周期、行业竞争与增长等方面。基本面分析的逻辑在于证券价值往往被高估或低估,通过基本面分析将实现对错误估值的修正,促使市场向证券的合理价值回归。

思考习题

1. 先行、同步和滞后经济指标都有哪些?它们是如何反映经济活动的?
2. 总结并分析在 2014 年 A 股市场受到了哪些政策的显著影响。
3. 影响行业兴衰的因素有哪些?行业的生命周期及其特征是什么?
4. 试用波特的五力模型进行某个行业的分析。

第十章 股票技术分析

基本分析的核心在于证券的内在价值,而技术分析关注的是市场行为。技术分析仅仅将市场行为纳入研究视野,并认为市场行为已经包含了一切有用的信息。技术分析会通过对历史信息的分析,给出未来市场走势的预测,在这一点上它比基本分析有着更大的野心。在不同的年代,不同的技术分析理论受到人们的追捧。技术分析理论尽管已经没有其问世之初时的魅力,但还是对许多投资者有较强的指导和参考作用,代表着不同于基本分析理论的一种投资哲学。

第一节 技术分析概述

一、技术分析的概念

技术分析是以证券市场的历史信息为基础,运用图表、形态和指标等手段,通过对证券市场行为的分析,解释证券市场的未来发展趋势。技术分析只研究市场行为本身,而非市场交易的商品,研究目的是预测股市未来的价格趋势。为了达到这一目的,所使用的手段是运用反映价格变动的图表、股票交易量以及投资者行为来进行分析。

技术分析是一种完全根据市场行情变化而进行的分析方法,长期以来,各种理念、方法、技术不断地融入技术分析中,使得现在的技术分析不仅是一种思想体系也是一种操作体系。技术分析最初主要运用于股票市场,后来逐渐扩展到商品市场、债券市场、外汇市场和其他国际市场。

技术分析与基本面分析存在以下几方面区别:

(1) 基本面分析以宏观经济形势、行业状况以及公司经济数据为基础进行分析,通过对公司业绩的判断确定其投资价值;技术分析以市场的价格波动走势、交易量和投资心理等因素为基础进行分析。

(2) 基本面分析侧重于证券的内在价值,研究价格的长期走势,而往往忽略短期价格波动;技术分析着眼于市场的运行规律,更多地注重投资的短期收益。

(3) 基本面分析主要以宏观经济指标、行业基本数据和公司财务指标等数据为基础进行综合分析,着重研究各种因素与价格的内在联系和逻辑,它的涉及面比较广,要求分析人士具有较强的专业理论知识,对国家宏观、微观经济、方针政策都要有所了解,要有政治上的敏感性和敏锐的洞察力;技术分析以市场历史交易数据的统计结果为基础,通过曲线图的方式描述价格的变动规律。

二、技术分析的基本假设

技术分析认为证券价格的市场表现是有规律可循的,依据过去的价格和交易量等市场历史资料来分析预测市场未来的价格变动趋势,之所以可以用这些历史资料来预测市

场的未来趋势,主要是由于技术分析存在以下三个市场假设:

(一) 市场行为涵盖一切信息

市场行为涵盖一切信息的假设是进行技术分析的基础,是包含了所有可获得的信息和观念与供求双方力量共同作用的结果,而与这些观念是否理性没有关系。技术分析认为,所有影响市场价格的因素(包括内在的、外在的、基础的、政策的和心理的),最终都必然反映到价格的变动上。因此,投资者只需关心这些因素对市场行为的影响效果,而不必关心它们的具体形式和影响市场行为的机制过程。在实际分析中,利用价格与供求关系的互相关联来进行分析和预测。如果需求大于供给,价格会上升;反之,如果供给大于需求,价格就会下跌。这种关系是进行预测的基础。从这种关系上,技术分析人士推出一个"逆定理"——无论什么原因,如果价格上涨,需求必定超过供给,体现在股市上就是整个股市为多头市场;反之亦然。因此,供需关系决定市场走势。

(二) 价格依据趋势规律变动

价格依据趋势规律变动的假设是进行技术分析最根本、最核心的条件。其主要思想是价格的变动是有一定规律的,而价格的变动方向是由供求关系决定的。技术分析认为,价格的变动反映了一定时期内供求关系的变化,而价格趋势一旦形成,该趋势本身不会反转,会沿着当前的走势继续发展下去。只要供求关系不发生根本变化,价格趋势就不会发生反转。

(三) 历史会重演

历史会重演的假设是从人的心理因素方面考虑的。技术分析认为,不同历史时期的投资者心理和行为存在相似性,这些心理和行为又决定了投资者的市场行为,进而通过供求关系的变化对价格产生影响。

技术分析人士在分析市场过去的走势时,总能在图表上找到一些相似点。因此,只要把投资者的心理、行为和环境特征与历史上类似的情景及市场走势相联系,进行比较和分析后,就可以预测今后的市场走势。

当然,对于以上三大假设的合理性,不同的人有不同的看法。例如,市场行为涵盖了一切信息,但市场行为反映的信息只体现在价格的变动中,使得原始信息有所损失是必然的。因此,在进行技术分析的同时,应当结合基本面分析来弥补不足。再如,市场行为是瞬息万变的,不可能有完全相同的情况重复出现,所以第三个假设历史会重演也很难实现。

三、技术分析的要素

证券市场中,价格、成交量、时间和空间是进行技术分析的四大要素。这几个要素的具体情况和相互关系是进行正确分析的基础。其中,价格和成交量是市场行为最基本的表现。过去和现在的成交价、成交量涵盖了过去和现在的市场行为。

(一) 价格与成交量

技术分析利用过去和现在的成交量、成交价资料,以图形分析和指标分析工具来分析、预测未来的市场走势。在某一时点上的价和量反映的是买卖双方在这一时点上共同的市场行为,是双方的暂时均势点。随着时间的变化,均势会不断发生变化,这就是价量关系的变化。成交量与价格趋势有以下一些关系:

（1）股价随着成交量的递增而上涨，为市场行情的正常特性，这种量增价涨的关系，表示股价将继续上升。

（2）在某一波段的涨势中，股价随着递增的成交量而上涨，突破前一波的高峰，创下新高后继续上涨，然而此波段股价上涨的整个成交量水准却低于前一波段上涨的成交量水准，价创新高，量却没突破新水准，则此波段股价涨势令人怀疑，同时也是股价趋势潜在的反转信号。

（3）股价随着成交量递减而回升，股价上涨，成交量却逐渐下降，表明股价有反转趋势。

（4）股价随着缓慢递增的成交量而逐渐上涨，渐进的走势突然成为垂直上升的喷发行情，成交量急剧增加，股价暴涨。紧随着此波走势，继之而来的是成交量大幅度萎缩，同时股价急速下跌。这种现象表示涨势已到末期，上升乏力，走势力竭，显示出趋势反转的现象。

（5）在某一波段的长期下跌后，形成谷底后股价回升，成交量并没有因股价上涨而递增，股价上涨欲振乏力，然后再度跌落到先前谷底附近，或高于谷底。当第二谷底的成交量低于第一谷底时，是股价上涨的信号。

（6）股价下跌，向下跌破股价形态趋势线或移动平均线，同时出现大的成交量，是股价下跌的信号，强调趋势反转形成空头市场。

（7）股价下跌相当长的一段时间，出现恐慌性卖出，随着日益扩大的成交量，股价大幅度下跌，继恐慌性卖出之后，预期股价可能上涨，同时恐慌性卖出所创的低价，将不可能在极短时间内跌破。恐慌性大量卖出之后，往往是空头的结束。

（8）当市场行情持续上涨很久，出现急剧增加的成交量，而股价却上涨乏力，在高档盘旋，无法再向上大幅上涨，显示股价在高档大幅震荡，卖压沉重，从而形成股价下跌的因素。股价连续下跌之后，在低档出现大成交量，股价却没有进一步下跌，价格仅小幅变动，是进货的信号。

价格和成交量的这种市场行为反映在价量上往往呈现出"价涨量增、价跌量减"的趋势规律。

（二）时间与空间

在股票市场中，股价的波动离不开时间和空间，"时间和空间现象"是市场本身重要的一部分。时间是指股票价格变动的时间因素和分析周期。进行技术分析时，要考虑分析的时间周期，可以以"日"为单位，也可以以"周""月""季"或"年"为单位。例如以日K线图、周K线图、月K线图、季K线图或年K线图等这些直观的技术运行图为基础结合基本面、市场环境等方面影响因素，运用各种分析理论和方法综合起来进行分析。空间是指股票价格波动的空间范围。理论上来讲，股票的价格是"上不封顶、下不保底"的，但是由于受到上升趋势通道或下跌趋势通道的约束，股票价格会在一定幅度之间震荡。空间因素就是考虑一个涨势或一个跌势会延续多长时间多大的幅度，这对投资者的实际操作至关重要。

第二节 技术分析主要理论

一、道氏理论

道氏理论是所有市场技术研究的鼻祖,首创者是查尔斯·H.道(Charles H. Dow),其后威廉姆·彼得·汉密尔顿(William Peter Hamilton)和罗伯特·雷亚(Robert Rhea)继承了道氏理论并不断总结和补充,最终形成较完整和正式的体系。道氏理论在设计上是一种提升投机者或投资者知识的工具,并不是可以脱离经济基本条件与市场现况的一种全方位的理论,它是一种技术理论;换言之,它是通过对价格模式的研究,推测未来价格行为的一种方法。

(一)重要假设

假设一:人为操作——指数或证券每天、每星期的波动可能受到人为操作,次级折返走势也可能受到这方面有限的影响,比如常见的调整走势,但主要趋势不会受到人为的操作。

假设二:市场指数反映了市场的一切变化——每一位对于金融事务有所了解的市场人士的知识,都会反映在指数每天的收盘价波动中。因此,市场指数永远会适当地预期未来事件的影响。如果发生火灾、地震、战争等灾难,市场指数也会迅速地加以评估。

假设三:道氏理论是客观化的分析理论——成功利用它协助投机或投资行为,需要深入研究,并客观判断。当主观使用它时,就会不断犯错,不断亏损。

(二)市场波动的三种趋势

道氏理论认为市场行为按照趋势规律运动,并将这些趋势分为三种类型,即主要趋势、次要趋势和短期趋势。

1. 主要趋势

主要趋势是一段时期内市场价格走势所呈现出来的总的方向,又称为"多头市场"或"空头市场"。一般来说,主要趋势持续期为一年以上,是一种长期趋势。主要趋势可以分为多头市场(牛市)和空头市场(熊市)两种形态,牛市是上升趋势,熊市是下降趋势。判断主要趋势是上升还是下降,主要看下一个高点是否超过前一个高点,如果下一个高点超过前一个高点,而且次级回档的低点也上移,高于前一个低点,那么主要趋势是上升的;反之,主要趋势则是下降的。道氏理论认为,正确判断市场中主要趋势的方向,是投机行为成功与否的重要因素,因为主要趋势一旦形成,将会持续较长一段时间,直到发生反转为止。不管是牛市还是熊市,都可以分为三个阶段,即转折、发展、结束。

(1)多头市场(牛市)的三个阶段

第一阶段——转折阶段。多头市场的形成往往与空头市场的结束相重合,空头市场的结束阶段实际上多头市场的萌芽已经开始。上升趋势的转折阶段有三个显著特征:① 由于先前股票价格不断下跌,大多数投资者对股市极度悲观;② 少数敏感的投资者感到股票价格已经太低而开始积累股份,买入价值被严重低估的股票;③ 大部分时间交易较少,股价止跌并缓慢上涨,成交量略有放大。

第二阶段——发展阶段。在这个阶段也有三个显著特征:① 股票投资者开始增加,商业和金融的乐观新闻不断增多,后知后觉的投资者开始关注股市;② 大多数投资者注意到股价回升,开始分批加大筹码,因此股价稳步上升,股票指数增长加快;③ 后知后觉的投资者开始积极把握机遇,遇到回调便买进,从而导致股市活跃,成交量放大。在发展阶段,绩优和蓝筹股最为活跃。

第三阶段——结束阶段。结束阶段投机行为比较泛滥,这个阶段的特征是:① 股市人声鼎沸,投资者对股市信心十足;② 由于股价不断上涨大多数投资者获得了丰厚的账面利润,一些新投资者纷纷涌入,从而导致成交量不断攀升,屡创新高;③ 尽管股价已居高位,但是大多数投资者并未察觉到高价位所隐含的风险,而少数先知先觉的投资者已经开始悄悄撤退。

(2) 空头市场(熊市)的三个阶段

第一阶段——转折阶段。空头市场的开始阶段同样也是与多头市场的结束阶段相重合。其特征是:① 股价虽然在上升,成交量比较高,但是升幅已经变小;② 次级波动每一次弹升难以超过前次高点,而且弹升时成交量明显缩减;③ 少数先知先觉的投资者已经开始出逃。

第二阶段——发展阶段。发展阶段是空头市场趋势中的恐慌期。其特征是:① 由于主力投资者不断派发,股价开始普遍下跌,成交量也开始缩减;② 大多数后知后觉的投资者争相出货,只有少数勇敢的买方在大跌后继续买入,捕捉反弹机会;③ 想出货的人为了免受更大的损失,都急于出手,以致股价快速下跌,不断创出新低。

第三阶段——结束阶段。结束阶段是一个长期滑坡阶段,通常在恐慌结束后,会有一段较长时间的整理过程。这个阶段的特征是:① 由于股价下跌太快,会出现一些反弹,但每出现一次反弹都被当作出货良机;② 虽然下跌趋势已经趋于平缓,但是市场情绪悲观,原来唱多的人也开始加入唱空行列;③ 由于股价在较长时间里逐步下跌,当跌到足够低的时候,市场上大多数后知后觉的投资者并没有意识到下降趋势快要结束,还是一有机会就出逃,大量资金退出场外观望,而少数先知先觉的投资者又开始建仓。所以,结束阶段往往又成为转折阶段的开端。

2. 次要趋势

次要趋势又叫作"中期趋势"或"次级波动",相对于主要趋势而言,次要趋势是市场上出现的短期的、与主要趋势相反的逆向趋势,是对主要趋势的短期修正。具体来讲,就是在上升趋势中出现的中期性回档调整行情和在下降趋势中出现的中期性反弹上涨行情。道氏理论认为,次级波动的周期一般在三个星期至几个月的时间,任何时间间隔在三个星期以上的、逆主要趋势而行的价格变化都被认为是次要趋势。当然,次级波动的周期不具有绝对性,但不会长于主要趋势,一般为前一段主要趋势时间的1/3 或 1/2。对于波动的幅度或者力度,通常在多头市场趋势中回档调整会跌去涨升部分1/3、1/2,甚至是2/3,但以 1/2 为最多,反弹情况的比例也基本相似。通常在一个多头或空头市场中会出现好多次次级波动。

3. 短期趋势

短期趋势也叫"日常波动",是主要趋势和次要趋势的一部分,一般持续的时间为三五天至一两周左右,但最长不会超过三周的时间。道氏理论认为,短期趋势都是各种偶然因素所致。由于短期趋势的干扰因素太多,偶然性较大,可操纵性强,因而没有规律性。

这三种趋势是道氏理论的精华,它揭示了股市运动的基本规律,对股市运动作了较正确的概括,为其后面出现的很多技术分析奠定了基础。

(三) 成交量的运用

成交量是股票市场的一个重要指标,在确定趋势中起到关键的作用。通常,股价会随着成交量的上升而上升,随着成交量的下降而下降,即"价涨量增、价跌量缩"。如果股价在上涨的过程中成交量反而萎缩,或者在下降过程中成交量反而放大,这就意味着趋势有可能发生反转。在主要上升趋势中,如果股价上升,交易量增加,则表明主要趋势还会继续上升而不会逆转;如果交易量较之前一次股价上升的交易量放低,此时股价有逆转的可能。在主要下降趋势中,情况则相反。价量关系是一个比较复杂的问题,前面所述的价量关系的原则仅作为参考因素,道氏理论所强调的用于判断趋势的核心仍然是价格指数。

(四) 收盘价的应用

道氏理论认为,在所有价格中,收盘价是最重要的价格,甚至认为只需要使用收盘价,可以不使用别的价格。收盘价是市场参与者们所共同认可的价格,是买卖双方经过一天的价格较量而最终达成的暂时平衡点。最高价、最低价等其他价格表示的是某个短暂时间的价格,因此收盘价更有说服力一些。

(五) 两种指数必须相互确认

指数确认是道氏理论中最重要的原则之一,在我国是上证指数和深成指。只有这两种指数相互确认,也就是呈现出相同或相近的波动时,趋势才能被确定。而单一指数的行为并不能成为趋势反转的有效信号。在美国,是以道·琼斯工业平均指数和道·琼斯运输业平均指数作为相互印证,只有这两种指数呈现出相同或相近的波动时,趋势才能被确认。两种指数必须相互确认的原则符合基本逻辑,因为市场是经济运行情况的晴雨表,在经济扩张期,经济体中商品需求增加,而这些商品需通过运输被送到市场中进行销售。因此,这一时期内,不仅制造业的股票价格会上升,运输业的股票价格也会一起上涨。而在经济收缩期,情况则正好相反。

(六) 道氏理论的缺陷

对于道氏理论的批评主要针对以下几点:

(1) 发出的信号具有滞后性

道氏理论认为,只有两种指数相互确认时,趋势才可以被确定,但是实际上两种股价指数的互证有一定的不确定性。例如,当一种股价指数显示上升趋势,道氏理论需要另一种股价指数印证之后,才能确定上升趋势,然而此时股市已经上升了一段时间,从而使得投资者未能以最低价买进,丧失了最佳的获利机会;同理,道氏理论也只有在股市下降了一段时间后,才会发出熊市的信号,从而使得投资者未能以最高价出售。

(2) 不能明确每种趋势之间的时间间隔

道氏理论对股市的三种趋势只是一个大致的划分,因此在实务操作中,由于个人的主观判断不同而对同一股票市场的趋势会有不同的预测。例如,有些投资者认为某个熊市将要结束,而有些投资者可能认为熊市已经结束了,而还有些投资者则认为熊市尚未结束。

(3) 只适用于长期投资

道氏理论重视主要趋势,对次要趋势和短期趋势的转变很难提供确切的信号。因此,对于采取短期投资策略的投资者来说,道氏理论并不能为其提供相应的指导和帮助。

(4) 不能指导个股投资

道氏理论为股票市场的长期变化指明了方向,但并不能指导投资者购买何种股票,它能通过市场指数的变动提示投资者当前的市场正在朝着哪个方向运动,或者即将改变运动的方向。然而,尽管所有的股票倾向于与市场同向运动,但个股的价格的变动有较大差异。在实践中,理性的投资者通常更加注重资金的安全性而不是盈利性,因此他们通常构造多样化的投资组合。

二、K 线理论

K线图又叫"蜡烛线""阴阳线""日式划线法"。最早是日本德川幕府时代大阪的米商用来记录当时一天、一周或一月中米价涨跌行情的图示法,后被引入股市。K线是反映股票价格在一定的时间内运动特征的图形,就是将股市中每日的开盘价、收盘价、最低价和最高价用粗线和细线的方式记录下来,画成蜡烛状的图形,并用阳线或阴线表示当天开盘价和收盘价之间的关系。根据K线的计算周期可将其分为日K线、周K线、月K线、年K线。K线理论认为,股票价格的波动可以用开盘价、最高价、最低价和收盘价的相对变化来概括,每个交易日对应一个K线,多个交易日的K线会构成一个组合。

(一) K 线的画法

K线由实体和影线两部分组成,包括开盘价、收盘价、最高价和最低价。实体表示开盘价和收盘价。实体的上方为上影线,下方为下影线,上影线的最顶端表示最高价,下影线的最底端表示最低价。实体又分为阴线和阳线两种,又称"红(阳)线"和"黑(阴)线"。如果收盘价高于开盘价,称作"红(阳)线";如果收盘价低于开盘价,则称作"黑(阴)线"。如图10-2-1 所示。

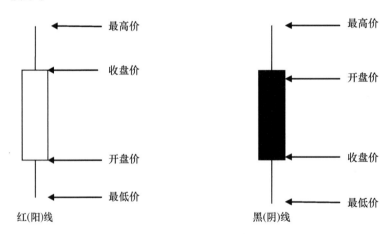

图 10-2-1 K 线图示例

(二) K 线分析的基本要素

K线图分析中有三个基本的要素,即阴阳关系、实体大小和影线长短。

1. 阴阳关系

按照开盘价和收盘价的相对位置,可以确定某天、某周或某月的K线是阴线还是阳线,它们代表了一天、一周或一个月的总体趋势,阳线代表总体的趋势向上,阴线代表总体的趋势向下。

2. 实体大小

开盘价到收盘价之间的距离,在 K 线图上是用蜡烛形来表示的,这一段距离被称为"实体"。实体距离的大小反映了市场内的供求关系,通过实体的大小可以判断某天、某周或某月的总体趋势的程度。阴线实体越大,表明供过于求,越有利于下跌;阳线实体越大,表明供不应求,越有利于上涨。比如在多头市场上,K 线的图谱就会连连拉出阳线,资金入市越强烈,市场动能就越大,大阳线就拉得越长。

3. 影线长短

K 线的上下影线代表了趋势是否受阻以及阻力的大小,可以作为一种转折信号。影线越长,代表转折信号越强烈。一般来说,指向一个方向的影线越长,表明往该方向受到的阻力越大,越不利于股价今后朝这个方向变动。比如在多头市场上,阳线的上影线越长,代表多头市场的转折信号就越强烈。在实践中,一般以两倍于实体以上的上影线代表强烈见顶信号,以两倍于实体以上的下影线代表强烈的见底信号。由于影线越短转折的可能性越小,影线越长转折的可能性越大,所以在同一条 K 线的上下影线中,应该重点参考那条较长的影线,它代表了趋势的走向,这样可以简化 K 线研判。

(三) K 线的种类及其应用

1. 光头光脚小阳线

这是开盘价与最低价一样,收盘价与最高价一样,同时上下波动很小,在图形上没有上下影线,而且实体部分比较短,如图 10-2-2。其意义有以下几点:

(1) 光头光脚小阳线经常出现在盘整时期,虽然涨幅不大,但因为是以最高价收盘,所以它表示买方力量在增强。但是,由于涨幅很小,所以只是多方力量略大于空方力量。此时大举向上突破的时机并不成熟,多方不敢大举进攻,只是试探性地将价格小幅度向上推升。

(2) 如果前一天大涨,今天再一次大涨,出现光头光脚小阳线,表明多方踊跃入场,市场呈现高涨气氛。

(3) 如果前一天大跌,今天再一次大跌,但是出现光头光脚小阳线,表明买方在抵抗空方的打压,但是抵抗没有取得决定性成果,多方还将接受考验,结果难以预料。

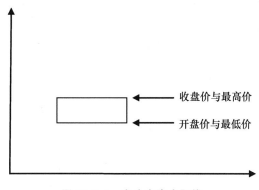

图 10-2-2　光头光脚小阳线

2. 光头光脚小阴线

这是收盘价与最低价一样,开盘价与最高价一样,同时也是上下波动幅度很小,在图形上没有上下影线,而且实体部分比较短,见图10-2-3。其意义有以下几点:

(1) 光头光脚小阴线经常出现在盘整时期,虽然跌幅不大,但因为是以最低价收盘,所以表明卖方力量在增强。不过,因为跌幅较小,所以只是空方力量略占优势。此时大举向下突破的时机并不成熟,空方还不敢贸然大举杀跌,只是试探性地将价格小幅度往下压低。

(2) 如果前一天大跌,今天再一次下跌,出现光头光脚小阴线,表明空方纷纷离场,市场呈现低潮。

(3) 如果前一天大涨,今天再一次上涨,但是出现光头光脚小阴线,说明卖方在抵抗多方的拉抬,但是抵抗没有取得决定性的成功,空方还将接受考验,结果难以预料。

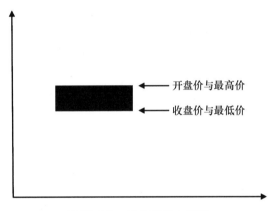

图 10-2-3　光头光脚小阴线

3. 光头光脚大阳线

光头光脚大阳线,俗称"长红"。它也是收盘价与最高价一样,开盘价与最低价一样,在图形上没有上下影线,但是开盘价与收盘价的波动幅度很大,实体部分很长,见图10-2-4。光头光脚大阳线的出现,是股市上涨力量的最大表现,也是多方力量的充分展示,其意义有以下几点:

(1) 盘整形态中出现光头光脚大阳线,意味着多方将展开向上突破;
(2) 下跌行情中出现光头光脚大阳线,表示多方将展开反弹行情;
(3) 上涨形态中出现光头光脚大阳线,表示加速上涨,意味着多方主力要进行冲刺;
(4) 底部形态中出现光头光脚大阳线,意味着可能要反转向上。

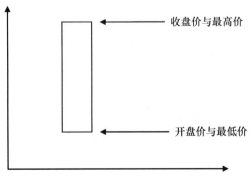

图 10-2-4　光头光脚大阳线

4. 光头光脚大阴线

光头光脚大阴线,俗称"大黑棒"。它也是收盘价与最低价一样,开盘价与最高价一样,在图形上也没有上下影线。开盘价与收盘价的波动幅度也很大,实体部分也是很长,见图10-2-5。光头光脚大阴线的出现,说明空方占据绝对优势,多方一败涂地,其意义主要表现在以下几个方面:

(1) 盘整形态中出现光头光脚大阴线,意味着空方将要展开突破行情;
(2) 下跌行情中出现光头光脚大阴线,表示将要加速下跌,疯狂出逃;
(3) 上涨行情中出现光头光脚大阴线,表示空方将要展开调整行情;
(4) 头部形态中出现光头光脚大阴线,意味着可能要反转向下。

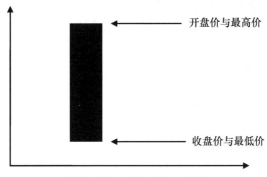

图 10-2-5 光头光脚大阴线

5. 光头阳线

光头阳线又叫"下影阳线",属于先跌后涨型的 K 线。多方在开始失利的情况下,后来扭转局势,使整个形势转为多方占优。多方的优势大小与下影线和实体的长度有关。这种图形如果出现在大跌行情以后,表示市场将有一段反弹行情;如果出现在大涨以后,虽然买方占优,但显示卖压已高,应该有逢高出货的准备。依据买方的实力大小,可以将光头阳线分为三种 K 线形态:(1) 阳线实体比下影线长,表明买方力量强大,卖方受到制压;(2) 阳线实体与下影线等长,表明买方力量占较大优势;(3) 阳线实体比下影线短,表明买方略占优势。三种 K 线见图 10-2-6。

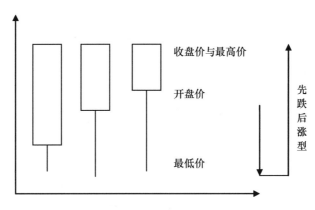

图 10-2-6 光头阳线

6. 光头阴线

光头阳线又叫"下影阴线",是一种下跌抵抗型的 K 线。表明卖方力量虽然强大,却遭到买方力量的顽强抵抗。在下跌途中出现,表示跌势还未停止;在大跌之后出现,而且下影线长于实体数倍,则表明后市将有反弹。根据买方的抵抗程度,也可将光头阴线分为三种 K 线形态:(1) 阴线实体比下影线长,表示抵抗力较弱;(2) 阴线实体与下影线等长,表示抵抗力一般;(3) 阴线实体短于下影线,表示抵抗力较强。这三种 K 线见图 10-2-7。

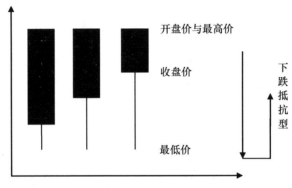

图 10-2-7　光头阴线

7. 光脚阳线

光脚阳线又叫"上影阳线",是一种上升抵抗型的 K 线。表明买方力量虽然占有优势,但是受到卖方力量的顽强抵抗。抵抗的程度与上影线和实体的长度有密切关系:上影线越长,实体越短,表明抵抗越强,越不利于多方,多方占据优势相对较小。如果在上涨途中出现,表示涨势方兴未艾,但是市场可能要盘整一段时间后才能继续挺升;如果出现在大涨之后,而且上影线长于实体好几倍,则预示后市可能走低。根据卖方的抵抗程度,可以将光脚阳线分为三种 K 线形态:(1) 阳线实体比上影线长,表示抵抗力较弱;(2) 阳线实体与下影线等长,表示抵抗力一般;(3) 阳线实体短于下影线,表示抵抗力较强。三种 K 线见图 10-2-8。

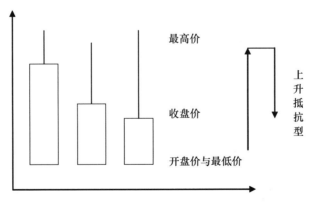

图 10-2-8　光脚阳线

8. 光脚阴线

光脚阴线又叫"上影阴线",属于先涨后跌的 K 线形态,表示空方反败为胜。如果这种形态出现在大涨行情之后,那么意味着即将有一段回落的行情;如果出现在大跌之后,则表示有逢低吸货的准备。根据卖方力量的大小,可以将光脚阴线分为三种 K 线形态:(1) 阴线实体远大于上影线,表明卖方力量强大;(2) 阴线实体与上影线等长,表明卖方力量占较大优势;(3) 阴线实体短于上影线,表明卖方略占优势。如图 10-2-9 所示。

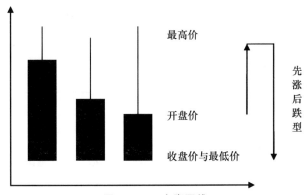

图 10-2-9 光脚阴线

9. 有上下影线的阳线

这是一种比较普遍的 K 线形态,它说明多空双方斗争比较激烈,虽然出现最高价和最低价,但是都被双方拉回,最后多方保持优势。对多方和空方的力量优势的衡量,可以通过上下影线和实体的长度来确定。一般来说,上影线越长、下影线越短、实体越短,表明多方的优势越不明显,不利于多方今后占优势,见图 10-2-10(a);上影线越短、下影线越长、实体越长,表明多方优势越明显,越有利于多方今后占优势,见图 10-2-10(b)。

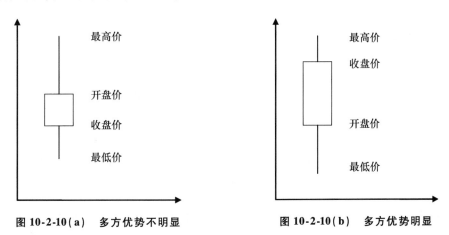

图 10-2-10(a) 多方优势不明显   图 10-2-10(b) 多方优势明显

10. 有上下影线的阴线

这也是一种比较普遍的 K 线形态,它说明多空双方斗争比较激烈,虽然出现最低价和最高价,但是都被双方拉回,最后空方保持优势。对空方和多方力量优势的衡量,可以通过上下影线和实体的长度来确定。一般来说,下影线越长、上影线越短、实体越短,表明空方的优势越不明显,不利于空方今后占优势,见图 10-2-11(a);下影线越短、上影线越长、实体越长,表明空方优势越明显,越有利于空方今后占优势,见图10-2-11(b)。

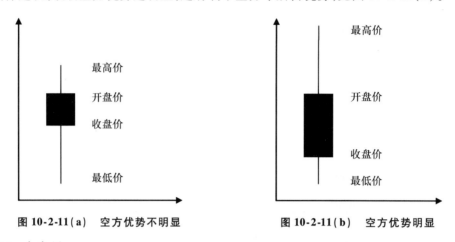

图 10-2-11(a)　空方优势不明显　　　　图 10-2-11(b)　空方优势明显

11. 十字星

当收盘价与开盘价相同时,就会出现十字星的 K 线形态,它的特点是没有实体。这种形态一般不容易出现。十字星有两种,一种是上下影线很长的,一种是上下影线较短的,前者称为"大十字星",后者称为"小十字星"。大十字星表示多空斗争激烈,最后回到原处;小十字星表明窄幅盘整,交易清淡。多空双方虽然势均力敌,但是双方的优势还是有一点区别的,可以从上下影线的长度来判断。如果上影线长于下影线,表明空方力量比较强一点,见图 10-2-12(a);反之,如果下影线长于上影线,则表明多方力量强一些,见图10-2-12(b)。

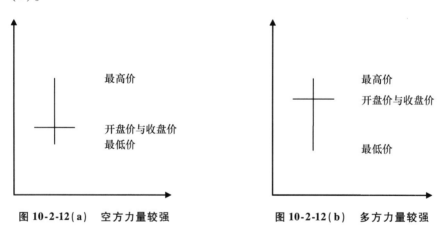

图 10-2-12(a)　空方力量较强　　　　图 10-2-12(b)　多方力量较强

12. T 字形

T 字形分为正 T 字形和倒 T 字形,正 T 字形是最高价、开盘价与收盘价都是一样的,没有实体,只有下影线,见图 10-2-13(a);而倒 T 字形是最低价、开盘价与收盘价都是一样的,没有实体,只有上影线,见图 10-2-13(b)。

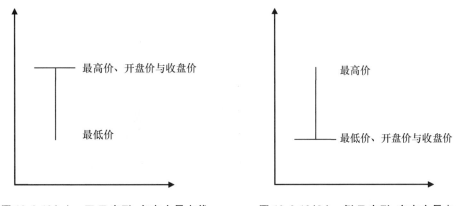

图 10-2-13(a)　正 T 字形：多方力量占优　　图 10-2-13(b)　倒 T 字形：空方力量占优

三、波浪理论

波浪理论与道氏理论一样，也是技术分析中的一个经典理论，它是美国人艾略特最先提出的，因此也经常被称为"艾略特波浪理论"。

(一) 波浪理论的理论基础

1. 经济周期

波浪理论是以经济周期为基础的，股票价格的波动与经济周期一样，具有周而复始的周期循环的内在规律。

2. 道氏理论

波浪理论不仅符合道氏理论的主要趋势、次要趋势和短期趋势三种趋势变动，而且找到了变动所发生的时间和位置。

3. 费波纳基数列

波浪理论以意大利数学家费波纳基的数列理论为依据确定股市趋势中的波浪数目。

(二) 波浪理论的基本思想

(1) 股价的变动是按照有规律的波浪形态发展的，人们可以通过掌握和运用股价变动的周期规律来预测股价的涨跌。

(2) 股价的变动规律就是上升和下跌的周期性交替。股价变动周期无论时间长短，都有一个基本的模式，每个周期都包括上升五个过程和下降三个过程，或者下降五个过程和上升三个过程。每八个过程完成后就会进入新的周期。同时，在大的周期里面包含小的周期，在小的周期里面又再细分成更小的周期，每一个小周期也同样分为八个过程。

(3) 没有永恒的上升波浪，也没有永恒的下跌波浪。只有在上升过程中不断出现向下的调整波浪，该上升趋势才有可能保持下去；同样，只有在一个大的下降过程中不断出现向上的调整波浪，该下降趋势才有可能保持下去。

(4) 费波纳基数列和黄金分割率可以在数浪的操作中发挥重要的参考作用。波浪理论中所用到的数字 1、2、3、5、8、13、21、34、55、89、144 等都来自费波纳基数列。这些数字有以下特征：① 任意相邻的两个数字相加等于下一个数字。如 $1+2=3, 2+3=5, 3+5=8$。② 除了前 4 个数字以外，任一数字与下一数字的比例都接近于 0.618。③ 除了前 6 个数字以外，任一数字与前一个数字的比例都接近于 1.618。④ 将间隔的两个数字相除，都接近于 0.382 和 2.618。0.382 和 2.618 的基本比例是在人体结构和大自然中经常可以看到的黄金分割率,它们在波浪理论中也得到了广泛应用。

(三) 波浪理论的主要内容

1. 构成要素

(1) 形态

形态是指股价走势所形成的类似波浪的形态和构造,这是波浪理论的构成基础,是三个因素中最重要的因素。

(2) 比例

比例是指股价走势图中各个重要的高点和低点所处的相对位置,准确地确定这些重要的高点和低点,计算出这些高点、低点的相对位置,有助于弄清各个波浪之间的相互联系,确定股价的回撤点和将来股价可能达到的位置。

(3) 时间

时间是指完成某个形态所经历的时间,波浪理论中各波浪之间在时间上是相互联系的,用时间可以验证某个波浪形态是否已经形成。

2. 基本形态结构

如前所述,波浪理论认为股价运行总是处于上涨和下跌的周期性交替过程中。股价变动有周期性的规律,这个规律就是股价变动的周期遵循一定的模式,即每个周期(上升或下降)都是由八个过程组成。这八个过程就是一个周期中的八个浪,八个浪中有五个是主浪,三个是调整浪。下面以上升行情为例说明这一过程,见图 10-2-14。

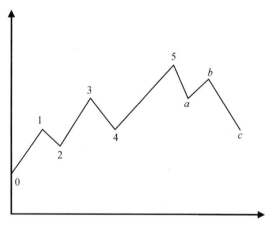

图 10-2-14 上升八个浪图形

图中,0—1 是第一浪,1—2 是第二浪,2—3 是第三浪,3—4 是第四浪,4—5 是第五浪。第一、第三和第五浪称为"上升主浪",第二、第四浪是对第一、第三浪的调整,但仍在上升浪里。上升五浪完成后,紧接着会出现一个三浪的向下调整,5—a 是 A 浪,a—b 是 B 浪,b—c 是 C 浪,这 A、B、C 三浪又是整个上升波浪中的向下调整波浪。对于整个大循环来说,第一浪至第五浪是一个大推动浪即主浪,A、B、C 三浪则为大调整浪。总之,在五个上升浪中,1、3、5 三个浪是上升过程中的推进浪,2、4 两个浪是上升过程中的两个调整浪。在三个下跌浪中,A、C 两个浪是属于下跌过程中的推进浪,B 浪是下跌过程中的反弹调整浪。五个上升浪合在一起构成高一级别的一个推进浪,三个下降浪合在一起构成高一级别的一个调整浪。这就是艾略特的八个浪循环的基本原理。

（四）波浪理论的不足

（1）波浪理论最大的不足是应用上的困难，也即学习和掌握上的困难。

（2）波浪理论第二个不足是面对同一个形态，不同的人会产生不同的数法，而且都有道理，谁也说服不了谁。

（3）波浪理论只是考虑了价格形态上的因素，而忽视了成交量方面的影响，这给人为制造形状的人提供了机会。

四、切线理论

切线理论是按一定方法在股价轨迹图上画出一些直线，并据此预测和研判股价运行的未来趋势。切线理论是在道氏理论基础上，根据波动幅度大小和时间变化，将趋势的方向性和时间性结合分析，寻找入市的最佳时机。

（一）趋势线

股价波动的趋势是有方向的，趋势线就是用来衡量股价波动的方向。趋势线分为上升趋势线和下降趋势线。在股价向上波动时，连接股价波动的低点形成上升趋势线；在股价向下波动时，连接股价波动的高点形成下降趋势线。如下图所示。

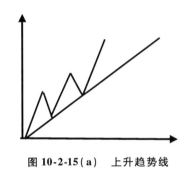
图 10-2-15(a)　上升趋势线

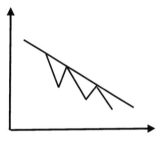
图 10-2-15(b)　下降趋势线

趋势线的作用：

（1）对股价以后的趋势起约束作用，让股价保持在趋势线的上方或下方，起支撑和压力作用。

（2）趋势线被突破说明股价下一步走势将反转，被突破的趋势线原来所起的支撑和压力作用将交换角色。

趋势线的有效性可以从几个方面得到验证：

（1）趋势线被触及的次数。股价趋势中触及趋势线的次数越多，趋势线越可靠，其支撑及压力的作用越强，一旦被突破后市场反应也越强烈。

（2）趋势线的斜率。斜率越大可靠性越低，压力和支撑作用也越弱，以后容易被突破或修正。股价变动形成初期，若出现斜率很大的趋势线，即使突破也不会改变股价趋势方向。

（3）趋势线的时间跨度。跨越的时间越长，可靠性越高，支撑或压力效力越大。

（二）轨道线

轨道线又称"通道线"或"管道线"，也是一种基于趋势线的方法。在已经得到趋势线后,通过第一个峰和谷能做出这条趋势线的平行线,这两条平行线就是轨道线。与趋势线类似的是,轨道线被触及的次数越多,延续的时间越长,其可靠程度越高。

与趋势线不同的是,对轨道线的突破并不是趋势反转的开始,而是趋势加速的开始。如果原来的趋势是上升或下降,被突破后的方向仍为上升或下降。此外,轨道线还可能是出现趋势反转的警示。如果在一次波动中,未触及轨道线,离得很远就开始掉头,这往往暗示趋势将要改变,市场已经没有维持原有的上升或下降趋势了。

(三)支撑线和压力线

支撑线又称"抵抗线"。当股价跌到某个点附近时,股价停止下跌,有可能会上升。这是由于多方在此买入造成的。支撑线起到阻止股价继续下跌的作用。

压力线又称"阻力线"。当股价上涨到某个股价附近时,股价会停止上涨,甚至回调。这是由于空方在此卖出造成的。压力线起阻止股价继续上升的作用。如下图所示。

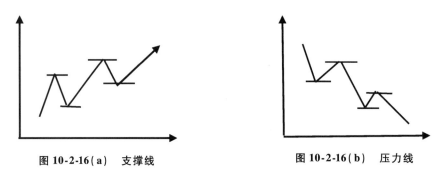

图 10-2-16(a)　支撑线　　　　图 10-2-16(b)　压力线

支撑线和压力线的分析要点:

(1)支撑线和压力线的突破是有效突破。当股价上升到压力线遇到压力而未跌落,在压力线附近盘整,伴随着大成交量而越过压力线,这是决定性的突破,表明股价将有上涨行情。反之,当股价下降至支撑线附近未能反弹时,跌破支撑线可视为向下有效突破。

(2)支撑和压力的本意是支撑能止住回落,压力会止住反弹。上升趋势回调到支撑线附近将止跌企稳,而下降趋势跌至支撑线附近也将停止下跌。下降趋势的反弹上升到压力线附近将受阻回落,而上升趋势升至压力线附近也会止住继续上升的势头。一旦形成了支撑和压力,投资者可在一定时间内预期未来股价的涨跌。

(3)支撑线和压力线具有互换性。压力线一旦被突破就转变成上升行情的支撑线,即将来估价回落到此将止跌企稳。支撑线一旦被突破就转变成下跌行情的压力线,即将来股价反弹到此将受阻回落。

(4)支撑线和压力线的突破是观察中长期趋势的重要信号。通常股价突破次级支撑或压力,可视为中级行情反转的第一信号。而突破中级支撑与压力,可视为长期趋势反转的第一信号。

(四)黄金分割线

在进行行情分析时,黄金分割线是较常用的一种分析工具。其主要是运用黄金分割率预先给出股指或个股的支撑位或压力位,以便作出买入或卖出的选择。

黄金分割线是根据 0.618 黄金分割率原理计算出的点位,这些点位在股票股价上升或下跌过程中表现出较强的支撑和压力效果。计算方法是依据上升或下跌的黄金分割率及其倍率来确定支撑和压力点位。其中 0.382、0.618、1.382、1.618 这几个数字尤为重要,股票价格很容易在用这四个数字计算出的黄金分割线处产生支撑或压力。当股价下跌比例趋近 38.2% 和 61.8% 时,反弹的可能性很大。

（五）百分比线

百分比线是利用百分比率的原理进行分析,可使股价前一次的涨跌过程更加直观。百分比线是将上一次行情中重要的高点和低点之间的涨跌幅按 1/8、2/8、1/3、3/8、4/8、5/8、2/3、6/8、7/8、8/8 的比率生成百分比线。在各比率中,4/8 尤为重要,1/3、3/8、5/8、2/3 四条距离较近的比率也十分重要,往往起到重要的支撑和压力位作用。实际上上述五条百分比线的位置与黄金分割线的位置基本上是相互重合或接近的。

（六）应用切线理论应注意的问题

首先,切线并不止以上所列的几种,但其构造思想均是类似的。其次,支撑线、压力线有被突破的可能,它们的价位只是一种参考,而非万能的工具。最后,影响价格波动的因素很多,支撑线、压力线只是其中一方面。多方面考虑才能提高正确的概率。

第三节　技术指标分析

一、技术指标分析概述

众多技术分析理论在实践中的应用往往分两种,一种是技术图形分析,一种是技术指标分析。上一节中的主要技术分析理论大多数是一种技术图形分析。技术图形分析能够直观生动地向投资者提供各种趋势反转或整理的信号,是技术分析中不可或缺的分析工具。然而仅仅依靠图形分析对趋势作出判断,在很多情况下是无法得到十分准确的结论的。首先,图形中的一些虚假信号永远都不会消失,而投资者在大多数情况下只能依靠经验和意识来筛选掉那些无效的信号;其次,即使信号是有效的,也不一定意味着趋势一定会发生变化,因为图形分析是建立在市场价格曲线的基础之上,而市场价格只是市场特征的外在表象,并且通常都是非理性的,根据这一非理性的前提我们很难得出理性的判断;最后,过于直观的图形分析缺少客观的量化标准,使得不同投资者对于相同的技术图形可能产生不同的理解。因此,仅仅依赖于技术图形分析在实践中是不够的。我们还需要结合另外一种分析方法,即技术指标分析方法,来审慎合理地预判证券市场的各种趋势。

技术指标分析可以与技术图形分析结合使用。技术指标(Technical Indicator)分析是指利用事先确定的方法对价格和成交量等证券市场原始数据进行处理,并结合技术图形对市场行为进行分析,进而预测市场变动趋势的一种技术分析方法。如果技术指标能够对技术图形分析中的结论予以确认,那我们从图形分析中所得到的趋势信号将被显著增强,同时所形成的交易策略的正确性也将提高。

技术指标种类繁多,但从本质上来说莫过于三大类:一类是确认性指标,一类是动能指标,还有一类是市场结构指标。确认性指标以基本的价格运动图表为基础或与其相联系。确认性指标确认市场的基本发展趋势,通过指标曲线和价格曲线的相互背离发出趋势性的变动预警信号。动能指标衡量的是价格变动的变化率和速率,它能够为市场发生的短期逆转事先提供信号。市场结构指标通过构造有关市场行为的相关指标,衡量市场结构的内在特征,从根本上探究市场价格趋势变动的相关规律。

二、确认性指标

确认性指标以基本的价格运动趋势为基础或与之相互联系,是一种计算简单的十分直观的技术指标,主要包括移动平均线和相对强度。当这些指标与当前价格行为互相确认时,价格趋势得以确认;如果这些指标与当前价格行为相背离,则价格趋势出现了反转。严格意义上来说,将这类指标命名为确认性指标并非完全合理,因为大部分指标同价格波动曲线之间都存在相互确认和相互背离的情况,而它们的意义也都反映在与价格曲线之间的关系中。然而,确认性指标却是对移动平均线和相对强度的最直接的概括,因为它们与其他类型的技术指标之间存在计算和应用方面的显著差异。

(一)移动平均线

市场价格的运动趋势并非是平滑的。由于价格反映了投资者的心理变化和买卖双方的相对力量,而这两个因素都是多变的,因此现实中的价格波动是很不稳定的,有时候甚至呈现出明显的情绪化特征。市场价格的多变性一方面使得市场的风险和机会并存;另一方面使得技术分析变得更为困难,因为一些没有意义的随机波动会对技术分析造成不小的干扰。这使得对价格波动进行平滑处理变得十分必要。平滑后的价格波动会减少许多扭曲和噪音,对其的分析可以使我们忽略许多次要因素,而集中精力在价格运动的内在规律分析上。

移动平均线(Moving Average,MA)是标准的价格平滑方法,在技术分析中得到了最为广泛的应用。常用的移动平均线根据其计算方法的不同可分为三种:简单移动平均线(Simple Moving Average,SMA)、加权移动平均线(Weighted Moving Average,WMA)和指数移动平均线(Exponential Moving Average,EMA)。不同类型的移动平均线的计算方法有所不同,但是相应的技术特征和应用法则是较为相近的。下面将介绍各种移动平均线的绘制方法和共同特征,以及在实际应用中所应遵循的法则。

1. 移动平均线的绘制

简单移动平均线是各种平均线中最早出现的,它因为其计算简单和应用方便而得到了广泛采纳。其他类型的移动平均线实际上都是在简单移动平均线的基础之上进行的修正。

(1)简单移动平均线。简单移动平均线的编制十分简单。将连续数期的价格(通常用收盘价)加总后除以期数,计算出这数期内的算术平均值,作为简单移动平均线上的一个点。然后将上述求和序列的第一项去掉,加入新的一项数字(即原求和序列日期之后的最新一期收盘价),再求算术平均值,即可得到简单移动平均线上的第二个点。以此类推,可以很快绘制出相应期间的简单移动平均线的各点,连接各点即得简单移动平均线。从下表10-3-1可看出简单移动平均线的计算过程。表中是连续15个时期的价格数据,若需计算5期的简单移动平均线,则需加总连续5期的价格数据除以5,因此只有从第5期开始才能计算5期移动平均线。同样,10期移动平均线需从第10期开始采用相同方法进行重复计算。

表 10-3-1　简单移动平均线的计算

时期	价格	5 期价格之和	5 期 SMA	10 期价格之和	10 期 SMA
1	100				
2	102				
3	105				
4	120				
5	117	544	108.8		
6	110	554	110.8		
7	103	555	111		
8	99	549	109.8		
9	96	525	105		
10	92	500	100	1044	104.4
11	86	476	95.2	1030	103
12	85	458	91.6	1013	101.3
13	92	451	90.2	1000	100
14	101	456	91.2	981	98.1
15	104	468	93.6	968	96.8

（2）加权移动平均线。简单移动平均线是对各期价格做简单算术平均,未考虑到时间的先后对于移动平均线的影响。然而在证券市场上时间是一个不容忽视的关键要素,不同时点上的价格对当前价格趋势的作用是不同的。距离现在越近的价格对当前价格趋势的作用越大。加权平均移动平均线可以解决这一问题。这种移动平均线对不同时期的价格赋予不同的权重,越新的数据权重越高。权重的选择有许多种不同方法,最常见的是将各期的价格与期数相对应。如,第 1 期的价格权重为 1,第二期的价格权重为 2,以此类推到最后一期。将各期价格乘以相应的权重后求和,再除以各期权重之和,就能得到一个加权移动平均线上的点。反复如此并将各点相连,就能得到一条加权移动平均线。与简单移动平均线相比,加权移动平均线能更快地发出价格趋势的信号。

（3）指数移动平均线。指数移动平均线可看作一种计算简便的加权移动平均线。下表 10-3-2 给出了一个指数移动平均数的计算过程。若我们需要计算 10 期的指数移动平均线,则首先需要算出一个 10 期的简单移动平均线数值,然后以此为起点来计算指数移动平均线。表 10-3-2 中计算第 11 期的指数移动平均线时,首先确定第 10 期的指数移动平均线为 104.4(即第 10 期的简单移动平均线值),然后计算第 11 期的价格与第 10 期的指数移动平均线值的差值,将此差值乘以一个事先确定的指数,再将结果与第 10 期的指数移动平均线值相加,就得到了第 11 期的指数移动平均线数值。以此类推,可算出后续的各期移动平均线数值,把这些点连接起来就是指数移动平均线。在计算指数移动平均线的过程中,指数的选取非常重要,它决定了指数移动平均线的敏感程度。敏感度高有利有弊,它既代表更为灵敏快速的信号反应,也代表更大可能的虚假信号。要想让指数移动平均线对于价格变化的灵敏度降低有两个办法:一是增加计算所选取的时间跨度;二是将这条指数移动平均线再做一次甚至是更多次的指数移动平均。这样可降低指数移动平均线对价格变化的敏感度,但也降低了它的时效性。

表 10-3-2　指数移动平均线的计算

时期	价格	上期 EMA	价格与上期 EMA 的差值	指数	指数×差值	当期 EMA
10	92					104.4
11	86	104.4	−18.4	0.2	−3.7	100.7
12	85	95.2	−10.2	0.2	−3.1	97.6
13	92	90.1	1.9	0.2	−1.1	96.5
14	101	91.1	10	0.2	0.9	97.4
15	104	96	8	0.2	1.3	98.7

2. 移动平均线的主要特征和应用法则

不同绘制方法的移动平均线在本质上是相通的,它们都有如下几个主要特征。首先,移动平均线是一种经过平滑处理的价格趋势,它既代表了原始价格曲线的趋势走向,又剔除了许多随机扰动因素而具有更强的稳定性;其次,移动平均线对于价格的反映具有滞后性,它反映的是过去一段时间的平均价格走势;最后,移动平均线本身有一个支撑和压力的作用,它对价格有助涨和助跌的效果。

在考虑移动平均线的技术含义时,需要注意三个关键词:确认、背离和穿越。确认指的是移动平均线与价格曲线之间保持相同的运动趋势,并且没有发生交叉;背离指的是移动平均线与价格曲线的走势相反;穿越指的是移动平均线与价格曲线交叉,即价格曲线对移动平均线的突破。

(1) 确认与背离。移动平均线是经过平滑后的价格波动,比原始价格曲线更能反映市场价格的基本变化趋势。因此当移动平均线同价格曲线相互确认时,能够强化对当前价格趋势判断的信心。而移动平均线对价格趋势的背离则表明趋势的变化可能正在发生。因为当价格趋势发生反转时,移动平均线来不及变化而滞后于价格曲线,这时就会出现背离现象。若背离发生时移动平均线已经走平或者改变方向,则这种背离表明价格趋势已经发生反转;如果背离发生时移动平均线仍保持当前的趋势,则这种背离可以看作是价格趋势发生反转的初步警告。

(2) 突破和穿越。移动平均线是平滑后的价格趋势曲线,它可以用来充当价格曲线的支撑和压力区域。价格曲线对于移动平均线的突破也可以用一个特定的术语来表达,即"穿越"。对于穿越有效性的判断,可以采用一些广为接受并且简单易行的方法,如"3% 法则"等。下面我们给出一种来自《股市趋势的技术分析》一书被称为"格兰维尔法则"的经典研判法则:

在上升趋势中,只要价格曲线保持在移动平均线之上,投资者就应当保留多头头寸。此时主要的市场信号有:① 价格曲线向上穿越移动平均线,为买入信号;价格曲线处于移动平均线之上并急速地向移动平均线下跌,但未穿透后者,为买入信号;② 价格曲线向下穿越移动平均线,同时移动平均线仍处于上升趋势中,为卖出信号;价格曲线暴跌至下降的移动平均线之下很远处,预期可能会出现短暂反弹,为可能的空头陷阱。

在下降趋势中,只要价格趋势保持在移动平均线之下,投资者就应当持有空头头寸。此时的主要市场信号有:① 价格曲线到达底部并转而上升,穿越移动平均线,为买入信号;价格曲线由下方向移动平均线逼近但未实现穿越,反而掉头向下,为卖出信号;② 价格曲线暴涨至上升的移动平均线之上很远处,预期可能出现短暂回调,为可能的多头陷阱。

在水平趋势中,价格曲线会围绕着移动平均线上下震荡。

3. 移动平均线的扩展应用

移动平均线并不总是能够给出清晰的趋势变化信号,对它的判断存在着一定的模糊性。下面将介绍三种可以强化移动平均线作用的方法,它们可视为对移动平均线的扩展应用。

(1) 多重移动平均线。一条移动平均线有时候无法给出明确的信号,这时可以考虑在同一幅走势图中绘制多条不同时间跨度的移动平均线。使用多条不同时间跨度的移动平均线的好处是它们与价格曲线若给出了相同的技术信号,则可以强化信号的指导意义。图 10-3-1 给出了民生银行股票的价格走势,图中不同的均线代表不同时间跨度,分别为 5、10、20、30、60 日均线。

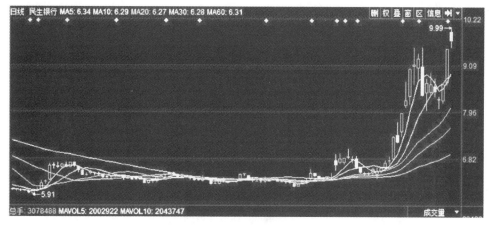

图 10-3-1　民生银行股价走势

(2) 包络线(Envelops)。包络线是一系列与移动平均线平行且对称的曲线。它的构造基于一个原理:即股票价格围绕着某一个趋势以合理的大致相同的比例做周期性波动。移动平均线是价格趋势的中心,包络线由偏离移动平均线的最大和最小价格组成。包络线可以起到过滤虚假价格信号的作用,其绘制标准可以自己制订。图 10-3-2 给出的是一个基于 14% 振幅标准绘制的包络线实例。

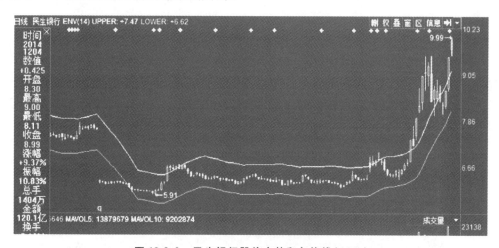

图 10-3-2　民生银行股价走势和包络线(14%)

（3）布林带（Bollinger Bands）。布林带本质上也是一种特殊意义上的包络线。与普通包络线不同之处在于它不是按照高于或低于某条移动平均线的固定百分比来绘制的，而是根据收盘价高于和低于其平均值的标准差来绘制的。因此布林带的宽度反映的是价格波动的剧烈程度，而非某个固定比例。在设置布林带时标准差的选择是十分关键的。如果设置了过大的标准差则会使得布林带过宽，价格曲线可能很难触及布林带的边界，我们就无法得到有用的信号；如果设置过小的标准差使得布林带过窄，价格曲线便会经常穿越布林带的边界，从易产生虚假的信号。实际应用中标准差的设置需依经验而定。当布林带明显收窄时，价格走势随后往往会发生明显的变化；当价格突破布林带时，走势往往会持续下去；当价格穿越布林带边界之后发生反转，则预示着趋势可能会发生反转。下图是民生银行股票走势和其布林带形态。

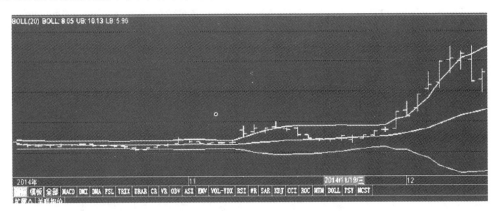

图10-3-3　民生银行股价走势和布林带

（二）相对强度指标

相对强度（Relative Strength，RS）也称"相对表现"，衡量的是两种不同资产的相对价格表现。实际指标构建中往往是把某一时点需要比较的两种资产的价格相除得到一个比率，再把这些点连接起来即为一条连续的曲线。由于在股票市场上不同个股以及不同板块股价涨跌幅往往不一致，人们通常将在牛市中涨幅大或熊市中跌幅小的股票称为相对坚挺的股票。相对强弱分析就是比较、测量股票走势坚挺程度的一种分析方法。它既可以用来分析某种股票的走势强弱，还可以用来分析某类股票（某种行业或地区的股票）走势强弱，有时候也用来分析整个市场走势的强弱变化。相对强弱分析的具体操作方法不止一种。既可以把个股走势与股价指数的走势相比较，分析其与市场总体水平相比的强弱程度；也可以将股票近期走势与该股票的平均趋势相比较，分析其近期走势的强弱程度。一种常用的指标叫作"相对强弱比率"（Ratio of Relative Strength，RRS），即某个股票的价格与股价指数之比，其计算公式如下：

$$RRS_i(t) = \frac{P_i(t)}{I(t)} \qquad (10\text{-}3\text{-}1)$$

其中分子表示第i种股票在t期的价格，分母表示t期的股价指数，二者相除即为相对强弱比率，表示第i种股票在t期相对指数走势的强弱。由于不同股票的绝对价格差异较大，因此不同股票的相对强弱水平的绝对值没有可比性。对相对强弱比率的分析应集中在其变化趋势上。某一种股票的价格涨幅大于大盘的价格涨幅，相对强弱比率的值会上升,说明此期间其走势强于大盘;反之,若某股票价格涨幅小于大盘,相对强弱比率的值下降,则说明其走势弱于大盘。通过对比率的变化分析我们能得知股票走势的坚挺程度。类似的,我们也可以用这种方法分析某个公司相对同行业股票的走势强弱或者某个行业相对整个市场的走势强弱。需要指出的是,相对强弱比率是一个相对概念,我们并不能从比率的变化推导出分子或者分母的变化。相对强弱比率指标上升,既可能是个股比大盘涨得快,也可能是大盘比个股跌得快。相对强弱指标的变化可能比股价绝对值的变化更为剧烈。

三、动能指标

动能指标(Momentum Indicators)是对一系列摇摆指标(Oscillator)的统称。前面介绍的依靠切线、价格形态及确认性指标来判断价格走势的方法虽然有其优点,但是却只能对趋势进行事后的分析,具有一定的时滞性;而动能指标则能够对价格趋势作出事先的预测,并在价格趋势的转折点到来之前发出相对更早的信号。另一方面,前面介绍的方法更适用于有明显的价格趋势或者在价格趋势发生明显反转时较为有用,当价格在水平方向上下摆动时以上方法具有较大的局限性,难以提供有用的信息。而动能指标分析在看似无趋势可循的市场中也具有相当大的效力。它可以构造水平的价格震荡区间来为价格波动提供判断标准。动能指标往往作为基础趋势分析的补充发挥作用。它通过短期的市场波动揭示市场可能的超买或超卖状态,也能反映趋势的动能大小从而判断当前趋势所剩下的能量。当一种趋势的能量被逐渐耗尽时便意味着价格反转可能即将到来。

动能指标的提出是基于这样一个信念:股票市场中同样存在着与自然界相似的动能,这一动能是来自于价格变动及其带来的多空双方相对力量的变化。动能衡量的是价格上涨或下跌的速度,并对价格趋势的强弱发出有效信号。由于市场行情一般在上涨过程中会比在下跌过程中花费更长的时间,所以动能指标在反弹上涨期间的导向作用比在下降期更大。

动能指标的构建是基于相同的原则,因而也都有着相似的外部特征。动能指标在技术图表中通常绘制为价格曲线下方的一个水平波动带。价格波动可能会朝着不同的方向,但动能指标的波动基本上局限在这一波动带中。有些动能指标在水平波动带的中心有一根中轴线,指标会围绕该轴线在水平区域上下波动。这也是动能指标被称为"摇摆指标"的原因。

动能指标的意义主要可以从以下两个方面来解释:

一是动能特征,即用于判断超买、超卖、背离、穿越等情况的准则。超买和超卖水平的评估是动能指标最为广泛的应用。超买和超卖揭示了当前市场的均衡情况:超买意味着市场中买方力量过于强大,存在过度需求;超卖意味着市场中卖方力量过于强大,存在过度供给。这两种情况都意味着当前的价格趋势已经过度延伸,即将回调。动能指标达到临界值时,意味着当前价格水平走得太快或太远,必将经历某种形式的修正。另外,动能指标和价格的背离是一种重要的预警信号。动能指标对于轴线的穿越也具有重要的指导意义:交易应该在动能指标穿越轴线之时开始,当动能指标达到临界值时,相应的交易应该已经进行了。

二是动能趋势反转,即根据动能指标本身来识别趋势的反转。当动能指标发生反转时,价格趋势迟早会发生反转。当然,动能指标的信号只能作为对价格趋势信号的补充,实际的买卖信号应来自于对实际价格趋势的判断,而非单纯依赖于动能指标的变化。

动能指标种类很多,下面将依次介绍一些比较常用的动能指标。

(一) 相对强弱指数(RSI)

相对强弱指数(Relative Strength Index, RSI)是一种衡量证券自身内在强度的指标。它解决了运用动能原理分析价格趋势时面临的两个问题:一是价格变动使得动能指标非常不稳定;二是动能指标需要一个固定的边界来帮助研判和比较。需要指出的是这里的相对强弱指数(RSI)不同于前面提到的相对强弱比率(RRS)。RRS 是通过两种价格的相互比较来判断一种资产的相对表现,在证券市场中尤其表现为一种证券价格相对于大盘指数的表现。而 RSI 则是通过比较一段时间内的市场价格上涨或下跌幅度,来揭示市场中多空双方的强弱,进而预测未来价格走势。下面以 10 天的股价为例来介绍其计算方法。

首先找到包括当天在内的连续 10 天的收盘价,用每天的收盘价减去上一天的收盘价,可以得到 10 个数字,这 10 个数字有正有负。设 $A = 10$ 个数字中正数之和,$B = 10$ 个数字中负数的绝对值之和,则有:

$$\text{RSI}(10) = \frac{A}{A + B} \times 100\% \tag{10-3-2}$$

从数学上来看,A 表示 10 天内股价向上波动的大小,B 表示向下波动的大小,$A + B$ 表示股价总的波动。RSI 表示的是向上波动的幅度占总波动的百分比。如果占的比例大就是强市,否则就是弱市。RSI 的取值介于 0—100% 之间。当 RSI 等于 50% 时,表示股价涨跌幅度相当,多空双方实力均衡。当指标值超过 75% 时,表示买方力量明显占优,但是市场偏离均衡状态太急太远,短期内可能出现回调。因此,RSI 大于 75% 的区域往往被称为"超买区",应看作卖出信号;反之,RSI 小于 25% 成为"超卖区",应看作买进信号。当然,这些临界点的选取并不唯一,可以随着所取时间参数以及个股活跃程度变化而相应调整。

RSI 在较高或较低的位置形成头肩形和多重底形时,是采取行动的信号。当这些形态出现在越高和越低的位置,离 50% 越远,其信号就越为可信。当 RSI 处于高位并形成一峰比一峰低的两个峰时,股价却是一峰比一峰高的态势,这种情形叫作"顶背离"。这时上涨的股价将趋于衰竭,是强烈的卖出信号。当 RSI 处于低位并形成两个依次上升的谷底时,股价依然在下降,这种情况预示着现在已经接近于"最后一跌"的状态,是可以做多的信号。

(二) 威廉指标

威廉指标也是股市中很重要的技术指标,最早起源于期货市场。其含义是当天的收盘价在过去一段时间的价格变动范围内所处的相对位置。如果威廉指标值比较大,则说明当天的价格处于比较高的位置,要提防回落;如果威廉指标值比较小,则说明当天价格处于较低的位置,要小心反弹。威廉指标(WMS%)的计算公式如下:

$$n \text{ 日的 WMS\%} = \frac{C - L_n}{H_n - L_n} \times 100\% \tag{10-3-3}$$

其中 C 表示当天的收盘价,H 和 L 分别指最近 n 日内(包括当天)出现的最高价和最低价。威廉指标的应用要从其绝对取值和其曲线形状两方面来考虑。从绝对取值角度来看,威廉指标的值分布于 0—100% 之间。当 WMS% 过高时,处于超买状态,行情即将见顶,应考虑卖出;当 WMS% 过低时,处于超卖状态,行情即将见底,应考虑买入。从威廉指标的曲线形状角度来看,当威廉指标进入高位后,一般要回头,如果此时股价还继续上升,就产生了背离,是卖出信号;当威廉指标进入低位后,一般要反弹,如果此时股价还继续下降,就产生了背离,是买进信号。而当威廉指标连续几次撞顶(底),局部形成双重或多重顶(底)时,则是卖出(买进)的信号。

(三) 随机指标

随机指标(KD)同样也是最先在期货交易圈中得到广泛应用,然后被引入股票价格分析之中的。随机指标是基于这样的原理:在价格上升趋势中,收盘价常常会越来越接近价格区域中的最高价,而在上升趋势末端,收盘价将明显远离价格区域的最高价;反之,在价格下降趋势中,收盘价常常会越来越接近价格区域中的最低价,而在下降趋势末端,收盘价将明显远离价格区域的最低价。随机指标由于充分考虑了价格波动的随机振幅和中短期波动的测算,使其短期预测功能要优于移动平均线,而在市场短期超买超卖的预测方面,又比相对强弱指数更为敏感,因此随机指标得到了广泛的重视和应用。

随机指标的计算与前面介绍的威廉指标密切相关。随机指标名称 KD 是 K 指标和 D 指标的合称。对 WMS% 进行指数平滑,就可以得到 K 指标:

$$K_t = \text{WMS\%} \times \alpha + K_{t-1} \times (1-\alpha) \tag{10-3-4}$$

再对 K 指标进行平滑,就能得到 D 指标:

$$D_t = K_t \times \alpha + D_{t-1} \times (1-\alpha) \tag{10-3-5}$$

其中 α 是平滑系数,一般取 1/3。K、D 的初值一般取 50%。在介绍 KD 指标时往往附带一个 J 指标,其计算公式为:

$$J = 3D - 2K \tag{10-3-6}$$

实际应用中一般把 J 当作超买超卖指标使用。当 J 值超过 100 时即为超买状态;当 J 值低于 0 即为超卖状态。J 指标的计算也可以使用其他的方法,并不唯一。

KD 指标的应用要从四方面来考虑:KD 取值的绝对数字;KD 曲线的形态;KD 指标的交叉;KD 指标的背离。KD 指标常用于短期预测,特别适合于水平盘整的市场状态分析。

从取值来看,K 和 D 的取值范围均为 0—100%。通行的做法是将 80% 以上区域视为超买区,将 20% 以下区域视为超卖区,其余为徘徊区。这种划分简单易操作,但略显粗糙。

从曲线形态来看,当 KD 指标在较高或较低的位置形成头肩形或多重底形时,是采取行动的信号。这些形态在较高和较低的位置时,信号更加准确。

从指标交叉来看,例如 K 从下向上上穿 D,则称为"黄金交叉",是买入信号。是否真的值得买入还要具备以下条件:一是黄金交叉位置是在超卖区,越低越好;二是当 K 和 D 来回交叉时,交叉的次数越多越好;三是 K 和 D 相交的位置处于 KD 线的低点右侧更佳。对于 K 从上向下穿破 D 形成的"死亡交叉",也有类似的结果。

从指标背离来看,当 KD 处于高位或低位时,如果出现与股价相背离的情况,则是采取行动的信号。若 KD 处于高位并形成两个依次向下的峰,而此时股价依然不断上涨,则是顶背离,为卖出信号;反之则是底背离,为买入信号。

(四) 乖离率指标

乖离率(BIAS)是从移动平均原理中派生出的一项技术指标。其功能主要是通过测算股价在波动过程中与移动平均线偏离的程度,来得出这种偏离之后可能会出现的回调或反弹,以及股价在正常波动范围内继续原有趋势的可信度。乖离率的核心在于,如果股价偏离移动平均线太远,不论股价是在移动平均线之上还是之下,都可能会趋向于移动平均线。乖离率就是表示股价偏离趋向指标的百分比值。其计算公式为:

$$\text{BIAS}(n) = \frac{C - MA(n)}{MA(n)} \times 100\% \quad (10\text{-}3\text{-}7)$$

其中 C 为当日收盘价, n 为 BIAS 的时间参数,同时也是移动平均线的时间参数。

乖离率分正乖离率和负乖离率。当股价位于移动平均线之上时,乖离率为正;反之为负。随着股价走势的升降,乖离率周而复始地在 0 点上下穿梭。一般而言,当正乖离率涨至较高水平时,表明短期多头获利回吐的可能性较大,为卖出信号;当负乖离率降至较低水平时,表明空头回补的可能性较大,为买入信号。一般具体判定百分比的选择需要依据行情和经验综合判断得出结论。股价相对不同日数移动平均线的乖离率不同,需根据所选时间段的特点来评价乖离率信号。

(五) 平滑异同移动平均指标

平滑异同移动平均指标(Moving Average Convergence Divergence, MACD)也是一种得到广泛应用的技术指标,实际上也是趋势背离指标的一种。它应用了两条速度不同的指数移动平均线(EMA),一条为变动速度较快的短期 EMA,另一条为变动速度较慢的长期 EMA。这两条 EMA 之差构成了 MACD。在标准的 MACD 计算中,短期 EMA 时间跨度通常取 12,长期 EMA 时间跨度通常取 26,则 MACD 就等于 EMA(12)减去 EMA(26)。短期和长期 EMA 的差值也可以称为"离差值"(DIF),但一般使用"MACD"的称谓更为规范。

仅凭 MACD 来预测未来股价走势是不够的,我们还需要像用移动平均线来预测股价一样,对 MACD 做平滑处理。通常会采用 9 期指数平均的方法对 MACD 进行平滑,得到一条"信号线",它与 MACD 线之间的相互穿越是买入和卖出信号的来源。当 MACD 向上穿越信号线时为买入信号;当 MACD 向下穿越信号线时为卖出信号。MACD 本质上是一条"二重移动平均线",但它与价格曲线的不同之处在于它是围绕零值上下波动的,这一点与其他动能指标是相似的。当 MACD 大幅偏离零值时便是超买和超卖状态。MACD 与价格曲线的背离同样是重要的趋势信号。当 MACD 显示市场处于超买状态时,若 MACD 开始逐渐减弱,而价格却屡创新高,这种情况也被称为"顶背离",是市场见顶的警告;当 MACD 显示市场处于超卖状态时,若 MACD 开始向上抬升,而价格依然下挫,这种情况也被称为"底背离",是市场见底的信号。MACD 指标有时用直方图来描绘。用 MACD 线减去信号线的差来做直方图,可以更清晰地判断市场短期变化情况。

(六) 人气指标

市场是由投资者的心理组成的,而多空双方的力量对比会决定价格走势。在主要的多头空头市场中,所有的投资者的心理都在悲观、恐惧、期待、过度自信与贪婪之间不断摇摆。因此若能构造一种反映市场中多空双方心理或力量对比的指标,将极大地帮助价格趋势分析。这种指标就是人气指标(Sentiment Indicators)。

广义人气指标有很多种,应用较为普遍的有买卖气势指标(AR)和买卖意愿指标

(BR)。它们都是分析历史股价的技术指标。其中气势指标较为重视开盘价格,从而反映市场买卖的人气;意愿指标较为重视收盘价格,反映市场买卖的意愿程度。AR 指标的计算公式如下:

$$AR = \frac{\sum (H - O)}{\sum (O - L)} \times 100 \qquad (10\text{-}3\text{-}8)$$

其中,分子和分母表示一段时间内多方强度总和及空方强度总和,H、L 和 O 分别表示每天的最高价、最低价和开盘价。AR 的使用应遵循如下法则:(1) AR 值以 100 为分界线,当 AR 值在 80—120 之间波动时说明多空力量基本均衡;(2) AR 值走高表示行情活跃人气旺盛,过高则表示股价进入高位,应适时退出;(3) AR 值走低表示人气衰退,过低则暗示已接近谷底,即将反弹;(4) AR 指标应该与其他指标一起配合使用。

BR 指标的构造与 AR 思想相同,仅仅在于价格选择略有不同。BR 计算公式如下:

$$BR = \frac{\sum (H - YC)}{\sum (YC - L)} \times 100 \qquad (10\text{-}3\text{-}9)$$

其中分子和分母分别为一段时间内多方强度总和及空方强度总和。H、L 和 YC 分别表示每天的最高价、最低价和前一天的收盘价。BR 与 AR 的不同仅在于选择的是前一天的收盘价而非当天的开盘价,这使得 BR 能更全面地反映市场的暴涨暴跌,因为使用开盘价会损失开盘价与前一天收盘价之间关系的信息。使用 BR 要注意以下几点:(1) BR 比 AR 更为敏感,当 BR 值在 70—150 之间摇摆时可认为市场中多空力量基本持平;(2) BR 值高于 400 以上时,股价随时可能回调下跌,而 BR 值低于 50 时表示随时可能反弹上涨。

一般情况下,AR 可以单独使用,而 BR 则需与 AR 并用才能发挥作用,因此一般将 AR 和 BR 放在一张走势图中进行对比分析。若 AR 和 BR 同时急速上升,意味着上升趋势接近顶峰,是卖出信号;若 BR 比 AR 低,且指标值低于 100,为买入信号;若 BR 从峰顶大幅回落,同时 AR 无警戒讯号出现,为买入信号;若 BR 急速上升同时 AR 盘整,为卖出信号。在 AR、BR 指标基础上还可以引入中间意愿指标(CR)来进行辅助分析。CR 与 AR 及 BR 计算方式相同,只是采用上一日的中间价为计算基础,CR 应用法则与 AR 和 BR 基本相同。

(七) 关于动能指标的小结

动能指标种类繁多,但总的来说都是通过刻画价格趋势运动所蕴含的能量来判断当前的价格趋势将发生何种变化。动能指标的贡献在于,它揭示了市场中多空力量的均衡状态,设定了超买超卖的标准,同时传统趋势分析无能为力的横盘整理阶段也能被动能指标分析解释。

对动能指标的应用要注意几点:(1) 动能指标的应用建立在一个基本假设之上,即股票价格要经历正常的周期性循环。而现实中有时候却并不存在价格的周而复始,表现为单边上涨或下跌的行情,这是动能指标的"盲点"。因此,利用动能指标分析时还应结合价格趋势一起分析。(2) 使用动能指标信号判断趋势反转类型,取决于计算动能指标所使用的时间跨度。实际中一般用日数据判断短期趋势,用周数据判断中期趋势,用月数据判断长期趋势。

四、市场结构指标

技术分析除了需要识别价格运动趋势之外,还需要分析市场结构以确定多头或空头市场的健康程度。市场结构指标便是为了确定市场内部结构特性而设的一类指标。市场结构分析是技术分析更深层次的应用,因为在市场整体趋势发生反转之前,几乎总是预先出现市场结构的强势和弱势信号。衡量市场结构特性可以从四个角度出发:一是价格,它反映了投资者心理是否发生变化,发生了多大变化;二是时间,衡量投资者心理周期的频率和长度;三是成交量,反映投资者心理变化的强度;四是广度,衡量某一种心理所涵盖的范围。在介绍这些常用的市场结构指标之前我们要指出两点:一是有些内容的讨论不一定采用指标的形式,可能是概念的阐述或者定性分析;二是有些指标事实上也属于动能指标的范畴,也能对价格趋势作出预警,但由于它们能反映出市场结构特性,因此放在这部分单独介绍。

(一)价格

与趋势分析中考察单个股票的价格不同,在研究市场整体结构特征时,我们所关注的主要有两种因素:一是市场价格指数,二是行业板块。它们着眼于更加宏观的层面,反映了市场中全部或部分证券价格的共同运动,蕴含了整个市场中买卖双方的能量分布,有助于研究市场结构特征。

1. 价格指数

尽管市场中各种股票走势不一,但在大部分时间里,大多数股票都会有同样的运行趋势。市场价格指数正是基于这一经验编制的。构造价格指数需要选取一定数量的成分股(有代表性的,能反映出公众参与度、市场领导地位及行业重要性的绩优股)。计算方法主要有两种:一种是非加权指数,通过计算成分股的平均价格得到;二是加权指数,一般是按每只成分股的流通市值对各成分股的价格进行加权平均。非加权指数是对各只股票价格的更直接的反映,但它没有考虑各只股票在市场中的地位,仅仅适用于个人投资者所持有的投资组合的分析;加权指数赋予大公司较大的权重,因而能够更好地反映整个市场结构的变化,适用于机构投资者通常持有的绩优股组合。目前在美国股市中最主要的价格指数有道琼斯工业指数、道琼斯运输指数、道琼斯公用事业指数和标准普尔指数等。我国证券市场上最常用的是上证指数、深证指数、沪深 300 指数等。前面我们提到过的技术图形分析和技术指标分析方法也同样适用于价格指数。

2. 行业板块

由于各个行业在经济周期中的表现是不同的,股票市场中也存在着明显的行业板块轮动特征。对利率敏感的板块通常领先于大盘,而依赖于资本支出或商品价格上涨带来利润的板块通常落后于大盘。在分析板块轮动时,应当以多个板块为基准,而非仅仅拘泥于一个板块。了解板块轮动的周期是非常有意义的,它不仅可以帮助我们判断主要趋势的发展程度,还能根据行业的整体表现来指导我们选择股票。

(二)时间

在判定价格趋势时,我们对时间的应用主要体现在价格突破切线或价格形态完成所需的时间上。时间关系到市场的调整,这是因为一个趋势完成所花费的时间越长,就越需要心理承受能力,而随后的反向价格调整也要求更强。一个主要趋势形成之前,需要经过长时间的积累来奠定稳固的基础,而一个趋势中所形成的过度投机心理也需要经过同等规模的修正走势来加以消除。

将时间作为独立变量来研究要关注周期的变化。周期变化有以下三个特点:(1) 周期持续的时间越长,价格波动的幅度通常也越大,其低点重要性就越大;(2) 相同时间内到达低点的周期数目越多,随后的价格走势就越强劲;(3) 上升趋势中,周期的高点有向右移动的趋势,而下降趋势中周期的高点有向左移动的趋势。对周期的识别有许多数学方法,如傅里叶分析和系统搜索法等。仅就技术分析领域中的周期识别方法而言,也有趋势偏离法、动能法和简单观察法等方法。

在证券市场中关于时间的分析需要遵循三个原理:一是共同性原理,它是指所有的股票、指数和市场价格行为都存在着类似的周期;二是变异性原理,这是指尽管所有的股票都经历类似的周期,但由于基本面和心理周期的差异,各周期中的价格波动幅度和持续的时间是不同的;三是加总原理,指计算某一特定指标时,应将多个周期结合起来考虑。

(三) 成交量

成交量是技术分析中历史最为悠久的指标之一。它反映了买卖双方的交易热情,是与价格完全独立的一个技术指标。对成交量进行分析的意义在于,同时观察价格与成交量指标,可以帮助我们确认二者是否相互匹配。"价升量增,价跌量缩"是技术分析领域的一句名言。如果价格和成交量变动相匹配,则当前的趋势很可能会继续持续下去。总的来说,成交量和价格的走势往往是一致的。基于成交量我们可以构造一些指标来揭示市场运行状况。

1. 成交量变动率

成交量变动率(Ratio of Change)与价格变动率类似,都是将当前数据与前面一期数据进行比较。短期成交量变动率指标波动性较大,可能会发出虚假信号,因此可以取其移动平均来进行平滑处理。需要注意的是,成交量大幅增长或收缩并不直接对应着超买或超卖状态,具体的判断取决于前期的价格走势。因此成交量变动率也只能当作价格曲线自身信号的有力补充,而不能取代价格趋势分析。其应用法则为:(1) 成交量的峰位总是领先于价格的峰位;(2) 成交量动能指标穿越价格动能指标时通常是趋势反转的可靠信号;(3) 价格指标位于轴线以上并下跌时,成交量却持续上升,为空头信号;(4) 成交量指标在市场底部的反转需经过价格动能指标的反转予以确认;(5) 成交量指标向下穿越轴线,而价格动能指标远远高于轴线时,为卖出信号;(6) 在上升趋势初期,成交量动能指标始终位于价格动能指标之上。

2. 成交量摇摆指标

成交量摇摆指标(Volume Oscillator)也是一种以动能形式表现成交量的指标,其计算与趋势背离指标类似。首先计算成交量的短期和长期移动平均值,然后用短期移动平均值除以长期移动平均值,即可得摇摆指标。它与基本的动能指标类似,也是围绕着零线在一个水平对称区间上下波动。因此对一般动能指标的分析也适用于成交量摇摆指标。其主要应用法则有:(1) 成交量摇摆指标由极端数值开始反转,是价格趋势反转的预警信号;(2) 价格上升时成交量摇摆指标开始下降,是空头市场信号;(3) 价格下降时成交量摇摆指标开始上升,是空头市场信号;(4) 成交量摇摆指标通常领先于价格摇摆指标。同样需要指出的是,成交量摇摆指标也需要与价格摇摆指标配合使用才有较好效果。

3. 上涨/下跌成交量

上涨/下跌成交量（Upside/Downside Volume）是一种用来区分上涨股票与下跌股票成交量的指标。它有两种计算方法：一是通过累积的方法计算。首先分别计算价格上涨和下跌的股票的总成交量，并用上涨的总成交量减去下跌的总成交量，然后将得到的差值累加到前一天的上涨/下跌成交量指标值上。二是计算价格上涨和下跌股票成交量的摇摆指标，然后相互比较。上涨/下跌成交量的目的在于判定买入和卖出时的市场行情。同样的，该指标也需经过价格本身发出的趋势信号来确认。在实际中该指标的可信度并不是很高。

4. 阿姆斯指数

阿姆斯指数（Arms Index）也被称为"TRIN 指数"或"MKDS 指数"。它根据广度数据和上涨/下跌成交量数据构造而成，用于衡量市场上上涨股票成交量相对于下跌股票成交量的相对强度。其计算公式为：

$$\text{Arms} = \frac{M_u/M_d}{V_u/V_d} \tag{10-3-10}$$

其中，M_u 和 M_d 分别为上涨和下跌的股票数量，V_u 和 V_d 分别为上涨股票成交量和下跌股票成交量。阿姆斯指数可看作是上涨/下跌成交量指标的优化，它也可以用移动平均线的方式来进行平滑。其特殊之处在于它往往是和大盘指数走势相反的。在应用中通常将其图形作倒置处理，以便和其他动能指标相吻合。一般阿姆斯指数小于 50 可视为超买，大于 120 则视为超卖。

5. 成交量净额指标

成交量净额（On-balance Volume，OBV）指标将成交量值予以数量化，并绘制成趋势线以配合股价趋势线来作判断。OBV 理论基础基于三点：一是价格变动必须有成交量的配合；二是成交量是价格变动的先行指标；三是股票短期行为与公司业绩关系不大，取决于投资者的心理变化。OBV 在成交量指标中应用较为普遍，也是一种累积指标。计算方法为：若当日股价上涨，则当日 OBV 等于前一日 OBV 加上当日成交量；若当日股价下跌，则当日 OBV 等于前一日 OBV 减去当日成交量。也可对 OBV 作移动平均处理以平滑其变动。

当价格上涨而 OBV 线下降时表示能量不足，价格可能回调；股价下跌而 OBV 线上升时，表示多方的人气旺盛，价格可能会止跌回升；当价格上涨而 OBV 线同步缓慢上升时，表示牛市的行情能够持续；当 OBV 线暴升，不论价格涨跌，都预示着能量即将耗尽，价格趋势反转即将到来。

（四）市场广度

市场广度（Market Breadth）指市场对当前价格趋势的参与程度，它反映了市场趋势的普及程度。市场广度对于技术分析的价值在于，它揭示了来自于市场内部结构的支撑价格趋势运动的深层次原因。一般来讲，与市场趋势方向相同的股票数量越多，则趋势得到的支持越有力，并且有持久性，因此趋势能够得到延续；相反，与市场趋势方向相同的股票数量越少，趋势发生反转的可能性越高。广度指标反映了市场对于价格趋势支持的广泛性，是研究价格趋势和市场结构的一个不容忽视的重要工具。

1. 腾落线

腾落线（Advance/Decline Line，A/D 或 ADL）也称"腾落指数"，它是应用最普遍的一种市场广度指标。腾落线关注当期市场上股票的上涨和下跌家数,将上涨家数记作正值,将下跌家数记作负值,然后把当期的上涨与下跌股票家数之差加到上一期的 A/D 中,即得当期的 A/D。另一种更为科学的计算方法由玻尔通(Hamilton Bolton)设计,被称为"玻尔通公式"。按这种方法,A/D 就是对以下公式所得到的值进行累积加总:

$$\sqrt{|A/U - D/U|} \tag{10-3-11}$$

其中,A 为上涨的股票家数,D 为下跌的股票家数,U 为价格不变的股票家数。若下跌家数多于上涨家数,则将此公式计算出的值取为负值。

需要指出的是,腾落线衡量的是市场的广度,不能用它对个股作分析。如果市场在上升趋势中,则在特定时期之内一般会有某个主流板块来维持指数涨势以增强投资者信心,其他版块则会轮动上涨。如果市场指数上涨而腾落线却下降,说明大盘涨势并不均匀,市场的上涨是源于某一类成分股的影响而非市场的全面活跃;如果市场处于下跌行情中,价格指数不断创新低,但腾落线却向上运动,则表示多数股票已止跌,市场的下跌趋势将要发生反转。由于价格指数有时候易受少数大盘股的暴涨暴跌影响而出现过度反应,腾落线则可以弥补价格指数在这方面的劣势。通过价格指数和腾落线的相互确认或背离的比较分析,可以加强我们对价格趋势判断的准确度。

2. 广度摇摆指标

前面提到的 ROC 指标对于历史数据十分有价值,但是却不适合用来分析市场内部结构。因为这种积累性指标需要人为设定初值,从而导致指标的增减在本质上是不对称的。计算出来的可正可负的 ROC 不利于动能指标的判定。因此在衡量市场广度时一般会采取不一样的计算方法。一种构造摇摆指标的方法是对玻尔通公式进行移动加权平均,通常采取的时间参数是 10 和 30,或是结合两种时间跨度的移动平均线及腾落线来进行研判。具体的背离和穿越规则与一般的摇摆指标没有太大区别。另一种摇摆指标是麦克莱伦(McClellan)指标,它是一种短期广度动能指标,用于衡量上涨股票家数与下跌股票家数之差的 19 期 EMA 和 39 期 EMA 之间的差值。麦克莱伦指标的构造原理与 MACD 基本相同。通常认为,该指标在 -70 至 -100 之间为超卖区域,是买入信号;在 70 至 100 之间为超买区域,是卖出信号。

3. 扩散指标

扩散指标(Diffusion Indicator)也是一种动能指标。它通常由构成大盘指数的一揽子股票构建而成。该指标用来衡量大盘指数中处于正向趋势的构成部分所占的百分比,其中的正向趋势指的是位于趋势线之上的上涨行情。在实际中计算标准有两种:一是计算价格位于某特定的移动平均线之上或其移动平均线处于上升阶段的成分股所占的百分比;二是计算 ROC 为正值的成分股所占的百分比。

在扩散指标中,对成分股的选择是至关重要的。虽然成分股越多越好,但数量太多会使得计算量太大。作为一种摇摆指标,根据扩散指标进行指标取值、背离及穿越各类研判的原则与前面的其他动能指标是一致的。

(五)关于市场结构指标的小结

市场结构分析是技术分析领域中较深层次的探讨,它能够揭示来源于投资者心理并最终反映到市场价格(主要是市场指数)中的市场内部结构特征。价格、时间、成交量与市场广度构成了市场结构的主要特性,而围绕着这四个方面产生了形形色色的技术变量和指标。这些分析工具中大部分实际上属于我们在第三节中介绍过的动能指标,它们或多或少都具有动能指标的普遍特征,进而可以用一般的动能分析方法进行解释。

市场结构分析的内容十分丰富,这里只是简单介绍了它的主要构成和一部分简单直观的技术分析方法。准确地把握市场结构特征,对我们从根本上把握市场整体的运动规律,从而判断大盘变动趋势具有非常高的价值。如果只关注个股的价格趋势分析,而忽略市场整体的波动特征,有时候可能会"一叶障目,不见泰山"。如果能够从宏观和微观两个维度同时对价格运动趋势加以分析,将有助于我们更好地把握证券的市场价值。

 延伸阅读

技术分析理论的发展

传统的技术分析理论以预测市场价格为主要目的,以图表和技术指标为主要手段,以市场价格和成交量为主要信息来源来对市场行为进行研究。它的主要理论是建立在一些基本假设之上的,诸如股价包含一切市场信息、价格以趋势方式演变、历史会重演等等。但这些假设却并非十分可靠。尽管经过了上百年的发展和丰富,传统技术理论却一直饱受缺乏坚实理论基础的指责,无法将自己的作用与运气严格区分开来。因此在20世纪下半叶传统的技术理论一度有衰退的趋势。至20世纪90年代,技术分析的理论再次迎来了复兴,但新的技术分析理论并不是以原来的图表指标形式出现,而是采用了大量的诸如时序分析、混沌理论以及非线性算法之类的复杂技术。用这些方法建立的投资模型现在也已经得到了较为广泛的应用。下面简要介绍几种新型分析方法。

1. 时序分析

股市中的价格数据是一系列离散的时间序列数据。对这些时间序列数据建立数学模型,并根据模型来分析时序数据变化规律的方法被称为时间序列分析方法。时序分析法经过不断发展已经出现了很多成熟的模型,如自回归模型 AR、自回归滑动平均模型 ARMA、自回归条件异方差模型 ARCH 等。其中由恩格尔(Engle)于1982年提出的 ARCH 模型最具影响,能很好地刻画具有波动聚集特点的时间序列数据的变化特征。

2. 混沌理论

混沌理论是19世纪庞加莱(Poincare)提出的一种非线性问题研究方法,近些年这一方法在投资领域受到了越来越多的关注。混沌理论的关键在于从实际数据中寻找出混沌吸引子。关于混沌吸引子在资本市场的存在性有不同的争论,但它已成为分析股市运行规律的一个研究热点。

3. 神经网络

股票市场是一个复杂的非线性动态系统,而近十几年发展起来的神经网络理论正是针对非线性动态系统建模与预测的有力分析工具。因此学者们开始将神经网络的相关方法引入到证券市场的实证分析之中。

4. 遗传算法

自1975年被提出以来,遗传算法已经在优化、搜索和技术学习领域得到了广泛应用,近来也已经被用于商业投资领域。遗传算法是建立在自然选择和群体遗传学机理上的随机、迭代、进化、并行搜索算法,它模拟的是自然界中的生命进化机制。通过使用遗传算法可以对各种技术指标进行染色体编码,构造最优交易策略来辅助投资。

5. 博弈分析

传统技术分析理论把证券市场视为完全竞争的,投资者是在与市场做交易,可以采用一套恒久的决策机制。而实际上股市上的交易是不同投资者之间的博弈。对股市进行博弈分析,可以更加清晰地得出不同投资者在市场上的位置,显而易见,这对于投资者作出合理的投资决策至关重要。

众多新型技术分析理论并非是对传统技术分析理论的顺延发展,而是投资理念上的革命。新生代的技术分析理论追求的是一种"模糊化精确",而非传统的技术分析理论所要求的"精确化精确"。以时序分析、混沌理论、神经网络等为代表的各种复杂工具大大改变了技术分析理论的面貌,它们试图超越传统技术分析理论的一些不甚合理的假设基础,但也同样存在着自身难以克服的问题。首先,利用这些方法建模难度较大,模型稳定性不高,对初始条件较为敏感,且存在"过度拟合"和"数据挖掘"的问题;其次,这些方法实质上还是对实际数据的一种更高程度上的线性或非线性拟合,这种拟合在市场波动较大时缺乏预测性,在长期中尤为缺少利用价值;最后,这些方法仍然只有在拥有资金、信息、技术优势的极少数机构投资者身上才可能应用成功。尽管这些新型技术分析方法在理论和实践中存在着种种不足,但不可否认的是,它们重新唤起了市场对于沉寂一时的技术分析的关注。

 本章小结

本章介绍了不同于基本分析的另一种证券投资分析方法,即技术分析。技术分析与基本面分析有着截然不同的基本假设和分析思路。在技术图形分析中,分别介绍了道氏理论、K线理论、波浪理论和切线理论;在技术指标分析中,分别介绍了确认性指标、动能指标和市场结构指标。需要注意的是,各类图形和指标的使用需要兼顾其前提假设和其他配合性图形指标,才能综合判断未来走势。

思考习题

1. 技术分析和基本面分析有哪些主要区别?
2. 简述支撑线和压力线的作用及判断技巧。
3. 简述波浪理论的基本原理。
4. 动能指标主要包括哪些?分别是如何构造的?

第十一章 投资者保护与市场监管

第一节 投资者保护理论概述

一、投资者保护的概念

投资者保护问题是证券市场上具有重要意义的话题。对于投资者尤其是中小投资者的保护不仅能够切实地保障投资者的利益,更是维护市场公平、维持证券市场健康发展所需的必备条件之一。早在1976年,著名的经济学家迈克尔·詹森(Michael C. Jensen)和威廉·麦克林(William Meckling)发表了公司金融领域中的经典论文《企业理论:经理行为、代理成本与所有权结构》。这篇文章吸收了代理理论、产权理论和财务理论,提出了"代理成本"概念和企业所有权结构理论,同时也开创了对公司代理问题的研究。所谓"代理问题",又常被称为"委托代理问题",是指代理人和委托人的利益并不完全一致,在委托人处于信息劣势,不能对代理人进行完全监督的情况下,代理人有动机为了自身利益,作出有损于委托人利益的行为。这里,企业的代理人通常是企业的经理人或者高管团队,而企业的委托人则是企业的所有者,即股东或投资者。因此,投资者保护问题从维护投资者利益和缓减委托人与代理人之间潜在的"代理问题"角度而言,可以被视为是公司治理的核心问题,从而受到企业、学术界以及政府部门的重视。

然而,投资者保护并没有一个具体的或完全适用的定义来概括。哈佛大学的拉波塔(La Porta)、洛配兹·西拉内斯(Lopez-de-Silanes)、安德烈·施莱弗(Andrei Shleifer)和芝加哥大学的罗伯特·维什尼(Robert W. Vishny)四位教授(这四人也被简称为"LLSV")在1998年《法与金融》那篇经典文章里曾经将投资者保护定义为:"投资者向公司融资时享受的通过法律规章和法律执行加以保护的权利,包括按一定比例分红、投票选取董事、参加股东会议等。"总体而言,投资者保护主要是指通过法律、行政、行业自律等各种手段对投资者的合法权益采取的保护性措施,使投资者能够公平地获得信息和投资机会,降低投资风险和系统性风险,免受各种不公平、歧视以及社会环境差异等可能带来的损害或无谓损失。主要涉及法治因素、财务政策因素以及社会文化环境等影响投资者投资决策、资金安全、合法权益和经营状况等一系列建立在硬环境基础上的后天可以改变或者完善的结构体系。这一定义相对综合地描述了投资者保护的措施及目的,能够较好地界定我国目前对投资者保护的定义。

二、投资者保护的意义及作用

(一)投资者保护的意义

与西方发达资本市场不同,中小投资者仍然是我国证券市场的主要力量。图11-1-1利用中国证券登记结算有限公司每月披露的开户数据,绘制了我国证券市场上个人投资者开户总数的时间趋势图。从图中我们可以清晰地观察到,在2006年以前,个人投资者的开户总数基本保持在7000万户左右。而随着2006年我国股票市场的一波牛市行情,个人投资者的开户数据急剧上升。截至2014年10月,我国个人投资者的开户总数已经接近18000万户。在短短不到10年的时间,个人投资者的开户数目翻了一倍有余。

图11-1-2绘制了2001至2013年间,我国证券市场上个人投资者与机构投资者在上市公司中的平均持股比例。尽管个人投资者的持股比例在近几年有所下降,但总的来看,中小投资者仍然占据了上市公司股份中的较大比例(60%左右)。结合这两个图可以发现,一方面我国中小投资者在证券市场中的力量不容小觑,他们的积极参与,能够带动整个证券市场的活力;而另一方面,中小投资者由于处于弱势地位,股权较为分散,在面临代理问题时的话语权有限。由此可见,保护中小投资者的利益不被损害,是整个证券市场稳定和繁荣的前提条件。只有加强对证券市场中小投资者的关注和保护,才能保护证券投资者的投资信心,引导证券市场的健康发展,有效地促进经济增长。

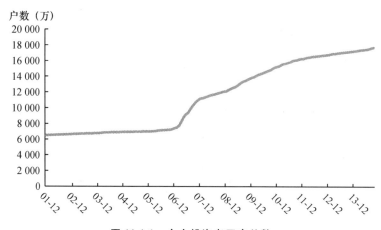

图11-1-1　个人投资者开户总数
数据来源:Wind资讯

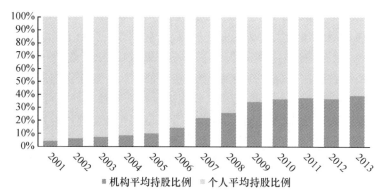

图11-1-2　机构投资者与个人投资者平均持股比例比较
数据来源:Wind资讯

近年来,我国政府相关部门在着力强化市场基础性制度建设的同时,始终将投资者合法权益保护作为监管工作的重中之重,在培育市场股权文化理念、强化股东对上市公司的约束、引导上市公司增加投资者回报、有效打击证券违法犯罪等方面做了大量工作。在2014年5月9日,国务院发布了《关于进一步促进资本市场健康发展的若干意见》(又被称为"新国九条"),其中明确规定,"坚决保护投资者特别是中小投资者合法权益。健全投资者适当性制度,严格投资者适当性管理。完善公众公司中小投资者投票和表决机制,优化投资者回报机制,健全多元化纠纷解决和投资者损害赔偿救济机制。督促证券投资基金等机构投资者参加上市公司业绩发布会,代表公众投资者行使权利。"因此,无论是从我国证券市场的现状还是政府部门的法律法规措施上看,都在一定程度上强调了投资者保护的重要意义。

(二)投资者保护的作用

具体而言,投资者保护对于中小投资者以及证券市场的作用主要有以下几个方面:

1. 有利于证券投资者利益的维护

由于个人投资者的地位相对于机构投资者而言处于劣势,当其遇到利益受损的情况时,难以采取合理有效的途径或方式来维护权益。因而,加强对证券个人投资者利益的保护,提高弱势投资者的保护程度,能够有利于证券投资者利益得到切实的保护,改善因代理问题所产生的中小投资者利益被侵占的现象。

2. 有利于证券市场的稳定发展

证券投资者对于证券市场的作用不言而喻,一方面,投资者的参与能够为证券市场提供所需要的融资资金。假若无法切实有效地保护投资者的合法权益,不仅会损害投资者的利益,同时还会影响证券投资者参与市场的信心与动力,最终将影响整个证券市场的稳定发展。另一方面,作为个人投资者而言,直接影响的利益实际上是投资者在证券市场上的财富收入。投资者保护能够维护证券市场交易的公平,同时也保障了资本收入在经理人与投资者、投资者与投资者之间再分配过程的公开公正。如果投资者尤其是中小投资者在这个收入分配过程中的利益被其他人侵占,其财富的损失会进一步影响到投资者所在的家庭、工作甚至其他方面,从而潜在地影响了社会经济的健康发展。

3. 有利于证券市场失灵的防范

在证券市场上,投资者将投资活动委托给相关的证券中介机构进行处理,进而投资于上市公司的股票。然而,无论是对于证券中介机构,还是对于其投资的上市公司而言,投资者对它们的风险水平和经营状况的监控能力是十分有限的。而证券投资者的保护制度能够提前监测潜在的市场风险,同时在证券市场出现"失灵"时作出应对的防范措施,防止由于市场失灵给投资者带来的巨大经济损失。例如,2014 年 10 月 15 日,我国证监会正式发布的《关于改革完善并严格实施上市公司退市制度的若干意见》中就明确表明要关注中小投资者利益保护。在相关赔偿责任方面,该意见明确指出,若上市公司存在重大违法行为,公司及其控股股东、实际控制人、董事、监事、高级管理人员等相关责任主体应按照规定"赔偿投资者损失;或者根据信息披露文件中的公开承诺内容或者其他协议安排,通过回购股份等方式赔偿投资者损失"。此外,投资者保护基金也提供了对相关投资者进行补偿的保障机制。

三、投资者保护理论研究

对投资者,特别是中小投资者利益的保护是建立发达资本市场的关键因素,因此关于投资者保护的研究也一直备受各界的关注。总体来说,现有研究将投资保护理论划分为契约论和法律论两类。其中,契约论认为法律对于投资者保护而言并不重要;相对的,法律论则认为法律制度对于投资者保护起到了至关重要的作用。下面,本部分将从契约论和法律论两个方面分别阐述投资者保护理论。

(一) 契约论

契约理论认为,只要契约是完备的,监督执行契约的司法体系是有效的,那么投资者与公司签订的契约就可以保护投资者的利益。因此,政府在整个过程中只需要发挥保证契约执行的功能即可。具体来看,契约学派有以下三个重要的观点:(1) 法律不重要;(2) 法律重要,但会有其他制度使私人签订有效的契约;(3) 当法律和国内制度不健全时,公司和个人可以通过签订国际契约实现效率。

1. 法律不重要

持有该观点的学者认为,在存在"完全契约"的情况下,证券法规是无关紧要的,甚至在某些时候会对证券市场的发展起到阻碍作用。所谓"完全契约",是指缔约双方都能完全预见契约期内可能发生的重要事件,愿意遵守双方所签订的契约条款,当缔约方对契约条款产生争议时,第三方劝说法院能够强制其执行。因此,那些希望从外部进行筹资的公司可以通过一系列的机制来善待投资者。法律可能会限制这些机制的范围,但公司和投资者总可以找到有效的契约安排来实现各自的目的。

2. 法律重要,但会有其他制度使私人签订有效的契约

持有该观点的学者认为,法律固然重要,但也可以采取其他政府或民间制度,通过政府干预或公司与投资者的私人契约来达到理想的投资者保护水平。具体而言可以归纳为以下几种投资者保护机制:

(1) 政府干预。即使法律没有作出要求,政府也可以对公司施加压力,让其善待股东。如果公司"掠夺"或"侵占"股东利益,则可能面临惩罚,例如被取消税收优惠或被勒令停止营业等。

(2) 集中的所有权结构。高度集中的外部投资者所有权可以构成对上市公司管理层、控股股东的强有力约束,从而发挥保护投资者的效用。

(3) 公司的自身声誉。例如,通过支付红利可以帮助公司建立善待股东的声誉。一般而言,上市公司管理层、控股股东善待股东,可以树立公司值得信赖的形象,从而增强公司外部融资能力。

(4) 产品市场竞争。竞争性的产品市场会迫使管理者将更多的注意力放在公司经营,从而缓解公司的所有者与管理者之间存在的代理问题,这能够在一定程度上提高对投资者利益的保护。

3. 签订国际契约,实现投资者保护

随着资本市场的国际化,当本国投资者保护不足时,公司可以通过交叉挂牌上市的方法,到投资者保护较好的市场上市,从而提高投资者保护的效率。

概括来讲,契约论的基本观点认为,只要契约是完善的,执行契约的司法体系是有效的,那么投资者与公司签订契约就可以达到保护自身利益的目的。即使契约不完全,也可以通过法律之外的其他途径来达到保护投资者的目的。因此,从这个角度而言,法律并不重要。

(二) 法律论

支持法律论观点的学者认为,契约论在解决投资者保护问题时,存在一定的缺陷。私人契约并不能切实保证投资者的权益不受到侵害。此外,当面临巨大的诉讼成本时,特别

是对于个人投资者而言,诉讼并不能成为一个有效的威慑机制。因此,仍然需要专门针对证券市场的法律法规来保障投资者利益。

法律论观点的主要代表正是前面提到的 LLSV,他们认为,法律规则的改变可以明显提高投资者保护水平,增强公司外部融资能力,提升投资者信心,进一步减少证券市场的扭曲。如表 11-1-1 所示,LLSV 根据六个方面构造了国家层面的股东权利指数,分别是:(1) 国家允许代理投票机制;(2) 在股东大会之前,股东的股票还能够正常交易;(3) 允许累积投票或者董事会中的小股东代表制;(4) 有适当的法律机制能够保护股东利益;(5) 规定召集一个临时股东大会的最小股份拥有要求;(6) 防止股权被稀释的机制。当满足上述任意一条时,指数加 1,从而最终得到各国的股东权利指数(也被译作"反内部人的保护指数")。很明显,股东权利指数的取值范围在 0 到 6 之间。LLSV 通过分析 49 个国家投资者保护水平的情况,发现法律体系的差异是投资者保护水平差异的最重要的因素。因此,他们认为必须完善投资者保护的相关法律框架,建立强有力的监管架构。

表 11-1-1 各国(地区)股东权利指数

国家/地区	股东权利指数	国家/地区	股东权利指数
澳大利亚	4	法国	3
加拿大	5	希腊	2
中国香港	5	印度尼西亚	2
印度	5	意大利	1
爱尔兰	4	约旦	1
以色列	3	墨西哥	1
肯尼亚	3	荷兰	2
马来西亚	4	秘鲁	3
新西兰	4	菲律宾	3
尼日利亚	3	葡萄牙	3
巴基斯坦	5	西班牙	4
新加坡	4	土耳其	2
南非	5	乌拉圭	2
斯里兰卡	3	委内瑞拉	1
泰国	2	奥地利	2
英国	5	德国	1
美国	5	日本	4
津巴布韦	3	韩国	2
阿根廷	4	瑞士	2
比利时	0	中国台湾	3
巴西	3	丹麦	2
智利	5	芬兰	3
哥伦比亚	3	挪威	4
厄瓜多尔	2	瑞典	3
埃及	2		

资料来源:参照 LLSV(1998)《法与金融》

而对于契约论所提出的对不完全契约的规避机制,如政府干预、集中的外部所有权、公司信誉以及产品市场竞争等,LLSV 提出了如下批评:

第一,政府干预的前提是政府必须是有效和廉洁的,而政府是否有效和廉洁又是部分地由法律体系所决定的外生变量。LLSV 的研究表明,大陆法系的国家具有较高程度的腐败,从而导致较低的政府效率。因此,即使政府表示要保护投资者,然而在经济危机时,由于政府与企业之间的相互勾结,可能迫使政府更倾向于抛弃投资者而保护企业家。此时,依赖政府干预来保障投资者的利益很可能是无效的。

第二,在外部所有权集中的公司中,当大股东实际控制公司管理层时,也存在如何保护中小股东不被"掠夺"或"侵占"的问题,这便是现在被广泛关注的"第二类代理问题"。所谓"第二类代理问题",通常是指在投资者之间,大股东侵占小股东的利益。这种现象有时也被称为公司的"隧道效应"(Tunneling),具体是指控股股东通过证券回购、资产转移、转移定价等方式将公司的资产转移到自己手中,从而使得公司小股东的利益受到损害。公司隧道效应也可以分为两类:一是经营性隧道效应,指控股股东基于偷窃与欺诈、非市场化资产买卖、关联贷款、抬升高管报酬等形式的自利性交易;二是金融性隧道效应,指控股股东基于股权稀释、排挤小股东、内部交易、阶段性收购等形式的金融交易。总之,在缺乏有效法律保护的情况下,大股东更容易控制公司并"掠夺"公司价值,这同样会损害中小投资者的利益,降低投资者保护的有效性。

第三,公司的信誉机制也不可靠。在经济前景好的时候,公司可能倾向于保护投资者的利益。但在经济前景不好,或公司遇到经营困境时,公司可能会置投资者利益于不顾。

第四,通过签订国际契约来实现投资者保护,如交叉上市等,虽然在一定程度上提高了投资者保护水平,但并非所有公司都会选择在国外上市或其他签订国际契约的形式,因此通过该途径并不能从根本上替代法律规则的变革。

(三)对契约论和法律论的评述

契约论和法律论指出了投资者保护机制的不同方面,能够互为补充。但不可否认的是,契约论存在几个方面的问题。首先,契约论的前提是契约是完备的,即假设投资者拥有完备的信息,可以制订完备的契约。但在实际生活中,由于信息不对称和不确定性的存在,投资者并不能掌握完全的信息以制订完备的契约。其次,契约论隐含的另一个假设是有高效的司法体系能够执行产权和契约。然而正如上文所述,在不同法律制度的国家中,政府或者司法体系的有效性也是具有差异的。因此,仅依赖法庭来执行契约是远远不够的。最后,如果没有法律制止和惩罚恶意欺骗、违约等行为,仅靠签订契约也难以切实有效地保护投资者利益。

基于上述原因,多数学者支持法律论。即必须有一个相关的法律规则框架,制定详细规则,提高公司透明度,帮助投资者尽可能地获取信息以达到市场上的公平公开公正。同时保证司法体系的有效运作,创建一个监管框架和强有力的监管机构来制定相关规则和执法。

四、国外投资者保护法律制度

证券投资者保护对于证券市场的稳定和发展具有重要意义,在较为发达的资本市场中,投资者保护的制度也更为规范。本部分主要选取几个具有代表性的国外资本市场中的证券投资者保护制度来进行介绍。

（一）美国的证券投资者保护制度

1933年《证券法》和1934年《证券交易法》的相继出台，成为美国证券立法的基石，其目的正在于防范金融危机，保护中小投资者的利益。1970年，美国成立了证券投资者保护基金公司（Securities Investor Protection Corporation, SIPC），它是建立在美国国会颁布的《证券投资者保护法案》（Securities Investor Protection Act of 1970, SIPA）的基础上，作为一个非营利性的会员制组织独立于证券交易所而存在，其将对证券市场投资者的保护作为证券管理中首要的管理原则。美国的证券投资者保护基金的适用范围包括：证券中介机构由于资金周转不灵、停止营业或变卖资产导致的投资者损失。美国证券投资者保护基金成为投资者面临证券公司破产事件的第一道防线。其资金来源包括：国会当时成立时的发起基金；财政部和联邦储备银行各出10亿美元的信用额度即无担保贷款；每个会员公司每年所必须交纳的会费；所有资金经由SIPC投资获得的利息收入等。此外，美国证监会还建立了有利于维护投资者利益的奖励制度，任何提供内幕交易的操纵市场证据的人都可以获得一定比例的民事惩罚奖金。同时，美国还利用其诉讼费用低廉的优势以及发达的股东代表诉讼制度，为促进和完善投资者保护制度提供了保证。

在次贷危机之后，美国证券交易委员会进行了一系列的改革，进一步促进了投资者保护制度的发展。美国政府将目前分散于美联储、证券交易委员会、联邦贸易委员等机构中涉及消费者权益保护的职权统一集中于一个新创建的机构"消费者金融保护局"（The United States Consumer Financial Protection Bureau, CFPB）。该机构的主要宗旨是：（1）帮助消费者获取简洁清晰的信息，免受不公平及欺诈行为的侵害；（2）帮助建立面向消费者的公平、有效及富有创新性的金融服务市场；（3）提升消费者获取金融服务的能力。2011年7月21日，美国总统奥巴马正式签署《多德·弗兰克华尔街改革和消费者保护法案》。根据该法案，美联储下设的金融消费者保护局，对提供信用卡、抵押贷款和其他贷款等消费者金融产品及服务的金融机构实施监管，保护金融消费者权益。

此外，扩大证券投资者保护的产品范围，将期权纳入受SIPC保护的证券范围；加大处罚力度，将违反SIPA的罚金从5万美元提高到25万美元、将证券公司失实陈述的处罚从5万美元提高到25万美元或对责任人判处5年以下监禁；建立"临时流动性担保计划"，为濒于破产的证券公司提供流动性支持，尽量避免其进入SIPC的破产清算程序；以上改革措施，都使得美国证券投资者保护得到了进一步强化。

（二）加拿大的证券投资者保护制度

加拿大于1969年建立了加拿大投资者保护基金（Canadian Investor Protection Fund, CIPF），发起人为证券业自律组织，包括加拿大创业交易所和温尼伯股票交易所、蒙特利尔交易所、多伦多股票交易所、加拿大投资交易商协会等。保护基金期初定名为"国家应急基金"，1990年改为现名。加拿大设立保护基金的主要目的是：（1）增强证券投资者的信心和保障，培育健康和有效的资本市场；（2）在一定限度内保护投资者避免因相关证券经营机构破产而招致损失；（3）在有关自律组织的配合下建立全国性的证券经营机构资产负债标准，监督各成员单位严格执行，防范风险。保护基金的资金主要来源于自律组织会员的缴费及其投资收益。投资者一旦成为基金会员的客户，就享受保护基金的保护。对每个账户损失赔偿总金额最高限为100万加元。

(三) 日本的投资者保护制度

日本在20世纪70年代以后进入证券市场完善和监管逐步成熟的阶段,开始加大对证券投资者保护的力度。从60年代中期,日本实施了稳定股东计划,并加强了对证券市场的监管。为了保护投资者利益,使其免受证券公司破产造成的利益损失,1998年以前,日本成立了寄托证券补偿基金,之后又成立了日本证券投资者保护基金和证券投资者保障基金,两个基金于2002年合并为"证券投资者保护基金"。该基金采取强制性加入的制度,本国的证券公司在加入基金之后,一旦发生经营失败的情况,则由基金对一般客户进行支付和履行义务,从而保护了投资者的利益。而在法律方面,日本于2001年制定了《金融商品销售法》,以银行、证券、保险等金融消费者为保护对象统一立法,规定金融机构依法承担说明义务。2006年,日本对《金融商品销售法》进行了修正,统一了金融消费者的保护规则,禁止金融机构违规劝诱,明确缔约行为规则。

(四) 韩国的投资者保护制度

韩国在2009年2月4日开始实施统一调整整个资本市场的法律,即《关于资本市场和金融投资业的法律》。该法律制定的目的在于:(1) 强化此前在金融市场中相对较弱的金融中介功能;(2) 为了激活资本市场,强化投资者保护制度,应提供充足的投资信息从而使投资者作出正确的投资判断,制止金融投资业者的利害冲突行为等不正当或违法行为,同时制定对因不公正的行为而遭受损害的投资者有效的救济方案;(3) 通过促进金融投资业的竞争和革新,提高资本市场的国际竞争力。此外,其他完善投资者保护的机制还包括:将分散在旧法令中的金融商品说明义务扩大适用至所有金融机构,并获得投资者确认,否则承担损害赔偿责任;引入了解投资者特性的义务,规定在向投资者销售商品前,必须使其了解投资目的、资产状态、风险承受能力等;禁止通过媒体误导投资者,做广告时务必提示金融商品风险。

总体而言,各国金融监管当局对于本国证券投资者的保护均制定了相应政策,以维护投资者的利益,特别是在国际金融危机之后更采取了相应的改革措施。国外关于证券投资者保护机制的改革措施对于我国正处于发展阶段的资本市场具有很强的借鉴意义。

第二节 中国投资者保护的发展现状

一、我国法律制度下的投资者保护

我国早期关于证券投资者的保护大多是以法律的形式进行。1993年4月22日,国务院发布了第一部正式的全国性股票市场法规《股票发行与交易管理暂行条例》。该条例同时对上市公司信息披露、公司会计政策与审计制度以及股权的持有与转让等与中小投资者法律保护相关的行为作了详细和具体的规定。与此同时,《公开发行股票公司信息披露实施细则》《禁止证券欺诈行为暂行办法》《会计法》等一系列重要的法律法规相继出台。这些法律对信息披露、相关人员的责任、招股公告书与上市说明书的要求、中期报告与年度报告的内容格式等均作出了具体规定,能够在一定程度上使我国投资者保护在法律层面上得到改善。1994年7月1日,我国开始施行《公司法》,该法对中小股东的表决权和临时股东大会召集权等基本权利进行了表述,此外还制定了包括公司会计和送配股等政策性规定以及信息披露和审计等制度性办法,标志着我国中小投资者法律保护开始进入了有法可依的阶段。1999年7月1日,《证券法》正式发布,作为一部对我国公司证券发行和交易行为进行规范、保护投资者合法权益的法律,进一步从公司治理角度确保中小投资者的权益能够得到有效的法律保护。2004年1月1日,国务院发布了《关于推进资本市场改革开放和稳定发展的若干意见》(也被称为"国九条"),提出坚持依法治市,保护投资者特别是社会公众投资者的合法权益。2006年1月1日新的《公司法》和《证券法》正式实施,以及在2014年5月9日,国务院发布《关于进一步促进资本市场健康发展的若干意见》(简称"新国九条")都表明中小投资者合法权益的法律保护得到了高度重视。

此外,2005年8月30日,作为中国证券投资者权益保护的专门组织,中国证券投资者保护基金有限责任公司(简称为"中投保")正式注册成立,首批全部出资达63亿元人民币,从此开启了我国证券投资者保护新的篇章。根据《证券投资者保护基金管理办法》的规定,中投保是我国负责证券投资者保护的组织机构,其性质为国有独资,具体工作内容为筹集、管理和使用基金。该基金公司按照法律规定,承担检测证券公司风险、参与证券公司风险处置工作、组织和参与破产证券公司的清算工作、管理和处分受偿资产及维护基金权益等七项职责,并与中国证监会协调合作,共同致力于证券公司的风险防控工作。

与此同时,2011年年底,中国证监会投资者保护局(简称为"投保局")也正式成立。作为证监会内设机构,投保局负责的是证券期货市场上投资者的保护工作,具体涉及统筹规划、组织指导、监督检查、考核评估等方面。投保局的主要职责包括八个方面:拟定证券期货投资者保护政策法规;负责对证券期货监管政策制定和执行中对投资者保护的充分性和有效性进行评估;对证券期货市场投资者教育与服务工作进行统筹规划、组织协调和检查评估;协调推动建立完善投资者服务、教育和保护机制;研究投资者投诉受理制度,推动完善处理流程和运行机制,组织有关部门办理投资者咨询服务事宜;推动建立完善投资者受侵害权益依法救济的制度;按规定监督投资者保护基金的管理和运用;组织和参与监管机构间投资者保护的国内国际交流与合作。而上述提到的中国证券投资者保护基金有限责任公司也将被纳入到投保局。

二、我国证券市场的信息披露制度

保护投资者的利益需要证券市场的公开、公平和公正作为根本保证,而信息披露制度是实现这一目标的制度基础。在前面的部分中,可以发现不同信息披露已经成为各国证券法律的基本原则。为什么信息披露对保护投资者利益而言如此重要呢?一方面,要保护投资者的利益,就需要保障他们合法地获得上市公司、政府证券监管部门及其他市场主体可能影响证券价格变化的各种信息的权利。另一方面,与机构投资者这类专业投资者相比,中小投资者由于在获取信息方面存在较大的成本,无法有效地获取所需要的信息。因此,证券市场上的信息披露的及时与准确对于中小投资者而言显得至关重要。如果投资者无法得到准确的信息,甚至获得了虚假信息,将会严重损害投资者的利益,挫伤投资者的信心,最终会导致我国证券市场难以健康维持。

我国证券市场信息披露规范体系可以分为四个层次,即基本法律、行政法规、部门规章和自律规则。

第一层次为基本法律,主要是指《证券法》《公司法》等须全国人民代表大会及其常务委员会通过的国家基本法律,它们对公司的股票发行、上市以及交易过程中的披露义务与责任都作了原则性的规定,是信息披露应遵守的基本原则,也是制定有关信息披露规则的法律依据;对于相关刑事责任的规定还涉及《刑法》等法规的有关规定。

第二层次为行政法规,主要包括:国务院于1993年4月发布的《股票发行与交易管理暂行条例》《股份有限公司境内上市外资股的规定》《股份有限公司境外募集股份及上市的特别规定》《可转换债券管理暂行办法》等。

第三层次为部门规章,主要是指中国证监会制定的适用于上市公司信息披露的制度规范,包括:《公开发行股票公司信息披露实施细则》《禁止证券欺诈行为暂行办法》《证券市场禁入暂行规定》《股份有限公司境内上市外资股规定的实施细则》《公开发行股票公司信息披露的内容与格式准则》第1-22号、《公开发行证券的公司信息披露编报规则》第1-19号、《公开发行证券的公司信息披露规范问答》第1-6号、《关于加强对上市公司临时报告审查的通知》《关于上市公司发布澄清公告若干问题的通知》《证券交易所管理办法》《上市公司股东大会规范意见》《前次募集资金使用情况专项报告指引》等。

第四层次为自律性规范,主要是指上海、深圳证券交易所制定的上市规则等。

同时,我国上市公司信息披露的结构主要包括首次披露、定期报告和临时报告等部分,各层次的信息披露规范对定期报告和临时报告中的会计信息披露均作了详细的规定。

下面,结合我国证券市场上信息披露制度的变革和发展,我们将对法律规章之外的信息披露途径进行如下简要介绍。

(一) 可扩展商业报告语言(eXtensible Business Reporting Language,XBRL)

XBRL的产生及其发展,对财务报告的模式而言具有重大的影响变革。所谓XBRL,是一种基于互联网生成和传输商业报告的语言,它借助可扩展标记语言(eXtensible Markup Languagex,XML)的相关技术,通过对商业报告中的数据增加特定的标签和分类,以支持数据信息的识别、处理与交流。XBRL技术可用于财务信息的处理,通过给财务会计数据添加特定的分类标签,使得计算机能够"读懂"财务报告,并自动处理和分析报表。自2001年XBRL国际组织颁布了总分类账XBRL以及以美国GAAP(Generally Accepted Accounting Principles,通用会计准则)为基础的明细分类标准以来,许多国家包括美国、英国、加拿大、澳大利亚等以及国际会计准则委员会都纷纷颁布以各自GAAP为基础的XBRL明细分类标准。

我国与XBRL国际组织一直保持着积极的交流与合作。2004年,我国证监会发起成立了XBRL工作小组。2006年2月,证监会信息中心、保监会信息中心、中国人民银行征信管理局、中科院研究生院金融科技研究中心和上海证券交易所联合发起成立"XBRL中国地区组织促进会",同时在财政部的支持下,开始"XBRL中国地区组织"的筹备工作,并在2007年以中国会计准则委员会的名义申请加入了XBRL国际组织。2008年11月12日,财政部联合工业和信息化部、人民银行、审计署、国资委、国家税务总局、银监会、证监会、保监会,成立了"会计信息化委员会暨XBRL中国地区组织",并于2010年4月30日成为XBRL国际组织的正式地区组织,为我国XBRL财务报告体系建设提供了有力的保障。

图11-2-1和图11-2-2分别是深圳证券交易所和上海证券交易所网站提供的XBRL

上市公司信息服务平台。通过该平台,投资者能够轻松查阅上市公司的财务信息,对上市公司在各年度的财务状况进行比较,从而更全面地了解上市公司的现状。同时,一些学者通过实证研究也发现,我国 A 股上市公司在实施 XBRL 财务报告前后,确实在信息效率方面得到了提高。因此,XBRL 财务报告能够在一定程度上完善上市公司的信息披露制度,使得投资者能够更好地了解公司信息,保护自身权益。

图 11-2-1　深圳证券交易所 XBRL 上市公司信息服务平台

图 11-2-2　上海证券交易所 XBRL 上市公司信息服务平台

(二) 深圳证券交易所"互动易"

深圳证券交易所自 2010 年推出"互动易"平台,旨在利用互联网技术为投资者与上市公司提供更为直接、快捷的沟通渠道,该平台也是全球首个由交易所承建、所有市场参与主体无偿使用的上市公司与投资者互动的平台,是获取上市公司真实、一手信息的新渠道。

图 11-2-3 展示了深圳证券交易所的"互动易"平台。如图所示,"互动易"为每家上市公司设立网页,在该网页上有关于上市公司的所有提问、回复、投资者关系信息、所有信息披露文件等。同时,还包括该公司的前十大股东、资本结构、分红情况、高管信息等各类信息。投资者通过"互动易"可以获取关于上市公司的行业、产品、经营的相关信息,并可以对各类公司传闻进行认证,从而减少虚假信息传播的可能。此外,针对上市公司经营情况、盈利情况、投资决策、募集资金使用、并购计划等公司策略信息,投资者也可以相应提出询问。在投资者关系栏目下,个人投资者还可查阅券商或机构投资者调研上市公司的具体情况,这不仅保证了证券市场上信息的透明公开,同时专业投资者对上市公司所提出的问题也能够帮助中小投资者进一步了解上市公司的状况。

另外,不少上市公司也可将该平台作为了解和完善投资者关系的一个途径,这对于保护投资者利益、增加股东价值都具有十分重要的意义。

图 11-2-3 深圳证券交易所"互动易"平台

(三)深圳证券交易所信息披露考评

深圳证券交易所于 2001 年 5 月 11 日发布《深圳证券交易所上市公司信息披露考评办法》。该考评办法是以上市公司年度的每一次信息披露行为作为依据,从及时性、准确性、完整性、合法性四个方面分等级对上市公司信息披露工作进行考评。考评办法对在深交所所有上市满六个月的公司每年度内的每次信息披露活动进行评价,并在年后得出一个综合评分。综合评分分成优秀、良好、合格和不合格四个等级。其中 2001 年和 2002 年只公布被评级为优秀和不合格的公司名单,在 2004 年 7 月 30 日则完全发布了自 2001 年开始评级以来被评级为优秀、良好、合格和不合格公司的名单。在创立中小企业板和创业板市场后,深交所专门针对中小企业以及创业板上市公司进行考评。

深交所年度评级的四个标准具体如下:

(1) 及时性是指:① 是否按该所安排的时间编制和披露定期报告;② 是否在法定时间内编制和披露定期报告;③ 是否按照国家有关法律、法规和《深圳证券交易所股票上市规则》规定的临时报告信息披露时限及时向该所报告;④ 是否按照国家有关法律、法规和《深圳证券交易所股票上市规则》规定的临时报告信息披露时限及时公告。

(2) 准确性是指:① 公告文稿是否出现关键文字或数字(包括电子文件)错误,错误的影响程度;② 公告文稿是否简洁、清晰、明了;③ 公告文稿是否存在歧义、误导或虚假陈述。

(3) 完整性是指:① 提供文件是否齐备;② 公告格式是否符合要求;③ 公告内容是否完整,是否存在重大遗漏。

(4) 合规性是指:① 公告内容是否符合法律、法规和《深圳证券交易所股票上市规则》的规定;② 公告内容涉及的程序是否符合法律、法规和《深圳证券交易所股票上市规则》的规定。

考评办法规定,在每一年度结束后一个月内,该所将该年度对上市公司及董事会秘书的考评结果通知上市公司董事会,并以此作为对上市公司及董事会秘书进行处罚的依据。另外对年度信息披露工作较差的上市公司,该所将对相关董事及高级管理人员进行后续培训。因而信息披露考评等级具有一定的监管效力,对上市公司及董事会的信息披露行为产生重要影响。

信息披露考评的结果一方面能够对上市公司起到约束监管的作用,在一定程度上给信息披露较差的公司施加压力,以促使其进行改善。另一方面,投资者也可以清晰地观察到自己所投资或潜在投资的公司,是否具有良好的信息披露制度。这对于维护投资者,特别是缺乏信息渠道的中小投资者而言具有十分重要的意义。图 11-2-4 展示了深圳证券交易所提供的信息披露考评指标,考评结果中的 A、B、C 和 D 相应对应了优秀、良好、合格和不合格。

图 11-2-4 深圳证券交易所信息披露考评指标

表 11-2-1 深交所主板和中小板 2001—2013 信息披露考评结果分布

年份	信息考评结果				
	不合格	合格	良好	优秀	合计
2001	30	248	201	30	509
2002	33	197	239	40	509
2003	25	173	268	41	507
2004	22	147	303	30	502
2005	35	149	308	55	547
2006	32	188	313	59	592
2007	27	234	363	66	690
2008	19	206	454	80	759
2009	18	147	550	97	812
2010	16	171	693	135	1015
2011	23	140	780	187	1130
2012	17	160	822	183	1182
2013	15	136	814	216	1181

资料来源:http://www.szse.cn/main/disclosure/jgxxgk/xxplkp/

表 11-2-2 深交所创业板 2010—2013 信息披露考评结果分布

年份	信息考评结果				
	不合格	合格	良好	优秀	合计
2010	0	20	113	20	153
2011	1	29	205	46	281
2012	2	33	260	60	355
2013	2	23	250	80	355

资料来源:http://www.szse.cn/main/disclosure/jgxxgk/xxplkp/

表 11-2-1 和表 11-2-2 是根据深圳证券交易所披露的上市公司信息披露考评结果整理所得。从整体的分布来看,在深交所上市的企业绝大部分的信息披露情况处于合格以上。虽然仍然存在信息披露不合格的企业,但从数量上来看有逐年减少的趋势。总体而言,深交所提供的信息披露考评,有助于监管上市公司,提高公司与投资者之间的信息透明度,从而维护投资者的利益。

三、我国投资者保护案例

本部分以案例的形式揭示我国证券市场中上市公司侵占股东利益的情况,以及政府等监管部门保护投资者利益的具体措施。

案例分析一

万福生科财务造假

万福生科于2011年9月在创业板成功上市,而在2012年,公司表示,经公司初步自查,2012年中报存在虚假记载和重大遗漏。公告指出,万福生科2012年半年报中虚增营业收入1.88亿元、虚增利润4023.16万元。2012年8月,湖南证监局对万福生科进行例行现场检查。督导小组发现万福生科存在三套账本:税务账、银行账以及一套公司管理层查阅的实际收支的业务往来账。自此,万福生科造假问题开始浮现。

2012年9月14日,湖南证监会将现场检查发现上报给中国证监会,证监会决定对万福生科立案调查。

2013年3月2日,万福生科发布公告,承认在2008—2011年间累计虚增收入约7.4亿元,虚增营业利润约1.8亿元,虚增净利润约1.6亿元。其中,2011年度公司虚构营业收入2.8亿元,虚增营业利润6541.36万元,虚增归属于上市公司股东的净利润5912.69万元。

2013年3月29日,万福生科发布致歉公告,因公司自2008—2011年财务数据存在虚假记载,已经被深交所谴责过两次,若再次受到公开谴责,按照创业板上市规则,将面临退市风险。

2013年4月3日,根据证监会的调查,万福生科在首发上市过程中,存在虚增原材料、虚增销售收入、虚增利润等行为,涉嫌欺诈发行股票。在财务造假的过程中,较为明显的是关联方交易造假行为。在公司上市之前,披露的前五大客户中,有四个客户的交易数据大幅虚增。而在更改后的报告中,前五大客户发生重大变动,有两个公司从前五大客户名单中消失,而另外两个主要客户贡献的收入也在更改后的报告中出现大幅减少。同时,万福生科在2011和2012年的年报涉嫌虚假记载。

2013年5月10日,证监会公布对万福生科造假案作出处罚,对发行人万福生科、保荐机构平安证券、会计师事务所中磊会计师事务所和律师事务所湖南博鳌事务所分别给予处罚。其中,证监会拟对平安证券及相关人员采取以下行政处罚和行政监管措施:对平安证券给予警告,没收其万福生科发行上市项目的业务收入2555万元,并处以2倍的罚款,暂停其保荐机构资格3个月;对保荐代表人吴文浩、何涛给予警告并分别处以30万元罚款,撤销保荐代表人资格,撤销证券从业资格,采取终身证券市场禁入措施;对保荐业务负责人、内核负责人薛荣年、曾年生和崔岭给予警告并分别处以30万元罚款,撤销证券从业资格;对保荐项目协办人汤德智给予警告并处以10万元罚款,撤销证券从业资格。对湖南博鳌律师事务所:根据《证券法》等法律法规的相关规定,证监会拟没收博鳌律师事务所业务收入70万元,并处以2倍罚款,且12个月内不接受其出具的证券发行专项文件;拟对签字律师刘彦、胡筠给予警告,并分别处以10万元罚款,均采取终身证券市场禁入措施。对中磊会计师事务所:根据相关规定,拟对中磊会计师事务所没收业务收入138万元,并处以2倍罚款,撤销其证券服务业务许可;对签字会计师王越、黄国华给予警告,并分别处以10万元、13万元罚款,均采取终身证券市场禁入措施;对签字会计师邹宏文给予警告,并处以3万元罚款。

然而,由于万福生科的财务造假事件,公司股价暴跌使得大量的中小投资者遭受了损失。为了保护投资者的利益,深圳证券交易所、中国结算深圳分公司、深圳证券信息有限公司、深圳证券通信有限公司等机构进行合作,通过证券市场民事侵权受损投资者利益补偿项目完成了对万福生科受损投资者利益的补偿工作,成为我国证券市场主动赔付投资者损失的首个成功案例。根据法律规定,在证监局对万福生科行政处罚之后,符合以下买入或持有万福生科股票的股民,可以获得赔偿:在2012年9月14日或18日前(含当日)买入万福生科的股票,并在2012年9月14日或18日收盘时持有,以后卖出的价格低于买入价格就可以获得赔偿。在短短60天内,接受补偿的适格投资者账户达到12756个,接受补偿金额为17856万元左右,占应补偿总金额的99.56%,及时保护了中小投资者的利益不被侵害。

万福生科的案例一方面说明我国证券市场正处于不断完善的过程中,仍然存在上市公司通过虚假伪造不实信息等手段侵害股东利益,这要求政府等相关部门更好地实施监管措施,提高上市公司的信息披露程度。另一方面,从保护中小投资者的角度而言,需要建立惩罚与补偿并重的法律机制。在提高违规成本的同时,还要积极汲取发达证券市场的相关经验,建立中小投资者的补偿机制,从而更好地保护投资者的利益,维护投资者的信心,保障证券市场健康有序地发展。

第三节 证券市场监管的意义和原则

一、证券市场监管的意义

所谓证券市场监管,是指为了保护市场参与者的利益,促进证券市场的有效运行和持续健康发展,对证券市场采用一系列的法律法规进行限制,并对证券市场参与者的行为进行监督管理,对违法违规行为进行管制和查处的行为。由于市场机制并不是万能的,证券市场中潜在的信息不对称等问题会导致市场失灵的现象产生。所谓"市场失灵",是指市场无法有效率地分配商品和劳务的情况。而对于证券市场而言,一旦出现市场失灵,那么投资者投入的资金将无法有效地投资于各个上市公司,这将会导致证券市场出现投机取巧和违法违规现象,最终使得市场上的资源配置不均衡、收入分配不合理以及经济发展不稳定,对证券市场乃至整个国家经济的发展都具有较为严重的负面影响。

一方面,证券价格包含了投资者对上市公司未来前景的预期。这种预期通常是基于投资者在市场上所获得信息而作出的判断。然而,投资者和上市公司之间存在着信息不对称的问题,这就使得证券市场的有限运行需要监管部门对证券发行中的财务信息的真实性和证券流通市场中的信息披露制度能够进行有效的监管。而另一方面,由于上市公司的股东人数众多,仅依靠股东来对经理人进行监督很容易出现"搭便车"的现象,即股东将对企业经营的监督作为一种公共产品来对待,从而缺乏进行有效监管的激励,而将实施监管的行为寄希望于他人。政府部门从整体上对证券市场的监管能够有效地抑制股东的"搭便车"行为,从而切实地保护投资者利益。因此,证券市场监管是一国宏观经济监管体系中不可缺少的组成部分,对证券市场的健康发展具有重大意义。

第一,加强证券市场监管是保障广大投资者合法权益的需要。投资者是证券市场的重要参与者,他们参与证券交易、承担投资风险是以获取收益为前提的。为保护投资者的合法权益,必须坚持"公开、公平、公正"的原则,加强对证券市场的监管。只有这样,才便于投资者充分了解证券发行人的资信、证券的价值和风险状况,从而使投资者能够比较正确地选择投资对象。

第二,加强证券市场监管是维护市场良好秩序的需要。为保证证券发行和交易的顺利进行,一方面,国家要通过立法手段,允许一些金融机构、中介机构和个人在国家政策法令许可的范围内买卖证券并取得合法收益;另一方面,在现有的经济基础和条件下,市场也存在着蓄意欺诈、垄断行市、操纵交易和哄抬股价等多种弊端。为此,必须对证券市场活动进行监督检查,对非法证券交易活动进行严厉查处,以保护正当交易,维护证券市场的正常秩序。

第三,加强证券市场监管是发展和完善证券市场体系的需要。完善的市场体系能促进证券市场筹资和投资功能的发挥,有利于稳定证券市场,增强社会投资信心,促进资本合理流动,从而推动金融业、商业和其他行业以及社会福利事业的顺利发展。

第四,准确和全面的信息是证券市场参与者进行发行和交易决策的重要依据。一个发达、高效的证券市场也必定是一个信息灵敏的市场,它既要有现代化的信息通讯设备系统,又必须有组织严密的科学的信息网络机构;既要有收集、分析、预测和交换信息的制度与技术,又要有与之相适应的、高质量的信息管理人才。这些都只有通过相关的统一组织管理才能够实现。

二、证券市场监管的原则

我国证券市场集中统一的监管体制始于1998年国务院决定中国证券监督管理委员会对地方证管部门实行垂直领导,摆脱地方政府对地方证券监管的行政干预,形成直接受证监会领导,独立行使监管权力的管理体系,中国证券市场集中统一的监管体制至此形成。

国务院于1992年10月设立国务院证券管理委员会和中国证监会。同年12月,国务院发布《关于进一步加强证券市场宏观管理的通知》,明确了中央政府对证券市场的统一管理体制。1992年,中国证监会成立,从而标志着中国证券市场开始逐步纳入全国统一监管的框架。中国证券市场在监管部门的推动下,建立了一系列的规章制度,初步形成了证券市场的法规体系。

1997年11月,全国金融工作会议进一步确定了银行业、证券业、保险业分业经营、分业管理的原则。1998年4月,国务院证券委撤销,其全部职能及中国人民银行对证券经营机构的监管职能同时划归中国证监会。

除证监会外,证券交易所、中国证券业协会和中国上市公司协会等自律机构对其成员的证券交易活动进行自律监管和一线监管,构成了对证券监管活动的有效补充。

证券市场监管的原则具体有以下几个方面:

第一,依法监管原则。中国证券市场形成发展的历史过程充分说明了依法监管的重要性。依法监管首先要求"有法可依",从目前情况看,我国的证券法律法规体系正逐步健全,但还需要进一步制定相关细则;其次,依法监管还要求"有法必依",加强对证券市场违法违规行为的查处力度,维护证券市场的正常秩序。

第二,保护投资者利益原则。正如本章前两节所提到的,投资者保护不仅关系到资本市场的规范和发展,而且也关系到整个经济的稳定增长。投资者,尤其是中小投资者通常会面临第一类及第二类代理问题。由于信息不对称、持股比例小、相对于控股股东和公司管理层处于弱势地位等原因,中小投资者的利益需要重点保护。只有投资者的合法权益受到保护,投资者才能对证券市场持有信心,入市的资金和人数也会相应增加。从资本市场的发展历程来看,保护投资者利益是培育和发展市场的重要环节,是证券监管机构的首要任务和宗旨。

第三,"公开、公平、公正"原则。

(1) 公开原则。该原则要求证券市场具有充分的透明度,要实现市场信息的公开化。信息披露的主体不仅包括证券发行人、证券交易者,还包括证券监管者;要保障市场的透明度,除了证券发行人需要对影响证券价格的公司情况作出公开的详细说明外,监管者还应当公开有关监管程序、监管身份、对证券市场违规处罚的规定等。

(2) 公平原则。该原则要求证券市场不存在歧视,参与市场的主体具有完全平等的权利。具体而言,无论是投资者还是筹资者,无论是机构投资者还是个人投资者,也无论其投资规模与筹资规模的大小,只要是市场主体,则在进入与退出市场、投资机会、享受服务、获取信息等方面都享有完全平等的权利。

(3) 公正原则。该原则要求证券监管机构在公开、公平原则的基础上,对一切被监管对象给予公正待遇。根据公正原则,证券立法机构应当制定体现公平精神的法律、法规和政策;证券监管机构应当根据法律授予的权限履行监管职责,以法律为依据,对一切证券市场参与者给予公正的待遇;对证券违法行为的处罚及对证券纠纷事件和争议的处理,都应当公正进行。

第四,监督与自律相结合的原则。该原则是指在加强政府、证券监督机构对证券市场监管的同时,也要加强从业者的自我约束、自我教育和自我管理。国家对证券市场的监管是证券市场健康发展的保证,而证券从业者的自我管理是证券市场正常运行的基础。

第四节 中国证券市场监管的重点内容

证券市场监管的重点内容主要包括:(1) 对证券发行及上市的监管;(2) 对交易市场的监管;(3) 对上市公司的监管;(4) 对证券经营机构的监管。对上市公司的监管主要包括信息披露的监管、公司治理监管和并购重组的监管等,其中信息披露的监管是对上市公司日常监管的主要内容,这在本章的第二节已经有所介绍。而对证券经营机构的监管主要是指对证券公司及其业务的监管,涉及的内容相对较少。因此,本节主要介绍对证券发行及上市的监管和对交易市场的监管。

一、对证券发行及上市的监管

证券发行上市监管的核心是发行决定权的归属,我国目前对证券发行实行核准制。核准制是指发行人申请发行证券,不仅要公开披露与发行证券相关的信息,符合《公司法》和《证券法》所规定的条件,而且要求发行人将发行申请报请证券监管部门决定的审核制度。推行核准制的重要基础是中介机构尽职尽责。实行强制性信息披露和合规性审核,需要证券专营机构、律师事务所和会计事务所等中介机构加强自律性约束,强化市场主体的诚信责任。证券发行监管以强制性信息披露为中心,完善"事前问责、依法披露和事后追究"的监管制度,增强信息披露的准确性和完整性;同时加大对证券发行和持续信息披露中违法违规行为的打击力度。第二节里提到的万福生科的财务欺诈案例就属于在上市之前通过虚假财务信息违规上市。

值得一提的是,在2014年下半年,公司上市注册制开始受到有关部门和投资者的热切关注。所谓"注册制",是指证券发行申请人依法将与证券发行有关的一切信息和资料公开,制成法律文件,送交主管机构审查,主管机构只负责审查发行申请人提供的信息和资料是否履行了信息披露义务的一种制度。其最重要的特征是:在注册制下证券发行审核机构只对注册文件进行形式审查,不进行实质判断。注册制主张"事后控制"。当然,信息披露仍然是保证注册制能否顺利进行的关键要素之一,在上市门槛降低之后,证监会将对信息监管更加严厉,对造假违规的处罚力度也将相应加大,以提高上市公司对真实信息披露的重视。

证券发行与上市的过程中,要求证券做到对发行信息公开、对上市信息公开、持续信息公开以及追究信息披露的虚假或重大遗漏的法律责任。同时,企业发行上市不但要有保荐机构进行保荐,还需要具有保荐代表人资格的从业人员具体负责保荐工作。一旦证券在发行上市过程发现问题,会相应对保荐机构和保荐代表人进行行政处罚和追究法律责任。

案例分析二

绿大地欺诈发行上市

云南绿大地生物科技股份有限公司(简称"绿大地"),前身为云南河口绿大地实业有限公司,于1996年6月成立。2001年3月,绿大地以整体变更方式设立为股份有限公司。2007年12月21日,公司在深圳证券交易所挂牌上市,成为国内绿化苗木行业首家上市公司,同时也是云南省首家民营上市企业,募集资金达3.26亿元。

然而,在 2011 年 3 月 17 日,绿大地公司发布公告称,董事长何学葵因涉嫌欺诈发行股票罪被公安机关逮捕。随后,中国证监会在其官网上表示,证监会在 2010 年 3 月就因绿大地涉嫌信息披露违规立案稽查,发现公司存在涉嫌虚增资产、虚增收入、虚增利润等多项违法违规行为。

绿大地 2007 年上市时的招股说明书显示,截至 2007 年 6 月 30 日,公司资产合计约 4.5 亿元,其中仅流动资产中的存货一项就达到 1.8 亿元。而绿大地的主要货物为各类苗木,绿大地报表上显示的苗木价格与市场价格也完全不一致。同时,为了减少成本费用,避免降低公司利润,绿大地对于企业存货的会计处理也回避了存货减值的重要风险。

在虚增收入方面,2004 年 2 月,绿大地购买马龙县村委会土地 960 亩,金额为 955.2 万元,虚增土地成本 900.2 万元;2005 年 4 月,绿大地购买马龙县马鸣土地四宗,共计 3500 亩,金额为 3360 万元,虚增土地成本 3190 万元;截至 2007 年 6 月 30 日,绿大地在马龙县马鸣基地灌溉系统、灌溉管网等项目上价值虚增 797.2 万元;2007 年 1 至 3 月,绿大地对马鸣乡基地土壤改良价值虚增 2124 万元。据统计,绿大地财报披露 2006 年总负债为 1.04 亿元,实际负债则为 1.9 亿元;2006 年披露销售收入 1.91 亿元,实际销售收入为 1.51 亿元;2005 年净利润为 3723.64 万元,而实际净利润则不足该数据的 90%。此外,绿大地为了达到上市目的,一度有一二十枚假公章用于伪造上市材料,上市前 3 年的财务数据中还有多项存在虚假问题。

同时,绿大地欺诈发行上市的结果与辅助其上市的保荐机构是密切相关的,保荐机构以及保荐代表人均没有发挥尽职调查的职能,并且缺乏督导作用。在 2010 年 7 月,两位保荐人因其对绿大地公司持续督导不利而遭到深证证券交易所的通报批评。另外,短短上市 3 年多的时间内,绿大地就已经更换了三任财务总监,并三次更换审计机构,这也给上市公司进行盈余操纵等行为提供了机会。

绿大地欺诈上市的案例表明,企业通过资本运作进行"包装上市"的现象仍然存在。企业上市前的财务规划与包装包括选用会计政策的规划、企业持续盈利规划、资本负债结构规划、税收与政府补贴规划、企业内部控制规划、长期激励模式规划、关联交易处理规划、避免同业竞争规划八个方面的内容。因此,一方面要求在企业上市过程,保荐机构等中介机构需要严格督导企业的经营状况,使其符合上市资格;另一方面,也正是由于存在保荐机构失职,甚至是与企业相互"勾结"的可能,相关监管部门需要严格执行法律法规,对出现问题的企业或中介机构进行处罚,从而保护投资者的利益。

二、对交易市场的监管

对交易市场的监管主要包括三个方面:对操纵市场行为的监管、对欺诈客户行为的监管,以及对内幕交易行为的监管。

(一) 对操纵市场行为的监管

证券市场中的操纵市场是指某一组织或个人以获取利益或者减少损失为目的,利用其资金、信息等优势,或者滥用职权,影响证券市场价格,制造证券市场假象,诱导或者致使投资者在不了解事实真相的情况下作出证券投资决定,扰乱证券市场秩序的行为。

操纵市场行为包括:(1)单独或者通过合谋,集中资金优势、持股优势或者利用信息优势联合或者连续买卖,操纵证券交易价格或数量;(2)与他人串通,以事先约定的时间、价格和方式相互进行证券交易,影响证券交易价格或者证券交易量;(3)在自己实际控制的账户之间进行证券交易,影响证券交易价格或者证券交易量;(4)以其他手段操纵证券市场。

对操纵市场行为的监管包括事前监管与事后处理。事前监管是指在发生操纵行为前,证券管理机构采取必要手段以防止损害发生。事后处理是指证券管理机构对市场操纵行为者的处理及操纵者对受损当事人的损害赔偿。

(二) 对欺诈客户行为的监管

欺诈客户是指以获取非法利益为目的,违反证券管理法规,在证券发行、交易及相关活动中从事欺诈客户、虚假陈述等行为。

欺诈客户行为包括:(1)违背客户的委托为其买卖证券;(2)不在规定时间内向客户提供交易的书面确认文件;(3)挪用客户所委托买卖的证券或者客户账户上的资金;(4)未经客户的委托,擅自为客户买卖证券,或者假借客户的名义买卖证券;(5)为牟取佣金收入,诱使客户进行不必要的证券买卖;(6)利用传播媒介或者通过其他方式提供、传播虚假或者误导投资者的信息;(7)其他违背客户真实意思表示,损害客户利益的行为。

禁止任何单位或个人在证券发行、交易及其相关活动中欺诈客户。证券经营机构、证券登记或清算机构以及其他各类从事证券业的机构有欺诈客户行为的,将根据不同情况,限制或者暂停证券业务及其他处罚。因欺诈客户行为给投资者造成损失的,应当依法承担赔偿责任。

(三) 对内幕交易行为的监管

所谓内幕交易,通常也被称为"知情交易",是指公司董事、监事、经理、职员、主要股东、证券市场内部人员或市场管理人员,以获取利益或减少经济损失为目的,利用地位、职务等便利,获取发行人未公开的、可以影响证券价格的重要信息,进行有价证券交易,或泄露该信息的行为。

按照《证券法》的规定,内幕信息是指涉及公司的经营、财务或者对该公司证券的市场价格有重大影响的尚未公开的信息。内幕交易的行为方式主要表现为:行为主体知悉内幕信息,且从事有价证券的交易或其他有偿转让行为,或者泄露内幕信息或建议他人买卖证券等。

《证券法》第76条规定:"证券交易内幕信息的知情人和非法获取内幕信息的人,在内幕信息公开前,不得买卖该公司的证券,或者泄露该信息,或者建议他人买卖该证券。持有或者通过协议、其他安排与他人共同持有公司百分之五以上股份的自然人、法人、其他组织收购上市公司的股份,本法另有规定的,适用其规定。内幕交易行为给投资者造成损失的,行为人应当依法承担赔偿责任。"

案例分析三

"8·16"光大乌龙指事件

光大证券属于光大集团的控股子公司，光大证券历来比较重视量化投资交易，其公司共有三个涉及衍生品交易的部门，分别是策略投资部、光大证券资产管理有限公司和光大富尊投资有限公司。

2013年8月16日11点05分，上证指数出现大幅拉升，大盘在一分钟内涨幅超过5%，最高涨幅达到5.62%，指数最高报2198.85点，盘中逼近2200点。11点44分，上海证券交易所称系统运行正常。当天下午2点，光大证券公告称其策略投资部门自营业务在使用其独立的套利系统时出现问题。

根据媒体梳理的结果，整个事件的经过大致如下：

2013年8月16日11点05分，光大证券在进行ETF申赎套利交易时，因程序错误，其所使用的策略交易系统以234亿元巨量申购180ETF成分股，实际成交达72.7亿元，引起沪深300、上证综指等大盘指数和多只权重股票在短时间内大幅波动。

11点20分，计划财务部总经理沈诗光向杨剑波询问情况后，向总裁徐浩明汇报大盘暴涨可能与策略投资部的操作有关。

11时59分左右，光大证券董事会秘书梅键在对事件情况和原因并不了解的情况下，轻率地向记者否认市场上"光大证券自营盘70亿元乌龙指"的传闻，误导信息在12时47分发布并被各大门户网站转载。

13时开始，光大证券因重要事项停牌。经过法定的披露程序，14时22分，光大证券公告"当天上午公司策略投资部门自营业务在使用其独立的套利系统时出现问题"。信息披露前，11时40分至12时40分左右，徐浩明、杨赤忠、沈诗光、杨剑波等人紧急商定卖空股指期货合约、转换并卖出ETF对冲风险，责成杨剑波负责实施。13时至14时22分，光大证券卖空IF1309、IF1312股指期货合约共6240张，获利7414万元。同时，转换并卖出180ETF基金2.63亿份、50ETF基金6.89亿份，规避损失1307万元。以上两项交易获利和避损合计8721万元。14时22分以后，光大证券继续卖空IF1309股指期货合约。

2013年8月30日，证监会披露了光大乌龙指事件的调查结果。证监会发言人说，事件当日14时22分公告前，光大证券知悉市场异动的真正原因，公众投资者并不知情。在此情况下，光大证券本应戒绝交易，待内幕信息公开以后再合理避险。光大证券在内幕信息依法披露前即着手反向交易，违反了公平交易原则。据此，证监会认定，光大证券在8月16日13时至14时22分转换并卖出50ETF、180ETF基金以及卖空IF1309、IF1312股指期货合约，构成内幕交易行为。徐浩明是直接负责的主管人员，杨赤忠、沈诗光、杨剑波是其他直接责任人员。同时，事发当时，光大证券董事会秘书梅键对市场波动原因并不知情，但是，梅键未做任何核实即以个人猜测对外发表言论,其轻率言论加剧了市场波动。

最终,证监会决定没收光大证券违法所得8721万元,并处以5倍罚款,罚没款金额总计5.23亿元;对徐浩明、杨赤忠、沈诗光、杨剑波分别给予警告,罚款60万元并采取终身的证券期货市场禁入措施;对梅键责令改正并处以罚款20万元。此外,证监会将停止光大证券从事证券自营业务(固定收益证券除外),暂停审批光大证券新业务,责令光大证券整改并处分有关责任人员,并将整改情况和处理结果报告中国证监会。

 本章小结

本章首先介绍了投资者保护的相关理论以及国外投资者保护的法律制度。结合理论与案例,本章继续对我国投资者保护的发展现状进行了简要论述,并着重从信息披露制度角度阐明了投资者保护对我国证券市场发展的重要意义。在第三、第四节中,本章概述了证券市场监管的意义和原则,并重点从证券发行上市和交易市场两个方面的规章制度及相关案例进行了讨论。总体而言,本章对于理解投资者保护与市场监管的理论发展与实际意义有一定的参考价值。

 思考习题

1. 如何评价投资者保护对我国证券市场发展的意义?
2. 简要阐述投资者保护的相关理论。
3. 如何了解上市公司的披露信息?请列举可获得信息的途径,并尝试选择对某一个上市公司进行简要分析。
4. 如何评价证券市场监管对我国证券市场发展的意义?